Beck-Rechtsberater

Das Recht der Handelsvertreter

dtv

Beck-Rechtsberater

Das Recht der Handelsvertreter

Vertrag · Provision · Wettbewerbsverbot
Ausgleichsanspruch

Von Dr. Karin Stötter
Rechtsanwältin

6., neubearbeitete Auflage

Deutscher Taschenbuch Verlag

Im Internet:

dtv.de

beck.de

Originalausgabe
Deutscher Taschenbuch Verlag GmbH & Co. KG,
Friedrichstraße 1a, 80801 München
© 2007. Redaktionelle Verantwortung: Verlag C. H. Beck oHG
Gesamtherstellung: Druckerei C. H. Beck, Nördlingen
(Adresse der Druckerei: Wilhelmstraße 9, 80801 München)
Umschlaggestaltung: Agentur 42 (Fuhr & Partner), Mainz,
unter Verwendung eines Fotos von Corbis/Zefa
ISBN 978-3-423-05210-8 (dtv)
ISBN 978-3-406-56100-9 (C. H. Beck)

Vorwort zur 6. Auflage

Wesentliche Gesetzesänderungen haben seit Erscheinen der 6. Auflage auch auf die Rechte des Handelsvertreters Einfluss genommen, insbesondere durch das Schuldrechtsmodernisierungsgesetz und der darin enthaltene Verkürzung der regelmäßigen Verjährungsfrist auf drei Jahre, die zu einer Aufhebung des § 88 HGB führte und zahlreiche Änderungen der Prozessordnung, z.B. durch das Justizmodernisierungsgesetz vom 24. 8. 2004, das Justizkommunikationsgesetz vom 22. 3. 2005 u.a. Die dem Handelsvertreter in der Regel günstige Rechtsprechung des BGH hat sich verfestigt und wurde weitestgehend berücksichtigt.

Um den Umfang eines Taschenbuches nicht zu überschreiten, mussten auch in der 6. Auflage die Erläuterungen gestrafft und die Rechtsprechungshinweise eingeschränkt werden, ohne an der Zielsetzung etwas zu ändern, wesentliche, die Praxis beschäftigende Fragen des Handelsvertreterrechts darzustellen unter Berücksichtigung der höchstrichterlichen Rechtsprechung und der Literaturmeinung.

Karlsruhe, im Juli 2007 *Dr. Karin Stötter*

Hinweis
Paragrafen ohne Gesetzesangabe sind solche des HGB.

Inhaltsübersicht

Inhaltsverzeichnis IX
Abkürzungsverzeichnis XXVII
Literaturverzeichnis XXXI

1. Kapitel   Absatzmittler-Vertragstypen und ihre rechtliche Abgrenzung; Funktionen des § 84; Abgrenzung von haupt- und nebenberuflichen Vertretern 1

2. Kapitel   Abschluss und Inhalt des Vertretervertrages unter Berücksichtigung zwingenden Rechts. Änderung von Verträgen 21

3. Kapitel   Wechselseitige Vertragspflichten der Partner des Vertretervertrages 47

4. Kapitel   Provision und andere Vergütungen, Delkredere- und Inkassoprovision Spesen; Höhe der Provision, Mehrwertsteuer; Kundenschutz des Handelsvertreters; nebenberufliche und arbeitnehmerähnliche Vertreter 77

5. Kapitel   Entstehung und Fälligkeit des Provisionsanspruchs, Provisionsvorschuss und Kaution; Wegfall des Provisionsanspruchs nach § 87a Abs. 2 oder Abs. 3 und nach § 92 Abs. 4 103

6. Kapitel   Hilfsansprüche zur Bezifferung des Provisionsanspruchs, insbesondere auf eine Provisionsabrechnung, eines Buchauszuges usw.; Zustandekommen eines Schuldanerkenntnisvertrages; Haupt- und Hilfsansprüche des Vertreters im Prozess 119

7. Kapitel   Beendigung des Vertreterverhältnisses durch ordentliche oder fristlose Kündigung oder auf sonstige Weise 153

8. Kapitel   Ausgleichsanspruch des Handelsvertreters nach § 89b Abs. 1–4 179

9. Kapitel	Ausgleichsanspruch der anderen Vertretergruppen nach § 89b Abs. 5, der Tankstellenvertreter, der Unter-/Handelsvertreter, der Vertragshändler und der Franchisenehmer	219
10. Kapitel	Vertragliches Wettbewerbsverbot für die Zeit nach Vertragsende (§ 90a)	239
11. Kapitel	Sonstige Ansprüche der Vertragspartner nach Beendigung des Vertreterverhältnisses	247
12. Kapitel	Verjährung der Ansprüche aus dem Vertreterverhältnis	257

Anhang 263
Sachverzeichnis 295

Inhaltsverzeichnis

	Seite
Inhaltsübersicht	VII
Abkürzungsverzeichnis	XXVII
Literaturverzeichnis	XXXI

1. Kapitel
Absatzmittlervertragstypen und ihre rechtliche Abgrenzung; Funktionen des § 84; Abgrenzung von haupt- und nebenberuflichen Vertretern

I. Wesentliche Merkmale der Vertragstypen der Handelsmakler, Kommissionäre, Vertragshändler und Franchisenehmer sowie ihre rechtliche Abgrenzung zu den Vertretern 2

1. Vertragstyp des Handelsvertreters 2
2. Vertragstyp des Handelsmaklers 4
3. Vertragstyp des Kommissionärs und des Kommissionsagenten 4
4. Vertragstyp des Vertragshändlers 5
5. Vertragstyp des Franchisenehmers 6
6. Angestellter im Außendienst 6

II. Abgrenzung zwischen den Vertragstypen 7

1. Handelsvertreter und Angestellte im Außendienst 7
2. Versicherungsvertreter und Versicherungsmakler 7
3. Handelsvertreter und Franchisenehmer 8

III. Funktion des § 84 als soziale Schutzvorschrift 9

IV. Mehrstufige Vertreterverhältnisse i. S. d. § 84 Abs. 3 12

1. Echte Untervertreter 12
2. Unechte Untervertreter 13

V. Kaufmannseigenschaften des Vertreters 14

1. Neuregelung durch das Handelsreformgesetz 14
   a) Kleingewerbetreibende 15
   b) Der nach § 5 im Handelsregister eingetragene Vertreter 15
   c) Arbeitnehmerähnliche Handelsvertreter 16
2. Vertreter in Form einer Handelsgesellschaft 16

	Seite
VI. Dem Vertreter vom Unternehmer erteilte Vollmacht	16
1. Umfang der dem Vertreter erteilten Vollmacht	17
2. Haftung des Unternehmers gegenüber Dritten für seine Bevollmächtigten	18
3. Überschreitung der Vollmacht – Missbrauch	18
a) Vollmachtsüberschreitung	18
b) Missbrauch der Vollmacht	18
4. Besonderheiten der Vollmachtserteilung nach §§ 43 bis 47 VVG	19

2. Kapitel
Abschluss und Inhalt des Vertretervertrages unter Berücksichtigung zwingenden Rechts. Änderung von Verträgen

I. Vertragsschluss	21
1. Recht auf eine Vertragsurkunde	21
2. Wirkung einer Invollzugsetzung des Vertreterverhältnisses	22
3. Abschlussmängel des Vertretervertrages	23
II. Inhalt des Vertretervertrages	23
1. EG-Richtlinie und Durchführungsgesetz	24
2. Allgemeine Geschäftsbedingungen	27
a) Anwendbarkeit auf Handelsvertreter	27
b) Beispiele einiger Vertragsklauseln in der Reihenfolge der §§ 84 ff.	29
aa) § 84 Abs. 2, Begriff des Angestellten im Außendienst	29
bb) § 86 Abs. 1 Halbsatz 1, Hauptpflicht des HV, sich um Abschlüsse zu bemühen	29
cc) § 86a, Pflicht des U, dem HV die erforderlichen Unterlagen zur Verfügung zu stellen	30
dd) § 86b, Delkredere	30
ee) Kostenbeteiligung des HV an den Betriebskosten des U	31
ff) § 87, provisionspflichtige Geschäfte	31
gg) Verzicht auf Provisionen aus nicht ausgeführten Geschäften	32
hh) Verjährung	32
ii) Ordentliche Kündigung des U gem. § 89	32
jj) Freistellungsklauseln	33

	Seite
kk) Fristlose Kündigung gem. § 89a	34
ll) § 89b Abs. 4, kein Ausschluss des Ausgleichsanspruchs im Voraus	34
mm) § 90a, Wettbewerbsabreden für die Zeit nach Vertragsende	35
3. Vertragsklauseln, die im HGB nicht näher geregelte Materien betreffen	35
a) Inkassotätigkeit i.S.d. § 87 Abs. 4	35
b) Vereinbarung einer Kaution oder Stornoreserve	36
c) Sog. Provisionskonkurrenz beim Bezirks-HV i.S.d. § 87 Abs. 2	37
d) Verrechnungsgarantie	38
e) Vertragsstrafenklausel	39
f) Klausel für den Krankheitsfall eines Bezirk-HV	41
g) Gerichtsstandsklausel nach § 38 Abs. 1 ZPO	42

III. Änderung des Vertretervertrages ... 43

1. Einvernehmliche Vertragsänderung nach § 305 BGB ... 43
2. Vertraglicher Vorbehalt einseitiger Vertragsänderungen durch den Unternehmer ... 44
3. Klauseln über die Vertragsanpassungspflicht beider Vertragspartner bei Veränderung wesentlicher Umstände ... 45

3. Kapitel
Wechselseitige Vertragspflichten der Partner des Vertretervertrages

I. Wechselseitige Offenbarungspflichten der Vertragspartner und Verschulden bei Vertragsschluss ... 47

1. Verschulden des Handelsvertreters bei Vertragsschluss ... 48
2. Verschulden des Unternehmers bei Vertragsschluss ... 48

II. Wechselseitige Haupt- und Nebenpflichten der Vertragspartner ... 49

1. Anwendung bestimmter Regeln des Dienst- und Geschäftsbesorgungsvertrages auf Vertreter; Vergleich der Haupt- und Nebenpflichten ... 49
2. Hauptpflicht des Vertreters ... 50
3. Hauptpflicht des Unternehmers ... 52

Seite

III. Nebenpflichten des Vertreters gegenüber dem Unternehmer ... 53

1. Der Vertreter muss im Zweifel in Person tätig werden 53
2. Pflicht des Vertreters, die Interessen des Unternehmers wahrzunehmen 53
3. Pflicht des Vertreters zu Kundenbesuchen und darüber zu berichten 56
4. Pflicht des Vertreters, Weisungen des Unternehmers zu befolgen 58
5. Verschwiegenheitspflicht des Handelsvertreters 59
6. Verbotener Wettbewerb des Handelsvertreters 60
7. Besonderheiten im Bereich des verbotenen Wettbewerbs bei Tankstellenvertretern 63
8. Pflicht des Vertreters zur Aufbewahrung und Rückgabe von Mustern, Kollektionen usw. 64

IV. Nebenpflichten des Unternehmers gegenüber dem Handelsvertreter 65

1. Ausstattung des Handelsvertreters mit Unterlagen 65
2. Keine willkürliche Ablehnung von Aufträgen 66
3. Verbot von Schlechtlieferungen des Unternehmers 66
4. Benachrichtigungspflicht des Unternehmers 67
5. Verbotener Wettbewerb des Unternehmers mit dem Handelsvertreter 68
6. Pflicht des Unternehmers zu interessenwahrendem Verhalten nach Vertragsende 69

V. Pflichten des Unternehmers und des Handelsvertreters gegenüber Dritten bei Vertragsverhandlungen 69

1. Pflichtverletzungen des Vertreters gegenüber Kunden 70
2. Sittenwidrigkeit der für den Unternehmer vermittelten Verträge 71

VI. Besonderheiten bei Versicherungsvertretern 72

1. Hauptpflicht des Versicherungsvertreters 72
2. Nebenpflichten des Versicherungsvertreters nach § 86 72
   a) Allgemeines 72
   b) Mitteilungs-, Auskunfts- und Rechenschaftspflichten 72
   c) Tätigkeit im Rahmen von Weisungen des Versicherers 73

	Seite
d) Fristlose Kündigung	74
e) Herausgabepflicht des HV	74
3. Nebenpflichten des Versicherers	74
4. Verschulden des Versicherungsvertreters und des Unternehmers bei Vertragsschluss gegenüber dem Versicherungsnehmer	76

4. Kapitel
Provision und andere Vergütungen, Delkredere- und Inkassoprovision, Spesen; Höhe der Provision, Mehrwertsteuer; Kundenschutz des Handelsvertreters; nebenberufliche und arbeitnehmerähnliche Vertreter

I. Verschiedene Vergütungsarten	77
1. Provisionsarten	77
a) Fixum	77
b) Garantieprovision (Verrechnungsgarantie)	77
c) Vermittlungsprovision (Abschlussprovision)	77
d) Bezirksprovision, Kundenkreisprovision	78
2. Provision und Prämie	78
3. Provision und Gewinnbeteiligung	79
a) Gewinnbeteiligung	79
b) Bonus	79
4. Inkassoprovision	79
5. Superprovision des Betreuervertreters	80
6. Delkredereprovision	80
7. Aufwendungsersatz (Spesen) nach § 87 d	82
II. Berechnung der Höhe der Provision nach § 87 b	83
1. Höhe der Provision bei Fehlen einer gültigen Vereinbarung	83
2. Berechnung der Provision nach § 87 b Abs. 2	84
a) Vorteile und Wirkungen dieser Berechnungsmethode	84
b) Preisnachlässe des Unternehmers	85
c) Inzahlungsnahme	86
d) Nebenkosten	86
e) Provision von der Mehrwertsteuer nach § 87 b Abs. 2 Satz 3	87
f) Die Provision ist umsatzsteuerpflichtig	87
3. Berechnung der Provision für die Vermittlung von Dauerverträgen nach § 87 b Abs. 3	87

	Seite
a) Verträge mit bestimmter Dauer	88
b) Verträge mit unbestimmter Dauer	89
c) Beendigung des HV-Vertrages vor Ende des vermittelten Dauervertrages	89

III. Kundenschutz des Handelsvertreters nach § 87 Abs. 1, 2 90

1. Handelsvertreter mit Tätigkeitsprovision und Kundenschutz für Nachbestellungen ... 90
2. Bezirks-HV und Kundenkreis-HV mit Kundenschutz i. S. d. § 87 Abs. 2 ... 91
3. Bezirks-HV mit Alleinvertretung ... 93

IV. Besonderheiten bei Versicherungs- und Bausparkassenvertretern ... 93

1. Einmal-, Erst- und Folgeprovisionen des Versicherungsvertreters ... 93
   - a) Einmalprovisionen ... 94
   - b) Teilprovisionen ... 94
   - c) Vorschüsse ... 94
2. Provision der Bausparkassenvertreter ... 95
3. Keine Mehrwertsteuerzahlung der Versicherer und Bausparkassen ... 95
4. Kein Kundenschutz nach § 92 Abs. 3, 5 ... 96

V. Nebenberufliche Vertreter i. S. d. § 92 b ... 96

VI. Arbeitnehmerähnliche Einfirmenvertreter i. S. d. § 92 a ... 98

1. Keine Festsetzung einer Mindestvergütung ... 99
2. Ausschließliche Zuständigkeit des Arbeitsgerichts ... 99
3. Besonderheiten bei Versicherungs- und Bausparkassenvertretern ... 100

5. Kapitel
Entstehung und Fälligkeit des Provisionsanspruchs, Provisionsvorschuss und Kaution; Wegfall des Provisionsanspruchs nach § 87 a Abs. 2 oder Abs. 3 und nach § 92 Abs. 4

I. Entstehung des Provisionsanspruchs (§§ 87 Abs. 1, 87 a) 104

1. Wirksames Zustandekommen des vermittelten Geschäfts 104
2. Zum Begriff der Vermittlung eines Geschäfts gem. §§ 84 Abs. 1, 86 Abs. 1 ... 105

	Seite
3. Kausalität der Tätigkeit des Handelsvertreters für den Geschäftsabschluss	105
4. Vertragsschluss während der Vertragszeit des Handelsvertreters	107

II. Provisionsvorschuss 108
1. Ausführung des Geschäfts 108
2. Gesetzlicher Vorschussanspruch 109
3. Höhe des Vorschusses 109
4. Stornoreserve (Kaution) des Vertreters 110
5. Rückzahlung erhaltener Vorschüsse 111
6. Pflicht des Unternehmers zur Eintreibung seiner Forderung 111
   a) Beweislast 112
   b) Unwirksamkeit von Vertragsklauseln 112

III. Entstehung des unbedingt gewordenen Provisionsanspruchs 112

IV. Fälligkeit des unbedingt gewordenen Provisionsanspruchs, Verzug des Unternehmers und Zinsanspruch des Handelsvertreters im Abrechnungszeitraum 113
1. Abrechnungszeitraum 113
2. Verzug des Unternehmers und Zinsanspruch des Handelsvertreters 114

V. Besonderheiten bei Versicherungs- und Bausparkassenvertretern (§ 92) 114
1. Der Versicherer gewährt dem Versicherungsvertreter keinen Kundenschutz (§ 92 Abs. 3) 114
2. Unbedingte Entstehung und Fälligkeit des Provisionsanspruchs 115
3. Anwendbarkeit des § 87a Abs. 3 auf Stornofälle 115
4. Unwirksamkeit von Klageverzichtsklauseln 116
5. Darlegungs- und Beweislast 117
6. Stornofälle 118
7. Recht der Bausparkassenvertreter 118
8. Fälligkeit des Provisionsanspruchs des Versicherungsvertreters und des Bausparkassenvertreters 118

6. Kapitel
Hilfsansprüche zur Bezifferung des Provisionsanspruchs, insbesondere auf eine Provisionsabrechnung, eines Buchauszuges usw.; Zustandekommen eines Schuldanerkenntnisvertrages; Haupt- und Hilfsansprüche des Vertreters im Prozess

	Seite
I. Pflicht des Unternehmers zur Provisionsabrechnung nach § 87c Abs. 1	119
1. Funktion der Provisionsabrechnung des Unternehmers als Rechnung des Handelsvertreters	120
2. Funktion der Provisionsabrechnung als Hilfsanspruch des Handelsvertreters	120
3. Abrechnungszeitraum	120
4. Zweck und Inhalt der Provisionsabrechnung	121
a) Zweck der Provisionsabrechnung	121
b) Inhalt der Provisionsabrechnung	122
c) Abrechnung von Provisionsvorschüssen	123
5. Widerstreitende Interessen des abrechnenden Unternehmers und des Handelsvertreters	124
6. Provisionsabrechnung nach Beendigung des Vertretervertrages	124
7. Abschluss eines Schuldanerkenntnisvertrages i. S. d. §§ 781 ff. BGB zwischen Unternehmer und Handelsvertreter; Möglichkeit einer Kondiktion	125
a) Sog. Anerkenntnisklausel im Vertretervertrag	126
b) Nichtzustandekommen eines wirksamen Schuldanerkenntnisses	127
c) Kondiktion eines Schuldanerkenntnisses nach § 812 BGB	128
8. Anspruch auf Berichtigung und Ergänzung der Provisionsabrechnung	128
9. Verjährung des Anspruchs auf Provisionsabrechnung, Buchauszug, Auskunft und Bucheinsicht	129
II. Pflicht des Unternehmers zur Erteilung von Buchauszügen (§ 87c Abs. 2)	130
1. Dauer des Rechts des Vertreters, einen Buchauszug zu verlangen	131
2. Inhalt eines Buchauszuges	131

Seite

III. Pflicht des Unternehmers, vom Handelsvertreter geforderte Auskünfte zu erteilen (§ 87c Abs. 3) 135

1. Zweck des Auskunftsanspruchs 135
2. Inhalt des Auskunftverlangens des Handelsvertreters 136
3. Widerstreitende Interessen von Unternehmer und Handelsvertreter 136
4. Anspruch des Handelsvertreters auf Ergänzung oder Berichtigung der vom Unternehmer erteilten Auskunft 137

IV. Anspruch des Handelsvertreters auf Bucheinsicht (§ 87c Abs. 4) 137

1. Rechtliches Interesse des Handelsvertreters 137
2. Umfang der vom Unternehmer zu gewährenden Bucheinsicht 138
3. Auswahl des Sachverständigen 139
4. Kosten der Bucheinsicht 139

V. Eidesstattliche Versicherung des Unternehmers zur Erzwingung einer richtigen Abrechnung 140

1. Erfordernis eines rechtlichen Interesses des Handelsvertreters 140
2. Einordnung des Anspruchs des Handelsvertreters auf eidesstattliche Versicherung in der Reihenfolge der Hilfsansprüche 141
3. Abgabe der eidesstattlichen Versicherung 141

VI. Pflicht des Unternehmers zur Abrechnung über die Provision gem. § 87c als zwingendes Recht 142

VII. Provisionsanspruch und Ansprüche des Handelsvertreters in Prozess und Zwangsvollstreckung 142

1. Stufenklage des Handelsvertreters und Reihenfolge seiner Hilfsansprüche 143
2. Bedeutung eines vereinbarten handelsrechtlichen Kontokorrentverhältnisses im Prozess (Kontokorrenteinrede) 144
3. Parteigutachten und Gerichtsgutachten 145
4. Zwangsvollstreckung 146
   a) Provisionsabrechnung und Buchauszug 146
   b) Auskunft 147
   c) Bucheinsicht 147
5. Streitwert 147

	Seite

VIII. Besonderheiten bei Versicherungs-, Bausparkassen- und Tankstellenvertretern 148

1. Versicherungsvertreter 148
   - a) Kombination von Einmal- und Teilprovisionen 148
   - b) Weitere Kombinationen 148
   - c) Kombination verschiedener Vergütungsarten 149
   - d) Bevorschussung der Abschlussprovision 149
2. Bausparkassenvertreter 149
3. Tankstellenvertreter 150
4. Mehrstufige Vertreterverhältnisse 150
   - a) Echte Untervertreter 150
   - b) Unechte Untervertreter 151

7. Kapitel
Beendigung des Vertreterverhältnisses durch ordentliche oder fristlose Kündigung oder auf sonstige Weise

I. Ordentliche Kündigung von Vertreterverträgen auf unbestimmte Zeit (§ 89) 153

1. Vornahme und Wirkung der ordentlichen Kündigung 154
2. Wirkung einer verspäteten Kündigung 155
3. Besondere Kündigungsfälle 156
   - a) Anwendbarkeit des § 624 BGB 156
   - b) Besonderheiten für Tankstellenvertreter (Stationäre) 156
   - c) Vertreterverträge mit Altersgrenze 157
   - d) Handelsvertreter im Nebenberuf 157
   - e) Kündigung vor Vertragsbeginn 157
   - f) Stillschweigende Fortsetzung eines gekündigten Vertrages 157
   - g) Kettenverträge 158
   - h) Teilkündigung 158
   - i) Änderungskündigung 159

II. Beendigung des Handelsvertretervertrages auf bestimmte Zeit 159

1. Automatische Verlängerung des Vertrages auf bestimmte Zeit 160
2. Handelsvertretervertrag auf Probe auf bestimmte Zeit (Probezeit, kombiniert mit einem Recht zur ordentlichen Kündigung) 160
   - a) Probevertrag auf bestimmte Zeit 160
   - b) Handelsvertretervertrag mit vorgeschalteter Probezeit 160

	Seite
III. Tätigkeitsverbot für die Zeit vom Zugang der ordentlichen Kündigung bis zum Vertragsende durch den Unternehmer	162
1. Freistellung aufgrund einseitiger Entscheidung des U	162
a) Vergütung während der Freistellung	163
b) Höhe der Vergütung	163
2. Freistellung aufgrund vertraglicher Vereinbarung	164
IV. Die fristlose Kündigung des HV-Vertrages gem. § 89a	165
1. Inhalt und Form einer fristlosen Kündigung; Abmahnung nach einer Überlegungsfrist für den Kündigenden	166
a) Inhalt und Form	166
b) Fristlose Kündigung ohne Vorlage einer Vollmacht	167
c) Abmahnung	167
d) Überlegungsfrist des Kündigenden	168
2. Wichtiger Grund i. S. d. § 89a Abs. 1	168
3. Fristlose Kündigung nach vorangegangener ordentlicher Kündigung	171
4. Rechtslage bei Fehlen eines wichtigen Grundes	171
5. Schadensersatzansprüche aufgrund einer fristlosen Kündigung	172
a) Art des Schadensersatzes	173
b) Höhe des Schadensersatzanspruchs	173
c) Beweislast	174
V. Beispiele für den „wichtigen Grund"	174
1. Fristlose Kündigung des Unternehmers	175
a) Aus vom Vertreter nicht verschuldeten „wichtigen Gründen"	175
b) Aus vom Vertreter verschuldeten „wichtigen Gründen"	175
2. Fristlose Kündigung des Handelsvertreters	176
a) Aus vom Unternehmer nicht verschuldeten wichtigen Gründen	176
b) Aus vom U verschuldeten wichtigen Gründen	176
VI. Beendigung des Vertreterverhältnisses auf sonstige Weise	177
1. Zeitvertrag	177
2. Aufhebungsvertrag	177
3. Tod des Vertreters, Insolvenz des HV	178
4. Tod des U, Insolvenz des U	178
5. Teilweise Beendigung des Vertrages	178

8. Kapitel
Ausgleichsanspruch des Handelsvertreters
nach § 89 b Abs. 1 bis 4
Seite

I. Kundenstamm als Gegenstand des Ausgleichsanspruchs 179
 1. Folgerungen aus der Wertausgleichsfunktion 180
 2. „Soziale Schutzfunktion" des Ausgleichsanspruchs 182

II. „Nach Beendigung des Vertragsverhältnisses" 182
 1. Beendigung des Vertragsverhältnisses i. S. d. § 89 b 182
 2. Ausschluss des Ausgleichsanspruchs nach § 89 b Abs. 3 184

III. Höchstmaß des Ausgleichsanspruchs nach § 89 b Abs. 2 190
 1. Unter § 89 b Abs. 2 fallende Vergütungsarten 191
 2. „Jahresbruttoprovision" 192
 3. Bruttoprovision enthält auch Mehrwertsteuer 192

IV. Berechnung des Ausgleichs nach § 89 b Abs. 1 192
 1. Kundenstamm als Basis des Ausgleichsanspruchs 193
    a) Begriff der Stammkunden 193
    b) Intensivierter Altkunde 195
    c) Ursächlichkeit der Tätigkeit des Handelsvertreters für die Stammkundenwerbung 195
    d) Beweislast für die Prognose des Gerichts 195
 2. Prognose der „erheblichen Vorteile" des Unternehmers (§ 89 b Abs. 1 Nr. 1) 196
 3. Prognose der dem Handelsvertreter entstehenden Provisionsverluste 199
    a) Begriff des Verlustes von Provisionsansprüchen des HV ... 199
    b) Ursächlichkeit der Vertragsbeendigung für die Provisionsverluste des HV 202
    c) Für die Berechnung des Verlustes des Vertreters ist eine Prognose anhand des wirksam vereinbarten Provisionssatzes erforderlich 202
    d) Mitnahme von Stammkunden zu anderen U 202
    e) Abzinsung des errechneten Verlustes des Vertreters 203
    f) Beispiele für die Berechnung des Rohausgleichs 203
 4. Berücksichtigung aller Umstände der Billigkeit nach § 89 b Abs. 1 Nr. 3 207
    a) Vertragsdauer und Vertragsgestaltung 207
    b) Persönliche, wirtschaftliche und soziale Lage des Handelsvertreters 207

	Seite
c) Übernahme einer Konkurrenztätigkeit	208
d) Hintergründe der Vertragsbeendigung	208
e) Haftung des Handelsvertreters für Erfüllungsgehilfen im Rahmen des § 89b Abs. 1 Nr. 3; Haftung für eigenes Verschulden	209
f) Verdienst des Handelsvertreters nach Vertragsende; Anrechnung ersparter Kosten, verstärkte Eigenwerbung des Unternehmers	210
g) Anrechnung von freiwilligen Leistungen des Unternehmers für die Altersversorgung des Handelsvertreters	210

V. Der gesetzliche Ausgleichsanspruch ist zwingendes Recht ... 212

1. Völliger oder teilweiser Ausschluss des Ausgleichs im Vertretervertrag ... 213
2. Verzicht des Vertreters auf den Ausgleichsanspruch ... 213
3. Abwälzungsvereinbarungen ... 214

VI. Entstehung, Fälligkeit und Geltendmachung des Ausgleichsanspruchs ... 215

1. Entstehung des Ausgleichsanspruchs ... 215
2. Fälligkeit des Ausgleichsanspruchs ... 215
3. Einhaltung der Ausschlussfrist ... 216
4. Auskunftsanspruch zur Bezifferung des Ausgleichsanspruchs nach § 89b ... 217
5. Klage auf Ausgleichszahlung mit zunächst unbeziffertem Klageantrag ... 217
6. Entscheidung durch Zwischenurteil über den Grund (§ 304 ZPO) ... 217
7. Beschränkter Umfang der Überprüfung eines Urteils in der Revision ... 218

9. Kapitel
Ausgleichsanspruch der anderen Vertretergruppen nach § 89b Abs. 5, der Tankstellenvertreter, der Unter-/ Handelsvertreter, der Vertragshändler und der Franchisenehmer

I. Ausgleichsanspruch der Versicherungsvertreter nach § 89b Abs. 5 ... 219

1. § 89b Abs. 5, Abs. 1 Nr. 1: Vorteil des Versicherers ... 221
2. § 89b Abs. 5, Abs. 1 Nr. 2: Verlust des Versicherungsvertreters ... 222

	Seite
3. Grundlagen der Prognose des Gerichts	225
4. Billigkeitsprüfung	225
5. Höchstbetrag des Ausgleichsanspruchs der Versicherungsvertreter nach § 89b Abs. 5 Satz 2	225
6. Abwälzungsvereinbarungen	226
7. Der Ausgleichsanspruch und die „Grundsätze" unter dem Gesichtspunkt des § 89b Abs. 4	226

II. Ausgleichsanspruch der Bausparkassenvertreter 227

1. Ausgleichsfähige Zweitabschlüsse des Bausparers 227
2. Grundlage der Prognose des Richters 229
3. Billigkeitsprüfung 229
4. Höchstbetrag des Ausgleichsanspruchs der Bausparkassenvertreter nach § 89b Abs. 5 Satz 2 229
5. Ausgleichsanspruch der Bausparkasenvertreter und die „Grundsätze" der Bausparkassen 230

III. Ausgleichsanspruch der Tankstellenvertreter 230

1. Tankstellenvertreter ist Handelsvertreter 230
2. Nachweis über die Zahl der Stammkunden 230
3. Richterliche Prognose des Stammkundenumsatzes der TankstV nach Vertragsende 231
4. Abgrenzung von Abschluss- und Verwaltungsprovisionen ... 232
5. Billigkeitsprüfung nach § 89b Abs. 1 Nr. 3 233
6. Tankstellenvertreter und Eigenhändlertätigkeit 233
7. Mehrwertsteuer und Abzinsung 233

IV. Der Ausgleichsanspruch des Franchisenehmers 234

V. Ausgleichsanspruch bei mehrstufigen Vertreterverhältnissen 234

1. Der Handelsvertreter/Unternehmer mit echten Unterhandelsvertretern 234
2. Der Betreuerhandelsvertreter mit unechten Unterhandelsvertretern 235

VI. Zur entsprechenden Anwendung des § 89b auf Vertragshändler 236

1. Ausgangspunkt für die Berechnung des Ausgleichsanspruchs ... 236
2. Pflicht des Vertragshändlers, dem Warenhersteller die geworbene Stammkundschaft zu überlassen 237
3. Billigkeitserwägungen 238

10. Kapitel
Vertragliches Wettbewerbsverbot für die Zeit nach Vertragsende (§ 90 a)

I. Form, Zeitdauer und Umfang des Wettbewerbsverbots 240

II. Karenzentschädigung 241
1. Fälligkeit der beiderseitigen Leistungen 242
2. Höhe der Karenzentschädigung 242

III. Verzicht auf die Wettbewerbsenthaltung, Wegfall auf andere Weise 243

IV. Vertragskündigung aus wichtigem Grund, Vertragsstrafe 244

11. Kapitel
Sonstige Ansprüche der Vertragspartner nach Beendigung des Vertreterverhältnisses

I. Zurückbehaltungsrecht des Handelsvertreters 247
1. Während der Vertragszeit 247
2. Nach Vertragsende 248

II. Wechselseitige Rückgabe von Geld und Sachen, Provisionsabrechnung bei Vertragsende 250
1. Rückgabe der Geschäftsunterlagen des Handelsvertreters i.S.d. § 86a Abs. 1 250
2. Herausgabe und Abrechnung von Waren des Unternehmers im Auslieferungslager des Vertreters 251
3. Auszahlung der Kaution des Handelsvertreters (Stornoreserve) 251
4. Darlehen des Unternehmers 251
5. Abrechnung der restlichen Provisionsansprüche des Vertreters 252

III. Überhangprovisionen, Provisionskonkurrenz i.S.d. § 87 Abs. 3 252
1. Überhangprovisionen 252
2. Abschlüsse nach Vertragsende 253

IV. Vorbereitung einer neuen Tätigkeit während der Kündigungsfrist 254

	Seite
V. Nach Vertragsbeendigung noch fortbestehende Pflichten	254
1. Verschwiegenheitspflicht	254
2. Unterlassung von Wettbewerb	255
3. Beiderseitige Auskunftspflichten	255
a) Auskunftspflicht des ausscheidenden Vertreters	255
b) Auskunftspflicht des Unternehmers gegenüber dem ausgeschiedenen Handelsvertreter	256

12. Kapitel
Verjährung der Ansprüche aus dem Vertreterverhältnis

I. Verjährung	257
II. Hemmung der Verjährung	259
III. Vereinbarungen über die Verjährung	259
IV. Vertragsklauseln zur Abkürzung der dreijährigen Verjährung	260
V. Mit Hilfe einer Täuschung i. S. d. § 123 BGB bewirkte Verjährung	260

Anhang

Übersicht	263
I. Die zwingenden Vorschriften des Handelsvertreterrechts in der Übersicht	263
II. „Grundsätze" der Versicherer in der Sachversicherung, Lebensversicherung, und Krankenversicherung, Hinweise und Berechnungsbeispiele	265
A. Grundsätze zur Errechnung der Höhe des Ausgleichsanspruchs (§ 89 b HGB) („Grundsätze-Sach")	265
B. Grundsätze zur Errechnung des Ausgleichsanspruchs (§ 89 b HGB) für dynamische Lebensversicherungen („Grundsätze-Leben")	275
C. Grundsätze zur Errechnung der Höhe des Ausgleichsanspruchs (§ 89 b HGB) in der privaten Krankenversicherung („Grundsätze-Kranken")	280

Seite

D. Schreiben des Gesamtverbandes der Versicherungswirtschaft vom 14. 11. 1972 285

E. Vergleich der „Grundsätze" mit der Ausgleichsberechnung nach § 89 b HGB 287

III. Grundsätze zur Errechnung der Höhe des Ausgleichsanspruchs (§ 89 b HGB) im Bausparbereich 288

Sachverzeichnis 295

Abkürzungsverzeichnis

AA	Ausgleichsanspruch nach § 89 b
a. A.	anderer Auffassung
a. a. O.	am angegebenen Ort
Abs.	Absatz
AbzG	Abzahlungsgesetz
AGB	Allgemeine Geschäftsbedingungen
AGBG	Gesetz zur Regelung des Rechts der Allgemeinen Geschäftsbedingungen (AGB-Gesetz)
AiA	Angestellter im Außendienst
Anm.	Anmerkung
Anpassungsgesetz	Gesetz zur Anpassung von Verjährungsvorschriften an das Gesetz zur Modernisierung des Schuldrechts vom 9. 12. 2004 (BGBl. I. S. 3214 ff.)
AP	Arbeitsrechtliche Praxis (Entscheidungssammlung)
ArbGG	Arbeitsgerichtsgesetz
AVG	Angestelltenversicherungsgesetz
BAG	Bundesarbeitsgericht
BauspV	Bausparkassenvertreter
BAV	Bundesaufsichtsamt für das Versicherungswesen
BayObLG	Bayrisches Oberstes Landesgericht
BB	Betriebsberater (Zeitschrift)
BetrAVG	Gesetz zur Verbesserung der betrieblichen Altersversorgung
BFH	Bundesfinanzhof
BGB	Bürgerliches Gesetzbuch
BGBl. I	Bundesgesetzblatt, Teil I
BGHZ	Entscheidungen des Bundesgerichtshofs in Zivilsachen
BVerfG	Bundesverfassungsgericht
BVK	Bundesverband Deutscher Versicherungskaufleute e. V.
CDH	Centralvereinigung Deutscher Handelsvertreterverbände

Abkürzungsverzeichnis

DB	Der Betrieb (Zeitschrift)
d. h.	das heißt
Durchführungs-gesetz	Gesetz zur Durchführung der EG-Richtlinie zur Koordinierung des Rechts der Handelsvertreter vom 23. 10. 1989 (BGBl. I 1989 S. 1910)
EG	Einführungsgesetz zum BGB
EDV	Elektronische Datenverarbeitungsanlage
EStG	Einkommenssteuergesetz
FGG	Gesetz über die Angelegenheiten der freiwilligen Gerichtsbarkeit
GewO	Gewerbeordnung
GG	Grundgesetz
HGB	Handelsgesetzbuch
h. M.	herrschende Meinung
HR	Handelsregister
HRefG	Gesetz zur Neuregelung des Kaufmanns- und Firmenrechts und Änderung handels- und gesellschaftsrechtlicher Vorschriften vom 22. 6. 1998 (BGBl. I 1998 S. 1474 ff.)
HV	Handelsvertreter
i. d. F	in der Fassung
i. d. R.	in der Regel
InsO	Insolvenzordnung
i. S. d.	im Sinne der/des
i. V.	in Verbindung
Kfz	Kraftfahrzeug
KG	Kammergericht
KO	Konkursordnung
Korrekturgesetz	Gesetz zu Korrekturen in der Sozialversicherung und zur Sicherung der Arbeitnehmerrechte vom 19. 12. 1998 (BGBl. I 1998 S. 38, 43 ff.)
LAG	Landesarbeitsgericht
LG	Landgericht

lit.	litera (Buchstabe)
LSG	Landessozialgericht
m. E.	meines Erachtens
MwSt	Mehrwertsteuer
OLG	Oberlandesgericht
RAG	Reichsarbeitsgericht
Rdn.	Randnummer
RG	Reichsgericht
Rspr.	Rechtsprechung
RVO	Reichsversicherungsordnung
Rz.	Randziffer
s. o.	siehe oben
s. u.	siehe unten
SchRModG	Gesetz zur Modernisierung des Schuldrechts vom 26. 11. 2001 (BGBl. 2001 S. 3214)
TankstV	Tankstellenvertreter
U	Unternehmer
UStG	Umsatzsteuergesetz
UWG	Gesetz zur Bekämpfung unlauteren Wettbewerbs
VerbrKrG	Verbraucherkreditgesetz
Vertikal GVO	Gruppenfreistellungsverordnung vom 29. 12. 1999 VO (EG) Nr. 2790/99 über die Anwendung von Art. 81 Abs. 3 EGV
VersV	Versicherungsvertreter
vgl.	vergleiche
VO	Verordnung
VVG	Versicherungsvertragsgesetz
WM	Wertpapiermitteilungen (Zeitschrift)

Abkürzungsverzeichnis

Ziff. .... Ziffer
ZPO .... Zivilprozessordnung
ZPO-RG .... Gesetz zur Reform des Zivilprozesses (Zivilprozessreformgesetz) vom 27. 7. 2001 (BGBl. 2001 S. 1887)
z. Zt. .... zur Zeit

Literaturverzeichnis

I. Kommentare

a) zum Handelsgesetzbuch:

Brüggemann (Canaris)	in Staub-Großkomm. zum HGB 4. Aufl. 1982 ff.
Hopt	Handelsvertreterrecht 3. Aufl.
MüKo/von Hoyningen-Huene	Münchener Kommentar zum HGB von Hoyningen-Huene, 2. Aufl.
Schröder	Recht der Handelsvertreter 5. Aufl. 1973

b) zum BGB:

Jauernig	Bürgerliches Gesetzbuch 12. Aufl.
MüKo	Münchener Kommentar zum BGB 4. Aufl.
Palandt	Bürgerliches Gesetzbuch 66. Aufl.
RGR-Komm.	zum BGB 12. Aufl.

c) zum Versicherungsvertragsgesetz und Bausparkassengesetz:

Martin	in Prölss/Martin, Versicherungsvertragsgesetz 27. Aufl.

d) sonstige:

Hefermehl/Köhler/ Bornkamm	Wettbewerbsrecht 25. Aufl.
Thomas/Putzo	Komm. zur ZPO 28. Aufl.
Zöller	Komm. zur ZPO 26. Aufl.

II. Entscheidungssammlungen

AP	Arbeitsrechtliche Praxis
ARS	Arbeitsrechtssammlungen
BAGE	Entscheidungen des Bundesarbeitsgerichts
BGHZ	Entscheidung des Bundesgerichtshofs in Zivilsachen

HVR	Handelsvertreter- und Vertriebsrecht, Herausgabe CDH – Forschungsverband e. V. Berlin
LM	Lindenmaier-Möhring
OLGZ	Entscheidungen der Oberlandesgerichte in Zivilsachen
RGZ	Entscheidungen des Reichsgerichts in Zivilsachen
SozR	Sozialrecht

III. Monografien, Handbücher, Übersichten, Aufsätze

Ankele	Harmonisiertes Handelsvertreterrecht für die Europäische Gemeinschaft, DB 1987 S. 569 ff.
derselbe	Das Deutsche Handelsvertreterrecht nach der Umsetzung der EG-Richtlinie, DB 1989 S. 2211 ff.
Bumiller	Der Franchisenehmer zwischen Zivil- und Arbeitsgerichtsbarkeit, NJW 1998 S. 2953 ff.
Emde	Rechtsprechungs- und Literaturübersicht zum Vertriebsrecht im Jahre 2005 Teil I, BB 2006 S. 1061
derselbe	Teil II, BB 2006 S. 1121
Flohr	Aktuelle Tendenzen im Franchiserecht, BB 2006 S. 389
Geschwendter	Karenzentschädigung – die neue Marschroute des BFH, NJW 1997 S. 1685 ff.
Heinrichs	Die Entwicklung der Allgemeinen Geschäftsbedingungen im Jahre 1996, NJW 1997 S. 1407
von Hoyningen-Huene	Die kaufmännischen Hilfspersonen
Hübsch	Die neue Rechtsprechung des Bundesgerichtshofs zum Handelsvertreterrecht, WM-Sonderbeilage Nr. 1 zu Heft 9/2005
Kiene	Der Verkauf einer Handelsvertretung, NJW 2006 S. 2007
Küstner	Handbuch des gesamten Außendienstrechts Bd. 1 3. Aufl. Das Recht des Handelsvertreters Bd. 2 Der Ausgleichsanspruch des Handelsvertreters 7. Aufl. Vertriebsrecht Bd. 3

Küstner/ von Manteuffel	Die Änderungen des Handelsvertreterrechts aufgrund der EG-Harmonisierungsrichtlinie, BB 1990 S. 291 f.
derselbe	Gedanken zu dem neuen Ausgleichs-Ausschlussbestand gem. § 89b Abs. 3 Nr. 3 HGB, BB 1990 S. 1713 f.
Rittner	Das Wettbewerbsverbot des Handelsvertreters und § 18 GWB, DB 1989 S. 2587 f.
Schaefer	Das rotierende Vertriebssystem auf der Grenze zwischen Arbeits- und Handelsvertreterrecht, NJW 2000 S. 320
Schmidt, Karsten	Das Handelsrechtsreformgesetz, NJW 1998 S. 2161 ff.
Schwerdtner	Das Recht zur außerordentlichen Kündigung als Gegenstand rechtsgeschäftlicher Vereinbarungen im Rahmen des Handelsvertreterrechts, DB 1989 S. 1757 ff.
Thume	Der Ausgleichsanspruch des Handelsvertreters, BB 1990 S. 1645 f.
Ulmer	Der Vertragshändler 1969
Vogel	Das neue Recht der Handelsvertreter in Frankreich, EuZw 1991 S. 599 f.

IV. Zeitschriften

BB	Betriebsberater
DB	Der Betrieb
MDR	Monatsschrift für Deutsches Recht
NJW	Neue Juristische Wochenschrift
NJW-RR	Neue Juristische Wochenschrift – Rechtssprechungsreport Zivilrecht
OLGZ	Entscheidungssammlung der Oberlandesgerichte
RGZ	Entscheidungen des Reichsgerichts
RVR	Rundschau für Vertreterrecht Versicherungsvermittlung Zeitschrift selbständiger Versicherungskaufleute und Bausparkaufleute
VersR	Versicherungsrecht
VersW	Versicherungswirtschaft
WM	Wertpapiermitteilungen
WRP	Wettbewerb in Recht und Praxis

1. Kapitel

Absatzmittler-Vertragstypen und ihre rechtliche Abgrenzung; Funktionen des § 84; Abgrenzung von haupt- und nebenberuflichen Vertretern

Gesetz und Rechtsprechung haben verschiedene Vertragstypen der Absatzmittler ausgestaltet, nämlich die Gruppe der in den §§ 84 ff. genannten Vertreter (HV, VersV, BauspV, TankstV), die Handelsvertreter im Nebenberuf (§ 92b), die unselbständigen HV (§ 84 Abs. 2), die Gruppe der Handelsmakler (§§ 93 ff.) sowie die Angestellten im Außendienst (AiA §§ 59 ff.).

Den Begriff des freien Mitarbeiters als eigenständige Gruppe kennt das Gesetz nicht. Bei dem in Verträgen häufig verwendeten Begriff ist im Einzelfall zu prüfen, in welche Absatzmittlergruppe diese Mitarbeiter rechtlich einzuordnen sind. Durch die Gemeinsamkeit der Anwendung des § 89b und anderer Vorschriften des Vertreterrechts, sind die Gruppen der Vertreter und eines Teiles der Vertragshändler verbunden, während die HV im Nebenberuf und die unselbständigen HV sowie die AiA diese Ansprüche nicht haben.

Die HV im Nebenberuf beziehen ihre Vergütung aus einem Hauptberuf, der die Zeit und den Umfang der Tätigkeit des HV im Nebenberuf überwiegend in Anspruch nimmt und auch ein HV-Verhältnis sein kann. Dagegen kommt es nicht darauf an, aus welcher Tätigkeit die überwiegenden Einkünfte bezogen werden (statt vieler MüKo/von Hoyningen-Huene, § 92b Rz. 8; a.A. Küstner/Thume, Bd. 1 Rz. 168).

Die Vergütung für die Vermittlung von Geschäften durch Makler und Vertreter ist primär die Provision; die AiA erhalten Fixum und ggf. Provision (§ 65). Die Vertragshändler haben den Verdienst in ihrer Handelsspanne.

1. Kapitel. Absatzmittler-Vertragstypen und ihre rechtliche Abgrenzung

I. Wesentliche Merkmale der Vertragstypen der Handelsmakler, Kommissionäre, Vertragshändler und Franchisenehmer sowie ihre rechtliche Abgrenzung zu den Vertretern

Bei vielen Gemeinsamkeiten – Erfolgsvergütung, Provision etc. – sind die besprochenen Absatzmittlervertragstypen mitunter schwer voneinander abzugrenzen.

In Verträgen wird gelegentlich auf eine ausdrückliche Bezeichnung verzichtet, sodass die Zuordnung zu einem gesetzlichen Vertragstyp anhand des Vertragsinhalts vorgenommen werden muss. In anderen Verträgen decken sich die Bezeichnungen des Absatzmittlers und der Vertragsinhalt nicht, sodass z. B. wegen der Zuständigkeit des angerufenen Gerichts oder des geltend gemachten Ausgleichsanspruchs vorab die rechtliche Einordnung der Tätigkeit vorgenommen werden muss.

So haben die AiA, HV im Nebenberuf und unselbständige HV nicht nur keinen Ausgleichsanspruch nach § 89b; sie sind auch sozialversicherungspflichtig und für sie sind die Arbeitsgerichte sachlich zuständig.

Entscheidend für die rechtliche Einordnung ist deshalb nicht der Parteiwille oder die Vorstellung eines Vertragspartners, sondern das Gesamtbild der Beziehungen anhand des Vertragsinhalts und der tatsächlichen Handhabung.

1. Vertragstyp des Handelsvertreters

§ 84 Abs. 1: „Handelsvertreter ist, wer als selbständiger Gewerbetreibender ständig damit betraut ist, für einen anderen Unternehmer (Unternehmer) Geschäfte zu vermitteln oder in dessen Namen abzuschließen. Selbständig ist, wer im wesentlichen frei seine Tätigkeit gestalten und seine Arbeitszeit frei bestimmen kann".

Daran kann es fehlen bei Vereinbarung eines strikten Wettbewerbsverbots, verbunden mit der Pflicht zur Bestandspflege durch den U. Einem selbständigen HV wird vom U nicht auferlegt, Bestandspflege zu betreiben; diese stellt sich vielmehr als eine im eigenen Interesse liegende, zur Erzielung und Erhaltung von Provisionsansprüchen einzuhaltende Obliegenheit dar (OLG Bremen, Beschluss vom 28. 1. 2005 – HVR 1143).

Selbständigkeit bedeutet somit nicht wirtschaftliche, sondern persönliche Freiheit, z. B. die eigene Arbeitszeit zu bestimmen einschließlich des Urlaubs, und eigene Mitarbeiter auszuwählen, einzustellen, zu entlohnen und zu entlassen. Dagegen ist es unschädlich für den Status als selbständiger HV, dass der U ihm bestimmte Pflichten bei der Akquisition auferlegt, wie z. B. einen Turnus bei Kundenbesuchen, Berichte innerhalb bestimmter Zeitabstände usw.

Deshalb sieht die Rechtsprechung auch Toto-Lotto-Annahmenstellen, Tankstellenbetreiber, Reisebüros; Vermittler von Bauaufträgen, Vermittler von Grundstücksgeschäften, Vermittler von Ladegut, Versicherungs- und Bausparkassenvertreter, Schiffsagenturen, Inhaber von Kartenvorverkaufsstellen usw. als Handelsvertreter an (BGH NJW-RR 1986 S. 709 m. w. Nachw.).

(a) Die Handelsvertretereigenschaft wurde **bejaht**
    (aa) Reisebüro; BGHZ 62 S. 71, 73 = NJW 1974 S. 852 und S. 1242; DB 1982 S. 485; BGH NJW 1991 S. 491);
    (bb) Tankstellenvertreter (als Pächter und auch Eigentümer des Tankstellengrundstücks); st. Rspr.
    (cc) Annahmestellen von Lotto- und Totounternehmen (st. Rspr. BGH, HVR 459; BGH BB 1975 S. 1409; OLG Hamburg WRP 2005 S. 378), Bezirksstellenleitern, denen mehrere Annahmestellen organisatorisch unterstellt sind, Inhabern einer Lottoannahmestelle.
    (dd) Inhaber einer Konzertkartenvorverkaufsstelle BGH DB 1986 S. 1117 = MDR 1986 S. 730.
(b) Die HV-Eigenschaft wurde **verneint**
    (aa) bei vertraglicher Bezeichnung als freier Mitarbeiter (OLG Karlsruhe RVR 1973 S. 41; BGH DB 1982 S. 590);
    (bb) bei vertraglicher Bezeichnung als werbender Repräsentant (LG Bielefeld BB 1975 S. 7; BGH NJW 1983 S. 42 = DB 1982 S. 2346; OLG Düsseldorf DB 1991 S. 1665;
    (cc) bei vertraglicher Bezeichnung als Filialleiter (OLG Karlsruhe DB 1969 S. 742);
    (dd) bei vertraglicher Bezeichnung als Arztpropagandist (LG Dortmund DB 1971 S. 524;

(ee) bei vertraglicher Bezeichnung als Vertriebsdirektor einer Vermögensberatung (BGH NJW 1998 S. 2057).

2. Vertragstyp des Handelsmaklers

Die Regelungen des HV-Rechts finden auf den Handelsmakler grundsätzlich keine Anwendung.

Anders als der HV hat der Handelsmakler keine Verpflichtung zum Tätigwerden; auch sein Auftraggeber bleibt frei.

Dieser ist nicht zum Abschluss des vom Makler vermittelten Vertrages verpflichtet und kann weitere Makler beauftragen. Der Handelsmakler, der für beide Vertragspartner des vermittelten Geschäftes tätig wird, kann damit auch zwei Provisionsansprüche erwerben (BGH BB 1974 S. 100 = DB 1974 S. 85 = HVR 478).

§ 93 Abs. 1: Wer gewerbsmäßig für andere Personen, ohne von ihnen aufgrund eines Vertragsverhältnisses ständig damit betraut zu sein, die Vermittlung von Verträgen ... übernimmt, hat die Rechte und Pflichten eines Handelsmaklers.

3. Vertragstyp des Kommissionärs und des Kommissionsagenten

Kommissionär ist, wer gegen Provision im eigenen Namen für den Unternehmer gewerbsmäßig Geschäfte abschließt (§§ 383 ff.)

Hier interessiert hauptsächlich der im Gesetz nicht näher geregelte Vertragstyp des Kommissionsagenten, der – wie ein Handelsvertreter – in einem Dauerschuldverhältnis zu seinem Auftraggeber (Unternehmer) steht. Die Abgrenzung zwischen Kommissionsagenten und Handelsvertretern dürfte keine Schwierigkeiten bereiten, weil erstere im eigenen Namen verkaufen.

Die Nähe des Vertragstyps „Kommissionsagent" zu dem des Handelsvertreters erlaubt es, einzelne Vorschriften des Handelsvertreterrechts entsprechend auf die Kommissionsagenten anzuwenden.

MüKo/von Hoyningen-Huene, vor § 84 Rz. 12; Hopt, § 84 Rz. 19; § 87a (LG Wuppertal NJW 1966 S. 1129, 1130), § 89b (BGHZ 29 S. 83, 86;

BGH DB 1964 S. 1021 = BB 1964 S. 823 und 1981 S. 576, 577; BFH BB 1974 S. 333.

4. Vertragstyp des Vertragshändlers

> Vertragshändler ist ein Kaufmann, dessen Unternehmen in die Vertriebsorganisation eines Herstellers von Markenwaren in der Weise eingegliedert ist, dass er es durch Vertrag mit dem Hersteller oder einem von diesem eingesetzten Zwischenhändler ständig übernimmt, im eigenen Namen und auf eigene Rechnung die Vertragssparten im Vertragsgebiet zu vertreiben und ihren Umsatz zu fördern, die Funktionen und Risiken seiner Handelstätigkeit hieran auszurichten und im Geschäftsverkehr das Herstellerzeichen neben der eigenen Firma herauszustellen (Ulmer, Der Vertragshändler 1969; st. Rspr. BGH BB 2002 S. 2520 = HVR 1035; MüKo/von Hoyningen-Huene, vor § 84 Rz. 13).

Auf dieses Vertragsverhältnis ist Handelsvertreterrecht entsprechend anwendbar, wenn der Vertragshändler handelsvertretertypische Rechte und Pflichten übernommen hat und in erheblichem Umfang Aufgaben erfüllt, wie sie auch vom HV wahrgenommen werden (BGH, HVR 1035).

Die Vergütung besteht in der Handelsspanne (u. U. mit Abzügen), nicht in einer Provision.

Wegen der Nähe zum Vertragstyp des HV, der Pflicht zur Interessenwahrnehmung, der Integration in das Vertriebsnetz des Herstellers, des Konkurrenzverbots und der Verpflichtung bei Vertragsende die Stammkunden dem U zu überlassen usw., steht dem Vertragshändler bei Vorliegen der Voraussetzungen in entsprechender Anwendung des § 89b bei Vertragsende ein AA zu (BGH NJW 1984 S. 2102; OLG Düsseldorf – HVR 945). Allerdings hält der BGH u. U. eine Reduzierung des AA für denkbar, wenn der Vertragshändler nach Bekanntgabe der Daten der neu geworbenen Kunden seine Kundenkartei einem Dritten überlässt (Urteil vom 28. 6. 2006 – VIII ZR 350/04).

5. Vertragstyp des Franchisenehmers

> Der Franchisevertrag ist ein Dauerschuldverhältnis, durch das der Franchisegeber dem Franchisenehmer gegen Entgelt das Recht einräumt, bestimmte Waren oder Dienstleistungen im eigenen Namen und auf eigene Rechnung zu vertreiben und dabei unter Beachtung des Organisations- und Werbekonzepts des Franchisegebers dessen Namen, die Marke oder andere Schutzrechte und dessen gewerbliche und technische Erfahrungen zu nutzen, wobei der Franchisegeber seinem Partner neben der Schulung im Vertragssystem Rat und Beistand schuldet, aber auch das Recht hat, den Franchisenehmer bei der Ausführung des Systems kontrollieren und bei der Kontrolle festgestellte Mängel in der Einhaltung der geschäftlichen Konzeption zu beseitigen (Bumiller, NJW 1998 S. 2953 ff.).

Seinem Inhalt nach ist der Franchisevertrag somit kein Handelsvertretervertrag. Während im Rahmen eines Handelsvertretervertrages der U das Risiko trägt, Vorhaltekosten für den Vertrieb seiner Produkte vergeblich aufzuwenden und der HV das Risiko vergeblicher Bemühungen hat, beteiligt sich der Franchisenehmer mit den Franchisegebühren am Betriebsrisiko des Franchisegebers (OLG Hamm OLGZ 1989 S. 219).

6. Angestellter im Außendienst

§ 84 Abs. 1: „Wer, ohne selbständig im Sinne des Absatzes 1 zu sein, ständig damit betraut ist, für einen Unternehmer Geschäfte zu vermitteln oder in dessen Namen abzuschließen, gilt als Angestellter."

Die Bezeichnung „Angestellter" ist irreführend, denn gemeint ist ein Handlungsgehilfe i. S. d. §§ 59 ff. Auf diesen Vertragstyp werden auch die Begriffe „Handelsreisender" oder „Angestellter im Außendienst" (AiA) angewandt.

Der AiA ist ebenso wie der HV ständig damit betraut, für den U Geschäfte zu vermitteln oder abzuschließen. Er erhält Gehalt (ggf. auch zusätzlich erfolgsabhängige Provision) und ist umfassend weisungsgebunden. Er hat feste Arbeitszeiten, einen Urlaubsanspruch und unterliegt der sachlichen Zuständigkeit der Arbeitsgerichte.

II. Abgrenzung zwischen den Vertragstypen

1. Handelsvertreter und Angestellte im Außendienst

Da sowohl HV als auch AiA „ständig betraut" sind, Geschäfte für den U zu vermitteln und beide wirtschaftlich von diesem abhängig sind, dient als Unterscheidungsmerkmal die persönliche Selbständigkeit des HV, seine Tätigkeit nach eigener Entscheidung auszuüben einerseits, und die umfassende Weisungsgebundenheit des AiA andererseits.

Zur Unterscheidung der oft ineinander übergehenden Absatzmittlertypen hat die Rspr. eine Schwerpunktbetrachtung entwickelt, die man auch als „Gesamtbildtheorie" bezeichnet; sie stellt nicht nur auf den Vertragswortlaut und die gewählte Bezeichnung bei der rechtlichen Einordnung ab, sondern zusätzlich darauf, welchem Absatzmittlertyp die tatsächliche Vertragshandhabung entspricht (statt vieler: BGH NJW 1999 S. 648; OLG Düsseldorf – HVR 814; OLG Saarbrücken – HVR 1169; BAG – HVR 847; Küstner/Thume, Bd. 3. Rz. 66 ff.).

Von der rechtlichen Einordnung hängt der Rechtsweg ab, so ist z. B. gem. § 5 Abs. 3 ArbGG für Einfirmenvertreter mit einer vertraglich vereinbarten durchschnittlichen Vergütung von nicht mehr als € 1000 im Durchschnitt der letzten sechs Monate das Arbeitsgericht zuständig. Dabei kommt es für die Zuständigkeit des Arbeitsgerichts darauf an, ob der Einfirmenvertreter tatsächlich tätig war und dass er die maßgebende Verdienstgrenze von maximal € 1000 im Durchschnitt der letzten sechs Monate des Vertragsverhältnisses nicht überschritten hat (BAG NJW 2005 S. 1146).

2. Versicherungsvertreter und der Versicherungsmakler

Das wichtigste Unterscheidungsmerkmal ist, dass der VersMakler – anders als der VersV – auch mit dem VN einen Vertrag schließt und von ihm Verhandlungsvollmacht erhält; daraus folgt die Sorgfaltspflicht und Haftung des VersMaklers gegenüber dem VN. Allerdings erhält der VersMakler gewohnheitsrechtlich seine Courtage nur von dem Versicherer. Als weiteres Unterscheidungsmerkmal kommt hinzu, dass der VersMakler mit vielen Versicherern, der VersV aber meist nur mit einem in Vertragsbeziehungen steht. Die Abgrenzung verwischt sich wieder, soweit ein VersMakler mit einem Versicherer längerfristige „Provisionsabkommen" oder „Kooperationsverträge" abschließt, aus denen sich ein Dauerschuldverhältnis entwickelt, das in §§ 93ff. nicht geregelt ist. Grundsätzlich teilt die Maklerprovision das Schicksal der Prämie (vergleichbar der Provisionsentstehung bei HV-Verträgen).

3. Handelsvertreter und Franchisenehmer

Die Frage einer analogen Anwendung des HV-Rechts auf Franchising ist umstritten. So hat das BAG (HVR 845) die arbeitnehmerähnliche Stellung des Franchisenehmers bejaht, das dieser in dem konkreten Fall von der Franchisegeberin wirtschaftlich abhängig war und die Gestaltung des Vertragsverhältnisses und die damit verbundene zeitliche Beanspruchung es dem Franchisenehmer unmöglich machte, eine weitere Erwerbstätigkeit auszuüben. Deshalb war in dem entscheidenden Fall der Franchisenehmer wie ein angestellter Verkaufsfahrer einzuordnen und hinsichtlich seiner Ansprüche der Rechtsweg zu den Arbeitsgerichten gegeben.

Ebenso BGH NJW 1999 S. 218, der die Entscheidungen des OLG Düsseldorf (NJW 1998 S. 2578 und NJW 1998 S. 2981) aufgehoben hat. Das OLG Düsseldorf war der Auffassung gewesen, der Franchisenehmer sei selbständig, da er Hilfskräfte einstellen könne und seine Arbeitszeit und sein Arbeitspensum frei wählen könne und ihm auch eine anderweitige Tätigkeit nicht untersagt worden sei. Der BGH hat diese Auffassung abgelehnt und die Zuständigkeit des Arbeitsgerichts bejaht mit der Begründung, die Ausgestaltung des Vertrages im entscheidenden Fall mache den Franchisenehmer zu einer arbeitnehmerähnlich beschäftigten Person. Diese unterscheide sich zwar von den Arbeitnehmern durch den Grad der persönlichen Abhängigkeit, da arbeitnehmerähnliche Personen nicht in gleichem Umfang wie Arbeitnehmer persönlich abhängig und weisungsgebunden seien; stattdessen trete an die Stelle der persönlichen Abhängigkeit das Merkmal der wirtschaftlichen Abhängigkeit. Wenn der wirtschaftlich Abhängige seiner gesamten Stellung nach einem Arbeitnehmer ähnele, sei er auch so wie dieser sozial schutzbedürftig. Dieses Merkmal sah der BGH als gegeben an, denn der Franchisenehmer verfügte über keine anderweitigen Einkünfte, seine Tätigkeit für den U war seine alleinige Existenzgrundlage und nahm seine Arbeitskraft vollständig in Anspruch. Damit entsprach die Stellung des Franchisenehmers der eines angestellten Verkaufsfahrers.

Der Kundenstamm des Franchisenehmers ist von vorneherein dem Franchisegeber zuzuordnen, sodass z. B. die Verpflichtung des Franchisenehmers nach Vertragsende die Telefonnummern seines Geschäfts auf den Franchisegeber zu übertragen keine entschädigungspflichtige Wettbewerbsabrede i. S. d. § 90a darstellt (OLG Köln – HVR 1158).

In einem anderen Fall hat der BGH (NJW 1999 S. 648) allerdings die arbeitnehmerähnliche Stellung des Franchisenehmers verneint, da er bei Abschluss des Beschäftigungsvertrages als selbständiger Frachtführer tätig war und diese Tätigkeit auch beibehalten hatte, jedenfalls zu dem für die geltend gemachten Ansprüche maßgebenden Entstehungszeitpunkt. Ähnlich LG Hanau (HVR 1175) hinsichtlich eines Dienstleisters, der in Autohäusern Kraftfahrzeuge aufbereitete und reinigte und verpflichtet war, dem U den von ihm geworbenen Kundenstamm bei Vertragsende zu überlassen (vgl. auch Flohr, BB 2006 S. 389, der u. U. einen AA des Franchisenehmers in analoger Anwendung der Voraussetzungen eines Vertragshändlers nach § 89b bejaht. M. E. fehlt es aber an wesentlichen Merkmalen des § 89b, sodass eine analoge Anwendung nicht in Betracht kommt.

III. Funktion des § 84 als soziale Schutzvorschrift

Die Absicht des Gesetzgebers, mit der Legaldefinition des § 84 Umgehungsgeschäfte zum Nachteil der Absatzmittler zu verhindern, ist nur teilweise gelungen. Auch die in § 92a beabsichtigte Festlegung von Mindestarbeitsbedingungen zum Schutz der Einfirmenhandelsvertreter durch Erlass einer Rechtsverordnung ist bisher nicht durchgesetzt worden. Allerdings hat die Regelung erhebliche Bedeutung für die rechtliche Einordnung des HV und für den Rechtsweg. Danach sind gem. § 5 Abs. 3 ArbGG die Arbeitsgerichte für Rechtsstreitigkeiten zwischen U und wirtschaftlich unselbständigen HV zuständig.

Durch das Korrekturgesetz wurde seinerzeit durch § 7 Abs. 4 SGB IV definiert, wer als scheinselbständiger Arbeitnehmer einzustufen ist mit der Folge, dass für diese Scheinselbständigen Sozialversicherungsbeiträge abzuführen sind. § 7 Abs. 4 SGB IV wurde zwischenzeitlich mit Wirkung zum 1. 8. 2006 geändert (BGBl. I S. 1706) wie folgt:

„Für Personen, die für eine selbständige Tätigkeit einen Zuschuss nach § 421 Abs. 1 des Dritten Buches beantragen, wird widerlegbar vermutet, dass sie in dieser Tätigkeit als Selbständige tätig sind. Für die Dauer des Bezugs dieses Zuschusses gelten diese Personen als selbständig Tätige".

Die Bedeutung beschränkt sich somit auf eine Beweiserleichterung hinsichtlich des Status der Scheinselbständigkeit, enthält aber entgegen dem ursprünglichen § 7 Abs. 4 SGB IV keine Definition des Begriffs der Scheinselbständigkeit mehr. Damit unterliegen nahezu alle Einfirmenvertreter der Rentenversicherungspflicht, unabhängig davon, ob sie Ist-Kaufleute, Kann-Kaufleute oder nichtkaufmännische Kleingewerbetreibende sind.

Die Möglichkeit einer Befreiung von der Rentenversicherungspflicht ist durch das Gesetz zur Intensivierung der Bekämpfung der Schwarzarbeit und damit zusammenhängender Steuerhinterziehung vom 23. 7. 2004 (BGBl. I S. 1842) begrenzt:

§ 231 Abs. 5 SGB VI: Personen, die am 31. Dezember 1998 eine selbständige Tätigkeit ausgeübt haben, in der sie nicht versicherungspflichtig waren, und danach gemäß § 2 Satz 1 Nr. 9 versicherungspflichtig werden, werden auf Antrag von dieser Versicherungspflicht befreit, wenn sie
1. vor dem 2. Januar 1949 geboren sind oder
2. vor dem 10. Dezember 1998 mit einem öffentlichen oder privaten Versicherungsunternehmen einen Lebens- oder Rentenversicherungsvertrag abgeschlossen haben, der so ausgestaltet ist oder bis zum 30. Juni 2000 oder binnen eines Jahres nach Eintritt der Versicherungspflicht so ausgestaltet wird, dass

III. Funktion des § 84 als soziale Schutzvorschrift

a) Leistungen für den Fall der Invalidität und des Erlebens des 60. oder eines höheren Lebensjahres sowie im Todesfall Leistungen an Hinterbliebene erbracht werden und
b) für die Versicherung mindestens ebensoviel Beiträge aufzuwenden sind, wie Beiträge zur Rentenversicherung zu zahlen wären, oder
3. vor dem 10. Dezember 1998 eine vergleichbare Form der Vorsorge betrieben haben oder nach diesem Zeitpunkt bis zum 30. Juni 2000 oder binnen eines Jahres nach Eintritt der Versicherungspflicht entsprechend ausgestalten; eine vergleichbare Vorsorge liegt vor, wenn
a) vorhandenes Vermögen oder
b) Vermögen, das aufgrund einer auf Dauer angelegten vertraglichen Verpflichtung angespart wird,

insgesamt gewährleisten, dass eine Sicherung für den Fall der Invalidität und des Erlebens des 60. oder eines höheren Lebensjahres sowie im Todesfall für Hinterbliebene vorhanden ist, deren wirtschaftlicher Wert nicht hinter dem einer Lebens- oder Rentenversicherung nach Nummer 2 zurückbleibt. Satz 1 Nr. 2 gilt entsprechend für eine Zusage auf eine betriebliche Altersversorgung, durch die die leistungsbezogenen und aufwandsbezogenen Voraussetzungen des Satzes 1 Nr. 2 erfüllt werden. Die Befreiung ist binnen eines Jahres nach Eintritt der Versicherungspflicht zu beantragen; die Frist läuft nicht vor dem 30. Juni 2000 ab. Die Befreiung wirkt vom Eintritt der Versicherungspflicht an.

Abs. 6: Personen, die am 31. Dezember 1998 eine nach § 2 Satz 1 Nr. 1 bis 3 oder § 229a Abs. 1 versicherungspflichtige selbständige Tätigkeit ausgeübt haben, werden auf Antrag von dieser Versicherungspflicht befreit, wenn sie
1. glaubhaft machen, dass sie bis zu diesem Zeitpunkt von der Versicherungspflicht keine Kenntnis hatten, und
2. vor dem 2. Januar 1949 geboren sind oder
3. vor dem 10. Dezember 1998 eine anderweitige Vorsorge im Sinne des Absatzes 5 Satz 1 Nr. 2 oder Nr. 3 oder Satz 2 für den Fall der Invalidität und des Erlebens des 60. oder eines höheren Lebensjahres sowie im Todesfall für Hinterbliebene getroffen haben; Absatz 5 Satz 1 Nr. 2 und 3 und Satz 2 sind mit der Maßgabe anzuwenden, dass an die Stelle des Datums 30. Juni 2000 jeweils das Datum 30. September 2001 tritt.

Die Befreiung ist bis zum 30. September 2001 zu beantragen; sie wirkt vom Eintritt der Versicherungspflicht an.

...

IV. Mehrstufige Vertreterverhältnisse i. S. d. § 84 Abs. 3

§ 84 Abs. 3: „Der Unternehmer kann auch ein Handelsvertreter sein."

Besonderheiten hinsichtlich dieser Vertreterverhältnisse sind im Gesetz nicht geregelt, sondern der vertraglichen Vereinbarung überlassen worden. Der Gesetzgeber hat in § 84 Abs. 3 nur klargestellt, dass der Unternehmerbegriff weit auszulegen ist: Darunter fallen nicht nur Warenhersteller, Versicherer, Bausparkassenvertreter i. S. d. § 84 Abs. 1, sondern auch Warenvertreter, Versicherungsvertreter, Bausparkassenvertreter, die für ihren Agenturbetrieb Mitarbeiter beschäftigen, die rechtlich ebenfalls Vertreter i. S. d. §§ 84 ff. sind. Zur Klarstellung werden diese als Untervertreter bezeichnet (BGH BB 1965 S. 304).

Die Bezeichnung solcher U i. S. d. § 84 Abs. 3 als „Generalvertreter" oder „Generalagent" ist mehrdeutig. Der Begriff kann auf einen HV, einen Verkaufsleiter (AiA), einen Bezirks-HV oder auch auf einen Vertragshändler oder einen Kommissionsagenten hinweisen. Die gleiche Funktion können auch Firmen mit der Bezeichnung „Vermögensberatung", „Finanzservice" usw. haben, die ihre Tätigkeit z. B. mit „Versicherungen, Finanzierungen, Bausparen, Anlageberatung" angeben.

1. Echte Untervertreter

Der U i. S. d. § 84 Abs. 3 stellt seine Unterabsatzmittler im eigenen Namen ein. In diesem Fall ist der U selbst Handelsvertreter, sodass die mit ihm in Vertragsbeziehungen stehenden HV oder AiA allgemein als Untervertreter bezeichnet werden. Das Vertragsverhältnis besteht nur mit dem Hauptvertreter, der seinerseits einen Handelsvertretervertrag mit seinem U abgeschlossen hat. Bei der Erfüllung dieses Vertrages sind seine Untervertreter als Erfüllungsgehilfen gem. § 278 BGB tätig. Die Ansprüche der Untervertreter, einschließlich des AA (soweit es sich um HV handelt), richten sich nur gegen ihren Vertragspartner, den Hauptvertreter. Endet das Vertragsverhältnis zwischen U und dem Hauptvertreter, hat der Untervertreter begründeten Anlass zur Kündigung des Vertrages mit dem Hauptvertreter mit der Folge, dass er Anspruch auf Ausgleich gem. § 89b Abs. 3 Satz 1 Alt. 1 hat. Der mit einem oder mehreren U (Warenhersteller, Versicherer) in Geschäftsverbindung stehende Hauptvertreter muss deshalb darauf bedacht sein, dass alle in HV-Verträgen mit seinen U getroffenen Vereinbarungen in gleicher Weise in den Verträgen mit seinen Untervertretern enthalten sind.

> Klauseln des Versicherers oder der Bausparkasse:
> „Der Generalagent erfüllt seine Aufgaben mithilfe seiner Mitarbeiter in einer von ihm selbst aufgebauten und geleiteten eigenen Vermittlungsorganisation ... Im Vordergrund stehen folgende Teilziele ..."
> „Der Generalagent schließt die Verträge mit seinen Mitarbeitern im eigenen Namen, er wird seine Mitarbeiter schriftlich verpflichten, die ihm obliegenden Vertragspflichten auch bei ihrer Tätigkeit zu beachten".

2. Unechte Untervertreter

Diese stehen ebenso wie ihr Betreuervertreter in einem Vertragsverhältnis zum U.

Für die Anleitung und Betreuung der Untervertreter wird dem Hauptvertreter eine Vergütung (Superprovision) bezahlt. Die Vergütung von Superprovision ist ein deutliches Unterscheidungsmerkmal zwischen echten von den unechten Untervertretern, die in keinen vertraglichen Beziehungen zum U stehen, sodass dieser auch für ihre Betreuung durch den Hauptvertreter keine Vergütung schuldet.

Meist betätigen sich die Betreuervertreter selbst auch als Absatzmittler (HV oder AiA). In beiden Funktionen erhalten sie auch anteilige Provision, die prozentual zwischen den Untervertretern und dem Betreuervertreter aufgeteilt wird.

Es finden sich auch übereinander gestaffelte Superprovisionen, z.B. 10% Superprovision für den Gruppenleiter, 5% Superprovision für den Verkaufsleiter, weitere 5% für den Gebietsleiter; dem unechten Unterhandelsvertreter bleiben dann 80% Provision der vom Vertrieb kalkulierten Gesamtprovision.

Da die §§ 84 ff. keinen Hinweis auf die besondere Tätigkeit eines Betreuer-HV enthalten, ist eine vertragliche Regelung sinnvoll. Aus der Versicherungsbranche stammt folgendes Beispiel:

> „Der Bezirksleiter wird sich als Betreuer des von ihm übernommenen Geschäftsgebiets vornehmlich auch der zahlenmäßigen Vermehrung und qualitativer Verbesserung der ihm beigegebenen Mitarbeiter widmen.
> Dabei wird er bemüht sein, neue geeignete Mitarbeiter zu finden sowie gefundene und durch uns verpflichtete neue Mitarbeiter theoretisch und praktisch einzuarbeiten. Die Zuteilung unterstellter Mitarbeiter unterliegt dem freien Ermessen des Versicherers und kann jederzeit widerrufen oder geändert werden."

V. Kaufmannseigenschaft des Vertreters

1. Neuregelung durch das Handelsreformgesetz

Durch das HRefG, das am 1. 7. 1998 in Kraft getreten ist, wurde die Unterscheidung zwischen Voll- und Minderkaufmann aufgehoben. Nach der neuen Gesetzesregelung ist grundsätzlich jeder Kaufmann, der ein Handelsgewerbe betreibt.

§ 1 Abs. 1: Ist-Kaufmann im Sinne dieses Gesetzbuches ist, wer ein Handelsgewerbe betreibt.
Abs. 2: Handelsgewerbe ist jeder Gewerbebetrieb, es sei denn, dass das Unternehmen nach Art und Umfang einen in kaufmännischer Weise eingerichteten Geschäftsbetrieb nicht erfordert.

Daneben tritt der neue Typus des Kann-Kaufmannes.

§ 2 Kann-Kaufmann: Ein gewerbliches Unternehmen, dessen Gewerbebetrieb nicht schon nach § 1 Abs. 2 Handelsgewerbe ist, gilt als Handelsgewerbe im Sinne dieses Gesetzbuches, wenn die Firma des Unternehmens in das Handelsregister eingetragen ist. Der Unternehmer ist berechtigt, aber nicht verpflichtet, die Eintragung nach den für die Eintragung kaufmännischer Firmen geltenden Vorschriften herbeizuführen. Ist die Eintragung erfolgt, so findet eine Löschung der Firma auch auf Antrag des Unternehmers statt, sofern nicht die Voraussetzung des § 1 Abs. 2 eingetreten ist.

V. Kaufmannseigenschaft des Vertreters

Für eine große Zahl von Handelsvertretern, die bisher als Minderkaufleute galten, bedeutet diese Neuregelung, dass sie berechtigt, aber nicht verpflichtet sind, sich als Kleingewerbetreibende in das HR eintragen zu lassen. Machen sie von dieser Möglichkeit Gebrauch, sind sie Kaufleute und unterliegen – mit einigen Ausnahmen – den Bestimmungen des HGB, anderenfalls sind sie Nichtkaufleute (Karsten Schmidt, NJW 1998 S. 2161 ff.).

a) Kleingewerbetreibende

Ausdrücklich hat der Gesetzgeber bei Kleingewerbetreibenden, die HV oder Handelsmakler sein können, § 84 Abs. 4 für anwendbar erklärt.

Inwieweit Bestimmungen des Handelsrechts auch ohne ausdrückliche gesetzliche Regelung auf nicht eingetragene Kleingewerbetreibende anwendbar sind, ist umstritten. Karsten Schmidt (a.a.O.) weist darauf hin, dass die Ersetzung des bisherigen Minderkaufmannes durch den nicht eingetragenen Kleingewerbetreibenden nach § 2 zu Unklarheiten führt. Unsicher ist die Anwendung weiterer Regelungen der §§ 84 ff., da es nach der Regierungsbegründung bei dem numerus clausus der entsprechenden Anwendung der Vorschriften des HGB auf nicht eingetragene Kleingewerbetreibende verbleiben soll, sodass eine nicht erklärbare und im Einzelfall ungerechte Unterscheidung zwischen gesetzlichem Handelsrecht und Handelsgewohnheitsrecht entsteht, die dazu führen kann, dass z.B. § 362 (Vertragsschluss durch Stillschweigen) oder eine Gerichtsstandsvereinbarung nach § 38 Abs. 1 ZPO nach dem Gesetzeswortlaut nur auf eingetragene, der Grundsatz des Schweigens auf ein kaufmännisches Bestätigungsschreiben dagegen auch auf nichtkaufmännische Unternehmer Anwendung fände (Zöller, § 38 Rz. 31). Unsicher ist auch, ob nichteingetragene Kleingewerbetreibende Handelszinsen gem. §§ 352, 353 fordern können und in die Anwendbarkeit des kaufmännischen Kontokorrents i.S.d. §§ 353 ff.

b) Der nach § 5 im Handelsregister eingetragene Vertreter

Bisher war jeder Vollkaufmann verpflichtet, eine Firma anzunehmen und diese zur Eintragung zum Handelsregister anzumelden (§ 29). Auch die zu Unrecht eingetragene Firma besaß bis zur Löschung den Status des Vollkaufmannes. Durch den Wegfall der Unterscheidung zwischen Vollkaufleuten und Minderkaufleuten entfällt die praktische Bedeutung des § 5 weitestgehend, denn Kleingewerbetreibende stehen jetzt berechtigterweise im Handelsregister, sofern und solange sie sich eintragen lassen.

c) Arbeitnehmerähnliche HV

Wenn diese während der letzten sechs Monate des Vertragsverhältnisses bzw. bei kürzerer Dauer während dieser im Durchschnitt nicht mehr als € 1000 erzielten, ist für Klagen gem. § 5 Abs. 3 Satz 1 ArbGG die Zuständigkeit der Arbeitsgerichte gegeben. Das gilt auch, wenn der HV in diesen Monaten nicht arbeitet und nichts verdient hat (BAG NJW 2005 S. 1146).

2. Vertreter in Form einer Handelsgesellschaft

Vertreter kann auch eine Handelsgesellschaft sein, z.B. eine KG oder GmbH, auf die der Grundsatz, dass die Vertretertätigkeit in Person auszuüben ist, keine Anwendung findet. Bei Gesellschafterwechsel, Tod oder Invalidität eines Gesellschafters wird der Vertrag nicht berührt, weil nur die Gesellschaft Bemühungen i.S.d. § 86 Abs. 1 Halbsatz 1 schuldet, es sei denn, der Vertrag enthält die Regelung, dass mit dem Tod eines bestimmten Gesellschafters das Vertragsverhältnis endet. Sonst ist der Tod oder die Abberufung des Geschäftsführers einer HV-GmbH oder eines Gesellschafters ohne rechtliche Folge für das Vertragsverhältnis zum U. Die Auflösung der Gesellschaft beendet ihrerseits den Vertretervertrag.

VI. Dem Vertreter vom Unternehmer erteilte Vollmacht

Der U erteilt dem HV entweder Abschluss- oder Vermittlungsvollmacht, d.h., dass der HV entweder nur zu Vertragsverhandlungen und Weitergabe des ausgehandelten Vertragsentwurfs berechtigt ist (= Vermittlungsvollmacht) oder im Namen des U einen Vertrag abschließen kann (Abschlussvollmacht). Die Art der Vollmachtserteilung wird im Vertretervertrag geregelt.

VI. Dem Vertreter vom Unternehmer erteilte Vollmacht

1. Umfang der dem Vertreter erteilten Vollmacht

§ 91 Abs. 2: Ein Handelsvertreter gilt, auch wenn ihm keine Vollmacht zum Abschluss von Geschäften erteilt ist, als ermächtigt, die Anzeige von Mängeln einer Ware, die Erklärung, dass eine Ware zur Verfügung gestellt werde, sowie ähnliche Erklärungen, durch die ein Dritter seine Rechte aus mangelhafter Leistung geltend macht oder sich vorbehält, entgegenzunehmen; er kann die dem Unternehmer zustehenden Rechte auf Sicherung des Beweises geltend machen.
Eine Beschränkung dieser Rechte braucht ein Dritter gegen sich nur gelten zu lassen, wenn er sie kannte oder kennen musste.

§ 91 Abs. 1: § 55 gilt auch für einen Handelsvertreter, der zum Abschluss von Geschäften von einem Unternehmer bevollmächtigt ist, der nicht Kaufmann ist.

Durch den durch das HRefG neu eingefügten § 84 Abs. 4 ist sichergestellt, dass damit auch nichtkaufmännische Kleingewerbetreibende berechtigt sind, im Rahmen der ihnen erteilten Abschlussvollmacht Verträge mit Wirkung für den U abzuschließen.
Der Umfang der Vollmacht ergibt sich aus § 54 Abs. 1, falls im Vertrag keine gesonderte Regelung getroffen wurde.

§ 54 Abs. 1: Ist jemand ohne Erteilung der Prokura ... zur Vornahme einer bestimmten zu einem Handelsgewerbe gehörenden Art von Geschäften ... ermächtigt, so erstreckt sich die Vollmacht (Handlungsvollmacht) auf alle Geschäfte und Rechtshandlungen, die ... die Vornahme derartiger Geschäfte gewöhnlich mit sich bringt.

Damit ist eine gleichförmige Vollmacht außerhalb der Prokura so definiert, dass sie entsprechend der Branchenübung ausgelegt werden kann.
Ganz gleich, ob die Vollmacht von einem Kaufmann oder einem nichtkaufmännischen U erteilt worden ist, kann der Vollmachtgeber sich gegenüber Dritten nicht auf Beschränkungen der von ihm erteilten Handlungsvollmacht berufen, die der Dritte nicht kannte oder nicht kennen musste.

2. Haftung des Unternehmers gegenüber Dritten für seine Bevollmächtigten

Diese gelten bei Vertragsverhandlungen als seine Erfüllungsgehilfen i. S. d. §§ 276, 278 BGB. Der U muss deshalb Dritten gegenüber für die Richtigkeit der vom HV abgegebenen Erklärungen bei den Vertragsverhandlungen und für gegebene Zusicherungen einstehen. In den Fällen einer arglistigen Täuschung des HV gegenüber dem Kunden kann der U sich nach der Rechtsprechung nicht darauf berufen, der HV sei „Dritter" i. S. d. § 123 Abs. 2 BGB. Dass der HV sich insoweit gegenüber dem U schadensersatzpflichtig macht, wenn dieser keine Kenntnis von der arglistigen Täuschung hatte, entbindet den U nicht von der Haftung gegenüber dem getäuschten Kunden.

3. Überschreitung der Vollmacht – Missbrauch

a) Vollmachtsüberschreitung

§ 91 a Abs. 1: Hat ein Handelsvertreter, der nur mit der Vermittlung von Geschäften betraut ist, ein Geschäft im Namen des Unternehmers abgeschlossen und war dem Dritten der Mangel an Vertretungsmacht nicht bekannt, so gilt das Geschäft als von dem Unternehmer genehmigt, wenn dieser nicht unverzüglich, nachdem er von dem Handelsvertreter oder dem Dritten über Abschluss und wesentlichen Inhalt benachrichtigt worden ist, dem Dritten gegenüber das Geschäft ablehnt.

Abs. 2: Das gleiche gilt, wenn ein Handelsvertreter, der mit dem Abschluss von Geschäften betraut ist, ein Geschäft im Namen des Unternehmers abgeschlossen hat, zu dessen Abschluss er nicht bevollmächtigt ist.

Es kommt dabei nicht darauf an, ob der HV gutgläubig oder wissentlich seine Vollmacht überschreitet. Er haftet dem Kunden nach § 179 BGB, wenn der U die Genehmigung des Geschäfts verweigert. Der Kunde hat ein Widerrufsrecht nach § 178 BGB.

b) Missbrauch der Vollmacht

Bei Missbrauch einer wirksam erteilten Vollmacht trägt der U das Risiko. Der Vertretene ist aber nach der Rspr. gegen einen für den Vertragspartner erkennbaren Missbrauch dann geschützt, wenn sich der Verdacht eines Treueverstoßes des HV gegen den Vertretenen geradezu aufdrängt (BGH DB 1981 S. 840; BGH DB 1984 S. 661).

4. Besonderheiten der Vollmachterteilung nach §§ 43 bis 47 VVG

Für Versicherungsvertreter gilt die oben erörterte Regelung nur, soweit die §§ 43 bis 47 VVG nichts Abweichendes enthalten.

§ 43 VVG. Ein Versicherungsagent gilt, auch wenn er nur mit der Vermittlung von Versicherungsgeschäften betraut ist, als bevollmächtigt in dem Versicherungszweige, für den er bestellt ist:
1. Anträge auf Schließung, Verlängerung und Änderung eines Versicherungsvertrages sowie den Widerruf solcher Verträge entgegenzunehmen;
2. die Anzeigen, welche während der Versicherung zu machen sind, sowie Kündigungs- und Rücktrittserklärungen oder sonstige das Versicherungsverhältnis betreffende Erklärungen von dem Versicherungsnehmer entgegenzunehmen;
3. die von dem Versicherer ausgefertigten Versicherungsscheine oder Verlängerungsscheine auszuhändigen;
4. Prämien nebst Zinsen und Kosten anzunehmen, sofern er sich im Besitz einer vom Versicherer unterzeichneten Prämienrechnung befindet; zur Unterzeichnung genügt eine Nachbildung der eigenhändigen Unterschrift.

Die Regelung des § 43 VVG sowie des § 45 VVG, der die Abschlussvollmacht regelt, sowie § 46 VVG, der die örtlichen Grenzen der Vollmacht bestimmt und § 47 VVG, der klarstellt, dass ein Dritter die Beschränkung der Vollmacht des Versicherungsagenten nur gegen sich gelten lassen muss, wenn er Kenntnis von dieser Einschränkung hat, sind weitestgehend durch die Praxis überholt. Da die Versicherer die Policen selbst versenden, das Inkasso selbst vornehmen und in den Verträgen in aller Regel nur Vermittlungsvollmacht erteilen und der Vertrag erst durch die Policierung in Gang gesetzt wird, ist die praktische Bedeutung des § 47 VVG gering.

2. Kapitel

Abschluss und Inhalt des Vertretervertrages unter Berücksichtigung zwingenden Rechts. Änderung von Verträgen

I. Vertragsschluss

Wie bei allen Verträgen bedarf es auch zum Zustandekommen eines Vertretervertrages der Willensübereinstimmung beider Vertragspartner i.S. d. §§ 145 ff. BGB. Schriftform i. S. d. §§ 126 ff. BGB ist nicht erforderlich, aber dringend zu empfehlen.

1. Recht auf Vertragsurkunde

Ungeachtet des Grundsatzes der Formfreiheit hat der Gesetzgeber klargestellt, dass bei einem Dauerschuldverhältnis mit möglicherweise mehrfachen Vertragsabänderungen ein schutzwürdiges Interesse des HV als des wirtschaftlich meist schwächeren Partners daran besteht, eine schriftliche Fixierung des geltenden Vertragsinhalts zu erhalten, schon um nicht in Beweisnot zu geraten.

Dem trägt § 85 für beide Partner Rechnung, der einen bestehenden Vertrag voraussetzt.

§ 85: Jeder Teil kann verlangen, dass der Inhalt des Vertrages sowie spätere Vereinbarungen zu dem Vertrag in eine vom anderen Teil unterzeichneten Urkunde aufgenommen werden. Dieser Anspruch kann nicht ausgeschlossen werden.

Die Verletzung des Anspruchs auf eine unterzeichnete Vertragsurkunde gibt dem HV begründeten Anlass, das Vertragsverhältnis ordentlich unter Erhalt seines AA gem. § 89b Abs. 3 Nr. 1 zu kündigen (BGH BB 2006 S. 905 – HVR 1139).

2. Wirkung einer Invollzugsetzung des Vertragsverhältnisses

Nicht selten entsteht Streit darüber, ob ein HV überhaupt aufgrund eines Vertretervertrages tätig geworden ist. Da nach st. Rspr. die Akquisitionstätigkeit nicht förmlich festgelegt ist, sondern sich auch aus der tatsächlichen Handhabung ergeben kann (BGH BB 1990 S. 303), kommt es darauf an, ob sich die tatsächliche Vermittlungstätigkeit zu einer Rechtspflicht gefestigt hat, z.B. wenn der HV jahrelang Geschäfte für den U vermittelte und hieraus Provisionen erhielt, und wie diese Tätigkeit rechtlich einzuordnen ist. Auch wenn sich die Parteien nicht über alle zu regelnden Punkte geeinigt hatten und einer der Beteiligten den Abschluss eines schriftlichen Vertrages ablehnte und der Tätigkeit zumindest hauptsächlich in der Vermittlung von Geschäften bestand, ist sie rechtlich als Handelsvertretertätigkeit einzuordnen (BGH BB 1987 S. 220; OLG Hamm – HVR 970). Das gleiche gilt, wenn es sich um einen Bezirks-HV-Vertrag handelt und Streit über die Zuweisung eines Bezirks entsteht (BGH NJW-RR 1994 S. 1340).

Häufig gibt es Meinungsverschiedenheiten über Entstehung und Höhe der vom U geschuldeten Provision. Der HV hat auch dann, wenn kein Vertragsschluss nachzuweisen war, Anspruch auf die gesetzliche Provision gem. § 354 Abs. 1 HGB, wenn er eine Tätigkeit im Interesse und mit Billigung des U ausübte, die nach allgemeiner Anschauung im Handelsverkehr nicht unentgeltlich erfolgt (BGH NJW 1993 S. 802 = BB 1993 S. 818 = VersR 1993 S. 878).

Der BGH führt (a.a.O.) hierzu aus, dass ein Kaufmann nach allgemeiner Anschauung im Handelsverkehr nicht unentgeltlich im Dienste anderer tätig wird und dass das seinem Geschäftspartner bekannt ist, jedenfalls müsse dieser damit rechnen. Die Höhe errechnet sich entsprechend § 87b Abs. 1, d.h., wenn die Provision nicht bestimmt wurde, ist der übliche Satz als vereinbart anzusehen.

Das muss auch gelten, wenn sich die Rechtsnatur eines Vertragsverhältnisses während des Bestehens verändert und die Parteien für diesen Fall keine ausdrückliche Regelung hinsichtlich der Provisionshöhe getroffen haben. Wenn z.B. aus einem HV im Nebenberuf ein hauptberuflicher HV wird, steht ihm die für HV im Hauptberuf übliche Provision zu.

3. Abschlussmängel des Vertretervertrages

Als zur Unwirksamkeit des Vertretervertrages führende Abschlussmängel sind zu nennen: Der Irrtum eines Vertragspartners i.S.d. §§ 119 bis 123 BGB mit nachfolgender Anfechtung mit der Wirkung des § 142 BGB; der Verstoß gegen ein gesetzliches Verbot nach § 134 BGB; die Sittenwidrigkeit eines Vertrages nach § 138 BGB.

> **Beispiel** für die Nichtigkeit des Vertretervertrages nach § 134 BGB: Die Vertragspartner einigen sich im Laufe der Vertragsabwicklung bei Rüstungsgeschäften im Ausland darauf, maßgebliche Personen zu bestechen (Schröder, § 85 Rz. 4).

Wenn nur einzelne Vertragsklauseln nichtig sind, ist anzunehmen, dass lediglich die betroffene nichtige Klausel wegfällt. Das betrifft auch die Unwirksamkeit einzelner Regelungen.

Z.B.: Die Vereinbarung sog. Hungerprovisionen bei Handelsvertretern, Trinkhaus DB 1967 S. 859, 861; Hopt § 86 Rz. 9). An die Stelle des vereinbarten, tritt der übliche Provisionssatz (§ 87b Abs. 1). BGHZ 40 S. 235, 238f. = DB 1964 S. 28 (ebenso BAG DB 1959 S. 836).

Der Vertrag erhält dann den den zwingenden Bestimmungen entsprechenden Inhalt.

II. Inhalt des Vertretervertrages

Der Gesetzgeber hat den Inhalt des Vertretervertrages in den §§ 84ff. als komplettes Vertragsmodell ausgeformt. Inhalt eines von den Parteien abgeschlossenen Vertrages sind deshalb hauptsächlich vom Gesetz abweichende und/oder ergänzende Regelungen. Diese werden häufig in Formularverträgen vereinbart, die dann auf ihre Übereinstimmung mit dem geltenden Recht zu überprüfen sind.

Zu einer von der Norm abweichenden Tätigkeit des HV gehört z. B. der Einsatz im Rotationssystem, das im Gesetz nicht geregelt wurde. Diese Art des Einsatzes findet sich häufig bei HV, die mit der Akquisition im Anzeigengeschäft beauftragt sind. Die Besonderheit besteht darin, dass der U den Einsatz der HV in wechselnden Gebieten anordnen kann und keine kontinuierliche Betreuung des geworbenen Kundenstamms durch den HV zulässt, was sich nachteilig auf den AA auswirkt (s. u. 8. Kapitel).

In letzter Zeit haben Gesetzesänderungen oder neue Gesetze auf dem Gebiet des Handelsvertreterrechts zu Änderungen geführt, die in HV-Verträgen zu berücksichtigen sein werden. Das betrifft das Handelsrechtsreformgesetz, mit dem ein einheitlicher Kaufmannsbegriff geschaffen wurde (s. o. 1. Kapitel V.). Außerdem wurde durch das „Gesetz zu Korrekturen in der Sozialversicherung und zur Sicherung der Arbeitnehmerrechte" (Korrekturgesetz) die Gruppe der bisher von der Versicherungspflicht betroffenen Personen um den Personenkreis der „arbeitnehmerähnlichen" Selbständigen erweitert.

Mit dem Handelsrechtsreformgesetz wurde die Unterscheidung zwischen Vollkaufmann und Minderkaufmann ersetzt durch einen einheitlichen Kaufmannsbegriff. Danach ist Kaufmann, wer ein Handelsgewerbe betreibt (§ 1 Abs. 1 HRefG) sog. „Ist-Kaufmann", es sei denn, dass das Unternehmen nach Art und Umfang einen in kaufmännischer Weise eingerichteten Gewerbebetrieb nicht erfordert (§ 1 Abs. 2 HRefG). Auch nicht im HR eingetragene Kleingewerbetreibende können nach dieser Vorschrift HV sein.

1. EG-Richtlinie und Durchführungsgesetz

Die am 18. 12. 1986 verabschiedete „Richtlinie zur Koordinierung der Rechtsvorschriften der Mitgliedsstaaten betreffend die selbständigen Handelsvertreter" lehnt sich weitgehend an deutsches HV-Recht an. Die Richtlinie verpflichtet die Mitgliedsstaaten zur Umsetzung in das jeweilige nationale Recht. Die Bundesrepublik Deutschland hat diese Verpflichtung durch die Verabschiedung des Durchführungsgesetzes erfüllt, ebenso die Niederlande. Frankreich hat mit dem Gesetz vom 25. 6. 1991 die EG-Richtlinie in sein innerstaatliches Recht umgesetzt. Dabei hat Frankreich von der den Mitgliedsstaaten nach der EG-Richtlinie zugestandenen Regelungsfreiheit Gebrauch gemacht, sodass das deutsche und das französische HV-Recht in einigen wesentlichen Punkten nicht übereinstimmen (z. B. Nichteinbeziehung der Versicherungsvertreter, der Reisebüros, der unterschiedlichen Ausgestaltung des Ausgleichsanspruchs usw.) (Vogel, EnZW 1991 S. 599 ff.). Für das Recht der Bundesrepublik Deutschland ergab sich keine wesentliche Änderung, da bereits das bisherige HV-Recht weitestgehend mit der EG-Richtlinie übereinstimmte. Hinzugekommen sind lediglich einige Klarstellungen und die Ausgestaltung einiger Vorschriften als zwingendes Recht zugunsten des HV.

§ 86 Abs. 1 und Abs. 2, die die Pflichten des HV regeln, sind zwingendes Recht. Davon abweichende Vereinbarungen sind nach § 86 Abs. 4 unwirksam.

Die Pflichten des U, dem HV die erforderlichen Unterlagen unentgeltlich zur Verfügung zu stellen und die erforderlichen Nachrichten und Informationen zu erteilen, sind durch den neu eingefügten und seit 1. 1. 1990 geltenden § 86a Abs. 3 zwingendes Recht (Novelle 1990 vom 23. 10. 1989, BGBl. S. 1910). Auch die unverzügliche Annahme oder Ablehnung des vermittelten abgeschlossenen Geschäfts – auch Abänderungen – mitzuteilen, ist zwingend.

§ 87 Abs. 3 regelt neu, dass für provisionspflichtige Geschäfte, die erst nach Beendigung des HV-Vertrages abgeschlossen werden, ein Provisionsanspruch des ausgeschiedenen HV besteht, wenn er vor Vertragsende das Geschäft eingeleitet oder so vorbereitet hat, dass seine Tätigkeit überwiegend ursächlich für den Vertragsschluss war. Auch wenn das Angebot des Kunden dem U oder dem HV vor Vertragsende zugegangen war, besteht ein Provisionsanspruch. Damit wird verhindert, dass der U die Angebotsannahme erst auf einen Zeitpunkt nach Beendigung des HV-Vertrages verlegt, um so eine Provisionszahlungspflicht zu vermeiden. Erstmals wird mit § 87 Abs. 3 Satz 2 gesetzlich die Provisionskonkurrenz entsprechend der in der Praxis verbreiteten Provisionsteilung zwischen dem ausgeschiedenen und dem nachfolgenden HV geregelt. Nach § 87 Abs. 3 Satz 2 steht der Provisionsanspruch beiden

HV zu, wenn beide maßgeblich am Zustandekommen des nachvertraglichen Geschäfts beteiligt waren. Da diese Bestimmung nicht zwingend ist, kann eine abweichende Regelung vereinbart werden. Davon wird i.d.R. Gebrauch gemacht, um eine doppelte Provisionszahlungsverpflichtung des U zu vermeiden.

Nach § 87a Abs. 3 Satz 2 ist für den Wegfall des Provisionsanspruchs allein maßgebend, ob die Nichtausführung des Geschäfts durch den U auf Umständen beruht, die dieser nicht zu vertreten hat. Die Beweislast trägt der U.

Nach § 87 Abs. 5 sind Vereinbarungen über die Frage, wann die Nichtleistung des Dritten als feststehend gelten soll, nicht zu Ungunsten des HV möglich.

§ 89 ändert die Kündigungsfristen für eine ordentliche Kündigung. Nach § 89 Abs. 1 beträgt die Kündigungsfrist bei Verträgen auf unbestimmte Zeit im ersten Vertragsjahr einen Monat, im zweiten Vertragsjahr zwei Monate und im dritten bis fünften Vertragsjahr drei Monate. Ab dem sechsten Vertragsjahr kann von den Vertragspartnern nur mit einer Frist von sechs Monaten gekündigt werden. Die Kündigung ist – abdingbar – für den Schluss eines Kalendermonats zulässig. Nach § 89 Abs. 2 können die Kündigungsfristen durch Vereinbarungen verlängert werden; sie dürfen für den U aber nicht kürzer sein als für den HV. Die Vereinbarung einer unterschiedlichen Kündigungsfrist zugunsten des HV ist aber wirksam. Nach § 89 Abs. 3 ist ein Vertragsverhältnis, das zunächst für eine bestimmte Zeit eingegangen und dann nach Ablauf der vereinbarten Laufzeit stillschweigend von beiden Teilen fortgesetzt wurde, nunmehr als auf unbestimmte Zeit geschlossen anzusehen. Deshalb ist für die Kündigung eines fortgesetzten Vertragsverhältnisses bei der Berechnung der Fristen nach Abs. 1 die gesamte Vertragsdauer zu berücksichtigen.

§ 89b Abs. 4 Satz 2 verlängert die Frist zur Geltendmachung des Ausgleichsanspruchs auf ein Jahr.

Durch § 89b Abs. 3 Nr. 3 wurde 1990 neu die Möglichkeit einer Vertragsübernahme durch einen Dritten eingeführt. Aufgrund einer Vereinbarung zwischen dem U und dem HV kann das Vertragsverhältnis mit dem Nachfolger mit dessen Zustimmung fortgesetzt werden. Der BGH ging bisher davon aus, dass der vom ausscheidenden HV geworbene Kundenstamm auch bei Erfüllung der Ausgleichszahlung durch den Nachfolger ausgleichsrechtlich nicht als Kundenstamm des Übernehmers zu werten sei (Küstner/ Thume, Bd. 2 Rz. 288). Diese Auffassung hat Kritik erfahren. Eine Regelung, wonach der so übernommene Kundenstamm bei der Ausgleichsberechnung des Nachfolgers einzubeziehen ist, war nach der Übernahme nach Meinung des BGH möglich. Die Tendenz geht jetzt dahin, auch ohne ausdrückliche Vereinbarung in derartigen Fällen den Kundenstamm in die Ausgleichsberechnung einzubeziehen (s. u. 8. Kapitel).

2. Allgemeine Geschäftsbedingungen

Soweit die Vertragspartner die Vertragsbedingungen nicht im Einzelnen aushandeln, sondern einen Formularvertrag verwenden, d. h. grundsätzlich einen Vertrag mit identischen bzw. unveränderbaren Bedingungen für alle Vertragspartner, sind diese besonders zu prüfen. Das AGBG wurde aufgehoben durch Art. 6 Nr. 4 SchRModG vom 26. 1. 2001. Die Bestimmungen des AGBG – soweit sie für HV von Bedeutung sein können – wurden in die §§ 305 bis 310 BGB eingearbeitet. Diese enthalten nur wenige inhaltliche Änderungen gegenüber den Vorschriften des AGBG, sodass die Literaturmeinung und Rechtsprechung zu den für das HV-Recht relevanten Fragen unverändert herangezogen werden kann (a. A. MüKo/von Hoyningen-Huene, § 84 Rz. 72). Allerdings gelten die §§ 305 ff. BGB n. F. erst für HV-Verträge, die nach dem 31. 12. 2001 geschlossen worden sind, oder wenn ältere Verträge wesentlich verändert oder erweitert worden sind. Dieser Umstand ist aber ohne rechtliche oder tatsächliche Bedeutung, da die neuen Regelungen mit den Bestimmungen des AGBG weitgehend übereinstimmen, sodass auch ältere Verträge weitgehend nach den neuen Normen überprüft werden können (Palandt 65. Aufl., Überblick vor § 305 Rz. 1, 2).

a) Anwendbarkeit auf Handelsvertreter

Bestimmungen, die nach den Umständen, insbesondere nach dem äußeren Erscheinungsbild des Vertrages so ungewöhnlich sind, dass der Vertragspartner des Verwenders mit ihnen nicht zu rechnen braucht (überraschende Klauseln), werden nach § 305 c BGB nicht Vertragsbestandteil. Die Vorschrift setzt voraus, dass die Klausel aus der Sicht der angesprochenen Verkehrskreise nach den Gesamtumständen ungewöhnlich ist und der Kunde wegen des ungewöhnlichen Charakters der Klauseln und fehlender Aufklärung über ihren Inhalt nicht mit ihnen rechnete (MüKo, § 305 c Rz. 1). Als überraschende Klausel gilt z. B. die Aufhebung entstandener Ansprüche des HV bei Überlassung von Adressen. Darunter fällt damit auch die Verpflichtung zur Zahlung von sog. Remissionsgebühren, wenn ein Kunde ein ihm zur Ansicht überlassenes Buch zurückschickt und damit der entstandene Provisionsanspruch nachträglich entfällt.

Vorrangig ist die Auslegung der Klausel und der übrigen vorformulierten Teile des Vertrages nach §§ 133, 157 BGB. Nur wenn diese Auslegung ergibt, dass die Klausel objektiv mehrdeutig ist, kommt § 305 c Abs. 2 BGB zur Anwendung (MüKo, § 305 c Rz. 29).

Zu beachten ist auch das Umgehungsverbot nach § 306 a BGB. Von einer Umgehung des Rechts ist auszugehen, wenn der Vertrag indirekt gegen zwingende Vorschriften verstößt, z. B. eine laufend gezahlte „Sondervergütung", die auf den künftigen Ausgleichsanspruch anzurechnen ist, weil damit § 89 b Abs. 4 umgangen wird. Die praktische Bedeutung der Bestimmung ist im Hinblick auf die Generalklausel des § 307 BGB aber gering.

Nach § 307 BGB sind Bestimmungen in Allgemeinen Geschäftsbedingungen unwirksam, wenn sie den Vertragspartner des Verwenders entgegen den Geboten von Treu und Glauben unangemessen benachteiligen. Eine unangemessene Beteiligung ist im Zweifel anzunehmen, wenn eine Bestimmung (1.) mit wesentlichen Grundgedanken der gesetzlichen Regelung, von der abgewichen wird, nicht zu vereinbaren ist oder (2.) wesentliche Rechte und Pflichten, die sich aus der Natur des Vertrages ergeben, so einschränkt, dass die Erreichung des Vertragszwecks gefährdet ist.

Die Generalklausel erfüllt die Funktion der Inhaltskontrolle und liegt der gesamten richterlichen Überprüfung des Inhalts von Vereinbarungen im kaufmännischen Geschäftsverkehr zugrunde. Der

Tatbestand des § 307 BGB enthält im Gegensatz zu § 138 BGB kein subjektives Element, d.h., dass es auf ein Verschulden des Verwenders bei der rechtlichen Prüfung nicht ankommt.

b) Beispiele einiger Vertragsklauseln in der Reihenfolge der §§ 84 ff.

aa) § 84 Abs. 2, Begriff des Angestellten im Außendienst

„Der Mitarbeiter übernimmt mit Wirkung vom ... eine Vertretung der Gesellschaft und steht zu dieser im Rechtsverhältnis des freien Mitarbeiters ...".

Nach § 84 ist ein Absatzmittler entweder HV oder AiA; die Schaffung einer Zwischenschicht von Absatzmittlern neben § 84 ist nicht gewollt. Die Klausel ist mit § 84 Abs. 2 nicht zu vereinbaren und verstößt gegen einen wesentlichen Grundgedanken der gesetzlichen Regelung (OLG Karlsruhe RVR 1973 S. 41) zum AGBG. Sie ist damit unwirksam.

bb) § 86 Abs. 1 Halbsatz 1, Hauptpflicht des HV, sich um Abschlüsse zu bemühen

„Der Handelsvertreter verpflichtet sich, folgende Gesamtumsätze in dem übergebenen Vertragsgebiet zu machen ...".

Die Klausel verstößt gegen einen wesentlichen Bestandteil des HV-Rechts und ist nach § 307 BGB nichtig. Der HV schuldet zwar Bemühungen, aber keinen Erfolg (MüKo, § 307 Rz. 107). Ebenso nichtig ist die nachfolgende Regelung:

„Der Generalagent übernimmt das festgelegte Arbeitsgebiet in seine Verantwortung. Mit Rücksicht auf die höheren Provisionssätze, das größere Gebiet und die größere Verantwortung sind die Umsatzvorgaben des Unternehmers verpflichtend.
Der Generalagent wird seine Mitarbeiter schriftlich verpflichten, die ihm gegenüber dem Unternehmer obliegenden Vertragspflichten bei ihrer Tätigkeit zu beachten."

Auch folgende Klausel ist nichtig:

„Die Zahlung der Garantiebeträge führt zu einem Unterverdienst, soweit er nicht durch Provisionen ausgeglichen wird. Dieser Unterverdienst wird als zinsloses Darlehen angesehen ... Erfüllt der Mitarbeiter in den ersten beiden Wochen eines Produktionsmonats nicht mindestens 50% des geforderten Produktionssolls, so gilt der Vertrag sofort als aufgehoben."

Die letztgenannte Klausel enthält eine den VersV benachteiligende Regelung i.S.d. § 307 BGB, weil auch der Versicherungsvertreter lediglich Bemühungen schuldet. Die Klausel ist auch mit dem Sinn der Garantieprovision unvereinbar und verstößt zudem gegen die gesetzliche Mindestfrist für eine ordentliche Kündigung. Für eine fristlose Kündigung fehlt es an einem anzuerkennenden wichtigen Grund i.S.d. § 89a Abs. 1.

cc) § 86a, Pflicht des U, dem HV die erforderlichen Unterlagen zur Verfügung zu stellen

„Der Handelsvertreter bekommt die Musterteile mit einem Rabatt von 50% bei Übernahme berechnet und zwar mit einer Valuta von sechs Monaten. Er verpflichtet sich, diese Kollektion nicht vor Ende der jeweiligen Kollektionsvorlagen, d.h. vor dem 30. 4. und 30. 10. zu verkaufen.
Er ist verpflichtet, nicht zurückgegebene Musterteile zu kaufen."

Die Klausel verstößt gegen § 307 BGB, da sie den HV, der nach h.M. Anspruch auf eine kostenlose Überlassung der Musterkollektion hat, unangemessen benachteiligt. Hinzukommt, dass dem HV und nicht dem U – in Abweichung von dem gesetzlichen Leitbild – auch das Risiko des normalen Verschleißes der Musterstücke durch ihre Präsentation auferlegt wird (OLG Düsseldorf, HVR 770).

Ein formularmäßige Verpflichtung zum Kauf ist unwirksam (OLG München R-R 1999 S. 1194).

dd) § 86b, Delkredere

„Der Handelsvertreter muss für die Zahlungsunfähigkeit oder Zahlungsunwilligkeit des Kunden bis zur Höhe gerichtlicher Beitreibungskosten einstehen …"

oder

„Der Handelsvertreter zahlt für die Mahnung eines säumigen Kunden einen Stornobetrag in Höhe von € 20."

oder

„Kosten des außergerichtlich sowie gerichtlichen Mahn- und Klageverfahrens einschließlich entstandener Anwaltskosten, Porto und Zwangsvollstreckungskosten, gehen im Falle der Unbeibringlichkeit zulasten des Handelsvertreters."

oder

„Die vom Unternehmer verauslagten Kosten können bei den laufenden Provisionsabrechnungen einbehalten werden."

Die Übernahme des Delkredere ist zum Schutz des HV nur zulässig entweder für ein bestimmtes Geschäft oder für alle Geschäfte mit einem bestimmten Dritten und nur gegen Zahlung einer Delkredereprovision. Mangels Vereinbarung oder bei Vereinbarung eines unüblich niedrigen Satzes gilt der übliche Satz gem. § 87 Abs. 1 (Hopt, § 86b Rz. 10). Ohne eine Vereinbarung der Delkrederehaftung hat der HV nur in den Fällen der Verletzung einer Nebenpflicht zur Überprüfung der Kreditwürdigkeit des vermittelten Kunden im Wege des Schadensersatzes Zahlung zu leisten.

ee) Kostenbeteiligung des HV an den Betriebskosten des U

„Wird ein Verkauf mit Rückgaberecht vom Kunden remittiert, so bezahlt der Vertreter € 30 pro remittiertes Werk."

Mit dieser Bestimmung wird dem HV auch aus nicht zustande gekommenen Verträgen eine Beteiligung an den Betriebskosten des U auferlegt, die nur in den engen Grenzen des § 86b Abs. 1 Satz 2 möglich ist. Die Klausel verstößt damit gegen § 307 BGB, da eine Beteiligung an den Vorhaltekosten des U unwirksam ist (MüKo, § 307 Rz. 107); ebenso die Verpflichtung des HV zum Kostenersatz für die Überlassung von Kundenadressen (Heinrichs NJW 1997 S. 1407ff.; OLG Saarbrücken NJW-RR 1997 S. 99).

ff) § 87, provisionspflichtige Geschäfte

„Mit der Beendigung des Agenturvertrages erlischt jeder Anspruch auf irgendwelche Provisionen oder auf sonstige Bezüge ... insbesondere entfallen auch Provisionen für die Erhöhungen und Anpassungen der Versicherungssumme, die nach Vertragsende vorgenommen werden."

Die Klausel enthält den Verzicht auf Überhangprovisionen und ist sowohl gegenüber Warenvertretern als auch gegenüber Versicherungsvertretern möglich, da § 87 keine zwingenden Regelungen enthält, allerdings mit der Einschränkung, dass sich der Verzicht nicht auf Fälle bezieht, in denen der U die verspätete Ausführung zu vertreten hat (MüKo, § 307 Rz. 107).

gg) Verzicht auf Provisionen aus nicht ausgeführten Geschäften

„Der Handelsvertreter erwirbt Provisionsansprüche nur insoweit als die Ware während der Dauer des Handelsvertreter-Verhältnisses an den Kunden ausgeliefert wird."

Diese vor Einführung des § 87 Abs. 3 n. F. mögliche Regelung ist seit 1990 durch die Neufassung nichtig, da sie mit zwingendem Recht unvereinbar ist und damit auch gegen Allgemeine Geschäftsbedingungen verstößt. Nach der Neuregelung hat der HV auch dann Anspruch auf Provision, wenn der U die abgeschlossenen Geschäfte schuldhaft ganz oder teilweise nicht ausführt.

hh) Verjährung

„Alle Ansprüche aus diesem Handelsvertreter-Vertrag verjähren unabhängig von der Anzeigepflicht 12 Monate nach Eintritt der Fälligkeit."

§ 88 wurde durch das SchRModG mit Wirkung vom 15. 12. 2004 aufgehoben. Es gilt die gesetzliche Regelfrist von drei Jahren gem. § 195 BGB, eingeführt durch das SchRModG vom 26. 11. 2001. Bereits nach bisherigem Recht war eine vertragliche Klausel wie die Vorstehende unwirksam. Die Klausel hat der BGH (NJW 1996 S. 2097) seinerzeit zutreffend als mit § 9 AGBG unvereinbar für unwirksam erklärt, da sie zur Folge haben kann, dass der Anspruch des HV verjährt, bevor dieser überhaupt von dem Anspruch Kenntnis erhalten hat. Zwar sind Vereinbarungen über eine Abkürzung der Verjährung bekannter Ansprüche möglich, aber im Hinblick auf die Regelungen zum AA und wegen der zwingenden Vorschrift des § 89b HGB Abs. 4 nur mit einer Mindestfrist von 12 Monaten.

ii) Ordentliche Kündigung des U gem. § 89

Der BGH hält eine Vereinbarung für wirksam, mit der die Möglichkeit der ordentlichen Kündigung des HV-Vertrages durch den U abbedungen wird, sofern diese Beschränkung der persönlichen und wirtschaftlichen Handlungsfreiheit bei Abwägung der beiderseitigen berechtigten Interessen nicht gegen die guten Sitten oder den Grundsatz von Treu und Glauben verstößt (BGH NJW 1995 S. 2350).

jj) Freistellungsklauseln

„Ist der Vertrag gekündigt, so kann die Gesellschaft den VersV unbeschadet seiner Ansprüche von der Führung der Geschäfte seiner Agentur entbinden. Bis zur Beendigung des Vertrages erhält der Vertreter die ihm zustehenden Folgeprovisionen sowie eine monatliche Ausgleichszahlung. Die Folgeprovisionen bemessen sich aus dem Bestand im Zeitpunkt der Freistellung. Die Ausgleichszahlung bemisst sich nach dem monatlichen Durchschnitt der in den letzten 12 Monaten vor der Freistellung verdienten erstjährigen Provisionen."

oder

„Es gilt eine Kündigungsfrist von sechs Wochen zum Quartalsende. Wird das Dienstverhältnis aufgelöst, gleich aus welchem Grunde, behält die Firma sich vor, Sie bis zum Ausscheidungstermin zu beurlauben, wobei in diesem Falle nur das Fixum bis zum Ausscheidungstermin weiter bezahlt wird, jedoch keine Kosten für Warenhaltung usw."

Freistellungsklauseln werden grundsätzlich für zulässig gehalten, da sie im Interesse des U die Mitnahme des Kundenstammes durch den gekündigten HV verhindern. Gültigkeitsvoraussetzung ist jedoch, dass der HV bis zum Ablauf der Vertragszeit angemessen entschädigt wird. Rechtlich gesehen handelt es sich bei der sog. Freistellungsvergütung um den Ersatz des dem HV entstandenen Verdienstausfalls, weil der U die Dienste nicht annimmt. In diesen Fällen gerät der Dienstberechtigte (der U) in Annahmeverzug, sodass der Dienstverpflichtete (der HV) gem. § 615 BGB Anspruch auf die vertragliche Vergütung hat sowie auf Ersatz seines durch den Annahmeverzug entstandenen Verlustes von Provisionen aus Geschäften, die er wegen der Freistellung nicht vermitteln konnte. Da die Bezirksprovision diesem i.d.R. ohne weitere Tätigkeit zusteht, kann er sie im Falle der Freistellung zusätzlich zu der Vergütung wegen des Annahmeverzuges fordern. Abweichende Vereinbarungen sind wegen des nicht zwingenden § 87 möglich.

kk) Fristlose Kündigung gem. § 89a

„Unrichtige Angaben in der bei Einstellung vorgelegten Unterlagen und Fragebögen oder Verschweigen wesentlicher Umstände bei Abschluss des Vertrages berechtigen den Unternehmer zur fristlosen Kündigung."

Häufig werden im HV-Vertrag „wichtige Gründe" i. S. des § 89a beispielhaft aufgeführt. Damit könnte die in § 89a Abs. 1 enthaltene Regelung zum Nachteil des HV umgangen werden. Deshalb müssen die in einer solchen Vertragsklausel ausgeführten „wichtigen Gründe" objektiv von der Art sein, dass sie das Abwarten bis zum Vertragsende bei ordentlicher Kündigung unzumutbar machen. Die in der oben zitierten Klausel verwendeten Begriffe „unrichtige Angaben" und „Verschweigen wesentlicher Umstände" sind zu unbestimmt, um diesem Erfordernis zu entsprechen und fallen damit unter die Unklarheitenregelung des § 305c BGB.

II) § 89b Abs. 4, kein Ausschluss des Ausgleichsanspruchs im Voraus

„Es besteht Einigkeit darüber, dass mit Rücksicht auf die besondere Struktur des Unternehmens und auf die Art der vertriebenen Waren Ausgleichsansprüche nach § 89b Abs. 1 Nr. 1 bis 3 nicht gegeben sind."

oder

„Der Ausgleichsanspruch wird erst nach Abschluss eines Schuldanerkenntnisvertrages zwischen Unternehmer und Handelsvertreter fällig."

oder

„Nach dem Tode des Handelsvertreter können Ansprüche Dritter insbesondere von Angehörigen des Handelsvertreter nicht geltend gemacht werden."

Diese Regelungen sind insgesamt unwirksam, da sie gegen die zwingende Vorschrift des § 89b Abs. 4 HGB verstoßen, wonach der Ausgleichsanspruch nicht im Voraus ausgeschlossen werden kann. Auch eine Einschränkung ist unwirksam. Das gilt übrigens auch für Aufhebungsvereinbarungen mit gleichzeitigen Ausschluss weiterer Ansprüche des HV (also auch des AA), wenn der Vertrag tatsächlich zu einem späteren Zeitpunkt endet (BGH NJW 1990 S. 2889 = BB 1990 S. 1366). Auch die Ausgleichsberechnung im Rotationsverfahren begegnet deshalb erheblichen Bedenken im

Hinblick auf das strikte Verbot eines Ausschlusses oder einer Beschränkung des AA vor Vertragsende (s. u. 8. Kapitel).

mm) § 90a, Wettbewerbsabreden für die Zeit nach Vertragsende

„Nach Vertragsende ist der Handelsvertreter verpflichtet, für zwei Jahre jeden Wettbewerb in der Branche des Unternehmer gegen Zahlung von ¼ seines durchschnittlichen Provisionsverdienstes im letzten Halbjahr zu unterlassen."

Diese Regelung ist nach der unabdingbaren Neufassung des § 90a Abs. 1 schon deshalb unwirksam, weil sie eine unzulässige Erweiterung des nachvertraglichen Wettbewerbsverbots enthält. Dieses darf sich nur auf den Bezirks- bzw. Kundenkreis und nur auf die Warengattungen bzw. Versicherungs- oder Bausparkassenverträge beziehen, die bisher nach dem Vertrag zur Vertretung des HV gehörten. Hinzukommt, dass die Klausel den U nur unzureichend zur Zahlung einer Entschädigung für die Unterlassung des nachvertraglichen Wettbewerbs durch den HV verpflichtet. Die Gegenleistung des U für die vollkommene Wettbewerbsenthaltung ist unangemessen niedrig und somit unverbindlich. Der U schuldet stattdessen für das eingeschränkte Wettbewerbsverbot eine gesetzliche Entschädigung, die vom Gericht festzusetzen ist und sich an dem zuletzt erzielten Provisionsverdienst des HV auszurichten hat.

3. Vertragsklauseln, die im HGB nicht näher geregelte Materien betreffen

a) Inkassotätigkeit i. S. d. § 87 Abs. 4

„Der Versicherungsvertreter ist bevollmächtigt, Prämien nebst Zinsen und Kosten anzunehmen, sofern er sich im Besitz einer vom Unternehmer unterzeichneten Prämienrechnung befindet … Zur Annahme von Zahlungen für den Unternehmer ist der Versicherungsvertreter nur mit der Maßgabe befugt, dass die gezahlten Beträge unmittelbar Eigentum des Unternehmers werden. Demzufolge hat er die bar vereinnahmten Gelder stets getrennt vom eigenen Geld und vom Geld Dritter zu halten und sicher aufzubewahren. Der Versicherungsvertreter haftet dem Unternehmer für vereinnahmte Prämien …

Als wichtiger Grund zur sofortigen Kündigung ist anzusehen, wenn der Versicherungsvertreter vereinnahmte Prämien für eigene Zwecke verbraucht. Der Versicherungsvertreter darf über Gelder, die er für den Unternehmer vereinnahmt oder sonst wie verwahrt, nur nach den Weisungen des Unternehmers verfügen. Für eigene Zwecke darf er lediglich die ihm gutgeschriebene Provision nach Eingang der Prämie entnehmen. Gegenüber dem Anspruch des Unternehmers auf Herausgabe der Gelder kann er nur mit Forderungen aufrechnen, die der Unternehmer schriftlich anerkannt hat. Im übrigen sind Aufrechnungen und Zurückbehaltungsrecht jeder Art ausgeschlossen. § 88a bleibt unberührt.
Die vereinnahmten Gelder sind zum 20. eines jeden Monats, auf Verlagen sofort, abzurechnen und an den Unternehmer abzuführen. Der Versicherungsvertreter im Hauptberuf hat wöchentlich a-conto-Zahlungen zu leisten ... Der Unternehmer ist berechtigt, die Kasse und die Konten des Versicherungsvertreters nebst Buchungsunterlagen und Abrechnungsverkehr ... jederzeit durch Bevollmächtigte prüfen zu lassen."

Die Klausel ist wirksam, da sowohl der Auftrag des U zum Inkasso als auch die erforderliche Vollmacht zur Entgegennahme der Gelder erwähnt wird, ebenso die Durchführung und Abrechnung. Das Inkasso ist eine zusätzliche und deshalb gesondert zu vergütende Tätigkeit des HV, der Anspruch auf Inkassoprovision kann aber insgesamt ausgeschlossen werden (§ 87 Abs. 4 ist nicht zwingend). Dem entspricht die nachfolgende Klausel nicht:

„Bei Raten- und Teillieferungsverkäufen kassiert der Handelsvertreter die erste Rate (oder für die erste Teillieferung) und behält den kassierten Betrag als Vorschuss auf seine Provision."

Das stellt keinen genügend deutlichen und wirksam vereinbarten Verzicht auf Inkassoprovision dar, denn bloßes Schweigen gilt nicht als Verzichtserklärung des HV.

b) Vereinbarung einer Kaution oder Stornoreserve

„Aus der Provisionsvorschussgutschrift wird eine Stornoreserve gebildet, die zunächst auf 10% der vorschussweise gutgebrachten Beträge festgesetzt wird. Um eine Ansammlung in diesem Umfang auf dem Stornoreservekonto zu gewährleisten, werden mit Wirkung vom ... nur 90% der Provisionsvorschüsse ausbezahlt.

Die Stornoreserve wird nach Vertragsende Zug um Zug freigegeben wie die Provisionen aus den zuletzt vermittelten Versicherungsverträgen nach dem Vertrag als verdient gelten."

Derartige Klauseln sind in der Versicherungsbranche allgemein üblich, sie finden sich aber auch in Handelsvertreterverträgen mit Warenvertretern. Die Kaution ermöglicht es den Versicherern, Provisionsvorschüsse bereits nach der Policierung der Versicherungsverträge auszuzahlen bevor die Provisionsansprüche entstanden sind gem. § 92 Abs. 4 bzw. fällig sind gem. § 87a Abs. 1. Ihrer Rechtsnatur nach dient die Stornoreserve der Sicherung des Provisionsanspruchs des HV (§§ 87a Abs. 1 bzw. 92 Abs. 4), der nur entfällt, wenn die Nichtleistung des Dritten auf Umständen beruht, die der U nicht zu vertreten hat. Die Stornoreserve ist deshalb eine Kaution, geleistet durch den HV, und ist deshalb – ähnlich einer Mietkaution – entsprechend dem Rechtsgedanken des § 551 Abs. 3 BGB zu verzinsen. Über die Stornoreserve ist außerdem bei Vertragsende abzurechnen. Zu beiden Punkten enthält die zitierte Klausel nichts, sodass diese insoweit ergänzungsbedürftig ist.

c) Sog. Provisionskonkurrenz beim Bezirks-HV i. S. d. § 87 Abs. 2

„Verkauft der Handelsvertreter Fahrzeuge außerhalb seines Verkaufsbezirks (Übergrenzgeschäft) hat er 3% des Bruttolistenpreises als Entschädigung an den Handelsvertreter zu zahlen, in dessen Bezirk das Fahrzeug verkauft wurde."

Eine solche Teilung ist möglich, da die Regelung über Bezirksprovisionen nach bisheriger Auffassung dispositiv ist (MüKo/von Hoyningen-Huene, § 87 Rz. 99).

„Haben beim Geschäftsabschluss mehrere Bezirks-Handelsvertreter mitgewirkt oder Anspruch auf Provision, so hat jeder Bezirks-Handelsvertreter nur einen der Zahl der Beteiligten entsprechenden Teilprovisionsanspruch, der für seinen Bezirk vorgesehene Provisionssatz ist maßgebend."

Auch diese Regelung ist möglich und entspricht weitgehend § 87 Abs. 2.

d) Verrechnungsgarantie

Die Vergütungstyp, auch als Garantieprovision bezeichnet, ist im Gesetz nicht geregelt, d. h., dass die Verrechnungsgarantie vertraglich vereinbart werden muss, wobei die von der Rechtsprechung erarbeiteten Grundsätze zu beachten sind. Stets sollte die Dauer der Garantiezahlung, die sich mit einer Probezeit decken kann, geregelt werden. Ebenso wichtig ist die Bestimmung eines sog. Bezugszeitraumes, zu dessen Ende abgerechnet, ein Überschuss ausbezahlt und ein Überschuss vom U ausgebucht werden muss. D. h., wenn eine monatliche Zahlung vereinbart wurde, sollte ausdrücklich bestimmt werden, dass am Ende jeden Monats über die Provisionen abzurechnen ist. Wenn dagegen vereinbart war, dass ein Minderverdienst mit einem Verdienstüberschuss in einem anderen Monat verrechnet werden kann, sollte das ausdrücklich vereinbart werden. BAG VersR 1976 S. 1188 füllt eine solche Lücke des Vertrages mit dem Abrechnungszeitraum des § 87c aus.

Ob die Zusage von Garantiebeträgen mit vom U verlangten steigenden Umsatzerfolgen des Vertreters dahin verknüpft werden darf, dass die Garantiebeträge bei Nichterreichen des Sollumsatzes gekürzt werden, begegnet Bedenken, da der HV keinen Erfolg schuldet.

Klauselbeispiel: „Dem Versicherungsvertreter wird vorerst während eines Jahres ab Beginn seiner Tätigkeit ein monatlicher Garantiebetrag von € 3000 zugesagt. Mit diesem Garantiebetrag werden alle Provisionen aus Geschäften verrechnet, die der Versicherungsvertreter während dieses Jahres monatlich verdient hat.
Alle anfallenden Provisionen werden dem Versicherungsvertreter auf dessen Provisionsgarantiekonto in voller Höhe als bevorschusst gutgeschrieben. Wenn innerhalb dieses Jahres Geschäfte storniert werden, belastet die Versicherung das Provisionsgarantiekonto mit den anfallenden Rückprovisionen soweit die Provisionen die Garantiebeträge übersteigen.
Das Provisionsgarantiekonto wird fortlaufend bis zum Ende der Provisionsgarantiezahlungen geführt und dann abgerechnet. Verbleibt nach diesem Jahr ein Überschuss, hat der Versicherungsvertreter Anspruch auf Auszahlung des Überschusses. Verbleibt ein Debetsaldo, so wird der Unterschuss von der Versicherung übernommen. Für Rückprovisionen, die nach Abrech-

II. Inhalt des Vertretervertrages

nung des Provisionsgarantiekontos noch anfallen, ist der Versicherungsvertreter bis zur Höhe des ausgezahlten Provisionsguthabens erstattungspflichtig."

Der letzte Satz ist unwirksam, weil die garantierten Einkünfte nach vollzogener Abrechnung nicht mehr verkürzt werden dürfen.

Klauselbeispiel: „Der Versicherungsvertreter erhält eine Provisionsgarantie von € 3000 monatlich postnumerando. Der Unternehmer führt ein Provisionsgarantiekonto, dem die monatliche Garantiezahlung belastet wird und dem alle Provisionen gutgeschrieben werden. Auf die dem Garantiekonto gutgebrachten Provisionen hat der Versicherungsvertreter unmittelbar keinen Anspruch; er darf deshalb keine Provisionen einbehalten oder verrechnen. Der Stand des Garantiekontos wird dem Versicherungsvertreter monatlich nachgewiesen.
Die Abrechnung des Garantiekontos erfolgt quartalsweise. Bei kürzerer Dauer des Vertrages auf diese Dauer. Ein evtl. Debetsaldo wird auf das nächste Quartal vorgetragen. Übersteigen die verdienten, dem Garantiekonto gutgeschriebenen Provisionen ab Quartalsende die Garantiezahlungen, wird der Überschuss ausbezahlt.
Bei Ablauf der Garantiezusage kann das Garantiekonto erst abgeschlossen werden, wenn sämtliche Gutschriften oder Belastungen durchgeführt worden sind, also keine weiteren Buchungen mehr anfallen.
Ein sich bei der Schlussabrechnung ergebender Mehrverdienst wird ausgezahlt, ein Unterverdienst vom Unternehmer übernommen.
Unabhängig vom Bestehen des Agenturvertrages gilt für die Provisionsgarantie keine Kündigungsfrist zum Monatsende."

Die quartalsweise Abrechnung nach Abs. 2 ist keine Gesamtabrechnung am Ende des Bezugszeitraumes gem. § 87c Abs. 1 und damit unwirksam. Da die Angabe eines Bezugsraums im Vertrag fehlt, ist dieser lückenhaft, sodass im Streitfall die Vertragslücke des Verrechnungsgarantievertrages vom Gericht ausgefüllt werden muss.

e) Vertragsstrafenklausel

Die Vertragsstrafenregelung in den §§ 339 bis 341 BGB unterscheidet zwei Fallgruppen:

1. Der Schuldner erfüllt seine Verbindlichkeit nicht (gemeint ist seine Hauptpflicht);
2. der Schuldner erfüllt seine Verbindlichkeit nicht in gehöriger Weise, insbesondere nicht zu der bestimmten Zeit (gemeint sind vertragliche oder gesetzliche Nebenpflichten des Schuldners).

Eine dritte Fallgruppe, die Verletzung von Vertragspflichten auf Unterlassung, z.B. von Wettbewerb, ist nicht ausdrücklich geregelt. Bei den Fallgruppen 1 und 2 muss der U den HV („Schuldner") bezüglich der vereinbarten Erfüllungshandlung in Verzug setzen, damit die Vertragsstrafe verwirkt ist. Im Gegensatz zu den rein zivilrechtlichen Abreden muss eine vereinbarte Vertragsstrafe nach § 75c nicht in jedem Fall zu einer Verwirkung führen. Je höher die Vertragsstrafe vereinbart wurde, umso mehr spricht ein einmaliger geringfügiger Verstoß – z.B. gegen Wettbewerbsvorschriften – gegen eine Verwirkung bei jedem geringfügigen Verschulden des HV (MüKo/von Hoyningen-Huene § 75c Rz. 4).

Das durch eine Vertragsstrafe sanktionierte Verhalten muss hinreichend bestimmt oder bestimmbar sein. Diesem Erfordernis entspricht die nachfolgende Klausel nicht, weil jede auslegungsfähige Angabe einer durch Sanktionen gesicherten Verhaltens- oder Unterlassungspflicht fehlt:

„Für die Nichteinhaltung dieser Vereinbarung wird eine Konventionalstrafe in Höhe von € 2000 vereinbart."

Nach der Rechtsprechung des BGH unterliegen Vertragsstrafen dem Grundsatz von Treu und Glauben. Dabei orientiert sich die Inhaltskontrolle an der vereinbarten Strafe. Ob diese den Billigkeitsanforderungen entspricht, richtet sich nach den allgemeinen Verhältnissen der üblicherweise am Vertrag Beteiligten (BGH NJW 1983 S. 385, 388). Deshalb ist die generelle Höhe in der vorstehenden Vereinbarung unwirksam, da sie keine Berücksichtigung der Schwere des Verstoßes im Einzelfall zulässt. Die vertragsstrafenbewehrte Unterlassung von Wettbewerb beinhaltet auch die nachvertraglich zu unterlassende Nutzung von Kundenadressen. Der U kann das Vorgehen des ausgeschiedenen HV nur beanstanden, wenn dieser sich bei dem Wettbewerb unlauterer Mittel bedient (BGH NJW 1993 S. 1786). Danach ist folgende Klausel wirksam:

„Die Namen, Anschriften, Telefonnummern und Kaufgewohnheiten von Kunden und die Anschriften auf Werberückantwortkarten der Firma sind Geschäftsgeheimnisse der Firma i.S. von §§ 90 HGB, 17 UWG. Der Handelsvertreter anerkennt, dass ihm diese Anschriften und Daten nur als Geschäftsgeheimnisse anvertraut werden und dass die Verwertung dieser Geschäftsgeheimnisse außerhalb dieses Vertrages oder die Mitteilung an Dritte vertrags- und sittenwidrig ist und der Berufsauffassung eines ordentlichen Kaufmannes widerspricht.
Der Handelsvertreter verpflichtet sich zur Zahlung einer Vertragsstrafe von € 250
 a) für jede Kundenanschrift, die er während des Vertrages Dritten, insbesondere Konkurrenten unbefugt mitteilt oder zugänglich macht;
 b) für jede Kundenanschrift, von der er sich bei Beendigung des Vertrages Aufzeichnungen zurückbehält;
 c) für jede ihm als Geschäftsgeheimnis anvertraute Kundenanschrift, sowie jede sonstige Kundenanschrift der Firma, die er nach Beendigung des Vertragsverhältnisses zu Konkurrenzzwecken selbst verwertet oder Dritten, insbesondere Konkurrenten, zugänglich macht. Die gleiche Vertragsstrafe ist verwirkt, wenn der Handelsvertreter diese Handlungen vorbereitet."

Vgl. auch OLG München NJW-RR 1996 S. 1181, das eine Klausel in einem HV-Vertrag für unwirksam hält, wonach der HV für jeden Verstoß gegen ein Wettbewerbsverbot eine Vertragsstrafe von DM 5000 zu zahlen hat, da die nach der Interessenlage und Treu und Glauben gebotene Differenzierung nach der Schwere des Verstoßes und dem Grad des Verschuldens fehle.

f) Klausel für den Krankheitsfall eines Bezirks-HV

Das Risiko der Krankheit liegt in der Sphäre des Vertreters, der selbständiger Kaufmann ist; den U trifft keine Fürsorgepflicht wie bei einem Dienstvertrag. Regelungsbedürftig ist hauptsächlich der notwendige Einsatz einer Ersatzkraft im Bezirk, weil dem erkrankten Bezirks-HV ohne abweichende Regelung auch alle Provisionen aus den von der Ersatzkraft vermittelten oder abgeschlossenen

Verträgen zustünden. Nachfolgende Klausel gibt einen Rahmen, der durch individuelle Vereinbarungen ausgefüllt werden kann:

„Für den Fall, dass der Handelsvertreter an der Ausübung der Bezirksvertretung verhindert ist (z. B. durch Krankheit), hat er dem Unternehmer spätestens am 10. Werktag nach Eintritt der Verhinderung Mitteilung zu machen. Der Unternehmer kann bei einer voraussichtlich länger andauernden Verhinderung − nach Rücksprache mit dem Handelsvertreter − die Vertretung einer ihm geeignet erscheinenden Person übertragen; hierbei soll er sich möglichst an Vorschläge des Handelsvertreters halten. Für die von dieser Person vermittelten Geschäfte hat der Handelsvertreter einen Anspruch auf 50% der normalerweise auf ihn entfallenden Provision; dies gilt nicht, wenn die Vertretung einem fest angestellten Mitarbeiter des Unternehmers übertragen wird."

Wie viel der Bezirks-HV einem von ihm mit Einverständnis des U bestellten Krankheitsvertreter bezahlen muss, wird von den Umständen abhängen; das ist Verhandlungssache zwischen dem HV und dem Krankheitsvertreter. Welche Quote der Provisionen für die vom Krankheitsvertreter vermittelten Geschäfte an einen vom U gestellten Außendienstangestellten abzuführen ist, lässt die zitierte Klausel offen. Trotz vorhandener Lücken verdient der Versuch einer Rahmenregelung des Krankheitsfalles den Vorzug vor dem Unterlassen jeder Regelung.

g) Gerichtsstandsklausel nach § 38 Abs. 1 ZPO

Für Handelsvertreter besteht grundsätzlich kein einheitlicher Erfüllungsort für die beiderseitigen Leistungen. Eine Gerichtsstandsvereinbarung kann nach der Änderung des HGB durch das HRefG sowohl mit einem Ist-Kaufmann als auch mit einem Kann-Kaufmann getroffen werden. Für einen nicht eingetragenen Kleingewerbetreibenden bleibt es bei der bisherigen Regelung, wonach grundsätzlich der HV nur an seinem allgemeinen Gerichtsstand des Wohnsitzes oder dem besonderen Gerichtsstand des Erfüllungsortes verklagt werden kann. Für Klagen des HV gegen den U z. B. auf Provision, Ausgleich oder auf Auskunft, ist das Gericht des Erfüllungsortes zuständig, d. h. meistens der Sitz des U (BGH NJW 1988 S. 967).

III. Änderung des Vertretervertrages

1. Einvernehmliche Vertragsänderung

Ein bestehendes Vertragsverhältnis wird häufig statt durch eine zwischen den Vertragspartnern ausgehandelte Abänderung durch einen vom U als „Nachtrag" bezeichneten neuen Vertretervertrag vorgenommen. Der Unterschied zwischen der Abänderung eines bestehenden Vertragsverhältnisses und dem Neuabschluss, kann bedeutsam sein, wenn es um den Erhalt der nach dem bisherigen Vertrag erworbenen Ansprüche, insbesondere um den Ausgleichsanspruch, geht. Bei einem Neuabschluss würden die bisher erworbenen Ansprüche entfallen, es sei denn, die Auslegung des neuen Vertrages ergibt, dass es sich entgegen dem Wortlaut tatsächlich um die Fortsetzung der bisherigen Vertragsbeziehungen in abgeänderter Form handelt.

Der Wunsch des U nach einer Herabsetzung der vereinbarten Provision oder einer Verkleinerung des Bezirks-HV stellt den Vertreter meist vor die Wahl, der geforderten Abänderung des Vertrages zuzustimmen oder die Vertretung zu verlieren. Der U kann entweder seinem Wunsch von vorneherein durch eine sog. Änderungskündigung Nachdruck verleihen, oder die Weigerung des HV mit einer ordentlichen Kündigung beantworten. Im Falle einer Einigung der Vertragspartner wird die von der Änderung betroffene Vertragsklausel abgeändert. Soweit der HV durch die Abänderung eine wesentliche Zahl der von ihm geworbenen Stammkunden verliert, ist der U ausgleichspflichtig (OLG Köln VersR 1989 S. 1148). Auch die teilweise Wegnahme des Versicherungsbestandes eines Versicherungsvertreters und die Übertragung auf einen anderen Versicherungsvertreter zur weiteren Bestandsverwaltung kann nur aufgrund einer Vereinbarung erfolgen. Da § 89b Abs. 5 an den vom Versicherungsvertreter geschaffenen Bestand anknüpft, kann in einer solchen Wegnahme die Teilbeendigung des Versicherungsvertretervertrages gesehen werden, die u.U. einen AA nach § 89b begründet (Küstner/Thume, Bd. 2 Rz. 414), nämlich dann, wenn mit der Bestandentziehung eine Veränderung des

Inhalts des VersV-Vertrages verbunden ist. Wenn die Vertragspartner sich nicht einigen können, wird der HV-Vertrag durch die Änderungskündigung des U beendet.

2. Vertraglicher Vorbehalt einseitiger Vertragsänderungen durch den Unternehmer

Hierbei geht es ebenfalls meist um Bezirksverkleinerungen, aber auch z. B. um die Wegnahme der gegen Superprovision betreuten Untervertreter. Eine derartige Vereinbarung ist zwischen Kaufleuten möglich, auch in Formularverträgen. Wenn sich bei gerichtlicher Überprüfung einer Vertragsklausel mit dem Vorbehalt der einseitigen Vertragsabänderung durch den U ihre Unwirksamkeit herausstellt, oder wenn eine einseitige entschädigungslose Entziehung z. B. der Hälfte des Bezirks, der Inkassotätigkeit usw. vom U ohne eine vertragliche Regelung vorgenommen wird, handelt es sich um Vertragsbruch. Der HV kann sowohl die Erfüllung des Vertrages mit einer Wiedereinräumung seiner bisherigen Rechtsstellung als auch für die Zeit ihrer Vorenthaltung Schadensersatz wegen positiver Vertragsverletzung verlangen.

Soweit der Vorbehalt einerseitiger Vertragsabänderung wirksam ist, muss der U sein Ermessen in billiger Weise ausüben (§ 315 BGB). Bei einer ermessensfehlerhaften Vertragsabänderung durch den U kann der HV nach § 315 BGB auf Feststellung der Unverbindlichkeit z. B. der Bezirksverkleinerung wegen missbräuchlicher Ermessenausübung des U klagen. Daraus folgt, dass ein Vertragspartner, dem die Bestimmung der vertraglichen Leistung allein überlassen wird, nicht völlig frei oder willkürlich von diesem Recht Gebrauch machen darf, sondern an einen objektiven Billigkeitsmaßstab gebunden ist. Für den HV bedeutet dies z. B., dass er im Falle einer „unverbindlich" weggenommenen Inkassotätigkeit Schadensersatz wegen positiver Vertragsverletzung fordern kann. Bei einer „unverbindlichen" Wegnahme eines Teil seines Versicherungsbestandes kann der Versicherungsvertreter z. B. die Wiederherstellung seines früheren Bestandes und Zahlung der ihm bis dahin entgangenen Provisionen fordern. Bei einer „unverbindlichen" Wegnahme ihm unterstellter Versicherungsvertreter kann der Betreuerversicherungsvertreter die Wiederunterstellung der von ihm betreuten Gruppe und die Zahlung ihm entgangener Superprovision fordern. Wenn der HV den ursprünglichen Vertragszustand nicht wieder herstellen will, steht ihm bezüglich des ihm weggenommenen wesentlichen Teils seines Bezirks Ausgleich nach § 89b zu. Der Versicherungsvertreter kann nach § 89b Abs. 5 Ausgleich bezüglich des ihm weggenommenen wesentlichen Teils des Versicherungsbestandes verlangen. Der HV kann auch den ganzen Vertretervertrag kündigen und seinen AA nach § 89b Abs. 3 Satz 1 geltend machen (BGH WM 1970 S. 1513, 1514).

3. Klauseln über die Vertragsanpassungspflicht beider Vertragspartner bei Veränderung wesentlicher Umstände

Vertragsklauseln über die Pflicht der Vertragspartner zur fortlaufenden Anpassung des Vertrages an veränderte wirtschaftliche Verhältnisse sind z.B. in der seit 1. 1. 1999 geltenden PreisVO enthalten. Dabei geht es hauptsächlich um die Anpassung der Mieten an eingetretene Geldentwertung. Daneben gibt es allgemeine Anpassungsklauseln (ohne konkreten Anpassungsmaßstab) für Dauerschuldverhältnisse, z.B.:

„Treten erhebliche Änderungen der Umstände ein, die für den Abschluss oder die Durchführung der Vertretung maßgeblich sind, so sind die Parteien verpflichtet, den Vertrag gemeinsam anzugleichen."

Wer die Anpassung begehrt, hat die Beweislast für das Vorliegen der Anpassungsvoraussetzungen. Nach der Rechtsprechung ist die Bewahrung des dem Dauervertrag zugrundeliegenden Equivalenzverhältnisses von Leistung und Gegenleistung das Anpassungsziel. Wenn keine Einigung über die vertraglich vorgesehene Anpassung gelingt, kann Leistungsklage auf vertragliche Anpassung erhoben werden.

3. Kapitel

Wechselseitige Vertragspflichten der Partner des Vertretervertrages

I. Wechselseitige Offenbarungspflichten der Vertragspartner und Verschulden bei Vertragsschluss

Die Vertragspartner haben schon bei Vertragsverhandlungen gewisse aus § 242 BGB abgeleitete Sorgfaltspflichten. Dazu gehört z.B. die Pflicht, bestimmte für den Vertragspartner wesentliche Umstände zu offenbaren. Wenn ein Vertrag unter Verletzung der Offenbarungspflicht geschlossen wurde, geht der Vorwurf dahin, dass der Vertrag auf einer pflichtwidrigen Einwirkung auf die Willensbildung des Vertragspartners beruhe (ebenso wie bei einer Täuschung i.S.d. § 123 BGB). Zwar trägt grundsätzlich jede Partei ihr Vertragsrisiko selbst, sodass es ihre Sache ist, sich über die allgemeinen Marktverhältnisse und die Risiken und Chancen zu informieren; anders aber, wenn im Einzelfall besondere, zusätzliche Umstände hinzukommen, die nur einer Partei bekannt sind und die die Entscheidung der anderen Partei beeinflussten, wenn sie ihr bekannt wären (OLG Brandenburg NJW-RR 2006 S. 51). (Im entschiedenen Fall ging es um die Verletzung von Aufklärungspflichten in Form einer unterbliebenen Standortanalyse zulasten eines Franchisenehmers). Die Bejahung einer schadensersatzpflichtigen Verletzung derartiger Offenbarungspflichten bedarf m.E. einer sehr genauen Prüfung der tatsächlichen Umstände des Einzelfalles, bei dem immerhin zwei selbständige Kaufleute miteinander in Vertragsbeziehungen treten, sodass Schutzpflichten, wie sie gegenüber Arbeitnehmern bestehen, entfallen. Der Schaden ist grundsätzlich in Höhe des sog. negativen Interesses oder Vertrauensinteresse zu ersetzen, d.h. der Gläubiger ist so zu stellen, wie er stehen würde, wenn er nicht auf die Gültigkeit des Geschäfts vertraut hätte und zwar unabhängig davon, ob ein Vertretervertrag zustande gekommen ist oder nicht (Zur Schadensberechnung Palandt, Vorbem. vor § 249 Rz. 19 BGB).

1. Verschulden des Handelsvertreters bei Vertragsschluss

Der HV darf bereits bestehende oder kurz vor dem Abschluss stehende HV-Verträge mit Konkurrenten des U nicht verschweigen. Der U kann nämlich damit rechnen, dass der HV während der Vertragszeit mit ihm nicht in Wettbewerb tritt. Deshalb ist dieser im Zweifel verpflichtet, den U zu informieren und sein Einverständnis einzuholen, wenn er als Mehrfirmen-HV auch für Wettbewerber tätig sein will, deren Geschäfte die Interessen des U beeinträchtigen könnten (BGH BB 1958 S. 425 = HVR 163; zur Konkretisierung der Informationspflicht OLG Stuttgart – HVR 999). Wenn ein AiA sich um eine Vertretung bewirbt, die er nebenberuflich ausüben will, muss er dem U offenbaren, dass er einer anderen hauptberuflichen Tätigkeit weiterhin nachgehen will. Nach § 92b Abs. 2 muss der U in seinem Interesse den HV im Vertrag ausdrücklich als HV im Nebenberuf bezeichnen, um sich später auf § 92b Abs. 1 berufen zu können. Deshalb muss der Bewerber den U darüber informieren, dass er nur eine nebenberufliche HV-Tätigkeit anstrebt (§ 242 BGB).

Auf Fragen des U müssen auch persönliche Verhältnisse des HV wahrheitsgemäß angegeben werden, z.B. einschlägige Vorstrafen oder hohe Verschuldung (OLG Nürnberg BB 1960 S. 956), und die Abgabe der eidesstattlichen Offenbarungsversicherung gem. § 807 ZPO, sog. EV.

2. Verschulden des Unternehmers bei Vertragsschluss

Mit Übernahme einer Vertretung ist stets ein kaufmännisches Risiko verbunden. Das entbindet den U aber nicht davon, auf Fragen die Verdienstmöglichkeiten objektiv und richtig darzustellen.

OLG Nürnberg BB 1956 S. 352 = HVR 153: Die Zusicherung, dass ein guter Kundenstamm in dem zu übernehmenden Bezirk vorhanden sei, verpflichte den U zum Schadensersatz, weil dort tatsächlich nur ein echter Stammkunde vorhanden gewesen sei und im gleichen Bezirk sich bereits

ein anderer HV für den U betätigt habe (Haftung des U nach § 276 BGB wegen Verschuldens bei Vertragsschluss).
Aufklärungspflicht über das Auslaufen eines Lizenzvertrages (OLG Düsseldorf – HVR 949).

Anders liegt es, wenn dem sich bewerbenden HV die Risiken im wesentlichen bekannt sind, oder wenn die Risiken für eine neue Vertriebstätigkeit auch für den U noch ungewiss sind.

Das kaufmännische Risiko hinsichtlich der Verdienstmöglichkeiten aus einer von ihm zu übernehmenden Handelsvertretung trägt grundsätzlich der HV. Er kann deshalb den U für Angaben (aber keine Zusicherung, s.o.), die dieser bei Übernahme der Vertretung über die erwarteten Verkaufs- und Verdienstmöglichkeiten eines noch aufzubauenden Vertriebssystems gemacht hat, nicht auf Schadensersatz in Anspruch nehmen.

II. Wechselseitige Haupt- und Nebenpflichten der Vertragspartner

1. Anwendung bestimmter Regeln des Dienst- und Geschäftsbesorgungsvertrages auf Vertreter; Vergleich der Haupt- und Nebenpflichten

Generell hat der HV eine Interessenwahrungspflicht gegenüber dem U, d.h. er hat alles zu unterlassen, was die Interessen seines Geschäftsherrn schädigt. Daraus leitet sich die positive Verpflichtung ab, sich um das Zustandekommen von Verträgen zu bemühen. Es steht somit nicht im Belieben des HV, ob er überhaupt tätig werden will, vielmehr ist die Bemühungspflicht des HV zwingend und kann nicht abbedungen werden. Ein bestimmter Vermittlungserfolg wird dagegen nicht geschuldet. Folglich ist der häufig vom U als Kündigungsgrund genannte fehlende Vermittlungserfolg des HV nicht ausreichend, um darauf eine fristlose Kündigung des HV-Vertrages zu stützen, es sei denn, der mangelhafte Erfolg beruht auf fehlenden Bemühungen des HV. Dementsprechend gilt die Sonderregelung der §§ 84 ff. als Teil des allgemeinen Dienstvertragsrechts der §§ 611 ff. BGB, von dem folgende Vorschriften auf

Vertreter anwendbar sind: §§ 613, 615, 618 Abs. 1, 625 BGB. Aus dem Geschäftsbesorgungsrecht gelten die §§ 665 bis 668, 673 BGB für Vertreter.

Bei schuldhafter Verletzung einer **Hauptpflicht,** z. B. der Verletzung der Bemühungspflicht durch den HV, ist der U berechtigt, unter den Voraussetzungen der §§ 325, 326 BGB vom Vertrag zurückzutreten oder (statt der Erfüllung) Schadensersatz wegen Nichterfüllung zu verlangen. Außerdem ist er berechtigt, aus wichtigem Grund zu kündigen.

Bei schuldhafter Verletzung einer **Nebenpflicht** (sog. positive Vertragsverletzung) muss der HV den Schaden des U ersetzen, z. B. wegen mangelhafter Arbeit, wegen eines Manko in der von ihm betreuten Kasse usw.

Dieses abgestufte Rechtsfolgesystem gilt sowohl für den Dienstvertrag i. S. d. §§ 611 ff. BGB als auch für den Handelsvertretervertrag. Die Verletzung einer Hauptpflicht berechtigt den Vertragspartner zur Kündigung des ganzen Vertrages, die Verletzung einer Nebenpflicht berechtigt ihn grundsätzlich nur, Ersatz seines Schadens zu fordern.

2. Hauptpflicht des Vertreters

§ 86 Abs. 1 Halbsatz 1: Der Handelsvertreter hat sich um die Vermittlung oder den Abschluss von Geschäften zu bemühen.

Dazu können weitere Hauptpflichten (meist i. S. eines sog. gemischten Vertrages) treten, die besonderer vertraglicher Vereinbarung bedürfen und regelmäßig gesondert vergütet werden. Dazu zählt das Inkasso (§ 87 Abs. 4), die Verwaltung eines Auslieferungslagers des U, und/oder die Auslieferung und Zuführung von Waren an die Käufer; bei Versicherungsvertretern gehört hierzu die Anleitung von Untervertretern. § 86 Abs. 1 enthält eine Risikoverteilung, die manchmal verkannt wird: Der Vertreter trägt das Risiko, dass seine Umsatzbemühungen zu einem Erfolg führen, weil er sonst nichts verdient. Das beinhaltet aber keine Haftung gegenüber dem U i. S einer Nichterfüllung des Vertrages, soweit seine Bemühungen im Einzelfall erfolglos blieben (s. o. zu II 1.). Nach der

Rechtsprechung zu § 86 Abs. 1 Halbsatz 1 ergeben sich für einzelne Fallgruppen nachstehende Rechtsfolgen:

Der Vertreter hat sich erfolglos bemüht, ohne dass ihm grobe Fahrlässigkeit vorgeworfen werden kann. Dann kann der U weder nach §§ 325, 326 BGB Schadensersatz wegen Nichterfüllung fordern, noch aus wichtigem Grund nach § 89a fristlos kündigen.

Wenn der U mit dem Vertreter ein Fixum oder eine Verrechnungsgarantie (= Garantieprovision) vereinbart hat, verliert dieser solche festen Bezüge weder ganz noch teilweise deshalb, weil seine Umsatzbemühungen ganz oder teilweise erfolglos geblieben sind.

Die Risikoverteilung hinsichtlich der Hauptpflicht des Vertreters ist als wesentlicher Grundgedanke der gesetzlichen Regelung zu bewerten. Vertragsklauseln, die zu einer ungünstigeren Risikoverteilung führen, können deshalb nach § 86 unwirksam sein. Es widerspricht z.B. dem Wesen des HV-Vertrages, wenn der HV vertraglich verpflichtet wird, die abzusetzende Ware als Eigenkäufer abzunehmen (bestimmte Mindestmengen in bestimmten Zeiträumen), weil dann der HV und nicht der U das Absatzrisiko trägt (von Westphalen BB 1984 S. 2336). Ebenso widerspricht es dem Wesen des HV-Vertrages, wenn mit dem HV eine Vertragsstrafe für den Fall ausbedungen wird, dass seine Bemühungen ohne sein Verschulden ganz oder teilweise erfolglos blieben.

In den Fällen ausdrücklicher Weigerung des HV, sich um Vertragsabschlüsse zu bemühen, sind die §§ 325, 326 BGB anzuwenden (OLG Stuttgart DB 1982 S. 800). Eine Verletzung der Bemühungspflicht liegt z.B. vor, wenn sich der HV weigert, neben der Betreuung der Stammkundschaft mit dem üblichen Warensortiment sich auch für den Absatz einer qualitativ höheren Ware bei einem Kundenkreis zu bemühen, zu dem der U bisher keine geschäftlichen Kontakte unterhielt., es sei denn, das Sortiment gehört zu einer völlig anderen Branche (MüKo/von Hoyningen-Huene, § 86 Rz 24).

Ein Schadensersatzanspruch des U wird sich entweder auf entgangenen Gewinn nach § 252 BGB oder auf die Mehrkosten einer Ersatzkraft richten. Dem Anspruch des U auf Ersatz von Stellenanzeige – Kosten für die Suche nach einem Nachfolger des vertragsbrüchigen HV – wird nur unter bestimmten Voraussetzungen stattgegeben (BAG NJW 1970 S. 1469; DB 1981 S. 1832 und 1984 S. 1731).

Wenn der U dem HV wegen zu geringer Umsätze fristlos kündigen will, muss er den Nachweis grober Fahrlässigkeit auf Seiten des HV führen. Aus fehlenden oder nur geringem Umsatz kann grundsätzlich nicht ohne weiteres auf das schuldhafte Unterlassen der Bemühung des HV geschlossen werden (st. Rspr.). In den entschiedenen Fällen war nicht versucht worden, wegen Verweigerung jeder Bemühungen nach §§ 325, 326 BGB vorzugehen; vielmehr war seitens des U behauptet worden, der HV bemühe sich nicht in angemessener Weise und vernachlässige seinen Bezirk (sog. positive Vertragsverletzung). Der Vorwurf eines groben Verschuldens als Ursache eines hinter den Erwartungen zurückgebliebenen Umsatzerfolges ist schwer zu beweisen, aber auch schwer zu widerlegen. Deshalb ist in diesen Fällen die Beweislastverteilung von entsprechender Bedeutung. Grundsätzlich ist derjenige, der eine Behauptung aufstellt, hierfür beweispflichtig. Oft reichen die Unterlagen des U zu einer derartigen Beweisführung nicht aus, dann bleibt ihm nur die ordentliche Kündigung. Im Ergebnis kann der U bei Nichterreichen der von ihm gesetzten Umsatzziele lediglich eine ordentliche Kündigung nach § 89 aussprechen. Der Versuch mancher U, mit Hilfe sog. **Rennlisten** die Produktion zu steigern, ist deshalb kein Mittel, sich mit sofortiger Wirkung von einem erfolglosen HV zu trennen. Die Zulässigkeit der Führung solcher Listen dürfte unter dem Gesichtspunkt der §§ 3, 24 Bundesdatenschutzgesetz (BDSG) zu bewerten sein, Küstner (BB 1984 S. 1906) hält nur das Speichern solcher Umsatzerfolgsdaten des Vertreters für betriebliche Zwecke des U für zulässig, nicht aber die Weitergabe an andere Vertreter („Dritte" i. S. d. BDSG).

3. Hauptpflicht des Unternehmers

Diese besteht in der Provisionszahlung.

III. Nebenpflichten des Vertreters gegenüber dem Unternehmer

Diese ergeben sich insbesondere aus § 86, aber auch aus dem oben genannten Dienstvertrags- und Geschäftsbesorgungsrecht. Da das Gesetz die häufig nach Branchen ausgeformten Nebenpflichten nicht sämtlich aufzählen kann, leitet die Rspr. solche auch aus § 242 BGB und der Branchenübung ab.

1. Der Vertreter muss im Zweifel in Person tätig werden

§ 613 BGB: Der zur Dienstleistung Verpflichtete hat die Dienste im Zweifel in Person zu leisten. Der Anspruch auf die Dienste ist im Zweifel nicht übertragbar.

Diese Vorschrift wird auch auf das Handelsvertreterrecht entsprechend angewendet. Da der Vertreter mit seinem eigenen Gewerbebetrieb Vertragspartner des U wird, kann er Hilfskräfte zur Erfüllung seiner Vertragspflichten heranziehen, z.B. eigene Untervertreter oder AiA für die er dem U nach § 278 BGB haftet (BGH, HVR 336). Der Vertreter kann bei einer Veräußerung seines Gewerbebetriebes aber ein eingegangenes Vertreterverhältnis nicht ohne Zustimmung des U auf den Erwerber übertragen, ebenso geht im Todesfall des HV der HV-Vertrag nicht auf die Erben des HV über. Dagegen ist der AA vererblich. Zu Lebzeiten können die Vertragspartner seit 1990 die Nachfolge und die dabei anfallende Vergütung des HV frei regeln, sodass der Dritte in alle Rechte und Pflichten des bestehenden HV-Vertrages eintritt. Erforderlich ist somit eine ausdrückliche Regelung, in die auch der Übernehmer eingebunden werden sollte. Zum Vertrag mit einer Handelsgesellschaft vgl. oben 1. Kapitel V 2.

2. Pflicht des Vertreters, die Interessen des Unternehmers wahrzunehmen

§ 86 Abs. 1 Halbsatz 2: ...; er hat hierbei das Interesse des Unternehmers wahrzunehmen.

3. Kapitel. Wechselseitige Vertragspflichten des Vertretervertrages

Abs. 3: Er hat seine Pflichten mit der Sorgfalt eines ordentlichen Kaufmanns wahrzunehmen.

Sowohl die vertraglichen als auch die aus § 86 abgeleiteten Vertreterpflichten können vom U durch fallbezogene Weisungen näher umschrieben werden. Neue oder gegenüber der Rechtsprechung erweiterte Vertreterpflichten bedürfen vertraglicher Vereinbarung.

Bei Vertragsverhandlungen mit Kunden muss der HV sich um das Optimum des geschäftlichen Erfolgs für den U bemühen. Die Wahrung der Interessen des U gebietet es, dass der HV das Geschäft zu den für den U günstigen Bedingungen vermittelt (BGH DB 1978 S. 1882 = HVR 522). Dabei darf nicht unberücksichtigt bleiben, dass der HV im Hinblick auf weitere Bestellungen das Vertrauen der Kunden gewinnen muss, die von ihm erwarten, dass er sie objektiv berät und auf ihre Wünsche eingeht. Aus § 86 folgt auch, dass der HV neben Folgeaufträgen (Nachbestellungen) neue Kunden werben muss.

Da der HV den Vertragsschluss nicht scheitern lassen soll, muss ihm für die Vertragsverhandlungen ein Beurteilungsspielraum zugestanden werden (Wolf WM 1982 S. 30, 32).

Zur Vermeidung von Streitigkeiten empfiehlt es sich, bei ständig wiederkehrenden Fragen – z.B. über den Umfang von Preiszugeständnissen an Kunden – klare Absprachen zu treffen.

Nach der Rspr. ist der Vertreter verpflichtet, auf die Bonität und die kaufmännische Zuverlässigkeit des Kunden zu achten. Hinsichtlich des Umfangs der Pflicht zur Prüfung der Kreditwürdigkeit der vermittelten Kunden und der erforderlichen Sorgfalt ist auf die wirtschaftliche Bedeutung des einzelnen Geschäfts und auf die dem U daraus erwachsenden Risiken abzustellen. Der HV muss sich informieren, welche Art der Bonitätsprüfung in der Branche, mindestens im Betrieb des U, eingeführt ist. Insbesondere nach der ersten Bestellung eines neu geworbenen Kunden muss der HV dem U Mitteilung machen, wenn sich Zweifel an dessen Bonität ergeben. Zur Einholung von Kreditauskünften auf eigene Kosten ist der HV nicht verpflichtet (von Westphalen DB 1984 S. 2336).

III. Nebenpflichten des Vertreters gegenüber dem Unternehmer

BGH DB 1969 S. 1787 = HVR 404: Zur Interessenwahrung und Mitteilungspflicht ... gehöre es auch, den U zu informieren, wenn der HV von der Kreditunwürdigkeit eines Kunden erfahre. Das gelte auch dann, wenn der HV von der Richtigkeit seiner Informationen nicht überzeugt sei – jedenfalls dann, wenn sie aus einer zuverlässigen Quelle stamme. Der HV sei nicht berechtigt gewesen, die Bedeutung der ungünstigen Bankauskunft nach eigenem Gutdünken zu beurteilen und dem U die Möglichkeit des eigenen Entschlusses zu nehmen.

Den weitreichenden Rechten eines Bezirks-HV entsprechend zusätzliche vertragliche Pflichten, wie z. B. die Unterhaltung eines Büros, die Verwaltung eines Auslieferungslagers, die Werbung für die Artikel des U, die Kundenberatung, Serviceleistung usw. z. B. nach folgender Vertragsklausel:

„Der Handelsvertreter verpflichtet sich:
(a) Im Bezirksgebiet eine Verkaufsorganisation auf seine Rechnung zu unterhalten und eine ebenso intensive wie wirkungsvolle Absatzwerbung durchzuführen.
(b) Dem Umsatz und der Zahlung im Bezirk eingesetzten Maschinen und Anlagen entsprechend ein Ersatzteillager in Höhe von mindestens 10% des durchschnittlichen Jahresumsatzes zu unterhalten.
(c) Im Bezirk für einen ordnungsgemäßen Kundendienst zu sorgen und für dessen Aufrechterhaltung und Wirksamkeit die technischen und personellen Voraussetzungen zu schaffen.
(d) Den Unternehmer laufend über die Werbeabsichten und die Absatzbemühungen in gesonderten Berichten mindestens alle drei Monate unter Beifügung von Belegexemplaren des zur Verteilung gelangenden Werbematerials zu unterrichten.
In diesen Berichten sollen auch Beobachtungen über die Konkurrenz enthalten sein."

Auch ohne eine solche, alle Pflichten aufzählende Vertragsklausel lässt sich für einen Bezirks-HV aus § 86 mindestens als Nebenpflicht ableiten, den übernommenen Bezirk in angemessener Weise zu betreuen und den U nicht durch eine Vernachlässigung des Bezirks zu schädigen. Bei schuldhafter Verletzung dieser Nebenpflicht kann der U Schadensersatz verlangen und/oder fristlos kündigen.

Selbstverständlich ist, dass es ein HV unterlässt, Kunden bei Vertragsverhandlungen zu täuschen, Manipulationen an aufgenommenen Bestellungen vorzunehmen, Schmiergelder anzunehmen, die Vollmacht des U zu überschreiten, Inkassobeträge wegen fehlender Abrechnung durch den U einzubehalten (OLG Hamm – HVR 973).

3. Pflicht des Vertreters zu Kundenbesuchen und darüber zu berichten

§ 86 Abs. 2: Er hat dem Unternehmer die erforderlichen Nachrichten zu geben, namentlich ihm von jeder Geschäftsvermittlung und von jedem Geschäftsabschluss unverzüglich Mitteilung zu machen.

§ 666 BGB: Der Beauftragte ist verpflichtet, dem Auftraggeber die erforderlichen Nachrichten zu geben, auf Verlangen über den Stand des Geschäfts Auskunft zu erteilen und nach der Ausführung des Auftrags Rechenschaft abzulegen.

(Vgl. auch die entsprechende Pflicht des Kommissionärs nach § 384 Abs. 2 und die Berichtspflicht des Handelsmaklers nach § 94 Abs. 1.).

Nach § 86 Abs. 4 sind diese Pflichten zwingendes Recht.

Der BGH stellt strenge Anforderungen an die Befolgung der den Umständen nach berechtigten Besuchsanweisungen des U. Eine erhebliche Verletzung berechtigt den U zur fristlosen Kündigung (z. B. wenn von 184 Stammkunden 43 in fünf Monaten nicht besucht werden). Allerdings entfällt der Anspruch auf fristlose Kündigung wegen zeitlich vor einer ordentlichen Kündigung liegenden Verstößen gegen die Berichtspflicht, wenn der U durch seine ordentliche Kündigung zu erkennen gegeben hat, dass er die Verletzung der Berichtspflicht nicht als schwerwiegend ansah (OLG Celle – HVR 1131). Zu berücksichtigen ist jedoch die beiderseitige Interessenlage im Einzelfall bei der rechtlichen Einordnung von Vertragsverstößen. Besuchsanweisungen sind z. B. für den HV unzumutbar, wenn er im Rahmen einer Werbeaktion binnen einer Woche nach Absendung die angeschriebenen Firmen aufsuchen soll. Wenn der auf seine Kosten und auf sein Abschlussrisiko reisende Mehrfirmen-HV diese Weisung des U nicht befolgt, liegt darin i. d. R. kein wichtiger Kündigungsgrund i. S. d. § 89a. Bei Mehrfirmen-HV ist die Zumutbarkeit des Zeitaufwandes zu berücksich-

III. Nebenpflichten des Vertreters gegenüber dem Unternehmer

tigen. Es empfiehlt sich für beide Vertragspartner, im Vertrag den Umfang der Kundenbesuchs- und Berichtspflicht festzulegen, damit später festgestellt werden kann, ob es sich bei nachträglichen Wünschen der Verkaufsleitung des U um die Absicht der einseitigen – und damit unverbindlichen – Vertragsabänderung handelt.

Ohne vertragliche Fixierung und ohne besondere Weisung muss der HV die Kunden so oft besuchen, wie dies unter Berücksichtigung der Branchenüblichkeit nach objektiven Gesichtspunkten zur ordnungsgemäßen Kundenbetreuung erforderlich ist (OLG Hamm – HVR 1089).

Die gesetzliche Berichtspflicht umfasst in erster Linie alle den Warenumsatz betreffenden Mitteilungen. Wenn die Vertragsverhandlungen sich längere Zeit hinziehen, ist jeweils über den erreichten Stand zu berichten. Auch die für die Vertragserfüllung wesentlichen Umstände sind mitzuteilen, soweit sie nicht schon in der Bestellung ausdrücklich genannt werden. Unabhängig von der Vermittlung einzelner Geschäfte soll der HV dem U mitteilen: Kreditwürdigkeit des Kunden, Vertragsverletzungen durch den Kunden, ständig wiederkehrende Kundenwünsche, Bedarf, Interessen, günstige Abschlusschancen auch in Nachbarbezirken, die dem HV bekannt geworden sind, das Erfordernis direkter Bearbeitung von Kunden durch den U, Erkenntnisse über Konkurrenzprodukte usw. Der HV muss außerdem dem U aus seiner Betriebssphäre mitteilen: Sitzung- und Wohnungswechsel; längere Abwesenheit (z.B. Urlaubszeit und -dauer, Erkrankungen nicht nur vorübergehender Art; Beschäftigung von Gehilfen, z.B. von Unter-HV).

Der Umfang der vertraglichen Berichtspflicht ergibt sich aus dem Vertragstext; vertragliche Weisungen binden den Vertreter, wenn mindestens wöchentliche schriftliche Berichte über Kundenbesuche vereinbart worden sind. Auf die Form, in der der HV berichtet, kommt es dagegen für die Erfüllung der Berichtspflicht nicht an (BGH NJW-RR 1988 S. 287). Auch die sich über längere Zeit erstreckende Vertragshandhabung (Betriebsübung) kann einen Hinweis auf den Willen der vertragsschließenden Parteien geben. Eine ausdrückliche vertragliche Regelung empfiehlt sich, da sonst im Streitfall die Gerichte z.B. befinden müssen, ob die vom U verlangten Berichte „erforderlich" waren. Besondere Anforderungen sind an die Berichtspflicht zu stellen, wenn der Umsatz erheblich zurückgegangen ist. Gerade dann kann der U ein starkes Interesse an häufigen Berichten haben, um prüfen zu können, ob der Umsatzrückgang hauptsächlich auf die ungünstige Marktlage oder etwa auf ein Nachlassen der Tätigkeit des HV zurückzuführen ist. Unter solchen Umständen muss dieser eine gewisse Mehrbelastung durch die Berichtstätigkeit hinnehmen (BGH NJW 1966 S. 882 = DB 1966 S. 375 vgl. auch BGH NJW-RR 1988 S. 287 = LM Nr. 8 = BB 1988 S. 12 = DB 1988 S. 41 zur Pflicht, Wochenberichte zu erstellen; BAG – HVR 1010).

4. Pflicht des Vertreters, Weisungen des Unternehmers zu befolgen

Die sich aus der Bemühungspflicht gem. § 86 ergebende Verpflichtung des HV, Weisungen des U zu befolgen ist in Art. 3 Abs. 2c) EG-Richtlinie nochmals bestätigt worden. Danach muss der HV den angemessenen Weisungen des U nachkommen. Eine verstärkte Weisungsgebundenheit nach dem Durchführungsgesetz gegenüber dem bisher geltenden Recht liegt darin nicht. Der HV hat nach wie vor nur die betrieblich notwendigen Weisungen des U zu beachten, soweit diese weder rechtsmissbräuchlich sind, noch die Selbständigkeit des HV beeinträchtigen. Folglich dürfen die Weisungen nicht zu einer kleinlichen Kontrolle des HV führen, anderenfalls sind sie für den HV unverbindlich. Deshalb kann der U dem HV nicht vorschreiben, dass und welches Personal er einzustellen hat, dass er seine Agentur an einen dem U genehmen Ort zu verlegen hat, dass er seinen Urlaub nur in den Betriebsferien nehmen darf, wie er seine Kundenbesuchsroute zusammenstellen muss usw.

Weisungen, zu denen der U berechtigt ist, muss der HV befolgen, auch wenn das mit einigen Einschränkungen in der freien Gestaltung seiner Tätigkeit verbunden ist (BAG DB 2000 S. 723 = BB 2000 S. 826); anderenfalls riskiert er, dass der U aus wichtigem Grund nach § 89a fristlos kündigt, wenn ihm die Fortsetzung des HV-Vertrages bis zur Beendigung bei ordentlicher Kündigung nicht zugemutet werden kann. In jedem Fall ist der HV, der eine Weisung nicht befolgen will, nach § 242 BGB verpflichtet, dem U mitzuteilen, dass und warum er der Weisung nicht folgen will. Im eigenen Interesse sollte er Rechtsrat einholen, wenn er meint, die vom U erteilte Weisung sei für ihn nicht verbindlich.

Weisungen dürfen nicht missbraucht werden, um damit einseitige Vertragsänderungen durchzusetzen. Es hängt z. B. vom HV-Vertrag ab, ob der HV auch neue Artikel, Kollektionen etc. des U vertreiben muss, und ob er zur Bearbeitung eines weiteren Abnehmerkreises verpflichtet ist.

5. Verschwiegenheitspflicht des Handelsvertreters

Diese Pflicht besteht während und nach der Vertragszeit, allerdings in unterschiedlichem Umfang.

§ 90: Der Handelsvertreter darf Geschäfts- und Betriebsgeheimnisse, die ihm anvertraut oder als solche durch seine Tätigkeit für den Unternehmer bekannt geworden sind, auch nach Beendigung des Vertragsverhältnisses nicht verwerten oder anderen mitteilen, soweit dies nach den gesamten Umständen der Berufsauffassung eines ordentlichen Kaufmannes widersprechen würde.

Betriebs- oder Geschäftsgeheimnisse sind Tatsachen, die im Zusammenhang mit einem Geschäftsbetrieb stehen, nur einem eng begrenzten Personenkreis bekannt sind und nach dem bekundeten Willen des Betriebsinhabers geheim zu halten sind (BGH DB 1957 Beilage 2 Ziff. 12). Betriebsgeheimnisse beziehen sich auf den technischen Betriebsablauf, insbesondere Herstellung und Herstellungsverfahren; Geschäftsgeheimnisse betreffen den allgemeinen Geschäftsverkehr des Unternehmers. Zu den Geschäfts- oder Betriebsgeheimnissen gehören z. B. Kundenlisten, Fabrikationsverfahren, Computerprogramme, Bezugsquellen, Kalkulationsunterlagen, Handelsspannen, Zahlungsbedingungen, Ausschreibungsunterlagen, Preisangebote etc. Aus den Worten „auch nach Beendigung" ergibt sich, dass die gleiche Verschwiegenheitspflicht während der Vertragszeit besteht; allerdings dann in größerem Umfang, als nach Vertragsende. Denn das Interesse des U i. S. d. § 86 Abs. 1 verbietet dem HV ganz allgemein, solche Kenntnisse und Erfahrungen für sich zu verwerten oder an Dritte weiterzugeben, deren Bekanntwerden dem U schaden könnten, z.B. Umsätze, Lieferantenliste, Reiseberichte des HV, nachteilige Tatsachen über den U oder dessen Betrieb etc. (Schröder, § 90 Rz. 2, 10–12 und § 86 Rz. 39). Dagegen folgt aus der Verschwiegenheitspflicht kein generelles Verbot, Kunden seines ehemaligen Arbeitgebers nach Vertragsende zu umwerben und sich dabei der in seinem Gedächtnis verbleibenden Informationen (Kundenadressen) zu bedienen (LG Leipzig – HVR 1176). Die Verschwiegenheitspflicht, verbietet es dem HV jedoch, persönliche Unterlagen bei der Ausübung seiner Tätigkeit außerhalb des Unternehmens zu verwerten (BGH, HVR 1062).

Die Rechtsgrundlage eines Schadensersatzanspruchs des U ist positive Vertragsverletzung, und/oder unerlaubte Handlung i.S. des § 823 Abs. 1 und/oder § 826 BGB; verbotswidrig gefertigte Aufzeichnungen, Kopien etc. müssen herausgegeben werden.

Die Verletzung der Verschwiegenheitspflicht kann den U zur fristlosen Kündigung berechtigen.

6. Verbotener Wettbewerb des Handelsvertreters

Voraussetzung für ein sich aus der Interessenwahrungspflicht ergebendes Wettbewerbsverbot ist eine gegenständliche, räumliche und zeitliche Wettbewerbssituation, gegen die der HV bereits durch ein Angebot zur Übernahme der vom U nicht erlaubten Konkurrenzvertretung verstößt (Hopt, § 86 Rz. 27, 28). Die Interessenwahrnehmungspflicht durch den HV führt zwar nicht zu einem umfassenden gesetzlichen Wettbewerbsverbot schlechthin (anders für AiA in § 60); der HV ist aber auch ohne ausdrückliche schriftliche Vereinbarung verpflichtet, während der Dauer des HV-Vertrages jede Konkurrenztätigkeit zu unterlassen, die die Interessen des HV beeinträchtigt (BGH NJW 1991 S. 491). Ein Verstoß stellt eine zum Schadensersatz verpflichtende positive Vertragsverletzung des HV dar.

MüKo/von Hoyningen-Huene, § 86 Rz. 34, 35: Von diesem gesetzlichen Wettbewerbsverbot wird jede Tätigkeit erfasst, die geeignet ist, die Interessen des HV zu beeinträchtigen. Gleichgültig, ob der HV als U auf eigene Rechnung und im eigenen Namen tätig wird oder zugunsten eines anderen U Vermittlungstätigkeiten entfaltet. So kann z. B. ein schwerer zur fristlosen Kündigung berechtigender Verstoß gegen das Wettbewerbsverbot des HV auch in der heimlichen Bekanntgabe von Versicherungsverträgen durch die von seiner Ehefrau betriebene Agentur an ein Konkurrenzunternehmen bestehen (BGH NJW 1986 S. 57).

Das Wettbewerbsverbot beschränkt sich auf Geschäfte, die der HV nach dem Vertrag zu vermitteln oder abzuschließen hat (vgl. auch BGH NJW 1991 S. 491). OLG München (NJW 1995 S. 2927): keine verbotene Wettbewerbstätigkeit eines HV für Kochtopfprogramme und Haushaltswaren durch die Übernahme einer Zweitvertretung für Wolldecken.

In Anbetracht des Umstandes, dass viele HV als Mehrfirmen-HV tätig sind und – anders als z. B. bei AiA, die eine strikte Wettbewerbsenthaltung zu beachten haben – die Abgrenzung zwischen zulässiger und verbotener Tätigkeit des HV für andere U nicht einfach zu finden ist, erweist es sich als richtig, dass der Gesetzgeber auf eine ausdrückliche und detaillierte Regelung verzichtet und das Wettbewerbsverbot einer vertraglichen Regelung – und bei Fehlen einer solchen – der Auslegung des § 86 durch die Gerichte überlassen hat. Dabei ist ein strenger Maßstab anzulegen. Schon in Zweifelsfällen muss der HV den U in Kenntnis setzen und seine Erlaubnis einholen.

Ohne eine vertragliche Regelung folgt aus § 86 ein Wettbewerbsverbot dahin, dass ein HV ohne ausdrückliche Erlaubnis seines U keine Konkurrenzartikel vertreiben darf (BGH WM 1999 S. 391; BGH WM 1999 S. 1986). Ausnahmsweise ist der Vertrieb von Konkurrenzartikeln zulässig, wenn der Vertragspartner ein bestimmtes Sortiment auf Lager halten muss, ohne dass der HV auf den Anteil des jeweiligen Herstellers Einfluss nehmen kann (MüKo/von Hoyningen-Huene, § 86 Rz. 35).

Die Rechtsfolgen einer Vertragsverletzung durch verbotenen Wettbewerb wiegen schwer: fristlose Kündigung aus Verschulden des HV nach § 89a mit Schadensersatzpflicht nach § 89a Abs. 2, Verlust des Ausgleichsanspruchs nach § 89 Abs. 3 Satz 2 (OLG Frankfurt a. M., Beschluss vom 15. 10. 2003 – 1 U 159/03).

3. Kapitel. Wechselseitige Vertragspflichten des Vertretervertrages

Solche Rechtsfolgen sind aber nur dann gerechtfertigt, wenn die Interessen des U durch eine Zweit- oder Drittvertretung tatsächlich erheblich beeinträchtigt worden sind und nach Treu und Glauben unter Berücksichtigung des eigenen Verhaltens des U die Beendigung des Vertragsverhältnisses durch ordentliche Kündigung nicht zumutbar ist (BGH NJW-RR 1992 S. 481 = HVR 713).

Ebenso schon BGH BB 1983 S. 166 = DB 1984 S. 556: „Angesichts der behaupteten verbreiteten Duldung von Zweitvertretungen bei gleicher Sachlage, insbesondere bei gleicher Wettbewerbssituation hätte das Berufungsgericht prüfen müssen, ob der HV tatsächlich durch die übernommene, rechtlich und räumlich ausgegliederte Zweitvertretung die Interessen des U beeinträchtigt habe."
Vgl. auch OLG Karlsruhe – HVR 820.

Der BGH hat eine außerordentliche Kündigung des Tankstellenbetreibers für begründet angesehen, nachdem das Mineralölunternehmen ihm fristlos gekündigt und die Belieferung eingestellt hat, den Tankstellenbetreiber aber dennoch an dem vertraglichen Verbot, Konkurrenzprodukte zu vertreiben, festhielt und ihm damit den Betrieb der Tankstelle und die Erzielung von Einnahmen unmöglich machte. Der BGH sah – anders als die Vorinstanzen – in diesem Verhalten des Mineralölunternehmens eine Knebelung des Vertragspartners, die auch dann rechtsmissbräuchlich wäre, wenn dem Unternehmen grundsätzlich ein Zurückbehaltungsrecht zustünde, weil in der Einstellung der Belieferung unter gleichzeitiger Aufrechterhaltung des Konkurrenzverbots ein zur Existenzvernichtung führendes rechtsmissbräuchliches Verhalten liege, das den HV berechtige, seinerseits fristlos zu kündigen (BGH BB 2006 S. 517).

Zusammenfassend lässt sich festhalten:
- Bei vertraglicher Regelung des Wettbewerbsverbots gilt die Vereinbarung; ein Rückgriff auf § 86 ist allenfalls zur Ausfüllung einer Lücke erforderlich. Ohne vertragliche Regelung gelten die vom BGH entwickelten Grundsätze. Deshalb empfiehlt sich die Schriftform.
- Der als Einfirmen-HV tätige HV darf grundsätzlich keinen anderen U vertreten, soweit keine Vertragsänderung dahin erfolgt,

dass sich der U mit der Tätigkeit für einen anderen U ausdrücklich einverstanden erklärt.
- Wenn der Mehrfirmen-HV einen neuen HV-Vertrag abschließt, muss er seine Tätigkeit für weitere U offenbaren und das Einverständnis des U einholen und es zweckmäßigerweise im Vertrag festhalten lassen. Bei jeder Erweiterung der übrigen Vertretungen sollte die ergänzende Zustimmung des U eingeholt werden.
- Als Folge der Verletzung eines vertraglichen Wettbewerbsverbots oder der Interessenwahrnehmungspflicht nach § 86 i. S. d. Rspr. steht die außerordentliche Kündigung nach § 89a im Vordergrund. Der U kann aber auch die Unterlassung des verbotenen Wettbewerbs verlangen und einen ihm entstandenen Schaden geltend machen. Der Umfang des vom HV zu ersetzenden Schadens ergibt sich aus §§ 249 ff. BGB; er umfasst aber nicht den Verdienst, den der HV durch den Vertragsbruch erzielt hat (BGH DB 1964 S. 330 = NJW 1964 S. 817).

Die Situation eines verbotenen Wettbewerbs des HV kann sich auch im Laufe der Zeit ergeben (ohne neuen Vertragsschluss mit dem HV). Z. B., wenn ein bisher nicht konkurrierender anderer U des Mehrfirmen-HV mit einem neuen Produkt zum Konkurrenten des U wird (BGH DB 1960 S. 1305 und LG Frankfurt DB 1966 S. 499); dann gilt das Prioritätsprinzip (MüKo/von Hoyningen-Huene, § 86 Rz. 36).

7. Besonderheiten im Bereich des verbotenen Wettbewerbs bei Tankstellenvertretern

Nach st. Rspr. sind alle Tankstelleninhaber, die im Namen und für Rechnung einer Mineralölgesellschaft deren Treibstoff und Schmieröl von einer Tankstelle aus verkaufen, Handelsvertreter. Das aus § 86 abgeleitete gesetzliche oder ein vertragliches Wettbewerbsverbot gilt – vorbehaltlich der sich aus § 242 BGB ergebenden Einschränkungen – für den Tankstellenvertreter ohne Beschränkungen auf das Tankstellengrundstück (z. B. auch für eine Kfz-Werkstatt außerhalb des Tankstellenbereichs. Der BGH berücksichtigt aber, dass Kfz-Werkstattkunden des Tankstellenvertreters oft ein Motoröl des Konkurrenten des U verlangen, das ihnen vom Kfz-Hersteller empfohlen worden ist. In diesem Falle ist eine Einschränkung des Wettbewerbsverbots zu bejahen. Der BGH führt hierzu aus: Dem Inhaber der Tankstelle könne nicht zugemutet werden, seine Werkstattkunden, die auf dem Kauf anderen Schmieröls bestünden, allein deshalb an eine andere Reparaturwerkstatt zu verweisen. Der Tankstellenvertreiber dürfe deshalb auf Wunsch seiner Werkstattkunden, dem er sich nicht widersetzen könne, das Konkurrenzöl verkaufen. Er dürfe allerdings nicht dafür werben. Der Tankstellenvertreter dürfe sich auch nicht durch Mindestabnahmevereinbarungen so an andere Schmierstoffhersteller binden, dass er den tatsächlichen Gesamtbedarf der Werkstatt bei ihnen (statt bei seinem U) beziehen müsse (BGH LM zu § 242 BGB) (Ba) Nr. 52 = DB 1968 S. 211 = BB 1968 S. 60).

8. Pflicht des Vertreters zur Aufbewahrung und Rückgabe von Mustern, Kollektionen usw.

Das Eigentum an den dem Vertreter nach § 86a überlassenen Mustern, Kollektionen, Auslieferungslagerwaren, Werbedrucksachen, Preislisten, Kundenkarten etc. bleibt beim U. Der Vertreter ist zur sorgfältigen Verwahrung verpflichtet; bei Eigenverbrauch, eigenmächtigen Verfügungen etc. haftet er dem U auf Schadensersatz. Dazu gehört bei der Reisetätigkeit des HV z. B. die selbständige, sichere Aufbewahrung einer Schmuckkollektion (LG Darmstadt – HVR 8). Oder die Kontrolle über die Vollständigkeit des Auslieferungslagers (OLG Celle BB 1958 S. 894 = HVR 179).

Der HV trägt die Beweislast dafür, dass er den Lagerfehlbestand in einem Warenlager nicht zu vertreten hat (Jauernig, § 282 Rz. 8; OLG München – HVR 834).

Nach Handelsbrauch beurteilt es sich, ob und gegen welche Gefahren der Vertreter die dem U gehörenden Muster, Kollektionen und Auslieferungslagerwaren versichern muss (LG Köln, HVR 11).

Die Rückgabepflicht des Vertreters folgt aus § 667 BGB.

§ 667 BGB: Der Beauftragte ist verpflichtet, dem Auftraggeber alles, was er zur Ausführung des Auftrages erhält und was er aus der Geschäftsbesorgung erlangt, herauszugeben.

Das gilt insbesondere zur Herausgabepflicht des Vertreters bei Vertragsende; zum Zurückbehaltungsrecht des Vertreters s.u. 11. Kapitel.

IV. Nebenpflichten des Unternehmers gegenüber dem Handelsvertreter

Die Nebenpflichten des U lassen sich so wenig wie diejenigen des HV in einem gesetzlichen Katalog erschöpfend aufzählen. Die ratio legis des § 86a geht dahin, dass der U – unbeschadet seiner kaufmännischen Entschließungsfreiheit – auf schutzwerte Belange des HV Rücksicht nehmen muss und deshalb Absatzbemühungen nicht willkürlich vereiteln darf. Deshalb ist es dem U nicht erlaubt, Kundenadressen an andere HV oder Händler weiterzugeben, damit diese zu den vom HV geworbenen Kunden in Kontakt treten und so u.U. zum Abschluss neuer Verträge veranlassen. Damit greift der U in verbotener Weise in den vom HV geworbenen Kundenstamm ein. Das gilt auch, wenn er mit dem HV keinen ausdrücklichen Kundenschutz vereinbart hat, denn er verstößt gegen die ihm obliegenden Treue- und Loyalitätspflicht, die es ihm verbietet, die Kundenadressen der vom HV vermittelten Verträge an andere HV weiterzugeben (OLG Düsseldorf – HVR 1148).

1. Ausstattung des Handelsvertreters mit Unterlagen

§ 86a Abs. 1: Der Unternehmer hat dem Handelsvertreter die zur Ausübung seiner Tätigkeit erforderlichen Unterlagen wie Muster, Zeichnungen, Preislisten, Werbedrucksachen, Geschäftsbedingungen zur Verfügung zu stellen.

Die Aufzählung ist nur beispielhaft; dazu gehören die Musterkollektionen, die Kundenkartei mit Kundenkorrespondenz, die eigens entwickelte Betriebssoftware, usw. Der U bleibt Eigentümer der genannten Unterlagen, auch der Musterkollektionen, Software usw., die der HV sorgfältig behandeln und verwahren muss. Nach der zwingenden Vorschrift des § 86a Abs. 1 i.V.m. Abs. 3 ist der Unternehmer verpflichtet, die Unterlagen kostenlos zur Verfügung zu stellen, soweit sie für die Tätigkeit des HV erforderlich sind. Das ist z. B. der Fall, wenn ein Versicherer seinen Mitarbeitern vorschreibt, bei der Einreichung von Anträgen das von dem Unternehmen entwickelte EDV-Programm zu verwenden. Für die erforderliche Software dürfen keine Mietkosten berechnet werden. Auch eine im Vertrag geregelte Verpflichtung des HV zum Erwerb der Unterlagen, die häufig in Form der Verpflichtung zum Kauf der Musterkollektionen vereinbart werden, ist unwirksam (OLG München – HVR 991; OLG München – HVR 895; OLG Düsseldorf – HVR 770).

Mit der Einfügung des § 86a Abs. 3 ist endgültig geklärt, dass im Handelsvertretervertrag die Verpflichtung zum Kauf z. B. der Musterkollektionen generell nicht wirksam geregelt werden kann. Eine im HV-Vertrag enthaltene Verpflichtung des HV, die Musterkollektion käuflich zu erwerben, ist ungültig (LG Nürnberg-Fürth, HVR 842; OLG Düsseldorf, HVR 841). Individuelle Vereinbarungen sind aber möglich.

2. Keine willkürliche Ablehnung von Aufträgen

Soweit die Ablehnung auf fehlenden Liefermöglichkeiten beruht, macht der U sich u. U. wegen fehlender oder falscher Information über seine Liefermöglichkeit dem HV gegenüber nach § 86a Abs. 2 S. 2 schadensersatzpflichtig (s. u. 4); BGH NJW 1981 S. 1785 = BB 1981 S. 1118.

Durch die in § 86a Abs. 2 geregelte Informationspflicht des U bei Nichtausführung eines vom HV vermittelten oder abgeschlossenen Geschäfts ist die Überprüfung für den HV erleichtert worden. Wenn der U nachträglich auf die Ausführung eines bereits angenommenen Geschäfts – das der HV vermittelte – verzichtet, z. B. weil es ihm nicht lohnend erscheint, behält der HV seinen Vergütungsanspruch.

3. Verbot von Schlechtlieferungen des Unternehmers

Hinsichtlich seiner Provisionsansprüche wird der HV in solchen Fällen durch § 87a Abs. 3 geschützt. Nicht- oder Schlechtlieferungen des U lassen den Provisionsanspruch des HV unberührt und begründen zusätzliche Schadensersatzansprüche, sofern der U die Nichtleistung oder die mangelhafte Lieferung zu vertreten hat. Eine andere Frage ist, ob der HV einen Anspruch auf die Lieferung einwandfreier Ware hat, damit sein guter Ruf bei den Kunden nicht beschädigt wird. Einen derartigen Anspruch auf die Lieferung guter Ware wird allgemein verneint (vgl. Küstner, Bd. 1 Rz. 706).

OLG Celle DB 1962 S. 94, zum Verlust von Nachbestellungen wegen mangelhafter Ware: Das Risiko, dass ein Kunde sich durch die Ausführung des vermittelten Geschäfts nicht zufriedengestellt sieht und von weiteren Bestellungen absieht, trägt der HV selbst.

Anders gilt nur, wenn der U bei der Schlechtlieferung die Interessen des HV wider Treu und Glauben verletzt hat. Damit befasst sich BGHZ 26 S. 161, 163 = HVR 166; der BGH prüft die Auswirkung der Lieferung schimmeligen Tabaks an die Kunden des Bezirks-HV unter zwei Gesichtspunkten: (1) Der U darf bei seinen geschäftlichen Dispositionen nicht willkürlich, d. h. ohne vertretbaren Grund – den Interessen des HV zuwiderhandeln und damit die vom HV mit Recht erwarteten Verdienstmöglichkeiten vereiteln. (2) Der U ist zur Rücksichtnahme auf die schutzwerten Belange des HV verpflichtet, der u. U. recht hohe Aufwendungen zur Einführung des von ihm vertretenen U erbracht hat. Die Benachrichtigungspflicht wegen quantitativer Einschränkungen der Lieferfähigkeit des U gilt – wegen gleicher Interessenlage – auch für die qualitative Einschränkung der Lieferfähigkeit infolge Verschimmelung der Ware. Der U ist schadensersatzpflichtig, wenn er eine derartige Mitteilung unterlässt. Abweichende Vereinbarungen sind unwirksam (§ 86a Abs. 3).

4. Benachrichtigungspflicht des Unternehmers

Besondere Bedeutung misst der Gesetzgeber der zwingend vorgeschriebenen Pflicht zur Information bei, weil der HV erst aufgrund derartiger Informationen seinen künftigen Arbeitseinsatz richtig planen und u. U. auf einer seinen Interessen Rechnung tragenden Vertragsänderung bestehen oder kündigen kann (von Westphalen DB 1984 S. 2337). Durch die erweiterte Informationspflicht des § 86a Abs. 2 soll der HV wichtige Nachrichten erhalten, die er benötigt, um seinen Vertragspflichten für den U optimal nachkommen zu können (MüKo/von Hoyningen-Huene, § 86a Rz. 11) und außerdem erhält der HV so u. U wichtige Informationen, die für seine Ansprüche gegenüber dem U wichtig sind und die er sonst nur mithilfe eines Buchauszuges gem. § 87c Abs. 2 bekäme (Küstner/von Manteuffel BB 1990 S. 291 ff.; Kuther NJW 1990 S. 304 ff.). Küstner/von Manteuffel (a.a.O.) bejahen die Ausdehnung der Informationspflicht des U bezüglich der Nichtausführung von Geschäften generell auch auf die Geschäfte des Bezirksvertreters.

Eine Verletzung der Informationspflicht macht den U schadensersatzpflichtig. Der in § 86a Abs. 2 Satz 1 verwendete Ausdruck „erforderliche Nachrichten" stellt einen sog. unbestimmten Rechtsbegriff dar, der von der Rechtsprechung konkretisiert werden muss. Darunter fallen: Mitteilung von der bevorstehenden Betriebseinstellung (BGH NJW 1974 S. 795 = DB 1974 S. 718 = HVR 479; BGH NJW 1986 S. 1931 = HVR 615); ebenso Umstellung des Vertriebssystems (BGHZ 49 S. 39, 44 = DB 1968 S. 34), Nachricht über auslaufende Serien und Änderungen des Produktionsprogramms, Bekanntgabe von Messen und Ausstellungsterminen, Bewertung der von HV vertriebenen Ware in Warentest- oder sonstigen Zeitschriften etc., aber auch die bevorstehende Einstellung der Belieferung von Kunden eines bestimmten Gebiets, Verkauf, Verpachtung des Betriebs des U. Der U muss dem HV auch bekannt geben, wie er Lage und Entwicklung des Marktes beurteilt, welche neuen Artikel er demnächst auf den Markt bringen wird (soweit er das nicht geheim halten muss) usw.

5. Verbotener Wettbewerb des Unternehmers mit dem Handelsvertreter

Ebenso wie der HV unterliegt auch der U einem Wettbewerbsverbot.

Wenn der U es ermöglicht, dass Abnehmer seiner Ware diese im Bezirk des HV billiger als dieser vertreiben können, wirkt sich das als Preisspaltung und -unterbietung aus. Das berechtigt den HV zur fristlosen Kündigung unter Erhalt des AA (OLG Bremen NJW 1967 S. 254, 255; BGH DB 1961 S. 601 und LG Frankfurt BB 1969 S. 1326).

Soweit der HV Untervertreter beschäftigt (und Unternehmer i. S. d. § 84 Abs. 3 ist), darf der U diese nicht abwerben (BGHZ 42 S. 59 = DB 1964 S. 1022 = HVR 318; BGH LM 89a HGB Nr. 18 = BB 1982 S. 1626). Ebenso wenig ist es dem U erlaubt, in bestehende vom HV vermittelte Verträge einzugreifen, indem er die Adressen dieser Kunden an andere Händler oder HV weitergibt, damit diese für den Neuabschluss oder die Verlängerung von Verträgen mit den Kunden Kontakt aufnehmen, unabhängig davon, ob der HV ein Alleinvertretungsrecht hat oder nicht, denn in derartigen Fällen richtet sich die Beurteilung nicht danach, ob dem U ein Wettbewerb erlaubt ist, sondern, ob er in bestehende vom HV vermittelte Verträge eingreift. Das verbietet sich aus der Regelung des § 86a Abs. 1 und Abs. 2 HGB und der vertraglichen Treue- und Loyalitätspflicht (OLG Düsseldorf – HVR 1148).

6. Pflicht des Unternehmers zu interessewahrendem Verhalten nach Vertragsende

Die Rspr. leitet aus § 242 BGB eine dem § 90 entsprechende Nebenpflicht des U ab, im Interesse des HV über dessen Kundenberichte etc. gegenüber den Kunden Stillschweigen zu bewahren, z. B. wenn sich der HV in seinen Berichten an den U kritisch über Kunden geäußert hat.

Wenn der U nach seiner Kündigung des HV-Vertrages die Stammkunden davon benachrichtigt, hat er dabei den HV schädigende Werturteile unterlassen, z. B. („der HV ist wegen Unregelmäßigkeiten entlassen worden und nicht mehr inkassoberechtigt") (OLG Düsseldorf – HVR 113).

V. Pflichten des Unternehmers und des Handelsvertreters gegenüber Dritten bei Vertragsverhandlungen

Da der Vermittlungs-HV die Vertragsverhandlungen für den U führt, haftet letzterer nach § 278 BGB für alle Pflichtverletzungen des HV gegenüber dem Kunden wegen Verschuldens bei Vertragsschluss. In bestimmten Fällen haftet der HV dem Kunden auch selbst.

1. Pflichtverletzungen des Vertreters gegenüber Kunden

Die Rspr. hat es hier mit folgenden Fallgruppen zu tun:
Die **arglistige Täuschung** des Kunden führt zur Nichtigkeit des angefochtenen Kaufvertrages (§ 142 Abs. 1 BGB). Für die Voraussetzungen des § 123 BGB genügt nach der Rspr. bedingter Vorsatz bezüglich der Unrichtigkeit angegebener Tatsachen (BGH NJW 1998 S. 2361).

> **Beispiele:** Der HV spricht mit dem Kunden über eine – in Wahrheit nicht bestehende – Eigenschaft der zum Kauf angebotenen Registrierkasse, ohne deren technischen Eigenschaften überhaupt zu kennen.

BGH BB 1981 S. 578, 579 = DB 1981 S. 784 behandelt die „ins Blaue hinein" gemachte Angabe des Erklärenden beim Verkauf eines Grundstücks, es bestehe die erhöhte Abschreibungsmöglichkeit nach § 7 b EStG. BGH BB 1980 S. 1010: Arglistig könne auch derjenige HV täuschen, dem, – wie er weiß – entgegen der offensichtlichen Erwartung des Käufers jeglicher zur sachgemäßen Beurteilung des Kaufgegenstandes erforderliche Kenntnis fehle und der dies verschweige. Der gute Glaube des HV schließe in einem solchen Fall eine Arglist nicht aus.

In Fällen arglistiger Täuschung haftet der HV dem Käufer auf Schadensersatz, soweit die Voraussetzungen der §§ 826 und/oder 823 Abs. 2 BGB i. V. m. § 263 StGB vorliegen. Der U muss sich nach § 278 BGB das oben erörterte Fehlverhalten des HV gem. § 123 BGB zurechnen lassen, sowohl bezüglich der Anfechtung des Kunden als auch bezüglich etwaiger Schadensersatzansprüche wegen Verschuldens bei Vertragsschluss nach § 276 BGB und/ oder nach §§ 826, 823 Abs. 2 BGB i. V. m. § 263 StGB und § 831 BGB.

Eine besondere Fallgestaltung stellt die arglistige Täuschung des Käufers durch den HV in Form der Manipulation der Bestellungen durch Einfügen nicht gewollter größerer Mengen der bestellten

Ware dar (sog. Unterschriftenerschleichung). Die Rechtsfolgen sind die gleichen wie oben angegeben. **Zusätzlicher Vertrauenstatbestand** als Rechtsgrundlage einer eigenen Haftung des HV für Verschulden beim Vertragsschluss: Der HV mit Vermittlungsvollmacht muss dafür einstehen, wenn ihm persönlich vom Kunden besonderes Vertrauen entgegengebracht wurde und/oder wenn er am Abschluss des Geschäfts ein eigenes wirtschaftliches Interesse hatte (und nicht nur ein mittelbares Interesse am Umsatz des U). So die ständige Rspr. seit BGHZ 56 S. 81, 83 = DB 1971 S. 1006.

BGH WM 1978 S. 611 = DB 1978 S. 1398 und WM 1979 S. 530, 531 = NJW 1979 S. 1449: Eine als HV tätig gewordene Anlagevermittlungsgesellschaft könne bei mangelnder Aufklärung eines durch Prospekt geworbenen Käufers von Anteilen eines ausländischen Immobilienfonds selbst aus Verschulden bei Vertragsverhandlungen zur Verantwortung gezogen werden, wenn sie den Erwerbern gegenüber besonderes Vertrauen in Anspruch genommen habe. Der zusätzliche Vertrauenstatbestand könne gerade auf Personen und Unternehmen zutreffen, die solche Beteiligungen vertreiben oder vermitteln, nämlich dann, wenn sie als in dieser Branche vielfältig erfahren und damit sachkundig auftreten, den Eindruck besonderer persönlicher Zuverlässigkeit erweckten und so für ihre Vertragspartner eine zusätzliche, wenn nicht gar die ausschlaggebende Gewähr für die Richtigkeit der ... gemachten Angaben bieten würden (vgl. auch BGH BB 1980 S. 800).

Dieser von der Rechtsprechung entwickelte, sich aus dem Gesetz nicht ergebende Haftungsgrund hat auch Bedeutung bei Geschäften mit technischer oder wirtschaftlicher Beratung des Kunden (z. B. beim Kauf von Gebrauchtwagen, Solaranlagen etc).

2. Sittenwidrigkeit der für den Unternehmer vermittelten Verträge

Es handelt sich um Fälle, in denen die Gerichte den Käufer vor Ausbeutung usw. schützen und die Verträge nach § 138 BGB für nichtig erklären. Wenn ein vermitteltes Geschäft nichtig oder nach §§ 119, 123 BGB anfechtbar ist und wirksam angefochten wurde (§§ 142, 143 BGB), entsteht kein Provisionsanspruch.

VI. Besonderheiten bei Versicherungsvertretern

1. Hauptpflicht des Versicherungsvertreters

Als solche gilt seine Bemühung, für den Versicherer Versicherungsverträge zu vermitteln (oder abzuschließen, wenn ihm Abschlussvollmacht erteilt worden ist). Auch der VersV schuldet keinen bestimmten Erfolg seiner Vermittlungsbemühungen. Deshalb kann der Versicherer z. B. nicht verbindlich vorschreiben, wie viele Versicherungsverträge der VersV in einer bestimmten Zeit zu vermitteln hat. Dahingehende Vertragsklauseln sind unwirksam; dem U bleibt nur die ordentliche Kündigung als Reaktion auf das Nichterreichen von Produktionszielen. Viele Versicherer wählen deshalb den Weg einer Prämienvergütung (zusätzlich zur Provision), die bei einem bestimmten Vermittlungserfolg verdient ist.

2. Nebenpflichten des Versicherungsvertreters nach § 86

a) Allgemeines

In Wahrnehmung der Interessen des Versicherers muss der VersV bei der Vermittlung von Versicherungsverträgen mit besonderen Risiken Vorsicht walten lassen, die meist dazu erteilten genauen Weisungen des Versicherers befolgen und die Bonität der Antragsteller prüfen, soweit ihm das möglich ist. Versicherungsverträge, die alsbald storniert werden, sind unproduktiv; die sog. Bestandsfestigkeit der Versicherungsverträge liegt im Interesse des Versicherers; der Versicherungsvertreter muss diese zu erreichen suchen.

b) Mitteilungs-, Auskunfts- und Rechenschaftspflichten

Der VersV muss die Versicherungsanträge und (nach Abschluss des Versicherungsvertrages) Schadensanzeigen der Versicherungsnehmer im Hinblick auf den Fristenlauf unverzüglich an den Versicherer weiterreichen. Aus § 86 Abs. 2 („erforderliche Nachrichten") ist eine Berichtspflicht des VersV abzuleiten, deren Zeitabstände entweder vertraglich vereinbart worden sind, oder – ohne solche Absprache – den Umständen nach angemessen sein müssen. Daneben müssen auf Verlangen des Versicherers spezielle Auskünfte erteilt werden, z. B. über den Erfolg von Werbemaßnahmen des Versicherers, über die Gründe eines außergewöhnlich geringen Neugeschäfts etc., Rechenschaft i. S. d. § 666 BGB ist bei Bedarf und aufgrund vertraglicher Vereinbarung abzulegen, z. B. soweit die Höhe von Inkassoeinnahmen abgestimmt werden muss.

c) Tätigkeit im Rahmen von Weisungen des Versicherers

Der Rahmen zulässiger Weisungen des U reicht umso weiter, je größer das geschäftliche Risiko des Versicherers ist oder sein kann. In derartigen Fällen widersprechen die Weisungen nicht der Selbständigkeit des Vertreters solange diese nicht in ihrem Kerngehalt angetastet wird (BGH NJW 1966 S. 882 f.). In den VersV-Verträgen werden meist folgenden Abschnitte der Tätigkeit des VersV mit Weisungen des Versicherers versehen:

- Die Bemühungen des VersV um neue Versicherungsnehmer sollen sich auf bestimmte Wagnisse richten, nicht aber auf unerwünschte Risiken; anderen Risiken werden als anfragepflichtig bezeichnet.
- Weiterhin muss der VersV sich an die „Wettbewerbsrichtlinien der Versicherungswirtschaft" vom 15. 12. 1997 halten (s. u. Anhang IV).
- Die Verwaltungsaufgaben des VersV bei der Bestandspflege (Verwaltung seines Versicherungsbestandes) werden durch Geschäftsanweisungen gesteuert. Hierzu gehören allgemeine Verwaltungsaufgaben, einschließlich Schadensbearbeitung bis zu bestimmten Beträgen, Inkasso von Versicherungsprämien, Kontakte zwischen VersV und Versicherungsnehmern.
- Die meisten VersV-Verträge enthalten ein Klausel dahin, dass der VersV nicht mehrere Versicherer vertreten darf.

> **Beispiel:** „Der Vertreter verpflichtet sich, während der Dauer des Vertragsverhältnisses nur für den Versicherer X – und die mit ihm in einer Gruppe oder einer Arbeitsgemeinschaft arbeitenden Unternehmen – tätig zu sein. Will er während der Dauer des Vertragsverhältnisses für einen anderen Versicherer tätig werden, so bedarf es hierzu der schriftlichen Zustimmung des Versicherers".

Ein solches vertragliches Wettbewerbsverbot wird vom BGH nach seinem Wortlaut ausgelegt.

BGH VersR 1974 S. 714: Bei vertraglichem Konkurrenzverbot könne die Einreichung von Versicherungsverträgen, die der U wegen unerwünschter Risiken ablehne, bei einem anderen Versicherer gestattet sein, wenn der U zu erkennen gegeben habe, er sei damit einverstanden; ohne die erforderliche Zustimmung des U handele es sich um eine schwerwiegende Vertragsverletzung.

d) Fristlose Kündigung

Im Falle einer fristlosen Kündigung des U, die der HV für unwirksam hält, hat sich dieser bis zur wirksamen Beendigung des Vertreterverhältnisses jedes Wettbewerbs zu enthalten, es sei denn, der U sagt sich gem. § 90a Abs. 3 von der Wettbewerbsabrede los, dann ist auch der HV frei.

e) Herausgabepflicht des HV

Hierzu zählen z. B. vom U nach § 86a Abs. 1 dem VersV überlassene Büroeinrichtungen, Werbedrucksachen, Bestandslisten und Fahrzeuge etc., ebenso Computer, Software mit Kundenkartei. Soweit der VersV Unterlagen in seiner Kaufmannseigenschaft als eigene besitzt, kann er sich gegen einen Herausgabeanspruch des U auf sein Eigentum (§ 985 BGB) berufen; der U muss seinerseits Eigentum behaupten und nachweisen.

3. Nebenpflichten des Versicherers

Der Versicherer muss sich alsbald entschließen, ob er den Versicherungsantrag annehmen will oder nicht (§ 86a Abs. 2, Abs. 3). Mit verspäteter Ausfertigung und Zusendung einer Police an den Versicherungsnehmer, der die verspätete Annahmeerklärung des Versicherers i. S. d. §§ 146 ff. zurückweist (z. B. nach § 1 Nr. 1 Satz 2 ALB =, wenn die Bindung an den Antrag für sechs Wochen abgelaufen war) verletzt der Versicherer auch eine ihm gegenüber dem Versicherungsvertreter obliegende Nebenpflicht wechselseitiger Interessenwahrung.

Keine Verletzung einer Nebenpflicht gegenüber dem VersV liegt vor, wenn die Gestaltung der Versicherungsverträge, die Tarife- oder Versicherungsbedingungen des Versicherers mangelhaft sind.

Ein besonderer Fall der Berichtspflicht des U ist die von der Rspr. entwickelte Nebenpflicht des Versicherers zur sog. Stornogefahrmitteilung an den VersV, damit dieser Gelegenheit zur Nachbearbeitung erhält. Im Falle unterlassener Stornogefahrmitteilung und Nachbearbeitung des Versicherungsnehmers hat der Versicherer die Möglichkeiten einer Versicherungsvertragserhaltung i. S. d. § 87a Abs. 3 nicht ausgeschöpft und hat deshalb die Stornierung zu vertreten (Küstner/von Manteuffel BB 1990 S. 291, 296). Der Umfang dieser Nebenpflicht zur Stornogefahrmitteilung wird vom BGH in folgender Weise angegeben:

BGH VersR 1983 S. 371, 373: Die Stornogefahrmitteilung, etwa durch Übersendung einer Abschrift des Mahnschreibens, muss dem VersV so rechtzeitig zugehen, dass eine Nachbearbeitung durch ihn noch sinnvoll ist. Dem VersV müssen alle weiteren Einzelheiten, deren Kenntnis für eine sinnvolle Nachbearbeitung notwendig ist, mitgeteilt werden, die Höhe des Zahlungsrückstandes, Mahnschreiben, etwaiger Grund der Nichtzahlung des Versicherungsnehmers und Vorschläge des Versicherers zur Weiterführung der Versicherung usw.
Da nach der Lebenserfahrung eine hohe Wahrscheinlichkeit dafür spricht, dass angesichts der großen Zahl der Stornofälle eine Nachbearbeitung des VersV nicht immer zum Erfolg geführt hätte, muss das Gericht aufklären, ob sich eine tatsächliche Vermutung zugunsten des Versicherers dafür feststellen lässt, dass zumindest ein bestimmter Prozentsatz stornierter Versicherungsverträge trotz rechtzeitiger Stornogefahrmitteilung nicht zu retten gewesen wäre.

Nach Kündigung des VersV-Vertrages erhält der VersV i. d. R. keine Stornogefahrmitteilungen mehr. Das wird nach überwiegender Meinung für zulässig gehalten, da es dem U nicht zumutbar sei, einem ausgeschiedenen Vertreter solche Nachrichten zukommen zu lassen, die ihn in die Lage versetzen, den Versicherungsnehmer für seinen neuen U abzuwerben (OLG Frankfurt VersR 1991 S. 1135).

4. Verschulden des Versicherungsvertreters und des Unternehmers bei Vertragsschluss gegenüber dem Versicherungsnehmer

Auch für Versicherungsgeschäfte gilt der allgemeine Grundsatz, dass bereits durch den Eintritt in Vertragsverhandlungen und das dadurch begründete vertragsähnliche Vertrauensverhältnis Sorgfaltspflichten der Parteien entstehen können, deren schuldhafte Verletzung zum Schadensersatz verpflichtet. Eine solche Sorgfaltsverletzung kann auch in einer falschen Belehrung des Versicherungsnehmers durch den VersV bei Vermittlung des Versicherungsvertrages bestehen z.B. wenn er die ihm mündlich mitgeteilten Vorerkrankungen nicht in den schriftlichen Versicherungsantrag aufgenommen hatte und der Versicherer nach Eintritt des Versicherungsfalles zurücktritt (OLG Nürnberg NJW 1980 S. 647; der unterlegene Versicherer hatte gegenüber dem VersV Schadensersatzansprüche wegen positiver Verletzung des VersV-Vertrages geltend gemacht.).

4. Kapitel

Provision und andere Vergütungen, Delkredere- und Inkassoprovision, Spesen; Höhe der Provision, Mehrwertsteuer; Kundenschutz des Handelsvertreters; nebenberufliche und arbeitnehmerähnliche Vertreter

I. Verschiedene Vergütungsarten

§§ 84 ff. nennen nur die Provision als Vergütung des Vertreters; damit hat der Gesetzgeber andere Vergütungsarten nicht ausgeschlossen, die von den Vertragspartnern vereinbart werden können. Über diese Vergütungen ist ebenfalls Abrechnung zu erteilen in entsprechender Anwendung des § 87 c.

1. Provisionsarten

a) Fixum

Das Fixum als fester Bestandteil der Gesamtvergütung ist nicht erfolgsbedingt und wird monatlich in gleicher Höhe bezahlt. Fixum und Provisionen, deren Höhe niedriger kalkuliert werden kann als ohne Fixum, ergeben die Gesamtvergütung.

b) Garantieprovision (Verrechnungsgarantie)

Diese Vergütung wird dem Handelsvertreter ohne Rücksicht auf den Vermittlungs- oder Abschlusserfolg bezahlt und verbleibt ihm auch dann, wenn die tatsächlich verdiente Provision, die auf die Garantie zu verrechnen ist, unter dem garantierten Betrag liegt. Einen etwaigen Unterverdienst muss der U auf sich behalten.

c) Vermittlungsprovision (Abschlussprovision)

Damit wird die häufigste Vergütung des HV erfasst, die dieser mit der Vermittlung oder dem Abschluss eines Geschäfts für den U – je nach vertraglicher Regelung seiner Befugnisse – erhält, wobei seine Tätigkeit für den Vertragsschluss mit dem Kunden des U ursächlich sein muss.

d) Bezirksprovision, Kundenkreisprovision

Dem HV, dem ein bestimmter Bezirk oder ein bestimmter Kundenkreis zugewiesen wird, steht für die in diesem Bezirk oder mit diesen Kunden abgeschlossenen Geschäfte auch dann Provision zu, wenn die Geschäfte ohne seine Mitwirkung zustande kommen. Häufig wird hinsichtlich der Höhe der Bezirks- bzw. der Kundenkreisprovision im HV-Vertrag eine gesonderte Regelung getroffen. Die Provision, die grundsätzlich keine Tätigkeit des HV voraussetzt, steht ihm deshalb auch im Fall einer Freistellung neben der dann geschuldeten Freistellungsvergütung zu (vgl. 7. Kapitel III.), falls keine abweichende Vereinbarung im HV-Vertrag oder im Zusammenhang mit der Freistellung getroffen wird. Eine klare Vereinbarung über die Vergütung, der Voraussetzung für die Entstehung, Fälligkeit und Höhe, die den anerkannten Auslegungsregeln entspricht, ist dringend zu empfehlen. In erster Linie kommt es auf den Wortlaut als Ausgangspunkt jeder Auslegung an; sowie auf die Interessenlage der Vertragspartner im Zeitpunkt des Vertragsschlusses (st. Rspr. BGH BB 2006 S. 1300).

2. Provision und Prämie

Die Prämie ist eine zusätzliche Vergütung für besondere Leistungen des Vertreters oder des AiA. Dem HV wird z.B. eine Prämie zur Einführung neuer Erzeugnisse, für den Absatz auslaufender Typen, oder für das Erreichen von Umsatzsteigerungen gezahlt. BausparV erhalten z.B. eine Prämie für das Einreichen von Beleihungsunterlagen des Bausparers, für die Besichtigung von Beleihungsobjekten usw. VersV erhalten Prämien im Rahmen eines Umsatzsteigerungswettbewerbs (häufig unrichtig als „Bonus" bezeichnet). Verbreitet sind Treueprämien (auch gemischt mit einer Leistungsprämie), die für eine jährlich fortdauernde Aufrechterhaltung des Vertreterverhältnisses (Vertragstreue) zugesagt werden. Die Voraussetzungen für die Zahlung solcher Prämien werden vom U gesondert festgesetzt und den Vertretern bekannt gegeben.

3. Provision und Gewinnbeteiligung

Es handelt sich um eine Beteiligung am Gewinn (Ergebnis) oder Umsatz des Unternehmens (Umsatztantieme, Umsatzbonus). Begrifflich unterscheidet sich die Gewinnbeteiligung von der Prämie dadurch, dass bei ersterer auf ein betriebliches Gesamtergebnis Bezug genommen wird, das von der Leistung aller Mitarbeiter abhängt (nicht nur von der Leistung des Empfängers der Vergütung wie bei der Prämie; BAG BB 1967 S. 501).

a) Gewinnbeteiligung

Eine Gewinnbeteiligung findet sich in HV-Verträgen selten. Häufig wird für den Anreiz zur individuellen Umsatzerhöhung – begrifflich richtig wäre das als Prämie zu bezeichnen – der falsche Ausdruck „Bonus" verwendet.

b) Bonus

Der Begriff Bonus wird übrigens auch noch in einem anderen Sinn, nämlich als nachträgliche Umsatzrückvergütung (Sonderrabatt), des U an seine Abnehmer angewandt; ein solcher „Bonus" wird zum Jahresende festgesetzt und ausgezahlt.

4. Inkassoprovision

Die mit einem Inkasso – je nach Umfang – verbundene Buchhaltungsarbeit, sollte nicht unterschätzt werden; der Verbleib kassierter Gelder muss nachgewiesen, Fehlbeträge müssen ersetzt werden. Deshalb ordnet der Gesetzgeber grundsätzlich die Vergütungspflicht des U an.

§ 87 Abs. 4: Neben dem Anspruch auf Provision für abgeschlossene Geschäfte hat der Handelsvertreter Anspruch auf Inkassoprovision für die von ihm auftragsgemäß eingezogenen Beträge.

Diese Vergütungspflicht kann im Vertrag abbedungen werden, z. B.:

„Für die Inkassotätigkeit erhält der Handelsvertreter keine besondere Provision, sondern nur die mit der Einziehung verbundenen Auslagen ersetzt".

Die Höhe der Inkassoprovision bleibt vertraglicher Vereinbarung überlassen; ohne eine solche gilt § 87b Abs. 1 (Hopt, § 87 Rz. 47).

5. Superprovision des Betreuervertreters

S. o. 1. Kapitel IV 2. Superprovision erhält auch der BauspV z. B. für Verträge, die andere BauspV nach Besichtigung eines Musterhauses im Bezirk des provisionsberechtigten BauspV abschließen konnten, oder für Bausparverträge, die andere BauspV nach Mitteilung der Anschriften von Interessenten aus dem Bezirk des provisionsberechtigten Bausparvertreters vermittelt haben.

6. Delkredereprovision

Die vertragliche Übernahme des vollen oder teilweisen Insolvenzrisikos des U in Form einer Ausfallhaftung des HV für die gar nicht oder teilweise vom Käufer nicht bezahlte Kaufpreisforderung des U ist nach zwingendem Recht gem. § 86b Abs. 1 Satz 1 entgeltlich.

§ 86b Abs. 1: Verpflichtet sich ein Handelsvertreter für die Erfüllung der Verbindlichkeit aus einem Geschäft einzustehen, so kann er eine besondere Vergütung (Delkredereprovision) beanspruchen; der Anspruch kann im voraus nicht ausgeschlossen werden. Die Verpflichtung kann nur für ein bestimmtes Geschäft oder für solche Geschäfte mit bestimmten Dritten übernommen werden, die der Handelsvertreter vermittelt oder abschließt. Die Übernahme bedarf der Schriftform.

Abs. 2: Der Anspruch auf die Delkredereprovision entsteht mit dem Abschluss des Geschäfts.

Die Regelung soll den HV vor übereilter allgemeiner Übernahme des Insolvenzrisikos schützen, das dem einer Bürgschaft oder einem Schuldbeitritt entspricht und bei Vertragsschluss erfahrungsgemäß unterschätzt wird. § 86b Abs. 1 Satz 2 hat zur Folge, dass Delkredereklauseln ohne Bezugnahme auf bestimmte (benannte) Geschäfte oder bestimmte (benannte) Kunden nichtig sind. § 86b sagt nichts zu der Art des „Einstehens" des HV. Die Delkrederehaftung des HV kann vertraglich als Bürgschaft, Schuldübernahme, Schuldbeitritt oder Garantiehaftung ausgestaltet werden. Ohne eine dahingehende Vertragsklausel ist Bürgschaftsrecht anzuwenden gem. §§ 765 ff. BGB (Schröder, § 86 b Rz. 18 ff.). D. h., dass der HV für die Kaufpreisforderung des U nach ihrem jeweiligen Stand nebst Zinsen etc. haftet. Dem HV (Bürgen) stehen somit auch die Einreden des Käufers gegen den U zu (§§ 768, 770 BGB). Im Falle der Befriedigung des U erwirbt der HV (Bürge) dessen Forderung gegen den Käufer (§ 774 BGB). Die Höhe der Delkredereprovision bleibt vertraglicher Vereinbarung überlassen; ohne eine solche gilt § 87 b Abs. 1. Ist ein üblicher Satz nicht zu ermitteln, kommen §§ 315 ff. BGB zur Anwendung (Hopt, § 86 b Rz. 10, d. h., der HV bestimmt die Höhe gem. § 316 BGB).

Abs. 3 enthält wichtige Ausnahmen vom Schutz des Abs. 1:

§ 86 b Abs. 3: Absatz 1 gilt nicht, wenn der Unternehmer oder der Dritte seine Niederlassung oder beim Fehlen einer solchen seinen Wohnsitz im Ausland hat. Er gilt ferner nicht für Geschäfte, zu deren Abschluss und Ausführung der Handelsvertreter unbeschränkt bevollmächtigt ist.

Ob unter „Ausland" i. S. v. § 86 b Abs. 3 Satz 1 auch die EU fällt, lässt Hopt (§ 86 b Rz. 2) offen. Die Frage kann m. E. unter Heranziehung der Grundsätze im Urteil des Europäischen Gerichtshofs vom 12. 12. 1996 zur Frage der Verprovisionierung eines in mehreren Hoheitsgebieten tätigen HV beantwortet werden.

Der Europäische Gerichtshof (HVR 855) führt aus: Maßgebend für die Frage der Anwendbarkeit von Rechtsvorschriften ist der Schwerpunkt des vorgenommenen Geschäfts. Dieser ist unter Heranziehung anderer Elemente, namentlich des Orts, an dem die Verhandlungen mit dem HV erfolgt sind oder normalerweise hätten erfolgen müssen, der Ort, an dem die Ware geliefert worden ist sowie der Ort der Niederlassung, die die Bestellung aufgegeben hat, zu ermitteln.

Eine weitere Ausnahme von der Zahlungsverpflichtung einer Delkredereprovision enthält § 86 b Abs. 3 Satz 2. Sie betrifft HV, die z. B. Ware des U aus einem Auslieferungslager oder Mineralöl des U aus ihrer Tankstelle oder Bücher verkaufen und dabei darüber entscheiden, mit wem und zu welchen Bedingungen und zu welchem Preis sie abschließen und die Ware ausliefern. Nach dem Gesetzestext muss die unbeschränkte Vollmacht des U sowohl dem Vertragsschluss als auch die Ausführung des abgeschlossenen Geschäfts betreffen.

7. Aufwendungsersatz (Spesen) nach § 87d

Als selbständiger Kaufmann kann der HV im Gegensatz zum AiA Ersatz seiner Spesen grundsätzlich nicht verlangen, weil er seine Kosten gewinnmindernd steuerlich absetzen kann. Dementsprechend ist der U der Kontrolle von Spesenabrechnungen enthoben.

§ 87d: Der Handelsvertreter kann Ersatz seiner im regelmäßigen Geschäftsbetrieb entstandenen Aufwendungen nur verlangen, wenn dies handelsüblich ist.

Diese Regelung ist abdingbar. Das kann z.B. für einen Mehrfirmen-HV vorteilhaft sein, der für verschiedene U Aufwendungen in verschiedener Höhe hat und für einen Bezirks-HV, der auf Wunsch des U aufwendige Werbung betreibt. Schon weil „handelsübliche Spesen" schwer als solche nachzuweisen sind, bedarf es dafür besonderer vertraglicher Vereinbarungen. Für Werbung u.a. kann z.B. eine feste Spesenpauschale vereinbart werden. Zu den vom HV zu tragenden, in seinem regelmäßigen Geschäftsbetrieb entstehenden Aufwendungen zählen z.B. Fahrtkosten, Telefon- und Portokosten, Geschäftsmiete, Versicherungsprämien. Nicht zum regelmäßigen Geschäftsbetrieb gehören z.B. die Versendung von Offerten, Verzeichnissen, Mustern auf Wunsch des U; Kosten von Export- oder Importgenehmigungen; Transport verkaufter Geräte zum Käufer; Transport der vom Käufer an den HV zurückgegebenen Waren zum U; Marktanalysen im Auftrag des U; Kosten einer Vorstellung, die ein U vor Vertragsschluss wünscht (AG Minden, HVR 440; AG München, HVR 470; vgl. LAG Bremen DB 1955 S. 535 und 1960 S. 1212). Eine ausdrückliche Regelung der Erstattung und der Höhe von Spesen ist zu empfehlen, da sie bei der Berechnung des AA (vgl. 8. Kapitel IV 3) nicht zu berücksichtigen sind. Auch bei der Höhe der Freistellungsvergütung wird häufig vereinbart, dass die während der Freistellung ersparten Kosten von der dem HV zu zahlenden Vergütung abzuziehen sind (vgl. 7. Kapitel III 2). Das setzt die Möglichkeit einer Bezifferung voraus. Ist kein Aufwendungsersatz zwischen U und HV vereinbart, entfällt m.E. ein Abzug für ersparte Kosten, da der HV die ihm entstehenden Aufwendungen grundsätzlich aus der Provision aufbringen muss, also nichts durch die Freistellung erspart.

II. Berechnung der Höhe der Provision nach § 87b

Jeder Vertragspartner trägt das Risiko, dass die Provision für seine Zwecke richtig kalkuliert ist (OLG Frankfurt DB 1979 S. 1178).

1. Höhe der Provision bei Fehlen einer gültigen Vereinbarung

Wenn eine vertragliche Regelung fehlt – etwa weil der HV seine Tätigkeit sofort aufgenommen hatte, ohne dass es mit dem U zu einer Einigung über die Provision gekommen war, füllt § 87b Abs. 1 (entsprechend den §§ 612 Abs. 2, 632 Abs. 2, 653 Abs. 2 BGB, 59, 354 Abs. 1 HGB) diese Lücke, wobei eine stillschweigende Einigung über die Entgeltlichkeit der Tätigkeit des HV unterstellt wird.

§ 87b Abs. 1: Ist die Höhe der Provision nicht bestimmt, so ist der übliche Satz als vereinbart anzusehen.

Im Streitfall muss der HV, der den „üblichen Satz" beansprucht, Beweis dafür erbringen, dass die Höhe der Provision nicht durch Vereinbarung bestimmt worden ist. Wenn ein „üblicher Satz" nicht festzustellen ist, kann der HV die Höhe der Provision gem. § 316 BGB nach billigem Ermessen i. S. d. § 315 Abs. 1 BGB bestimmen. Fehlt es dagegen überhaupt an einem HV-Vertrag, hat der U aber vom HV vermittelte Geschäfte angenommen und ausgeführt, steht dem HV die gesetzliche Provision gem. § 354 zu. Das ergibt sich aus der Tatsache, dass ein Kaufmann nach allgemeiner Anschauung im Handelsverkehr nicht unentgeltlich im Dienste anderer tätig wird und dass das seinem Geschäftspartner bekannt ist oder dieser jedenfalls damit rechnen muss (BGH NJW-RR 1993 S. 802 = BB 1993 S. 818 = DB 1993 S. 1468). Die Höhe richtet sich auch bei der gesetzlichen Provision nach § 87b Abs. 1.

2. Berechnung der Provision nach § 87 b Abs. 2

§ 87 b Abs. 2: Die Provision ist von dem Entgelt zu bezahlen, das der Dritte oder der Unternehmer zu leisten hat. Nachlässe bei Barzahlung sind nicht abzuziehen; dasselbe gilt für Nebenkosten, namentlich für Fracht, Verpackung, Zoll, Steuern, es sei denn, dass die Nebenkosten dem Dritten besonders in Rechnung gestellt sind. Die Umsatzsteuer, die lediglich aufgrund der steuerrechtlichen Vorschriften in der Rechnung gesondert ausgewiesen ist, gilt nicht als besonders in Rechnung gestellt.

a) Vorteile und Wirkungen dieser Berechnungsmethode

Diese Provisionsberechnungsmethode erreicht auf einfachste Weise, dass der HV stets am Auf und Ab der Warenpreise teilnimmt, ohne dass eine Vertragsänderung notwendig wird. Für den anzuwendenden Provisionssatz gilt der Zeitpunkt der Festsetzung des Warenpreises. Wenn statt des vereinbarten Warenpreises aufgrund gesetzlicher Vorschriften ein anderer Preis gilt, bemisst sich die Provision nach diesem. Da § 87 b abdingbar ist, kann vertraglich auch eine andere Bezugsgröße vereinbart werden, so wird z. B. in TankstV-Verträgen die Provision in Euro, bezogen auf verkaufte 100 l Treibstoff festgesetzt. Die Parteien können auch vereinbaren, dass sich die Provision aus der Handelsspanne zwischen Verkaufs- und Einkaufswert ergibt. In allen Fällen ist maßgebend der tatsächliche, bei Abschluss des Geschäfts ermittelte Preis (OLG München – HVR 765; Küstner/Thume, Bd. 1 Rz. 995 ff.; MüKo/ von Hoyningen-Huene, § 87 b Rz. 15 ff.). Ohne eine von § 87 b Abs. 2 Satz 1 abweichende Vertragsklausel ist der vom U insgesamt erzielte, in seinen Büchern ausgewiesene Kaufpreis für die Höhe der Provision maßgebend; das ergibt sich aus § 87 c Abs. 2 Satz 1: Die Provision ist von dem Entgelt zu berechnen, das der Dritte oder der Unternehmer zu leisten hat.

§ 87 c Abs. 2: Der Handelsvertreter kann bei der Abrechnung einen Buchauszug über alle Geschäfte verlangen, für die ihm nach § 87 Provision gebührt.

Der dort verwendete Ausdruck „Entgelt" ist ein Oberbegriff, der für die Fälle des Warenumsatzes als „Kaufpreis" (beim Versicherungsgeschäft als „Prämie") zu verstehen ist. Kaufpreis ist nach

§ 433 Abs. 2 BGB der Geldbetrag, den der Käufer insgesamt für die Kaufsache aufbringen muss. Sowohl eine Preisgleitklausel als auch ein Teuerungszuschlag haben die Wirkung, dass der Kaufpreis für eine erst später zu liefernde Ware sich entsprechend der inzwischen eingetretenen Geldentwertung erhöht; der erhöhte Betrag ist der „Kaufpreis" = „Entgelt" i. S. d. § 87b Abs. 2 Satz 1.

b) Preisnachlässe des Unternehmers

Bei Preisnachlässen zum Zweck des Vertragsschlusses ist klar, dass die Provision sich nach dem letztlich vereinbarten Kaufpreis bemisst. Darunter fallen z.B. besonders vereinbarte sog. Freundschaftspreise, Großhandelspreise, Skonti, sonstige Vorzugspreise mit Mengen- oder Treuerabatt; maßgebend ist stets der letztlich vereinbarte Kaufpreis (OLG München – HVR 765). Zu den Besonderheiten des sog. Naturalrabatts (vgl. Küstner, Bd. 1 Rz. 1011). Manche U verwenden eine Vertragsklausel, dass sich der HV darüber hinaus an einem Preisnachlass beteiligt, z.B. durch Übernahme von 10% des Preisnachlasses, um die seine Provision gekürzt wird.

> **Beispiel:** „Müssen, um einen Auftrag zu erlangen, besondere Preisnachlässe oder Sonderrabatte (keine Skonti) gewährt werden, so liegt es im billigen Ermessen der Firma, einen Teil des Preisnachlasses – höchstens jedoch 30% der Provision – von der Provision abzuziehen."

Dabei handelt es sich um einen Vorbehalt des U zur einseitigen Vertragsabänderung in Form einer Provisionsherabsetzung. Die Wirksamkeit zur einseitigen Änderung der Provisionssätze unterliegt der Inhaltskontrolle.

Preisnachlässe für Barzahlung des Käufers liegen im Interesse des U; sie sind nach § 87b Abs. 2 Satz 2 provisionsneutral, d.h. sie vermindern die Provision nicht, denn die Vorteile der Barzahlung kommen dem U zugute. Die Handhabung des Skontoabzugs – der Kunde hat die Wahl zwischen Zahlung innerhalb weniger Tage und z.B. Zahlung mit vier Wochen Ziel; der Kunde (nicht der U) zieht den Skontobetrag vom Kaufpreis ab – führt dazu, dass der Skontoabzug sich nicht aus der Warenrechnung ergibt, nach der die Provision berechnet wird (Küstner, Bd. 1 Rz. 1010), also nicht zulasten des HV geht.

Nachträgliche Preisnachlässe des U vom Kaufpreis zum Jahresende berühren den HV nicht. Solche Preisnachlässe (Bonus, Treuerabatt) sind als freiwillige, nachträgliche Kaufpreisabänderung von Seiten des U i.S.d. § 87a Abs. 3 zu bewerten und berechtigen diesen nicht, vom HV einen entsprechenden Teil seiner Provision zurückzufordern (MüKo/von Hoyningen-Huene, § 87b Rz. 25).

c) Inzahlungnahme

Die Inzahlungnahme gebrauchter Fahrzeuge, Maschinen etc. führt zwangsläufig meist zu einer anderen Provisionsberechnung als in § 87b Abs. 2 Satz 1 vorgesehen. Soweit nichts anderes vereinbart wurde, ist die Provision aus dem Kaufpreis des Neufahrzeugs zu berechnen (Schröder, § 87b Rz. 6). Häufig dürfte eine vertragliche Regelung getroffen werden, dass der Anrechnungspreis des Gebrauchtfahrzeugs vom Verkaufspreis des neuen Fahrzeugs abgesetzt und die Provision aus dem Restbetrag errechnet wird (BAG DB 1965 S. 1487 und 1917; LAG Baden-Württemberg BB 1965 S. 788; Küstner/Thume, Bd. 1 Rz. 1012). Daneben findet sich noch die Methode der Gewinnbeteiligung: Wenn gegen neue LKW oder Kran-/Raupenfahrzeuge Gebrauchtfahrzeuge in Zahlung genommen werden müssen, entscheiden letztlich die Kosten der Instandsetzung letzterer über den Gewinn oder Verlust beim Verkauf der in Zahlung genommenen Gebrauchtfahrzeuge. Die Gewinn-/Verlustbeteiligung des HV motiviert diesen, keine ungünstige Inzahlungnahme von Gebrauchtfahrzeugen, die den Gewinn aus dem Neuwagengeschäft aufzehrt, in Aussicht zu stellen. Die Provisionsabrechnung besteht dann im Nachweis der Gewinn oder Verlust bildenden Faktoren (entsprechende Anwendung des § 87c Abs. 1).

d) Nebenkosten

Fracht, Verpackung, Zoll, Steuern, Versicherungskosten kann der U nicht anteilig von der Provision abziehen, wenn er sie in seinen Kaufpreis einkalkuliert und in der Rechnung nicht ausgewiesen hat. Anders, wenn solche Nebenkosten dem Käufer gesondert in Rechnung gestellt werden, d. h., dass der U neben dem Kaufpreis die Bezahlung solcher Nebenkosten gesondert verlangt. Dann erhält der HV keine Provision aus solchen Positionen (§ 87 b Abs. 2 Satz 2 Halbsatz 2); (vgl. BGH NJW-RR 2004 S. 1206). Abweichende vertragliche Vereinbarungen sind zulässig.

e) Provision von der Mehrwertsteuer nach § 87 b Abs. 2 Satz 3

Nach dem eindeutigen Gesetzestext hätte der U auch von dem im Kaufpreis enthaltenen Mehrwertsteuerbetrag Provision zu zahlen. Diese Provisionspflicht wird im Vertreterpflicht aber i. d. R. abbedungen häufig durch die Formulierung, Provision wird aus dem „Nettobetrag" bezahlt. Fehlt eine Vereinbarung, hat der HV Anspruch auf Provision aus dem Bruttoverkaufspreis. Falls unklar bleibt, was mit „Provision aus dem Nettobetrag" gemeint ist, geht diese Unklarheit zulasten des Verwenders. Hinreichend klar ist z. B. folgende Klausel:

„Die Provision wird aus dem Rechnungsbetrag ausschließlich der MwSt berechnet".
Ebenso umgekehrt: Die Provision wird aus dem Bruttoverkaufspreis berechnet.

f) Die Provision ist umsatzsteuerpflichtig

Die allgemeine MwSt-Regelung des § 1 Nr. 1 UStG, dass der U dem HV neben der Provision auch MwSt zu zahlen hat, wenn dieser zur MwSt veranlagt wird, bedurfte in § 87 b Abs. 2 keines besonderen Hinweises. Die Praxis geht dahin, dass die MwSt in der Provisionsabrechnung gesondert ausgeworfen und neben der Provision ausgezahlt wird. Der BGH sagt zutreffend, dass die dem HV zustehende Provision den zivilrechtlichen Preis für seine Tätigkeit darstelle, in dem die vom HV zu entrichtende USt enthalten sei (BGHZ 61 S. 112, 113 f. = DB 1973 S. 1740 = HVR 477).

3. Berechnung der Provision für die Vermittlung von Dauerverträgen nach § 87 b Abs. 3

Bei langfristigen Verträgen wie Miete, Pacht, Versicherungen wird das geschuldete Entgelt in Teilbeträgen für Zeitabschnitte bezahlt. Das beeinflusst auch die Provision des Vertreters, der solche Verträge vermittelt hat.

§ 87 b Abs. 3: Bei Gebrauchsüberlassungs- und Nutzungsverträgen von bestimmter Dauer ist die Provision vom Entgelt für die Vertragsdauer zu berechnen. Bei unbestimmter Dauer ist die Provision vom Entgelt bis zu dem Zeitpunkt zu berechnen, zu dem erstmals von dem Dritten gekündigt werden kann; der Handelsvertreter hat Anspruch auf weitere entsprechend berechnete Provisionen, wenn der Vertrag fortbesteht.

Der Begriff Gebrauchs- und Nutzungsverträge ist weit auszulegen. Die wichtigste Gruppe, die Versicherungsverträge, die die große Menge der Dauerverträge ausmachen, werden im Gesetz nicht ausdrücklich erwähnt. Die beispielhaft genannten „Gebrauchs-, Überlassungs- und Nutzungsverträge von bestimmter Dauer" (z.B. Miete und Pacht) werden meist durch Immobilienmakler vermittelt, sodass Handelsvertreter hierbei nur selten tätig werden.

Das Gesetz unterscheidet zwischen Dauerverträgen von bestimmter und von unbestimmter Dauer; die Definition beider Begriffe findet sich im Kündigungsrecht. Die Unterscheidung hat vor allem Auswirkung auf die Entstehung und Fälligkeit der Provisionsansprüche. § 87 b Abs. 3 trifft insoweit Sonderregelungen hinsichtlich der Berechnungsgrundlage. Die Entstehung bzw. der Wegfall des Provisionsanspruchs, die Berechnung und die Abrechnung über die Provisionen, sowie die Fälligkeit richten sich nach allgemeinen Vorschriften (Küstner/Thume, Bd. 1 Rz. 1040, MüKo/von Hoyningen-Huene, § 87 b Rz. 32).

a) Verträge mit bestimmter Dauer

Für diese Verträge wird eine sog. Einmalprovision berechnet, deren Höhe sich nach dem Entgelt für die Vertragsdauer bemisst (Abs. 3 Satz 1). Die Entstehung des Anspruchs richtet sich nach § 87 a, d.h. der Anspruch entsteht bereits mit der Ausführung des vermittelten Geschäfts, die bereits in der Überlassung des Gebrauchs, nicht erst mit dem Ablauf der Vertragszeit vollendet ist (MüKo/von Hoyningen-Huene, § 87 b Rz. 36). Vertraglich wird meist die Zahlung der Provision in Teilbeträgen vereinbart, so wie sie auch in § 92 Abs. 4 für die Versicherungsvertreter – abdingbar –

angeordnet wurde. Bei der Zahlung von Teilbeträgen kommt es zu keinen Provisionsrückgewähransprüchen nach § 87a Abs. 2 oder 3 (z.B. bei fristloser Kündigung des Mieters), die den für die Restlaufzeit berechneten Teil der Einmalprovision erfassen würden.

Es erscheint sinnvoll, die Fälligkeitsregelung des § 92 Abs. 4 auch für die übrigen Fälle des § 87b Abs. 3 Satz 1 zu vereinbaren.

Der entstandene Provisionsanspruch aus Verträgen von bestimmter Dauer wird durch eine Beendigung des HV-Verhältnisses vor Ende des Dauervertrages nach absolut h. M. nicht berührt.

b) Verträge mit unbestimmter Dauer

Bei diesen Verträgen ist die Provision nur bis zu dem Zeitpunkt verdient, zu dem der Dritte erstmals kündigen kann. Für weitere Provisionsansprüche ist eine ursächliche Vermittlungstätigkeit des HV für den nächsten Zeitabschnitt wiederum bis zu dem durch Kündigung möglicherweise beendeten Dauervertrag erforderlich (BGH NJW-RR 1996 S. 1477). Ergeben sich für diese Verträge somit aufeinanderfolgende Zeitabschnitte, für die jeweils Provisionsansprüche entstehen, gilt Folgendes: Für die Zeit vom Vertragsschluss bis zur erstmals durch Kündigung möglichen Beendigung des Dauervertrages besteht Anspruch auf die sog. Erstprovision; für die Fortsetzung des Vertrages – wiederum bis zur nächstmöglichen Beendigung durch Kündigung des Dauervertrages – ergeben sich Ansprüche auf sog. Folgeprovisionen. Hinsichtlich der Fälligkeit dieser Provisionsansprüche gilt das oben zu a) Gesagte.

c) Beendigung des HV-Vertrages vor Ende des vermittelten Dauerauftrages

Bei einer Beendigung des HV-Vertrages vor Ende des vermittelten Dauervertrages hängt es von der Auslegung des § 87 Abs. 1 Satz 1 ab, ob der HV Erst- und Folgeprovisionen bis zum Ende des vermittelten Vertrages beanspruchen kann oder nur die bis zum Ende des HV-Vertrages entstandenen Erst- und Folgeprovisionen. Bei Verträgen mit bestimmter Dauer verbleibt dem HV die Provision, da die Ausführung mit der Gebrauchsüberlassung erfolgte (Hopt, § 87b Rz. 17). Bei Verträgen mit unbestimmter Dauer ist die Frage umstritten. Nach wohl h. M. erhält der HV nur noch die Provision bis zu dem Zeitpunkt, zu dem erstmals von dem Dritten gekündigt werden kann (§ 87b Abs. 3 Satz 2; Hopt a.a.O.); a.A. MüKo/von Hoyningen-Huene, § 87b Rz. 43, 44, der zurecht die Auffassung vertritt, dass für die Provisionsberechnung der Wert des Geschäfts maßgeblich ist, das der HV vermittelt hat. Deshalb sei die gesamte vertragliche Vertragsdauer nach Beendigung des HV-Vertrages für den Provisionsanspruch maßgebend. Um das zu verhindern, müsse der U eine entsprechende Provisionsverzichtsklausel mit dem HV vereinbaren, ebenso LG Düsseldorf DB 1977 S. 817 und LAG Hamm DB 1984 S. 674).

III. Kundenschutz des Handelsvertreters nach § 87 Abs. 1, 2

Für die HV ist der Kundenschutz 1953 erstmals gesetzlich geregelt worden. Eine – mögliche – vertragliche Abweichung von der gesetzlichen Regelung muss den vom Gesetzgeber verfolgten Zweck einer Sicherung der finanziellen Ansprüche des HV beachten.

1. Handelsvertreter mit Tätigkeitsprovision und Kundenschutz für Nachbestellungen

§ 87 Abs. 1: Der Handelsvertreter hat Anspruch auf Provision für alle während des Vertragsverhältnisses abgeschlossenen Geschäfte, die auf seine Tätigkeit zurückzuführen sind oder mit Dritten abgeschlossen werden, die er als Kunden für Geschäfte der gleichen Art geworben hat. Ein Anspruch auf Provision besteht für ihn nicht, wenn und soweit die Provision nach Absatz 3 dem ausgeschiedenen Handelsvertreter zusteht.

Das Gesetz unterscheidet hier die sog. Erstvermittlung eines Geschäfts mit einem Kunden (Abs. 1 Satz 1 Alt. 1) und die Nachbestellung desselben Kunden (Abs. 1 Satz 1 Alt. 2). Voraussetzung für die Erstvermittlung ist die Kausalität der Tätigkeit des HV für den Abschluss. Die Nachbestellungen müssen gleichartige Geschäfte betreffen, dann wird eine fortwirkende Ursächlichkeit der Bemühungen des HV um die Erstvermittlung unterstellt mit der Folge, dass kein erneuter Nachweis einer neuen Tätigkeit des HV erbracht werden muss, die der zweiten Bestellung (z.B. bei sog. Direktgeschäften) zugrunde liegt. Auf die näheren Umstände der Nachbestellung braucht für die Begründung des Provisionsanspruches nicht abgestellt zu werden. Wenn der U den Kundenschutz für die Nachbestellungen im Vertrag abbedingt, hat der HV keinen Schutz gegen Direktgeschäfte des U, die ein neugeworbener Stammkunde nach dem ersten Abschluss tätigt.

2. Bezirkshandelsvertreter und Kundenkreishandelsvertreter mit Kundenschutz i.S.d. § 87 Abs. 2

§ 87 Abs. 2: Ist dem Handelsvertreter ein bestimmter Bezirk oder ein bestimmter Kundenkreis zugewiesen, so hat er Anspruch auf Provision auch für die Geschäfte, die ohne seine Mitwirkung mit Personen seines Bezirkes oder seines Kundenkreises während des Vertragsverhältnisses abgeschlossen sind. Dies gilt nicht, wenn und soweit die Provision nach Absatz 3 dem ausgeschiedenen Handelsvertreter zusteht.

Hier wird nicht an die Tätigkeit des HV bei der Werbung eines neuen Stammkunden, sondern an die Betreuung eines im Vertrag näher bezeichneten Gebiets oder Kundenkreises angeknüpft. Der Wille der Vertragspartner, mit der Tätigkeit in einem Gebiet oder einem Kundenkreis den Kundenschutz zu verbinden, muss im Vertrag hinreichend deutlich zum Ausdruck kommen. Wenn das nicht der Fall ist, muss der Vertragstext ausgelegt werden.

Die Zuweisung von Bezirken nach Postleitzahlgebieten, in denen der HV zu akquirieren hat, spricht für Bezirksschutz. Der Kundenschutz i.S.d. Abs. 2 ist das Äquivalent für die Verpflichtung des Bezirks- oder Kundenkreis-HV, den ihm zugewiesenen Bereich sofort und andauernd mit einer Intensität zu betreuen, die erheblich über die Pflichten zur Vermittlungsbemühung und Interessenwahrnehmung hinausgeht. Die Pflege des Bezirks äußert sich mitursächlich in Kaufanreizen für solche Kunden, die direkt beim U bestellen; der Bezirks-HV erhält die Provision, auch wenn er solche Direktgeschäfte des U nicht vermittelt hat. Weder Direktabschlüsse des U noch die Vermittlungstätigkeit eines anderen HV in seinem Bezirk (oder außerhalb mit Kunden seines Bezirks) können die Bezirksprovision beeinträchtigen, es sei denn, dem

Vorgänger steht die Provision ganz oder anteilig zu (§ 87 Abs. 1 Satz 2, Abs. 2 Satz 2). Zur Wechselseitigkeit von Bezirksprovisionen und Bezirksbetreuung sagt der BGH (BGHZ 41 S. 292, 295 = DB 1964 S. 837), der wirtschaftliche Sinn des § 87 Abs. 2 liege darin, dass dem Bezirks-HV mit der Bezirksprovision über die durch seine Tätigkeit im Einzelfall verdiente Provision hinaus eine weitere Vergütung für seine Gesamttätigkeit gewährt werden solle. Die Bezirksprovision rechtfertige sich dadurch, dass dem Bezirks-HV die Wahrnehmung der Belange des U in dem betreffenden Bezirk ganz allgemein übertragen worden sei.

Der Kundenschutz bezieht sich sowohl auf neue als auch auf vom Vorgänger übernommene Stammkunden des Bezirks-HV (weitergehend als der Kundenschutz für Nachbestellungen, der stets Tätigkeit für das erste Geschäft voraussetzt). Neben den Direktgeschäften des U sind auch sog. Messegeschäfte des U mit bezirkszugehörigen Kunden provisionspflichtig, wenn diese Geschäfte nicht ausdrücklich im HV-Vertrag ausgenommen wurden. Wenn durch Vertrag ausdrücklich bestimmte Firmen vom Bezirksschutz ausgenommen worden sind, gilt das nicht für etwaige durch diese Firmen vermittelte Direktlieferungen an deren Kunden. Wenn der Lieferungsvorbehalt des U auch auf Lieferungen an Abnehmer der vom Bezirksschutz ausgenommenen Kunden ausgedehnt würde, hätte dies nämlich eine Beeinträchtigung des Bezirksschutzes zur Folge, die seinem Sinn und Zweck widerspräche (BGH WM 1978 S. 982, 983 = BB 1978 S. 1136).

Vermittelt der HV Geschäfte mit Kunden, deren Betreuung vom Bezirksschutz ausgenommen sind und die der U persönlich bearbeitet, steht dem HV dennoch Provision zu, wenn der U diese Geschäfte ausführt. Das ergibt sich aus § 87 Abs. 1 Satz 1 und entspricht der ständigen höchstrichterlichen Rechtsprechung (BGH, HVR 1141). Deshalb hat ein Bezirksvertreter, der mit Zustimmung des U außerhalb seines Bezirks oder des ihm zugewiesenen Kundenkreises tätig wird, i.d.R. den vollen Anspruch auf Provision nach § 87 Abs. 1. Der BGH weist a.a.O. zutreffend darauf hin, dass es auch im Interesse des U liege, dass ihm der HV möglichst viele Geschäfte vermittelt, sodass mit der Annahme dieser Aufträge durch den U der HV-Vertrag stillschweigend erweitert wurde.

Anders wäre es, wenn der HV durch sein Verhalten den Bezirksschutz eines anderen HV des U verletzte.

3. Bezirkshandelsvertreter mit Alleinvertretung

Die vertraglich vereinbarte Alleinvertretung bedeutet, dass der U innerhalb des Bezirks weder selbst, noch durch andere Beauftragte als den Bezirks-HV mit bezirkszugehörigen Kunden Geschäfte machen darf; d.h., dass der U solche Kunden stets an den Bezirks-HV verweisen muss. Bezirksschutz- und Alleinvertretungsvereinbarungen schließen sich nicht aus, sondern können auch – je nach vertraglicher Vereinbarung – kombiniert auftreten (OLG Karlsruhe, HVR 1156; MüKo/von Hoyningen-Huene, § 87 Rz. 80).

IV. Besonderheiten bei Versicherungs- und Bausparkassenvertretern

1. Einmal-, Erst- und Folgeprovision des Versicherungsvertreters

§ 92 Abs. 4, der die Entstehung von Provisionen für Versicherungsvertreter regelt, ist lex specialis gegenüber § 87a Abs. 1 Satz 1, der die Entstehung des Provisionsanspruchs des Warenvertreters auflösend bedingt auf den Zeitpunkt der Ausführung des Geschäfts legt (BGH NJW 1990 S. 1665). Endgültig verdient ist die Provision erst mit der Leistung des Dritten (d.h. mit der Zahlung des Kaufpreises). Der VersV erwirbt dagegen keinen Provisionsanspruch vor Zahlung der Einlösungsprämie (s.o. zu II 3.). § 87a Abs. 1 ist deshalb auf Versicherungsvertreter unanwendbar. § 92 Abs. 4 ist aber nicht zwingend und wird i.d.R. in Versicherungsvertreterverträgen durch die Vereinbarung eines Vorschusses auf vermittelte, policierte Versicherungsverträge ersetzt. Entstanden ist der Anspruch auf Provision aber auch in diesen Fällen erst mit Zahlung der Einlösungsprämie durch den Versicherungsnehmer. Anstelle eines Kundenschutzes, den der Warenvertreter hat, zieht der Versicherungsvertreter aus seinem Versicherungsbestand auf die Dauer des Versicherungsvertreterverhältnisses ständig Vorteile:

Provisionen für Abschlussverträge zwecks Verlängerung für befristete Sach-HUK-Rechtsschutzversicherungen, neue Versicherungsverträge zwecks Aufstockung der bisherigen Versicherungssumme, im Rahmen einer Gruppenversicherung die Abschlüsse mit neuen Gruppenmitgliedern. Die Übertragung eines bestimmten Gebietes (Bezirks) an den Versicherungsvertreter gilt lediglich der Abgrenzung seiner Zuständigkeit i. S. d. § 46 VVG (und damit praktisch einem Verbot gebietsfremder Betätigung), nicht dem Kundenschutz innerhalb eines Bezirks wie beim Warenvertreter.

a) Einmalprovision

Die meisten Versicherungsvertreterverträge regeln die Einmalprovision für die Vermittlung einer Lebensversicherung ausdrücklich. Fehlt eine solche Vereinbarung, hat der VersV Anspruch auf die volle Jahresprämie, sobald sie der VN bezahlt hat (MüKo/ von Hoyningen-Huene, § 92 Rz. 22). Auch für die Vermittlung von Krankenversicherungen erhält der VersV eine Einmalprovision in Höhe einiger Jahresbeiträge.

b) Teilprovisionen

Für die Vermittlung einer Sach-HUK-Rechtsschutzversicherung werden Teilprovisionen bezahlt (Erst- und Folgeprovisionen), ebenfalls nach einem Prozentsatz der Jahresprämie, sodass sich der Zeitpunkt der Entstehung des Provisionsanspruches des Versicherungsvertreters ohne weiteres berechnen lässt (s. o. II 3.). Etwaige Lücken in der Regelung im Versicherungsvertretervertrag sind unschädlich, weil die Versicherer zur Zahlung von Provisionsvorschüssen nach Aushändigung des Versicherungsscheins übergegangen sind, wobei sie sich durch eine einbehaltene Kaution gegen Verlust durch stornierte Versicherungsverträge schützen.

c) Vorschüsse

Die Zahlung von Provisionsvorschüssen in Höhe der jeweiligen Provision hat sich in der Versicherungsbranche voll durchgesetzt, sodass § 92 Abs. 4 damit seine praktische Bedeutung verloren hat.

2. Provision der Bausparkassenvertreter

Bausparverträge sind zwar Dauerverträge, fallen aber nicht unter § 87b Abs. 3, weil es sich um ein Bankgeschäft (Ansparen auf Seiten des Bausparers, Kapitalansammlung und Verzinsung auf Seiten der Bausparkasse) handelt. Die Entstehung des Provisionsanspruches richtet sich nach § 87 Abs. 1, das Unbedingtwerden nach § 92 Abs. 5 i. V. m. Abs. 4. Auch die Bausparkassen zahlen alsbald nach Abschluss des Bausparvertrages Provision aus, ohne die Zahlung mehrerer Bausparprämien abzuwarten. Die Deckung wird hier mit der Erhebung der Abschlussgebühr erreicht, die vom Bausparer zuerst bezahlt werden muss und die im Kündigungsfall nicht zurückgezahlt wird. Die Abschlussgebühr wird höher bemessen als die Provision, die mit ihrem Eingang fällig wird (vertragliche Regelung).

> **Beispiel:** „Für die Vermittlung von Bausparverträgen und die Betreuung der Bausparer in seinem Arbeitsgebiet sowie zur Deckung seiner Kosten erhält der BauspV eine einmalige Provision aus der Abschlussgebühr, die nach deren voller Zahlung und Gutschrift auf dem Bausparkonto fällig ist."

3. Keine Mehrwertsteuerzahlung der Versicherer und Bausparkassen

Anders als die HV können die VersV und die BauspV neben ihrer Provision keine MwSt fordern. Das folgt aus der Befreiung der VersV und BauspV von der Mehrwertsteuerzahlung nach § 4 Nr. 11 UStG, die auch für Versicherungsmakler gilt. Sie folgt aus dem Umstand, dass Versicherungsgesellschaften und Bausparkassen ihrerseits keine MwSt zahlen (§ 4 Nr. 8 und 9 UStG). Die Versicherungssteuer trägt der Versicherungsnehmer. Sie wird lediglich auf den Versicherungsbetrag erhoben, ist aber nicht selbst schon Teil des Versicherungsbeitrages (BGH NJW-RR 1992 S. 1086).

4. Kein Kundenschutz nach § 92 Abs. 3, 5

Sowohl dem § 92 als auch dem § 89 b Abs. 3, 5 liegt der Gedanke zugrunde, dass VersV und BauspV keine Stammkunden werben.

V. Nebenberufliche Vertreter i. S. d. § 92 b

§ 92 b Abs. 1: Auf einen Handelsvertreter im Nebenberuf sind §§ 89 und 89 b nicht anzuwenden. Ist das Vertragsverhältnis auf unbestimmte Zeit eingegangen, so kann es mit einer Frist von einem Monat für den Schluss eines Kalendermonats gekündigt werden; wird eine andere Kündigungsfrist vereinbart, so muss sie für beide Teile gleich sein. Der Anspruch auf angemessenen Vorschuss nach § 87 a Absatz 1 Satz 2 kann ausgeschlossen werden.

Abs. 2: Auf Absatz 1 kann sich nur der Unternehmer berufen, der den Handelsvertreter ausdrücklich als Handelsvertreter im Nebenberuf mit der Vermittlung oder dem Abschluss von Geschäften betraut hat.

Abs. 3: Ob ein Handelsvertreter nur als Handelsvertreter im Nebenberuf tätig ist, bestimmt sich nach der Verkehrsauffassung.

Abs. 4: Die Vorschriften der Absätze 1 bis 3 gelten sinngemäß für Versicherungsvertreter und Bausparkassenvertreter.

Was unter einem HV im Nebenberuf zu verstehen ist und sich nach der Verkehrsauffassung richtet, ist im Gesetz nicht definiert. Es muss keinen Hauptberuf geben; auch Hausfrauen, Rentner, Studenten etc. können HV im Nebenberuf sein, so z. B. Sammelbesteller für Versandhäuser, Kosmetikfirmen, sog. Vertrauensleute eines Versicherers oder einer Bausparkasse usw. In Zweifelsfällen entscheidet, ob die andere Tätigkeit die Arbeitskraft nach Zeit und Umfang überwiegend in Anspruch nimmt (Schröder, § 92 b Rz. 2 a, sog. Übergewichtstheorie).

Der Gesetzgeber sieht die HV im Nebenberuf für weniger schutzwürdig an als die hauptberuflichen HV. Deshalb haben nebenberufliche HV keinen AA, geringere Provisionen, ungünstigere Kündigungsregelungen, auch kann der Anspruch auf Vorschuss vertraglich ausgeschlossen werden.

Eine vertragliche Verlängerung der Kündigungsfrist eines Vertrages mit einem HV im Nebenberuf auf 12 Monate statt der gesetzlichen Frist von einem Monat, jeweils zum Ende eines Kalenderjahres, hält das OLG Celle (HVR 1147) als mit dem Grundgedanken der gesetzlichen Regelung unvereinbar. Nach Auffassung des OLG ist eine für beide Teile geltende lange Kündigungsfrist bei einer nebenberuflichen Tätigkeit mit dem Gesetzeszweck unvereinbar, zumal dann, wenn diese Kündigungsfrist um ein Vielfaches länger als die gesetzliche Frist des § 89 Abs. 1 für hauptberufliche HV ist. Eine derart verlängerte Kündigungsfrist laufe dem gesetzlichen Grundgedanken des § 92b zuwider, nachdem ein nebenberufliches Handelsvertreterverhältnis rascher beendet werden kann als ein hauptberufliches, das die Haupteinnahmequelle des Vertreters bildet, während ein nebenberuflich tätiger Handelsvertreter einer anderen Hauptbeschäftigung nachgeht und deshalb auch frei sein muss, diese nebenberufliche Tätigkeit rasch zu beenden.

Der geringere Schutz der HV im Nebenberuf führt auf der anderen S. auch zu verminderten Pflichten, so sind z. B. feste Besuchsvorgaben oder die Pflicht, sich in den HV-Vertrag einzukaufen, mit dem Wesen der nebenberuflichen HV-Tätigkeit unvereinbar und damit nichtig.

LG Frankfurt VersR 1989 S. 181 ff.: Während der hauptberufliche HV darauf bedacht sein muss, möglichst effektiv zu akquirieren, muss es dem nebenberuflichen HV, der sein gesichertes Einkommen durch gelegentliche Akquisitionstätigkeit aufbessern möchte, überlassen bleiben, ob er tätig wird.

Diese Auffassung des LG Frankfurt mag für bestimmte Gruppen von Warenvertretern gelten, nicht aber z. B. für nebenberufliche Versicherungsvertreter oder Bausparkassenvertreter („Vertrauensleute"). Von diesen kann der U fordern, dass sie eine regelmäßige Kundenbetreuung in ihrem Werbegebiet gewährleisten.

Mit der ausdrücklichen Bezeichnung als HV im Nebenberuf gem. § 92 Abs. 2 soll verhindert werden, dass der U erst während oder nach Ablauf des Vertrages behauptet, es handele sich um einen HV im Nebenberuf. Wenn im Vertrag die nebenberufliche Qualität der HV-Tätigkeit ausdrücklich festgelegt worden ist, kann der HV unter Nachweis besonderer Umstände darlegen, dass sich seine Tätigkeit zum hauptberuflichen HV verändert hat (LAG Hamm BB 1971 S. 439). Wenn dieser Nachweis gelungen ist und ein im

Vertrag ausdrücklich als HV im Nebenberuf bezeichnete Tätigkeit sich im Laufe der Zeit so ausweitet, dass nach der Verkehrsauffassung von einer hauptberuflichen Tätigkeit auszugehen ist, ändert sich die Rechtsstellung des HV entsprechend. (Der BGH tendiert zu der Auffassung, es genüge die tatsächliche Ausübung einer nach der Verkehrsauffassung hauptberuflichen Tätigkeit, um dem HV den Status eines hauptberuflichen Vertreters einzuräumen). Dem ist zuzustimmen, denn für die rechtliche Einordnung als haupt- oder nebenberufliche Versicherungsvertretertätigkeit ist die Verkehrsauffassung maßgebend, sodass die Entscheidung über den Status der Parteiherrschaft entzogen ist. Im übrigen dürfte immer dann von einer stillschweigenden Zustimmung des U auszugehen sein, wenn dieser trotz der Ausweitung der Tätigkeit das Vertragsverhältnis fortsetzt. Andererseits kann ein HV im Hauptberuf nicht durch eine Vereinbarung der Parteien zum nebenberuflichen Vertreter herabgestuft werden, solange seine Vertretertätigkeit sich nicht auf ein Maß reduziert, das nach der Verkehrsanschauung einer nebenberuflichen Tätigkeit entspricht (BGH NJW 1999 S. 639).

VI. Arbeitnehmerähnliche Einfirmenvertreter i. S. d. § 92a

§ 92a Abs. 1: Für das Vertragsverhältnis eines Handelsvertreters, der vertraglich nicht für weitere Unternehmer tätig werden darf oder dem die dies nach Art und Umfang der von ihm verlangten Tätigkeit nicht möglich ist, kann der Bundesminister der Justiz im Einvernehmen mit den Bundesministern für Wirtschaft und für Arbeit nach Anhörung von Verbänden der Handelsvertreter und der Unternehmer durch Rechtsverordnung, die nicht der Zustimmung des Bundesrates bedarf, die untere Grenze der vertraglichen Leistungen des Unternehmers festzusetzen, um die notwendigen sozialen und wirtschaftlichen Bedürfnisse dieser Handelsvertreter oder einer bestimmten Gruppe von ihnen sicherzustellen. Die festgesetzten Leistungen können vertraglich nicht ausgeschlossen oder beschränkt werden.

Es handelt sich hier um eine Vertretergruppe, die der Gesetzgeber einerseits wegen der Beschränkung ihrer Tätigkeit auf einen U und andererseits wegen ihrer geringen Provisionseinkünfte als im Vergleich zu sonstigen Vertretern als vom U wirtschaftlich (nicht persönlich) abhängig und deshalb schutzbedürftig ansieht. Daher bezweckt § 2 Nr. 9 SGB VI, der die ab 1. 1. 1999 geltende Rentenversicherungspflicht für die Gruppe der arbeitnehmerähnlichen Selbständigen eingeführt hat, die soziale Absicherung, wobei auch diejenigen Einfirmenvertreter von der Rentenversicherungspflicht erfasst wurden, die tatsächlich nicht sozial schutzbedürftig sind aufgrund ihrer hohen Einkünfte aus ihrer Akquisitionstätigkeit.

1. Keine Festsetzung der Mindestvergütung

Seit der Novellierung der §§ 84 ff. im Jahre 1953 hat der Bundesjustizminister von der Ermächtigung nach § 92a Abs. 1 Satz 1 noch keinen Gebrauch gemacht; d.h. es gibt bisher keine gesetzliche Mindestvergütung.

2. Ausschließliche Zuständigkeit des Arbeitsgerichts

Für arbeitnehmerähnliche Selbständige gilt die sachliche Zuständigkeit der Arbeitsgerichte gem. §§ 2 Abs. 1 Nr. 3; 5 Abs. 3 ArbGG. Dabei richtet sich die sachliche Zuständigkeit (ordentliche Gerichte oder Arbeitsgerichte) nach dem Status, den der Handelsvertreter bei Entstehung des Anspruchs hatte: War er zu diesem Zeitpunkt selbständiger Handelsvertreter, ist die Zuständigkeit der ordentlichen Gerichte gegeben. Eine später eingetretene Änderung seines Status in eine Unselbständigkeit berührt die einmal entstandene Zuständigkeit nicht (BGH NJW 1999 S. 648).

§ 5 Abs. 3 ArbGG: Handelsvertreter gelten nur dann als Arbeitnehmer im Sinne dieses Gesetzes, wenn sie zu dem Personenkreis gehören, für den nach § 92a HGB die untere Grenze der vertraglichen Leistungen festgesetzt werden kann und wenn sie während der letzten sechs Monate des Vertragsverhältnisses, bei kürzerer Vertragsdauer während dieser, im Durchschnitt monatlich nicht mehr als € 1000 aufgrund des Vertragsverhältnisses an Vergütung einschließlich Provision und Ersatz für im regelmäßigen Geschäftsbetrieb entstandene Aufwendungen bezogen haben. Das Bundesministerim für Arbeit und Sozialordnung und das Bundesministerium der Justiz können im Einvernehmen mit dem Bundesminister für Wirtschaft die in Satz 1 bestimmte Vergütungsgrenze durch Rechtsverordnung, die nicht der Zustimmung des Bundesrates bedarf, den jeweiligen Lohn- und Preisverhältnissen anpassen.

Der durchschnittliche Betrag von € 1000 (brutto) ist vom Zeitpunkt der Klageerhebung an zurückzurechnen. Dem HV steht es nicht frei, durch Untätigkeit und damit Unterschreiten der Verdienstgrenzen i. S. d. §§ 5 Abs. 3 ArbGG und 92a HGB die Zuständigkeit des Arbeitsgerichts zu erreichen (OLG Celle, HVR 1145; ebenso BAG NJW 2005 S. 1146). Dabei wird auf die dem Vertreter zustehende, nicht auf die ausgezahlte Provision abgestellt (OLG Düsseldorf, HVR 1149).

Streitig ist, ob auch Vertretergesellschaften und Vertreter im Nebenberuf (§ 92b) dem Personenkreis des § 92a angehören; bejahend: MüKo/von Hoyningen-Huene, § 92a Rz. 20; Hopt, § 92a Rz. 3. Entscheidend für den Rechtsweg, d. h. zu den Zivilgerichten oder den Arbeitsgerichten ist der Vortrag des Klägers, ggf. unter Heranziehung des unstreitigen Parteivortrages (OLG Düsseldorf – HVR 1149). Wenn sich daraus ergibt, dass der HV in den letzten Monaten des HV-Vertrages im Durchschnitt nicht mehr als € 1000 an Vergütung bezogen hat, sind die Arbeitsgerichte zuständig; ähnlich OLG Hamm, HVR 1155. Entscheidend ist der verdiente Provisionsanspruch, nicht die bezahlten, ins Verdienen zu bringenden Vorschüsse.

3. Besonderheiten bei Versicherungs- und Bausparkassenvertretern

§ 92 a Abs. 2: Absatz 1 gilt auch für das Vertragsverhältnis eines Versicherungsvertreters, der aufgrund eines Vertrages oder mehrer Verträge damit betraut ist, Geschäfte für mehrere Versicherer zu vermitteln oder abzuschließen, die zu einem Versicherungskonzern oder zu einer zwischen ihnen bestehenden Organisationsgemeinschaft gehören, sofern die Beendigung des Vertragsverhältnisses mit einem dieser Versicherer im Zweifel auch die Beendigung des Vertragsverhältnisses mit den anderen Versicherern zur Folge haben würde. In diesem Fall kann durch Rechtsverordnung, die nicht der Zustimmung des Bundesrates bedarf, außerdem bestimmt werden, ob die festgesetzten Leistungen von allen Versicherern als Gesamtschuldner oder anteilig oder nur von einem der Versicherer geschuldet werden und wie der Ausgleich unter ihnen zu erfolgen hat.

Gleichgestellt ist die Tätigkeit für mehrere konzernverbundene oder kooperierende Versicherer. Mit dem genannten Erfordernis der zu erwartenden Beendigung des Vertreterverhältnisses mit allen kooperierenden Gesellschaften zur gleichen Zeit ist nicht eine rechtliche Koppelung des Beendigungsvertrages, sondern die tatsächlich zu erwartende „Kettenregelung" dieser Unternehmer gemeint.

5. Kapitel
Entstehung und Fälligkeit des Provisionsanspruchs, Provisionsvorschuss und Kaution; Wegfall des Provisionsanspruchs nach § 87a Abs. 2 oder Abs. 3 und nach § 92 Abs. 4

Der Gesetzgeber hat die Entstehung des Provisionsanspruchs in § 87 und sein Unbedingtwerden, seine Fälligkeit in § 87a getrennt geregelt. Vorweg folgende zeitliche Übersicht:
- Bemühungen des HV um den Abschluss eines Geschäfts (§ 86 Abs. 1).
- Bei Erfolg dieser Bemühungen erlangt der HV mit Vertragsschluss zwischen U und Käufer (= Dritter) zunächst einen aufschiebend bedingten Provisionsanspruch nach § 87 Abs. 1 Satz 1.
- Für das Unbedingtwerden des Provisionsanspruches ist die Zahlung des Kaufpreises, der vom U erstrebte wirtschaftliche Erfolg, von entscheidender Bedeutung:

Bei voller Vorausleistung des Käufers (Zahlung an den U) steht die volle Provision des HV zur Zahlung an (§ 87a Abs. 1 Satz 3). Bei voller Vorausleistung des U durch Lieferung der Ware an den Käufer kann der HV entweder aa) die unbedingt gewordene Provision fordern (wenn § 87a Abs. 1 Satz 1 im Vertrag nicht abbedungen worden ist),

oder bb) – wenn nach dem Vertrag die Provision erst nach voller Zahlung des Kaufpreises verlangt werden kann, – einen „angemessenen Vorschuss" verlangen; die restliche Provision erhält er erst nach Zahlung des Kaufpreises (§ 87a Abs. 1 Satz 2).

Bei Nichtausführung oder nicht vertragsgemäßer Ausführung des Kaufvertrages (Geschäft) von Seiten des U kann der Provisionsanspruch des HV nach § 87a Abs. 3 Satz 1 unbedingt werden: Wenn der U gelieferte Ware nur aus Kulanzgründen zurücknahm oder mit den Kunden eine prozentuale Rückerstat-

tung des Kaufpreises vereinbarte, lässt das den Provisionsanspruch des HV unberührt. Anders ist es, wenn bereits in den vermittelten Verträgen vereinbart wurde, dass der U nicht benötigte Materialreste gegen volle Vergütung zurücknimmt. Dann ist die Leistungspflicht des Kunden von vorneherein teilweise auflösend bedingt und entfällt, soweit Material zurückgegeben wurde. Damit ändert sich auch der Provisionsanspruch und errechnet sich aus dem verbleibenden Kaufpreis.
- Die Provisionsvorschussansprüche werden am letzten Tag des ihrer Entstehung folgenden Monats fällig (§ 87a Abs. 1 Satz 2).
– Die unbedingt gewordenen Provisionsansprüche werden – mindestens für einen Monat – zusammengefasst und abgerechnet; am letzten Tag des dem Abrechnungszeitraum folgenden Abrechnungsmonats werden sie fällig (§ 87a Abs. 4).

I. Entstehung des Provisionsanspruchs (§§ 87 Abs. 1, 87a)

Im Unterschied zu den Maklern, die nach § 652 BGB mit dem Zustandekommen des vermittelten Vertrages einen fälligen Provisionsanspruch erlangen, ist der Provisionsanspruch des Warenvertreters von der Ausführung des Geschäfts abhängig (§ 87a Abs. 1).

1. Wirksames Zustandekommen des vermittelten Geschäfts

In Fällen, in denen es am wirksamen endgültigen Vertragsschluss fehlt, z.B. wenn der Vertrag gegen ein gesetzliches Verbot verstößt, oder wenn er wegen sog. Abschlussmängel (Formmängel, Irrtum i.S.d. §§ 119 bis 123 BGB mit nachfolgender Anfechtung) nichtig ist, hat das den Wegfall des Provisionsanspruchs zur Folge.

Wenn der Kaufvertrag wirksam, aber aufschiebend bedingt abgeschlossen worden ist, z.B. bei einem sog. Kauf auf Kommission, entsteht ein zweifach aufschiebend bedingter Provisionsanspruch, möglich durch Weiterverkauf der Ware an den Endabnehmer und Unbedingtwerden des Provisionsanspruchs nach § 87a Abs. 1.

2. Zum Begriff der Vermittlung eines Geschäfts gem. §§ 84 Abs. 1, 86 Abs. 1

Eine solche Vermittlung liegt nicht nur vor, wenn der HV am Vertragsschluss mitwirkt, indem er für den U mit dem Kaufinteressenten verhandelt, sondern bereits dann, wenn es durch seine bloße Einwirkung auf den Kunden zum Abschluss des Geschäfts kommt, sodass dadurch der Absatz des vertretenen U gefördert wird (allgemeine Meinung: vgl. MüKo/von Hoyningen-Huene, § 87 Rz. 31; Hopt, § 87 Rz. 11).

3. Kausalität der Tätigkeit des Handelsvertreters für den Geschäftsabschluss

In den Fällen des § 87 Abs. 1 genügt grundsätzlich jede Mitursächlichkeit der Bemühungen des HV bei der Vorbereitung und Bearbeitung eines bestimmten Geschäfts. Allgemeines Anbahnen eines Geschäfts genügt jedoch nicht; auch ein bloßer Nachweis für die Gelegenheit zum Vertragsschluss ergibt noch keinen Provisionsanspruch. Dagegen hat der HV einen Provisionsanspruch erworben, wenn der U den Abschluss und die Ausführung des Geschäfts zwar ablehnt, dieses dann aber durch ein anderes Unternehmen, das er beherrscht und dessen wirtschaftliche Interessen er teilt, ausführen lässt und damit die für den Geschäftsabschluss maßgebliche Tätigkeit des HV ausnutzt, aber nicht vergütet. Bei wirtschaftlich weitgehender Einheit beider Unternehmen verstößt die Weigerung des U zur Provisionszahlung unter Hinweis auf die rechtliche Selbständigkeit beider Firmen gegen Treu und Glauben, wenn sich der U einerseits – unabhängig davon, unter welchem Namen und unter welcher Rechtsform – sich die Dienste des HV verschafft und nutzbar macht, andererseits aber das dafür geschuldete Entgelt nicht bezahlen will.

Wenn die Tätigkeit mehrer unabhängig voneinander arbeitender HV für den Abschluss mitursächlich war, hat ansich jeder den vollen Provisionsanspruch. Dieser Anspruch wird aber grundsätzlich in Handelsvertreterverträgen abbedungen und es werden ausdrückliche Regelungen hinsichtlich der Provisionsansprüche getroffen.

Die Mitverursachung des Abschlusses durch die allgemeine Werbung oder durch spätere unmittelbare Verhandlungen des U mit dem Kunden beeinträchtigen den Provisionsanspruch aus der ebenfalls mitursächlichen Tätigkeit des HV nicht. Ebenso wenig verliert er durch zeitweiligen Abbruch der Vertragsverhandlungen und nachfolgende Wiederaufnahme und Abschluss durch den U oder einen anderen HV seinen Provisionsanspruch für die zeitlich vorhergegangene Anknüpfung der Geschäftsbeziehungen zu diesen Kunden (Hopt, § 87 Rz. 11).

BAG BB 1971 S. 492 = DB 1971 S. 779: Es kommt nicht darauf an, wie groß der Anteil des HV und der Anteil des U am Kaufabschluss jeweils gewesen ist; das Erfordernis einer überwiegenden Mitverursachung wäre nicht praktikabel. Es ist unschädlich, wenn zusätzliche Anstrengungen des U zum Erfolg geführt haben.

Ursächlichkeit des Bezirks-HV i. S. d. § 87 Abs. 2 ist z. B. dann gegeben, wenn der Bezirks-HV den Abschluss mit der Hauptniederlassung des Kunden herbeigeführt hat und die Filialen im Bezirk anderer Bezirks-HV dann unmittelbar beim U bestellen.

Die Mitursächlichkeit der Tätigkeit des HV bei Ausschreibungen beurteilt sich danach, welche Art von Kundenschutz der HV hat: Bei Bezirksschutz i. S. d. § 87 Abs. 2 kann der Auslands-HV mit Alleinvertretung in Portugal Provision beanspruchen, wenn der im Wege einer portugiesischen Ausschreibung erlangte Kaufvertrag mit dem Käufer in Portugal zustande kommt. Für die bloße Hilfe beim Ausfüllen von Ausschreibungsunterlagen kann keine Provision verlangt werden; anders bei der Vorführung eines Gerätes i. V. m. Hinweisen auf dessen technische Vorzüge vor den für den Zuschlag maßgeblichen Personen.

Die Mitursächlichkeit des HV bei Messegeschäften. Die Tätigkeit eines Bezirks-HV am Messestand des U ist nach § 87 Abs. 1 Satz 1 für die Abschlüsse mit Kunden aus seinem Bezirk mitursächlich (ungeachtet der vom U aufgebrachten Werbungskosten und/oder der Mitwirkung eines im Dienst des U stehenden technischen Beraters). Ausschlaggebend ist die Bezirkszugehörigkeit des Kunden und nicht, in wessen Bezirk die Messe stattgefunden hat (von Hoyningen-Huene, § 87 Rz. 93). Gegenteilige Handelsbräuche lassen sich nach einem Gutachten der Industrie- und Handelskammer nicht feststellen (KG, HVR 397; LG Hannover, HVR 449). Das gleiche gilt, falls ein HV nur Kundenschutz i. S. d. § 87 Abs. 1 Satz 1 hat und am Messestand Geschäfte vermittelt.

4. Vertragsschluss während der Vertragszeit des Handelsvertreters

Nach dem Gesetzeswortlaut „während des Vertragsverhältnisses" umfasst die Provisionspflicht grundsätzlich nur Abschlüsse, die in die Vertragszeit des HV fallen. Die Rechtsfolge ist, dass für während des bestehenden Vertrages abgeschlossene Verträge dem HV auch bei einer erst nach Ende des HV-Vertrages erfolgten Lieferung Provision zusteht (sog. Überhangprovision). Da § 87 nicht zwingend ist, kann der Anspruch auf Provision aus derartigen nachvertraglich ausgeführten Geschäften durch Individualvereinbarung zwischen U und HV ausgeschlossen werden (BGH WM 1998 S. 723).

Nachvertragliche Geschäfte, die der HV vorbereitet hat, sind unter den Voraussetzungen des § 87 Abs. 3 provisionspflichtig und bilden damit eine Ausnahme von dem Grundsatz, dass der Geschäftsabschluss in die Zeit des bestehenden HV-Vertrages fallen muss.

§ 87 Abs. 3 Nr. 1: „Für ein Geschäft, das erst nach Beendigung des Vertragsverhältnisses abgeschlossen ist, hat der Handelsvertreter Anspruch auf Provision nur, wenn
1. er das Geschäft vermittelt hat oder es eingeleitet und so vorbereitet hat, dass der Abschluss überwiegend auf seine Tätigkeit zurückzuführen ist, und das Geschäft innerhalb einer angemessenen Frist nach Beendigung des Vertragsverhältnisses abgeschlossen worden ist oder
2. vor Beendigung des Vertragsverhältnisses das Angebot des Dritten zum Abschluss eines Geschäfts, für das der Handelsvertreter nach Absatz 1 Satz 2 oder Absatz 2 Satz 1 Anspruch auf Provision hat dem Handelsvertreter oder dem Unternehmer zugegangen ist".

Die erste Alternative, dass der HV das Geschäft vermittelt haben muss (Nr. 1 Alt. 1), hat wenig praktische Bedeutung, allenfalls bei Rahmenbezugsverträgen, bei denen jeweils weitere Verträge abgeschlossen werden (Hopt, § 87 Rz. 41). Wichtiger ist dagegen die

2. Alternative des § 87 Abs. 3 Nr. 1 Alt. 2: „so vorbereitet". Daraus ergibt sich, dass der HV auch dann Anspruch auf Provision erwirbt, wenn z. B. aus Musterverkäufen, auf die Provision bezahlt wurde, die Abnehmer später nach Erprobung der aus Mustern gefertigten Waren größere Mengen bestellten (Hopt, a. a. O.).

Mit der Einführung des § 87 Abs. 3 Nr. 2 durch das Durchführungsgesetz vom 23. 10. 1989 i. V. m. der EG-Richtlinie haben sich die Provisionsansprüche des HV aus nachvertraglich zustande gekommenen Geschäfte erweitert. Das verbindliche Angebot des Dritten zum Abschluss eines provisionspflichtigen Geschäfts muss entweder dem HV oder dem U während der Dauer des HV-Vertreterertrages zugegangen sein i. S. d. § 130 BGB; dann genügt für die Entstehung des Provisionsanspruchs die nachvertragliche Annahme des verbindlichen Angebots durch den U. Zu beachten ist auch die gesetzliche Regelung der Provisionsteilung:

§ 87 Abs. 3 Satz 2: „Der Anspruch auf Provision nach Satz 1 steht dem nachfolgenden Handelsvertreter anteilig zu, wenn wegen besonderer Umstände eine Teilung der Provision der Billigkeit entspricht".

Das wäre z. B. dann der Fall, wenn der Nachfolger bei der Ausführung des Geschäfts besondere Aufwendungen hat. Wenn der U selbst oder durch sein Personal beim Abschluss nach Vertragsende tätig wurde, gilt Abs. 3 Satz 2 nicht, d. h., dass in diesem Falle dem ausgeschiedenen HV die gesamte Provision zusteht. Häufig wird jedoch die Frage, wem die Provision zusteht, im HV-Vertrag geregelt, sodass die gesetzliche Regelung nicht allzu oft praktisch wird.

II. Provisionsvorschuss

Der Abschluss des vermittelten Geschäfts gibt dem HV eine sog. Provisionsanwartschaft, die abgetreten und gepfändet werden kann (BGH NJW 1990 S. 1665 = BB 1990 S. 304).

1. Ausführung des Geschäfts

Wenn der U das Geschäft ausgeführt, d. h. die vertraglich geschuldete Leistung erbracht hat und der Kunde diese Leistung als vertragsmäßig entgegengenommen hat, ist der Provisionsanspruch des HV entstanden, aufschiebend bedingt durch die Bezahlung durch den Kunden. Bei Teilausführung entsteht ein entsprechender anteiliger Provisionsanspruch.

§ 87a Abs. 1 Satz 1: „Der Handelsvertreter hat Anspruch auf Provision, sobald und soweit der Unternehmer das Geschäft ausgeführt hat. Eine abweichende Vereinbarung kann getroffen werden, jedoch hat der Handelsvertreter mit der Ausführung des Geschäfts durch den Unternehmer Anspruch auf einen angemessenen Vorschuss, der spätestens am letzten Tag des folgenden Monats fällig wird ...".

2. Gesetzlicher Vorschussanspruch

Die Auszahlung von Vorschüssen erfolgt entweder aufgrund gesetzlicher Regelung (§ 87a Abs. 1 Satz 2 bei Warenvertretern) oder aufgrund vertraglicher Vereinbarung bei VersV. Mit dem **gesetzlichen** Provisionsvorschussanspruch i.S.d. § 87a Abs. 1 Satz 2 hatte der Gesetzgeber zwar auf die i.d.R. sozial schwächere Gruppe der HV, die für ihren Lebensunterhalt auf regelmäßige Einkünfte angewiesen sind, abgestellt; der zwingend vorgeschriebene Provisionsvorschuss hängt aber nicht von der sozialen Stellung des HV ab, sondern steht allen HV zu, auch wenn sie über erhebliche Einkünfte verfügen. Ein Provisionsvorschuss kann auch aus anderen Gründen im Interesse des HV liegen, z.B. bei schleppender Zahlungsweise des Kunden des U, bei einer erwarteten Zahlungsunfähigkeit des U etc.

3. Höhe des Vorschusses

Wenn die Höhe des Vorschusses im Vertrag nicht geregelt wurde, kann der HV nach § 316 BGB die Höhe des Vorschusses bestimmen (vorbehaltlich der Nachprüfung durch das Gericht nach § 315 BGB). Darüber, was als „angemessen" gelten kann, werden verschiedene Vorschläge gemacht. Schröder § 87a Rz. 15: Welcher Vorschuss angemessen ist, bestimmt sich nach den Umständen des Falles. Die Höhe muss sowohl vom Standpunkt des U als auch des HV angemessen sein und darf nicht zu einer ungerechtfertigten Schädigung des U führen. Andererseits ist aber auch zu berücksichtigen, ob und in welchem Umfang der HV auf den Vorschuss zur Deckung seiner Geschäftskosten und seiner sonstigen Verbindlichkeiten angewiesen ist. Die Fälligkeit dieses unabdingbaren Provisionsvorschussanspruchs tritt am letzten Tage des der Lieferung des U (Ausführung des Geschäfts) nachfolgenden Monats ein.

4. Stornoreserve (Kaution) des Vertreters

Die U aller Branchen fordern bei voller Bevorschussung der Provisionsansprüche i. S. d. § 87a Abs. 1, die für sie wirtschaftlich sinnvoller als eine teilweise Bevorschussung sein kann, die Stellung einer Kaution. Sie wollen damit das Risiko ausschalten, mit ihren Provisionsvorschussrückgewähransprüchen aus stornierten oder unbezahlt gebliebenen Verträgen nach Ende des Handelsvertretervertrages auszufallen. Während des bestehenden Handelsvertretervertrages werden i. d. R. derartige Rückzahlungsansprüche mit verdienten Provisionen verrechnet.

Rechtlich handelt es sich bei der Vereinbarung einer Stornoreserve um einen Kautionsvertrag, dessen Inhalt nach den §§ 87–87c modifiziert wird. I. d. R. wird ein Sonderkonto über die Stornoreserve eingerichtet, auf dem sich während der Vertragsdauer nur Gutschriften und nach Vertragsende nur Belastungen befinden. Die Rückzahlung der nach Vertragsende nicht durch Belastungen verbrauchten Stornoreserve richtet sich nach Dauer und Höhe des für den U bestehenden Risikos. Anhand der noch offenen Kaufpreisforderungen des U und seiner darauf bezogenen Provisionsvorschussauszahlungen lässt sich ohne weiteres nach Vertragsende fortlaufend berechnen, in welchem Umfang und wie lange die Stornoreserve zur Abdeckung des Ausfallrisikos des U noch benötigt wird. Somit unterscheiden sich die Kaution eines Mieters und die Kaution eines Vertreters (Stornoreserve) erheblich.

Die Verzinsung des Guthabenkontos des Vertreters auf dem Stornoreservesonderkonto nach §§ 354 Abs. 2, 352 Abs. 1 entspricht der Rechtsprechung zum Kautionsguthaben bei Mietverträgen (BGH NJW 1982 S. 1286; ebenso BayObLG 1981 S. 994). Zur Einrichtung eines verzinslichen Bankkontos mit Sperrvermerk zugunsten des Berechtigten, dem die Sparguthabenforderung sicherungshalber abgetreten wird vgl. BGH NJW 1984 S. 1749 = DB 1984 S. 2345.

5. Rückzahlung erhaltener Vorschüsse

Rückzahlungsansprüche entstehen, wenn der Kunde nicht zahlt. Die Anspruchsgrundlage ist § 87a Abs. 1 Halbsatz 1 und nicht etwa Bereicherungsrecht gem. § 812 BGB. Provisionsrückzahlungsansprüche des U nach § 87a Abs. 2 oder Abs. 3 sind erst dann in die Provisionsabrechnung aufzunehmen und der HV damit zu belasten, wenn Klarheit besteht, dass der U aus dem vermittelten Geschäft endgültig nichts bzw. ein geringeres Entgelt erhält.

Da der Provisionsrückgewährungsanspruch des U später fällig wird als die Vorschusszahlung, ist der Vorschuss nicht rückwirkend auf den Tag der Auszahlung rückzubelasten und auszubuchen, denn gesetzliche oder vertragliche Vorschüsse auf Provisionsansprüche sind rechtlich nicht wie Darlehen zu behandeln.

Das LG Karlsruhe (DB 1990 S. 2063 ff. = HVR 695) hält eine Rückzahlungsverpflichtung nicht verdienter Provisionsvorschüsse insgesamt für unwirksam, wenn sie zu einer Erschwerung der Kündigung aus wichtigem Grund für den HV führt, weil mit der Kündigung ein im Laufe der Jahre erheblich angewachsener Provisionsvorschussrückgewährungsanspruch des HV fällig werde. Eine nicht durch verdiente Provision gedeckte hohe Vorschusszahlung ergebe deshalb wegen Verstoßes gegen zwingendes Recht (§ 89a, § 89b Abs. 3) keine wirksame Rückzahlungsverpflichtung. Die Auffassung übersieht, dass über die Provisionsvorschüsse abzurechnen war und dem HV bewusst war, dass nicht verdiente Provisionen zurückzuzahlen waren. Damit entfällt das Argument der Kündigungserschwernis, denn Beträge, die dem HV nicht zustehen, hat er unabhängig von der Laufzeit des Vertrages in jedem Fall zurückzuzahlen.

6. Pflicht des Unternehmers zur Eintreibung seiner Forderung

Nach § 87a Abs. 5 können Vereinbarungen, die zulasten des HV von Abs. 2 Halbsatz 1 abweichen, nicht wirksam getroffen werden. Damit entfällt die Möglichkeit, in HV-Verträgen eine Vereinbarung zu treffen, wonach es im Belieben des U steht, ob er seine Forderung gegen den Kunden eintreibt oder aufgrund einer Vermutung, der Kunde werde nicht zahlen, die Provisionsansprüche des HV storniert. Ein einmal entstandener Provisionsanspruch kann nur in Ausnahmefällen nachträglich wieder wegfallen (Küstner/von Manteuffel DB 1990 S. 296).

a) Beweislast

Der U muss deshalb im Streitfall vortragen und beweisen, dass der Kunde nicht geleistet hat und ihm die gerichtliche Geltendmachung des Kaufpreisanspruchs bzw. die Zwangsvollstreckung aus einem Titel unzumutbar war. Hat der Kunde bereits die eidesstattliche Versicherung nach § 807 ZPO abgegeben oder wurde das Insolvenzverfahren über sein Vermögen eröffnet, gilt der Nachweis der Unzumutbarkeit als geführt.

b) Unwirksamkeit von Vertragsklauseln

Klauseln, mit denen im Handelsvertretervertrag im voraus festgelegt wird, unter welchen Umständen ein gerichtliches Vorgehen unzumutbar ist und/oder die Verpflichtung des HV, sich an den Prozesskosten mit einem bestimmten Prozentsatz zu beteiligen, sind unwirksam. Das Prozessrisiko liegt allein beim U und kann nicht auf den HV durch entsprechende Vereinbarung überbürdet werden.

III. Entstehung des unbedingt gewordenen Provisionsanspruchs

Mit der Ausführung des Geschäfts durch den U ist die Provision entstanden (§ 87a Abs. 1 Satz 1). Der Anspruch ist auflösend bedingt für den Fall, dass der Dritte nicht leistet. Mit der Zahlung durch den Kunden ist die Voraussetzung für die endgültige Entstehung des Provisionsanspruchs eingetreten. Die Provision steht dem HV auch dann zu, wenn dem U anstelle der vereinbarten Zahlung des Käufers eine andere Leistung als Erfüllung zugeflossen ist (z.B. Schadensersatz wegen Nichterfüllung, Versicherungsleistung usw. – BGH NJW-RR 1991 S. 156). Führt der U das Geschäft nicht oder nicht in der vorgesehenen Weise durch, verbleibt es nach der zwingenden Regelung des § 87a Abs. 3 bei der Provisionspflicht. D.h., dass der HV auch dann Anspruch auf Provision hat, wenn das von ihm vermittelte Geschäft entweder gar nicht oder nur zum Teil oder anders als abgeschlossen ausgeführt wurde und der U dies zu vertreten hat.

Zu vertreten hat der U sowohl Verschulden als auch das Einstehenmüssen bei einer Gattungsschuld für die Risiken, wie Lieferschwierigkeiten, Verschulden von Erfüllungsgehilfen, fehlerhafte Kalkulation, fehlendes Interesse an der Durchführung des Auftrages, Abspringen des Kunden wegen Lieferversäumnissen oder die Hinnahme einer vertragswidrigen Lossagung des Kunden vom Vertrag, Rückgabe der Waren wegen zu hohen Ausschusses usw. (Hopt, § 87a Rz. 26; von Hoyningen-Huene, § 87a Rz. 39ff.). Auch wenn die Ausführung des Geschäfts unterbleibt, weil für die im Ausland gefertigte Ware keine Ausfuhrquoten mehr vorhanden sind, bleibt der Provisionsanspruch des HV bestehen (OLG München, BB 1995, S. 1559 = HVR 833). Der Provisionsanspruch des HV aus dem Vertrag ist auch dann entstanden und fällig, wenn in entsprechender Anwendung des § 87a Abs. 3 der U das vermittelte Geschäft nicht mit dem Käufer (Dritten), sondern einem Ersatzkunden (Vierten) ausführt, da der mit dem ursprünglichen Geschäft verfolgte Zweck damit eingetreten ist (OLG Frankfurt NJW-RR 1991 S. 677). Die Beweislast für die Entstehung des Provisionsanspruchs trotz fehlender Ausführung des Geschäfts trägt der HV.

IV. Fälligkeit des unbedingt gewordenen Provisionsanspruchs, Verzug des Unternehmers und Zinsanspruch des Handelsvertreters im Abrechnungszeitraum

1. Abrechnungszeitraum

§ 87a Abs. 4: „Der Anspruch auf Provision wird am letzten Tag des Monats fällig, in dem nach § 87c Abs. 1 über den Anspruch abzurechnen ist".

Die Fälligkeitsregelung ist zugunsten des HV zwingend, d.h. ein späterer Fälligkeitszeitpunkt kann zulasten des HV nicht vereinbart werden. Abrechnungsmonat ist der dem Abrechnungszeitraum nachfolgende Monat. Abzurechnen sind die unbedingt gewordenen Provisionsansprüche („auf die der HV Anspruch hat"). Lediglich mit der Wahl des Abrechnungszeitraumes i. S. d. § 87 c Abs. 1 kann der U einen gewissen Einfluss auf die Fälligkeit der Provisionsansprüche nehmen (späteste Fälligkeit bei Quartalsabrechnung).

2. Verzug des Unternehmers und Zinsanspruch des Handelsvertreters

Solange der HV den U nicht in Verzug gesetzt hat, kann er ab Fälligkeit lediglich 5% Handelszinsen gem. §§ 353, 352 geltend machen. Einen Verzugsschaden kann der HV dann fordern, wenn er den U durch Mahnung und Fristsetzung in Verzug gesetzt hat (§ 286 BGB). Die Höhe des Verzugsschadens richtet sich daran aus, ob der HV Bankkredit in Anspruch nimmt in Höhe der Forderung. Dann kann er die ihm berechneten Verzugszinsen geltend machen, anderenfalls betragen die Verzugszinsen unter Kaufleuten 8%-Punkte über dem Basisdiskontsatz (§ 288 BGB).

V. Besonderheiten bei Versicherungs- und Bausparkassenvertretern (§ 92)

Auch auf VersV und BausparV finden weitestgehend die ansich auf Warenvertreter zugeschnittenen Regelungen der §§ 84 ff. Anwendung mit einigen wesentlichen Ausnahmen.

1. Der Versicherer gewährt dem Versicherungsvertreter keinen Kundenschutz (§ 92 Abs. 3)

Anders als für Warenvertreter bildet für den VersV Grundlage für seine Provisionsansprüche der vom ihm vermittelte Bestand von Versicherungsverträgen.

2. Unbedingte Entstehung und Fälligkeit des Provisionsanspruchs

§ 92 Abs. 4: „Der Versicherungsvertreter hat Anspruch auf Provision (§ 87a Abs. 1), sobald der Versicherungsnehmer die Prämie bezahlt hat, aus der sich die Provision nach dem Vertragsverhältnis berechnet".

§ 92 Abs. 4 tritt für VersV an die Stelle des Warenvertreter geltenden § 87a Abs. 1, d.h., dass abweichend von § 87a Abs. 1 der VersV erst Anspruch auf die Provision hat, wenn der VN die Prämie gezahlt hat, aus der sich die Provision nach dem Versicherungsvertrag berechnet (LG Hannover VersR 2006 S. 545), d.h., die Provision teilt das Schicksal der Prämie. Auch im Versicherungsgewerbe ist es aber allgemein üblich, auf die noch nicht entstandenen Provisionen Vorschüsse zu zahlen, die durch eine sog. Stornoreserve gesichert werden. Damit hat § 92 Abs. 4 seine praktische Bedeutung verloren, der dem VersV erst dann einen Provisionsanspruch zubilligt, wenn der VN die Einlösungsprämie bezahlt hat.

3. Anwendbarkeit des § 87a Abs. 3 auf Stornofälle

§ 87a Abs. 3 ist auch auf die Stornofälle in der Versicherungswirtschaft anwendbar (st. Rspr. BGH, HVR 1135). Nach BGH VersR 1983 S. 371 = DB 1983 S. 2135 und BGH VersR 2001 S. 760 besteht Anspruch auf Provision auch, wenn feststeht, dass der U das Geschäft ganz oder teilweise nicht oder nicht so ausführt, wie es abgeschlossen worden ist, es sei denn, die Nichtausführung beruht auf Umständen, die der U nicht zu vertreten hat. Die Beweislast trägt der U. Zwar trifft den Versicherer eine Pflicht zur Nachbearbeitung, die sich bereits aus der dem VersV gegenüber bestehenden Treuepflicht ergibt, die den Versicherer verpflichtet, Rücksicht auf das Provisionsinteresse des VersV zu nehmen, aber er ist nicht gehalten, im Klageweg gegen den säumigen VN vorzugehen, wenn außergerichtlich Maßnahmen erfolglos geblieben sind (BGH, Urteil vom 25.5.2005 – VIII ZR 279/04). Im Streitfall muss der Versicherer nachweisen, welche konkreten Nachbearbeitungsmaßnahmen in jedem einzelnen Stornofall durchgeführt worden sind.

Zur Pflicht einer sog. Stornogefahrmitteilung und zur Nachbearbeitung in solchen Fällen siehe BAG NJW 1968 S. 518, 520 = VersR 1968 S. 166; BGH, HVR 1135. Die Stornierung ist nach h. M. von dem Versicherer dann nicht zu vertreten i. S. d. § 87a Abs. 3 Satz 2, wenn er notleidende Verträge in dem gebotenen Umfang nachbearbeitet hat. Das kann entweder durch eigene Maßnahmen der Stornoabwehr geschehen oder dadurch, dass der Versicherer dem VersV Stornogefahrmitteilungen zukommen lässt und dem VersV damit Gelegenheit gibt, den notleidend gewordenen Vertrag selbst nachzubearbeiten (BGH NJW-RR 1988 S. 546). Dabei ist streitig, ob der VersV Anspruch auf Stornogefahrmitteilungen auch nach Beendigung des HV-Vertrages hat. Da nach Auffassung des BGH das Versicherungsunternehmen die Wahl zwischen mehreren zur Stornoabwehr in Betracht kommenden Maßnahmen hat, also auch keine Verpflichtung zu Stornogefahrmitteilungen gegenüber einem noch in seinen Diensten stehenden VersV, kann gegenüber einem ausgeschiedenen Vertreter nichts anderes gelten (BGH, HVR 1135). Wenn somit der Versicherer den Nachweis einer vorgenommenen eigenen Nachbearbeitung erbringt, ist er gegenüber dem VersV nicht verpflichtet, diesem erneut eine Nachbearbeitung zu ermöglichen.

4. Unwirksamkeit von Klageverzichtsklauseln

Sog. Klageverzichtsklauseln zum Nachteil des HV stehen im Widerspruch zu § 87a Abs. 3 i. V.m. § 92 Abs. 4 und sind nach h.M. unwirksam, es sei denn, es handelt sich um Klarstellung, wann der Versicherer von der Prämienklage absehen darf, z.B. wird allgemein das Einklagen der ersten Prämie in der Lebensversicherung als unzumutbar angesehen.

> **Beispiel:** Verweigert der Versicherungsnehmer die Zahlung, so steht es im Ermessen der Versicherung, ob sie die Zahlung der Prämie auf gerichtlichem Wege herbeiführen oder den Versicherungsnehmer von der Zahlung entbinden will. Wenn die Versicherung von einer Beitragsklage absieht, kann ein Provisionsanspruch nicht geltend gemacht werden.

In dieser Regelung fehlt die Verpflichtung des Versicherers, entweder den notleidenden Versicherungsvertrag selbst nachzubearbeiten oder dem VersV mittels Stornogefahrmitteilung die Nachbearbeitung zu ermöglichen.

5. Darlegungs- und Beweislast

Die Darlegungs- und Beweislast, dass dem Versicherer die Ausführung des Geschäfts ohne sein Verschulden unmöglich oder unzumutbar ist, trifft den Versicherer. Ihm obliegt es, vor Ablehnung von Provisionsansprüchen für die Nachbearbeitung notleidender Verträge zu sorgen. Art und Umfang der Nachbearbeitung bestimmen sich nach dem Umständen des Einzelfalles (BGH NJW-RR 1988 S. 546 = VersR 1988 S. 490). Das gilt auch in mehrstufigen Vertragsverhältnissen, also auch zwischen dem Hauptvertreter und dem Untervertreter. Hat z. B. der Hauptvertreter mit dem von ihm vertretenen Versicherungsunternehmen die Nachbearbeitungspflicht vereinbart, lässt eine Verletzung dieser Pflicht den Provisionsanspruch des Untervertreters nicht oder nicht vollständig entfallen. Das betrifft u. a. die Pflicht zur Nachbearbeitung durch den Hauptvertreter und damit auch die Pflicht, den Untervertreter über die Stornogefahren zu informieren (OLG Köln VersR 2006 S. 71 = HVR 1161). Aufgrund der BGH-Rechtsprechung sind zahlreiche Vertragsklauseln in Versicherungsvertreterverträgen mindestens insoweit als unwirksam anzusehen, als darin von dem zwingenden § 87a Abs. 3 abgewichen wird. Derartige Stornoklauseln stimmen – unabhängig von der Formulierung – insoweit überein, als der Versicherer bereits mit dem Stornofall (d. h. dem Wunsch des Versicherungsnehmers den vermittelten Versicherungsvertrag aufzuheben oder der Einstellung der für das Unbedingtwerden des Provisionsanspruches erforderlichen Prämienzahlungen durch den Versicherungsnehmer zuzustimmen) die ausgezahlten Provisionsvorschüsse oder Provisionen ohne weiteres rückbelastet. Tatsächlich darf der Versicherer immer erst dann einen gezahlten Provisionsvorschuss zurückfordern, wenn feststeht, dass ihm die Ausführung des Geschäfts nicht zuzumuten war. Dabei ist zu berücksichtigen, dass Beitragsklagen in der Lebensversicherung grundsätzlich unerwünscht sind.

6. Stornofälle

Die Frage, ob der VersV in Stornofällen aus dem vom Versicherungsnehmer bis zum Storno bezahlten Prämien Teilprovisionen fordern kann, ist zu bejahen. Denn sein Provisionsanspruch wird in dem Umfang unbedingt, als Prämien bezahlt worden sind, aus denen sich die Provision errechnet. Soweit solche Prämien wegen der Stornoerklärung nicht mehr bezahlt werden und der Versicherer das hinnimmt, wird der Provisionsanspruch grundsätzlich nach § 87a Abs. 3 Satz 1 unbedingt, soweit nicht der Fall des Abs. 3 Satz 2 gegeben und von dem Versicherer nachgewiesen worden ist.

7. Recht der Bausparkassenvertreter

Nach § 92 Abs. 5 gelten die Absätze 1 bis 4 sinngemäß auch für Bausparvertreter. Stornofälle treten bei den Bausparvertretern nicht auf, weil ihre Provision durch die Abschlussgebühr des Bausparers (erste Zahlung) voll gedeckt ist.

8. Fälligkeit des Provisionsanspruchs des Versicherungsvertreters und des Bausparkassenvertreters

Diese bestimmt sich nach § 92 Abs. 4. Deshalb ist mit jedem Vertrag auch die entsprechende Stornoreserve abzurechnen und auszuzahlen, sobald der Provisionsanspruch unbedingt entstanden ist. Eine Zurückbehaltung des gesamten oder überwiegenden Stornoreservebetrages bis alle aufschiebend bedingt entstandenen Provisionsansprüche endgültig entstanden sind, ist deshalb unberechtigt. Anders lautende Vereinbarungen in Versicherungsvertreterverträgen sind wegen Verstoßes gegen die zwingenden Regelungen in §§ 87a Abs. 3 und 4, 87c unwirksam.

6. Kapitel

Hilfsansprüche zur Bezifferung des Provisionsanspruchs, insbesondere auf eine Provisionsabrechnung, eines Buchauszuges usw.; Zustandekommen eines Schuldanerkenntnisvertrages; Haupt- und Hilfsansprüche des Vertreters im Prozess

Die Zahl und Häufigkeit der vom Vertreter vermittelten Geschäfte erfordert in aller Regel eine periodische Abrechnung der verdienten Provisionen. Der Gesetzgeber hat deshalb dem U die Verpflichtung zur Abrechnung auferlegt, weil nur in seiner Buchhaltung alle erforderlichen Unterlagen zur Hand sind: Warenrechnungen, Belege für Preisnachlässe, angefallene Nebenkosten etc., Belege über den Zeitpunkt der Lieferung und der Zahlung des Käufers.

I. Pflicht des Unternehmers zur Provisionsabrechnung nach § 87c Abs. 1

Die Ansprüche des Vertreters nach § 87c Abs. 1 und 2 gehören zu der Gruppe der Ansprüche auf Rechnungslegung i.S.d. § 259 BGB; sie enthalten eine auf die Buchhaltung der U und Vertreter zugeschnittene Spezialregelung. Zurecht steht die periodische Abrechnungspflicht des U (ohne besondere Aufforderung durch den HV) in § 87c an erster Stelle. Die weiteren Hilfsansprüche dienen mehr oder weniger ihrer Ergänzung. Eine Regelung im HV-Vertrag, wonach der HV die Abrechnung seiner Provisionen vorzunehmen und dem U zuzusenden hat, widerspricht der zwingenden Verpflichtung des U nach § 87c Abs. 1 und ist nichtig.

1. Funktion der Provisionsabrechnung des Unternehmers als Rechnung des Handelsvertreters

Ohne die zwingende Provisionsabrechnungspflicht des U wäre der Vertreter als selbständiger Kaufmann gehalten, selbst eine Provisionsrechnung zu stellen, wobei die MwSt entweder gesondert ausgewiesen oder im Provisionsbetrag enthalten sein müsste. Die Provisionsabrechnung des U nach § 87c Abs. 1 wird im Steuerrecht als „Gutschrift" des U bezeichnet, die als Rechnung des HV gilt.

2. Funktion der Provisionsabrechnung als Hilfsanspruch des Handelsvertreters

Sämtliche Ansprüche des HV nach § 87c Abs. 1 bis 4 sind sog. Hilfsansprüche (Nebenansprüche) zu seinem Hauptanspruch auf Provisionszahlung. Sie sollen dessen Bezifferung vorbereiten, die oft ohne Durchsetzung der Hilfsansprüche dem Vertreter nicht möglich wäre. Aus ihrer Rechtsnatur als Hilfsansprüche ergibt sich, dass sie ohne den Hauptanspruch keinen Bestand haben. Wenn letzterer z.B. verjährt ist, können die zugehörigen Hilfsansprüche nicht mehr geltend gemacht werden.

Im Prozess werden die Ansprüche durch eine sog. Stufenklage geltend gemacht, die auch die Verjährung des Zahlungsanspruchs hemmt: Zuerst muss mit Hilfe eines oder mehrere Hilfsansprüche nach § 87c die Bezifferung des Hauptanspruchs ermöglicht werden; zuletzt wird in einer solchen Stufenklage der bezifferte Hauptanspruch geltend gemacht.

Aus der Rechtsnatur als Hilfsansprüche folgt auch, dass diese nicht selbständig, d.h. ohne Hauptanspruch, abgetreten oder verpfändet werden können.

3. Abrechnungszeitraum

§ 87c Abs. 1: „Der Unternehmer hat über die Provision, auf die der Handelsvertreter Anspruch hat, monatlich abzurechnen; der Abrechnungszeitraum kann auf höchstens drei Monate erstreckt werden. Die Abrechnung hat unverzüglich, spätestens bis zum Ende des nächsten Monats, zu erfolgen".

I. Pflicht des Unternehmers zur Provisionsabrechnung nach § 87c Abs. 1

Der Abrechnungszeitraum kann im Vertrag geregelt werden. Das Gesetz verlangt zwar eine „unverzügliche Abrechnung", darunter ist aber zu verstehen, dass der U im Rahmen der Einrichtung und Arbeitsmethode seiner Buchhaltung sich innerhalb eines Monats (dem Abrechnungszeitraum folgend) um eine baldige Abrechnung zu bemühen hat. Für die Wahl des U nach § 87c Abs. 1 Satz 1 wird die Zahl der vermittelten Geschäfte innerhalb eines Monats maßgeblich sein. Wenn nur wenige Geschäfte mit hohem Wert anfallen, genügt eine dreimonatliche Abrechnung. Damit ist aber kein Kalenderquartal gemeint.

4. Zweck und Inhalt der Provisionsabrechnung

Da § 87c Abs. 1 zwingendes Recht ist, muss zuerst nach dem vom Gesetzgeber verfolgten Zweck gefragt werden, an dem sich der Inhalt der Provisionsabrechnung auszurichten hat. Die Rspr. folgert aus der ratio legis bestimmte Inhaltserfordernisse. Diese können nicht der jeweiligen Übung im Betrieb des U oder in der Branche überlassen werden. Die qualifizierte Form der Provisionsabrechnung ist der Buchauszug.

a) Zweck der Provisionsabrechnung

Mit der Provisionsabrechnung soll dem HV zunächst die Grundlage für die Bezifferung der monatlichen Provisionssumme gegeben werden. Das Erfordernis einer „übersichtlichen" Abrechnung ist zunächst so zu verstehen, dass keine Buchhaltungskenntnisse für ihr Verständnis erforderlich sind. Um eine „übersichtliche" Abrechnung zu fertigen, scheint es zweckmäßig, verschiedene Abrechnungen monatlich zu kombinieren: Die Vorschussrechnung und den Stornoreserveauszug mit Guthabensstand; die Provisions- und Prämienrechnungen, soweit Prämien monatlich anfallen; bei sog. unechten Untervertretern, die Provisionsabrechnungen der Untervertreter und die Superprovisionsabrechnungen des Betreuervertreters; bei der Inkassotätigkeit von VersV zu der Provisionsabrechnung eine Zusammenstellung von Prämienrechnungen und entsprechenden Prämienzahlungen abzüglich der Inkassoprovision; bei der Inkassotätigkeit der Tankstellenvertreter müssen die verkauften Treibstoffe usw. abzüglich der verdienten Provisionen und die Warenlieferungen für den Tankstellenshop (Eigenhändlertätigkeit) zusammengestellt werden; bei HV mit Auslieferungslager sind die Provisionsabrechnungen einschließlich der Lagerverwaltungsprovision und die monatlichen Lagerzugänge und -abgänge zu kontrollieren. Anders lässt sich eine Übersicht nicht erreichen; etwaige Provisionsvorschuss- oder Provisionsrückgewähransprüche des U müssen in den Provisionsabrechnungen erscheinen, sobald sie feststehen (entsprechende Anwendung der §§ 87a Abs. 4, 87c Abs. 1). Der Zweck der Übersicht wird nicht erreicht, wenn z. B. ein Versicherer „Einverständniserklärungen" als Provisionsvorschussabrechnung seiner Bezirksdirektion ausstellen lässt, denen später Provisionsabrechnungen der Hauptverwaltung folgen, in denen aber keine bezifferbaren Rückgewähransprüche des U bezüglich überhöht ausgezahlter Vorschüsse enthalten sind, sondern die Korrektur zu suchen ist aus (a) unveränderten, (b) fehlenden (wegen Nichtpolicierung des Versicherungsvertrages) und (c) abgeänderten Provisionsgutschriften. Erteilt der U wegen fehlender Unterlagen einem Bezirks-HV keine Abrechnungen, kann er geleistete Provisionsvorschüsse nicht zurückfordern mit der Begründung, sie seien nicht verdient. Erteilt der U mangels Geschäftsunterlagen dem HV keine Provisionsabrechnungen und ist dieser deshalb außer Stande, seinen AA zu berechnen, kann der HV Schadensersatz wegen Nichterfüllung nach § 280 BGB i. V. m. § 87c Abs. 1 und Abs. 2 verlangen. Das Gericht kann die Höhe des Schadens in Anlehnung an § 89b nach § 287 ZPO schätzen (OLG Düsseldorf – HVR 942).

b) Inhalt der Provisionsabrechnung

In die Abrechnung sind die unbedingt gewordenen Provisionsansprüche aufzunehmen (nach Lieferung des U i. S. d. § 87a Abs. 1 Satz 1 oder nach Zahlung durch den Käufer i. S. d. § 87a Abs. 1 Satz 3); Name des Käufers, Warenart und -menge, Warenpreis, Provisionssatz und Provisionen sind auszuweisen. Erst aufschiebend bedingt entstandene Provisionen gehören nicht in die Provisionsabrechnung (str., a. A. z. B. MüKo/von Hoyningen-Huene, § 87c Rz. 15; Hopt, § 87c Rz. 3). Da die Provisionsabrechnung

I. Pflicht des Unternehmers zur Provisionsabrechnung nach § 87c Abs. 1

zugleich die Rechnung des Vertreters ist, sind zwar aufschiebend bedingt und noch nicht fällige Provisionsansprüche nicht in die Rechnung aufzunehmen; auflösend bedingt entstandene Provisionsansprüche sind dagegen einzusetzen, aber als solche kenntlich zu machen. Damit der HV die Fälligkeit und rechtzeitige Abrechnung seiner Provisionen kontrollieren kann, muss das Datum der Warenlieferung oder der Kundenzahlung angegeben werden. Bei der Gutschrift von Teilprovisionen ist ein Hinweis erforderlich, welcher Teil ausbezahlt wird. Der U muss auch dem HV nicht bekannt gewordene Direktgeschäfte (Nachbestellungen i.S.d. § 87 Abs. 1 Satz 1, Bestellungen von Kunden eines Bezirks-HV) in seine Provisionsabrechnung aufnehmen. Wenn der U solche Umsätze verheimlicht, ist seine Provisionsabrechnung falsch. Die Menge der Angaben in einer Provisionsabrechnung kann also durchaus verschieden sein. Die mit Hilfe einer EDV-Anlage geführte Buchhaltung kann in der Provisionsabrechnung ohne weiteres ebenso viele Daten ausdrucken wie die Rechtsprechung sie für einen Buchauszug fordert. Es genügt deshalb nicht, dem HV sämtliche Warenrechnungen aus vermittelten Geschäften zu übersenden, deren Endziffern auf dem Tippstreifen maschinell addiert sind, sodass die Auswertung der in den Rechnungen enthaltenen Daten dem HV überlassen bleibt (BGH DB 1982 S. 376).

c) Abrechnung von Provisionsvorschüssen

Über die Vorschüsse ist gesondert abzurechnen.

Es sind zunächst die zu b) angeführten Angaben erforderlich. Da der Vertreter den Vorschuss erst dann verdient hat, wenn dieser durch die später fällig gewordenen Abschlussprovisionen gedeckt ist, bleiben in Stornofällen (§ 87a Abs. 3 Satz 2) oder bei Zahlungsunfähigkeit des Käufers (§ 87a Abs. 2) ausbezahlte Provisionsvorschüsse ungedeckt und der U kann Rückzahlung verlangen. Nach den Grundsätzen ordnungsgemäßer Buchhaltung müssen ausgezahlte Vorschüsse mit später anfallenden Provisionen verrechnet werden. Erfahrungsgemäß unterlassen die meisten Unternehmen eine solche Verrechnung. Das führt letztlich dazu, dass Provisionsvorschüsse, die später Deckung finden und dem Vertreter endgültig verbleiben, in den Provisionsabrechnungen nicht mehr erwähnt werden. Nicht gedeckte Vorschüsse werden nicht selten erst nach Vertragsende und Verbrauch der Stornoreserve durch den U zurückgefordert.

5. Widerstreitende Interessen des abrechnenden Unternehmers und des Handelsvertreters

Nicht selten sind verschiedene Rechtsauffassungen die Ursache angeblich falscher Provisionsabrechnungen (z.B. über die vom U nicht abgerechneten Bestellungen, die der Bezirks-HV als Direktgeschäfte bewertet. Wohl überwiegend wird hierzu die Ansicht vertreten, es gebe keine Variationsbreite von Rechtsauffassungen und der U müsse nach der Rechtsauffassung des HV abrechnen.

Küstner, Bd. 1 Rz. 1484; Schröder, § 87c Rz. 3a, 8b; Hopt, § 87c Rz. 3; OLG München BB 1964 S. 698; OLG Düsseldorf BB 1971 S. 1857; OLG Nürnberg – HVR 438; a.A. MüKo/von Hoyningen-Huene, § 87c Rz. 19, der den U nur für verpflichtet hält, diejenigen Provisionsansprüche in die Abrechnung aufzunehmen, die er annehmen und erfüllen will. Dem ist wegen der Anerkenntniswirkung der Provisionsabrechnung zuzustimmen.

Nach h.M. (z.B. Schröder, § 87c Rz. 3a) muss der U zwar streitige Provisionen in seine Provisionsabrechnung (Buchauszug) aufnehmen, kann aber die Zahlung des streitigen Guthabenteils dem HV verweigern. D.h., dass der HV in diesem Stadium zur Klage auf Zahlung gezwungen ist und sich vor Gericht mit der Auffassung des U auseinandersetzen muss. Der HV kann im Wege der Stufenklage vom U Auskunft über die streitigen Geschäfte nach § 87c Abs. 3 (s.u.) verlangen, die der U trotz gegenteiliger Auffassung erteilen muss. Mit der Auskunft ist kein Anerkenntnis verbunden. Aufgrund dieser Auskunft kann der HV seine Provisionsansprüche beziffern und als zweite Stufe Antrag auf Zahlung stellen.

6. Provisionsabrechnung nach Beendigung des Vertretervertrages

Die h.M. leitet aus § 614 BGB ab, dass der U nach Vertragsende unverzüglich über die restlichen Provisionsansprüche abrechnen müsse, unabhängig davon, ob sie unbedingt und fällig geworden sind. Das lässt sich aber bei Teilprovisionen, die Überhangprovisionen geworden sind, praktisch nicht durchführen. Da mit einer sofortigen Abrechnung auch nach Vertragsende eintretende Stornofälle nicht erfasst werden können, müsste trotzdem weiterhin abgerechnet werden. Deshalb wird in der Praxis gegenteilig zur h. M. verfahren.

7. Abschluss eines Schuldanerkenntnisvertrages i.S.d. §§ 781 ff. BGB zwischen Unternehmer und Handelsvertreter; Möglichkeit einer Kondiktion

Rspr. und h.M. sehen in der Provisionsabrechnung zugleich das Angebot des U an den HV zum Abschluss eines Schuldanerkenntnisvertrages gem. §§ 781 ff. BGB. Inhalt dieses dann abgeschlossenen Schuldanerkenntnisvertrages ist das Anerkenntnis des U, dass er dem HV das mitgeteilte Provisionsguthaben (Saldo) schuldet und das Anerkenntnis des HV, dass mit diesem Guthaben seine Provisionsansprüche im Abrechnungszeitraum bezüglich der angegebenen, von ihm vermittelten Geschäfte richtig abgerechnet worden seien. Die Auslegung des U, dass der HV damit auch das Nichtbestehen weiterer Provisionsansprüche – neben den abgerechneten – anerkannt habe, liegt nahe und entspräche dem Zweck, nur innerhalb einer begrenzten Widerspruchsfrist Reklamationen vorzunehmen. Das widerspricht aber der allgemeinen Meinung in Literatur und Rechtsprechung. Danach muss ein Einverständnis mit der Abrechnung – verbunden mit dem Verzicht auf Nachforderungen und folglich auch auf den Anspruch auf Buchauszug – eindeutig sein und wird in aller Regel schriftlich erfolgen. Anderenfalls liegt auch in der mehrjährigen widerspruchslosen Hinnahme der Abrechnungen kein stillschweigend erklärtes Einverständnis mit der Richtigkeit und Vollständigkeit (BGH NJW 1996 S. 588 = HVR 809; Hopt, § 87c Rz. 4). An die Annahme eines konkludent durch Schweigen erklärten Verzichts sind strenge Anforderungen zu stellen, sodass alleine in der jahrelangen widerspruchslosen Hinnahme seitens des HV weder ein Einverständnis mit den Abrechnungen noch ein Verzicht auf weiter Provisionen liegt (BGH, a.a.O.).

a) Sog. Anerkenntnisklausel im Vertretervertrag

Eine solche ist insbesondere in Versicherungsverträgen üblich. Mit ihr wird eine verbindliche Auslegung des Schweigens des Vertreters nach Erhalt künftiger Provisionsabrechnungen als Einverständnis mit dem Abschluss eines Schuldanerkenntnisvertrages i. S. d. §§ 781 ff. bezweckt.

> **Beispiel:** „Der Vertreter anerkennt die Provisionsabrechnung, insbesondere die Rückbelastung i. S. d. § 87 a Abs. 2 und den jeweiligen Abrechnungssaldo, soweit er nicht innerhalb einer Frist von 20 Tagen, gerechnet vom Empfangstag an, schriftlich und mit Angabe der Gründe Einwendungen erhebt".

Nach der oben zitierten h. M. ist eine solche Klausel mit § 87 c unvereinbar und damit unwirksam, da Schweigen grundsätzlich kein Anerkenntnis bedeutet. Der BGH (NJW 1996 S. 588) sieht in derartigen Klauseln eine Umgehung der zwingenden §§ 87 a Abs. 5, 87 c Abs. 5, denn in dem Schweigen des HV auf die Abrechnung nach der unbedingten Entstehung der Provisionsansprüche liege ein sich ständig wiederholendes negatives Schuldanerkenntnis des HV durch Schweigen und damit eine Beschränkung seiner Ansprüche auf Erteilung eines Buchauszuges und Zahlung von Provisionen für die Zukunft. Zur Vermeidung dieses sich ständig wiederholenden negativen Schuldanerkenntnisses sei der HV gezwungen den Abrechnungen ständig zu widersprechen, damit die Wirkung einer Genehmigung mangels Widerspruchs vermieden werde. Eine solche Vereinbarung sei wegen des Verstoßes gegen zwingendes Recht unwirksam (ebenso BAG NJW 1973 S. 1343 = BB 1973 S. 1411).

Der BGH (DB 1984 S. 398) definiert es wie folgt: „Eine stillschweigende Vereinbarung liegt vor, wenn das Gewollte nicht unmittelbar in einer mündlichen oder schriftlichen Erklärung seinen Ausdruck gefunden hat, der Vertragswille sich aber in bestimmten Handlungen der Vertragspartner schlüssig äußert. Das ist nur dann der Fall, wenn das Verhalten der Beteiligten eindeutig auf einen bestimmten Rechtsfolgewillen schließen lässt. Nur mit der Interessenlage ... lässt sich die Annahme einer stillschweigenden Vereinbarung nicht rechtfertigen."

I. Pflicht des Unternehmers zur Provisionsabrechnung nach § 87c Abs. 1

Es kommt nicht darauf an, ob eine derartige, zwingendem Recht widersprechende Verfahrensweise von beiden Parteien als nützlich angesehen wurde.

b) Nichtzustandekommen eines wirksamen Schuldanerkenntnisses

Nach der Rechtsprechung ist in folgenden Fällen **nicht** von einem wirksam zustande gekommenen Schuldanerkenntnis auszugehen:
- Wenn der HV früher schriftliche Anerkenntnisse abgegeben hat (z. B. bis sechs Monate vor der Kündigung), gestattet das den Schluss, dass er danach nicht stillschweigend anerkennen wollte (BGH WM 1973 S. 1014 und OLG Karlsruhe BB 1980 S. 226).
- Eine Bitte des HV um Überprüfung seines Kontostandes oder um eine Frist zur genaueren Kontrolle (BGH a.a.O.) lässt erkennen, dass er Einwendungen geltend macht und kein Anerkenntnis abgeben will. In einem ähnlichen Fall hat der BGH jedoch ein Anerkenntnis des Versicherungsvertreters bejaht (BGH BB 1960 S. 1221).
- Der hohe Warenumsatz zwischen DM 6,8 Mio. und DM 10 Mio. jährlich und daraus resultierende hohe Provisionseinnahmen rechtfertige es nicht, aus dem untätigen Verhalten des HV auf ein Einverständnis mit den Provisionsabrechnungen und ein Anerkenntnis zu schließen, dass er keine weiteren Ansprüche habe (BGH NJW 1996 S. 588).

Folgende Tatsachen sprechen für einen zustande gekommenen Schuldanerkenntnisvertrag:
- Die Äußerung des HV nach Empfangnahme einer Provisionsabrechnung mit einem Schuldsaldo, er könne diesen nur nach und nach abdecken, er wolle keinen betrügen.
- Auch die Leistung von Teilzahlungen auf einen mitgeteilten Schuldsaldo kann als Indiz für den Anerkenntniswillen des HV genügen.

Nach der Rechtsprechung enthält ein festgestelltes Anerkenntnis des in der Provisionsabrechnung mitgeteilten Saldo keinen Verzicht des Vertreters auf ihm unbekannt gebliebene, noch nicht abgerechnete Provisionsansprüche aus früherer Zeit. Das Anerkenntnis ist i.d.R. nur als Verzicht auf dem Vertreter bekannte Einwendungen gegen die anerkannte Provisionsabrechnung zu verstehen (BGHZ 56 S. 290).

c) Kondiktion eines Schuldanerkenntnisses nach § 812 BGB

Nach h.M. und Rspr. kann der beweispflichtige HV nach § 812 BGB sein Anerkenntnis als ungerechtfertigte Bereicherung des U zurückverlangen (Küstner/Thume, Bd. 1 Rz. 1426).

8. Anspruch auf Berichtigung und Ergänzung der Provisionsabrechnung

Es war streitig, ob darauf geklagt werden könne, dass z.B. verheimlichte Direktgeschäfte vom U in einer ergänzenden Abrechnung dem Bezirks-HV mitgeteilt werden müssen (Dass solche Angaben in einem später geforderten Buchauszug aufzunehmen sind, folgt aus § 87c Abs. 2). Häufig verweisen Gerichte den HV darauf, eine eidesstattliche Versicherung des U nach § 259 Abs. 2 BGB zu fordern.

§ 259 Abs. 2 BGB: Besteht Grund zu der Annahme, dass die in der Rechnung enthaltenen Angaben über die Einnahmen nicht mit der erforderlichen Sorgfalt gemachten worden sind, so hat der Verpflichtete auf Verlangen zu Protokoll an Eides statt zu versichern, dass er nach bestem Willen und Gewissen die Einnahmen so vollständig angegeben habe, als er dazu im Stande sei.

Diese Regelung lässt sich nicht auf Provisionsabrechnungen übertragen, weil diese zugleich die Rechnung des HV an den U sind, die in solchen Fällen nicht stimmt. Der HV hat deshalb ein berechtigtes Interesse, eine berichtigte „Gutschrift" i.S.d. § 14 Abs. 5 UStG (s.o.I.) zu bekommen. Es bedarf dazu allerdings einer substantiierten Begründung des Anspruchs. Der BGH lässt die Klage auf Ergänzung der Abrechnung zu.

BGH DB 1982 S. 2393: Die Verweisung der Klägerin auf die Möglichkeit, eine eidesstattliche Versicherung des Beklagten zu verlangen, werde dem Anspruch auf vollständige Unterrichtung über die Höhe der Kosten des Beklagten nicht gerecht. Es sei nicht gerechtfertigt, die Ergänzung einer ergän-

zungsfähigen und deshalb unvollständigen Rechnungslegung deshalb abzulehnen, weil auch nach der Ergänzung noch Lücken zu befürchten seien.
BGH VersR 1981 S. 880, 881: Die Forderung des klagenden Bausparvertreters auf Ergänzung seiner Provisionsabrechnung dürfe nicht unnötig und missbräuchlich sein, weil er auch ohne eine solche Ergänzung in der Lage sei, seine behaupteten Provisionsansprüche zu beziffern. Hier sei dieser Einwand des U unberechtigt, weil der Bausparvertreter nur allgemeine Kenntnis von Vertragsabschlüssen über eine Bausparsumme von mehreren Millionen DM erlangt habe, die zur Bezifferung seines Provisionsanspruches nicht genüge.

9. Verjährung des Anspruchs auf Provisionsabrechnung, Buchauszug, Auskunft und Bucheinsicht

Grundsätzlich werden alle Hilfsansprüche des HV i.S.d. § 87c Abs. 1 bis 4 gegenstandslos, wenn der Hauptanspruch = Provisionsanspruch, dessen Vorbereitung sie dienen sollen, verjährt ist oder aus anderen Gründen nicht mehr durchgesetzt werden kann (st. Rspr.). Im Übrigen ist aber keine einheitliche Verjährung aller Hilfsansprüche i.S.d. § 87 Abs. 1 bis 4 anzunehmen, weil diese von unterschiedlichen Voraussetzungen abhängen und die Verjährung nicht beginnen kann, bevor der jeweilige Hilfsanspruch entstanden und fällig geworden ist. Der Anspruch auf Erteilung einer Provisionsabrechnung wird nach § 87c Abs. 1 Satz 2 fällig. Von diesem Zeitpunkt an beginnt die dreijährige Verjährungsfrist zu laufen.

U.U. steht der Geltendmachung eines noch nicht verjährten Anspruchs durch den Gläubiger die Einrede der Verwirkung entgegen, wenn der Schuldner sich aufgrund des Verhaltens des Gläubigers darauf einrichten konnte und tatsächlich eingerichtet hat, dass dieser keine Ansprüche mehr geltend machen werde. Der bloße Zeitablauf reicht aber nicht, um einen gegebenen Anspruch als verwirkt anzusehen.

In Ausnahmefällen kann auch ein ansich bereits verjährter Anspruch trotz der erhobenen Verjährungseinrede durch den Schuldner vom Gläubiger durchgesetzt werden, wenn sich die Verjährungseinrede als unzulässige Rechtsausübung erweist, z. B: bewusste Falschabrechnung des U; unbekannt gebliebene Provisionsansprüche des HV infolge gezielten Verhaltens des U; Verstoß von Handelsvertretervertragsklauseln gegen zwingendes Recht, was der HV mangels Rechtskenntnis nicht erkannte (Hopt, § 88 Rz. 7). Ebenso ist der Fall zu behandeln, dass ein Versicherer jahrelang den HV durch die Behauptung, er sei rechtlich als HV im Nebenberuf einzuordnen, an der Geltendmachung der für Versicherungsvertreter im Hauptberuf üblichen Provisionen hinderte.

II. Pflicht des Unternehmers zur Erteilung von Buchauszügen (§ 87c Abs. 2)

§ 87c Abs. 2: Der Handelsvertreter kann bei der Abrechnung einen Buchauszug über alle Geschäfte verlangen, für die ihm nach § 87 Provision gebührt.

Ein U, der mit HV arbeitet, muss sich von vornherein auf ein mögliches Buchauzugverlangen einstellen und seine Buchhaltung entsprechend ausrichten und kann so mit möglichst geringem Aufwand den Buchauszug erstellen. Versäumt er das, geht die kostenaufwendige Auswertung seiner Geschäftsbücher zu seinen Lasten (BGH NJW 2001 S. 2333). Deshalb hat das OLG Stuttgart einen Kostenvorschuss für die Vollstreckung des dem HV zu erteilenden Buchauszuges in Höhe von € 100 000 für zulässig und begründet angesehen (OLG Stuttgart, HVR 1171).

Je umfangreicher und mit zusätzlichen Daten angereichert die Provisionsabrechnungen vom U erstellt worden sind, desto weniger Raum und Bedürfnis bleibt für einen zusätzlich geforderten Buchauszug. Provisionsabrechnungen sind dann zugleich als Buchauszug i.S.d. § 87c Abs. 2 anzusehen, wenn der U in den Provisionsabrechnungen alle Angaben macht, die für einen Buchauszug erforderlich sind. Dann stellen die monatlichen Provisionsabrechnungen in ihrer Zusammenfassung den vollständigen Buchauszug über die gesamte Laufzeit des Handelsvertretervertrages dar (BGH NJW-RR 1991 S. 195 = DB 1990 S. 2592).

Der Anspruch auf Erteilung eines Buchauszuges besteht für jeden einzelnen Provisionsanspruch (BGH NJW 1981 S. 457).

II. Pflicht des Unternehmers zur Erteilung von Buchauszügen (§ 87c Abs. 2)

1. Dauer des Rechts des Vertreters, einen Buchauszug zu verlangen

Der Anspruch auf Buchauszug kann von dem HV geltend gemacht werden, solange er und der U sich über die Provisionsabrechnungen nicht geeinigt haben und soweit der Hauptanspruch, über den der Buchauszug erteilt wird, noch nicht verjährt ist.

Der Anspruch des HV auf Erteilung eines Buchauszuges gem. § 87c Abs. 2 ist regelmäßig anzunehmen, wenn noch keine Einigung über die Provisionen erfolgt ist, es sei denn, die Forderung ist ausnahmsweise rechtsmissbräuchlich. Auch wenn dem U Fehler bei der ersten Erstellung des Buchauszuges nachgewiesen wurden, die er zwischenzeitlich korrigiert hat, kann der HV den zwischenzeitlich geltend gemachten Anspruch auf Einsicht in die Geschäftsbücher des U durchsetzen. (LG Düsseldorf, HVR 1173).

2. Inhalt des Buchauszuges

BGH DB 1989 S. 1329; BGH-RR 1994 S. 1271 = VersR 1994 S. 1447; BGH NJW 2001 S. 2333: Der Buchauszug muss die für die Berechnung, Höhe und Fälligkeit der Provisionen des Handelsvertreters relevanten geschäftlichen Verhältnisse in klarer und übersichtlicher Weise vollständig widerspiegeln, soweit sie sich den Büchern des Unternehmers entnehmen lassen. Nur mit allen Angaben kann er seinen Zweck erfüllen, dem Handelsvertreter über seine Provisionsansprüche Klarheit zu verschaffen und ihm eine Nachprüfung der vom Unternehmer erteilten oder noch zu erteilenden Provisionsabrechnung zu ermöglichen. Daraus folgt nach allgemeiner Meinung, dass der Buchauszug alle zur Ausführung gelangten provisionspflichtigen Geschäfte enthalten muss, unabhängig davon, ob sie durch die Tätigkeit des Handelsvertreter zustande gekommen sind oder ohne eine solche Tätigkeit provisionspflichtig sind. Er muss für den Zeitpunkt seiner Aufstellung eine bis ins einzelne gehende Bestandsaufnahme der Kundenbeziehungen des Unternehmers, soweit sie die Provisionsansprüche des Handelsvertreters berühren, einerseits und der vertraglichen Beziehungen zwischen Unternehmer und Handelsvertreter andererseits darstellen. Er hat deshalb neben der genauen Anschrift der Vertragspartner für den Vertreter wesentliche Inhalt der Verträge, nämlich die gelieferte Menge, Preise und sonstigen Abreden zu enthalten. Ein Anspruch auf eine tabellarische Darstellungsweise besteht allerdings nach st. Rspr. des BGH nicht.

Küstner/Thume (Bd. 1 Rz. 1481) halten folgende vollstreckungsfähige Angaben im Buchauszug für WarenV für erforderlich:
- Name und Anschrift des Kunden,
- Kundennummer,
- Datum der Auftragserteilung,
- Umfang des erteilten Auftrags,
- Datum der Auftragsbestätigung,
- Datum der Lieferung bzw. Teillieferungen,
- Umfang der Lieferung bzw. Teillieferungen,
- Datum und Nummer der Rechnung bzw. der Rechnungen bei Teillieferungen,
- Rechnungsbetrag,
- Datum der Zahlung bzw. der Einzelzahlungen,
- Höhe der gezahlten Beträge bzw. Einzelbeträge,
- Wert des erteilten Auftrags,
- Datum der vollständigen Abwicklung,
- Auslieferungs-, Fehlbestand,
- Grund für den Fehlbestand,
- Wert des Fehlbestandes,
- Provisionssatz.

Im Falle von Retouren sind deren Gründe anzugeben. In dem Buchauszug sind ferner die Geschäfte anzugeben, die nach § 87a Abs. 3 provisionspflichtig sein können; hierbei sind auch die Gründe für die Nichtausführung mitzuteilen. Deshalb sind in den Buchauszug auch das Datum und der Grund für eine Stornierung aufzunehmen. Das gilt sowohl bei einem Buchauszug für Warenvertreter als auch für den eines Versicherungsvertreters (BGH NJW 2001 S. 2333). Hohe Kosten für die Erstellung des Buchauszuges entbinden den U nicht von der Verpflichtung, denn diese hohen Kosten haben ihren Grund darin, dass die Buchführung des U nicht darauf eingerichtet ist, die für einen ordnungsgemäßen Buchauszug notwendigen Daten zusammenzuführen (BGH NJW

II. Pflicht des Unternehmers zur Erteilung von Buchauszügen (§ 87c Abs. 2)

2001 S. 2333). Der Unternehmer muss ferner auch über die vertragswidrig abgeschlossenen Geschäfte im Buchauszug Aufschluss geben, sowie die noch schwebenden Geschäfte erfassen, die erst nach § 87 Abs. 3 bedingt provisionspflichtig sind (BGH NJW-RR 1994 S. 1271 = VersR 1994 S. 1447; OLG Karlsruhe – HVR 771. Dagegen ist der Provisionssatz entgegen der Auffassung von Küstner (s.o.) und der Provisionsbetrag der vom U zu erteilenden Abrechnung zu entnehmen (BGH NJW 2001 S. 2333) und ist nicht im Buchauszug anzugeben. Der Buchauszug wird nach einer gängigen Formel auch als „Spiegelbild der Geschäftsbeziehungen des U" bezeichnet (Holling BB 1959 S. 687). Der dem VersV zu erteilende Buchauszug hat folgende Angaben zu enthalten (Küstner/Thume Rz. 1482):

- Name und Anschrift des Versicherungsnehmers,
- Datum des Auftrags,
- Ursächlichkeit für das Zustandekommen des Vertrages,
- Datum der Vertragsannahme,
- Tarif der Versicherung,
- Erklärung, ob Neugeschäft oder Folgegeschäft,
- Zweck des Folgegeschäfts,
- Beitragshöhe und -zahlungsweise,
- Datum des Versicherungsbeginns,
- Versicherungsscheinnummer.
- Im Stornofall:
  - Datum der Stornierung,
  - Erhaltungsmaßnahmen,
  - Höhe der geleisteten Beitragszahlung,
  - Höhe und Fälligkeit der offenen Beitragszahlungen.

Die Erteilung eines Buchauszuges enthält keine Vorwegnahme der Entscheidung, ob das Geschäft provisionspflichtig ist oder nicht. Deshalb sind auch die schwebenden Geschäfte aufzunehmen, sofern sie provisionspflichtig sein könnten (BGH DB 1989 S. 1329; OLG Karlsruhe, HVR 1157). Da Buchauszüge erst nach Vertragsende, meist im Prozess um Provisionsansprüche, verlangt werden, interessieren zum Zeitpunkt der Anfertigung solcher Buchauszüge frühere Provisionsanwartschaften nicht mehr, denn die einstmals noch aufschiebend bedingten Ansprüche sind bis

Vertragsende i. d. R. sämtlich unbedingt geworden, d. h., dass in der Praxis nur fällige Provisionsansprüche im Buchauszug erscheinen.

In allen Fällen fehlender oder ganz unzulänglicher Provisionsabrechnungen erweist sich der Hilfsanspruch nach § 87c Abs. 2 als einziges Mittel, von einem nicht zur Abhilfe bereiten U korrekte Abrechnungen zu erhalten. Zwar ist für den Anspruch auf Erteilung des Buchauszuges nicht Voraussetzung, dass die vom U erstellten Provisionsabrechnungen unzulänglich oder falsch waren (BGH WM 1979 S. 304, 305); in der Praxis wird aber überwiegend nur in diesen Fällen Buchauszug gefordert. Eine Benachteiligung des U ist damit nicht verbunden, denn dieser wird von einer übermäßigen Inanspruchnahme durch den HV in Form der Forderung nach Buchauszug trotz ordnungsgemäßer Provisionsabrechnung sowohl durch die Verjährung geschützt, als auch durch den Grundsatz von Treu und Glauben (§ 242 BGB), der eine schikanöse Forderung auf Buchauszug trotz ordnungsgemäßer Provisionsabrechnung verhindert (OLG Karlsruhe, HVR 1156). Dem titulierten Anspruch auf Buchauszug steht i. d. R. kein aufrechenbarer Gegenanspruch des U entgegen, denn wenn der HV einen rechtskräftig titulierten Anspruch auf Buchauszug hat, kann nach Auffassung des OLG Celle, HVR 1146, die Vollstreckung nicht durch eine zweifelhafte Aufrechnungsforderung zu Fall gebracht werden.

Die Vollstreckung erfolgt nach § 887 ZPO durch Ersatzvornahme, ausnahmsweise nach § 888 ZPO, d. h. mittels Zwangsgeld, wenn der U seinen Sitz im Ausland hat. Dann ist die nach § 887 ZPO erforderliche Ersatzvornahme nicht möglich (OLG Hamburg, HVR 1154). Bei einer Vollstreckung nach § 887 ZPO wird der HV ermächtigt, im Wege der Ersatzvornahme den Buchauszug durch einen Wirtschaftsprüfer oder Steuerberater erstellen zu lassen. Mit den hierfür entstehenden Kosten muss der U in Vorlage treten. Er ist deshalb verpflichtet, einen angemessenen Kostenvorschuss zu leisten. Die Höhe hängt vom Einzelfall ab. Das OLG Stuttgart hat mit Beschluss vom 23. 12. 2005, HVR 1171, in dem dort entschiedenen Fall einen Vorschuss von € 100 000 als angemessen angesehen, da der HV auf den Buchauszug zur Ermittlung seiner Ansprüche angewiesen ist und hat die gegnerische Meinung, wonach ein derartiger Betrag überhöht sei, zurückgewiesen mit der Begründung, das führe dazu, dass der HV seine Ansprüche nicht geltend machen könne. Letztlich kommt es auf den Umfang der Geschäfte und die Qualität der Buchhaltung des U an, welcher Zeitaufwand des Prüfers bevorschusst werden muss.

III. Pflicht des Unternehmers, vom Vertreter geforderte Auskünfte zu erteilen (§ 87c Abs. 3)

§ 87c Abs. 3: Der Handelsvertreter kann außerdem Mitteilung über alle Umstände verlangen, die für den Provisionsanspruch, seine Fälligkeit und seine Berechnung wesentlich sind.

Der Anspruch auf Buchauszug wird deshalb nicht durch die Kontrollrechte nach § 87c Abs. 3 ersetzt, sondern ergänzt.

1. Zweck des Auskunftsanspruchs

Auskunft kann der HV grundsätzlich erst und nur insoweit fordern, als der U Buchauszug erteilt hat, dieser aber nicht ausreicht (Hopt, § 87c Rz. 23); er ergänzt also den Anspruch auf Buchauszug (MüKo/von Hoyningen-Huene, § 87c Rz. 54; OLG Bamberg, HVR 936). Während der Hilfsanspruch auf einen Buchauszug sich darauf beschränkt, was den Handelsbüchern des U zu entnehmen ist, erstreckt sich der Auskunftsanspruch somit auch auf alle Umstände, die sich nicht aus den Büchern des U ergeben. Soweit sich aus der Kontrolle der Provisionsabrechnungen weitere Fragen ergeben oder wenn der HV seiner Meinung nach entstandene, aber in der Provisionsabrechnung nicht enthaltene Provisionsansprüche verfolgen will, sind die Auskünfte des U ein geeignetes Mittel, sich zu informieren. Der Auskunftsanspruch kann auch dann in Betracht kommen, wenn der U keine Bücher geführt hat oder wenn die von ihm geführten Bücher verlorengegangen oder vernichtet worden sind. Voraussetzung jedes Auskunftsanspruchs ist aber, dass er nicht unnötig und missbräuchlich geltend gemacht wird. Das wäre z.B. der Fall, wenn der HV seine Provisionsforderung auch ohne die geforderte Auskunft beziffern könnte (BGH VersR 1971 S. 880, 881; OLG Düsseldorf NJW 1966 S. 888 = HVR

372), oder wenn sich aus der vertraglichen Vereinbarung zwischen U und HV ergibt, dass Provisionsansprüche des HV für die behaupteten Geschäfte gar nicht in Betracht kommen (OLG Bamberg – HVR 936).

2. Inhalt des Auskunftsverlangens des Handelsvertreters

Zunächst muss der HV genau angeben, über welche konkreten Einzelheiten Auskunft verlangt wird und bestimmt damit das Thema der vom U zu erteilenden Auskunft. So ist z. B. folgender Klageantrag zu unbestimmt und nicht vollstreckungsfähig:

„Es wird beantragt, den Beklagten zur Auskunft über alle Umstände, die für die Provisionsansprüche des Klägers in der Zeit vom … bis … ihre Fälligkeit und Berechnung wesentlich sind, zu verurteilen".

Diesem Antrag liegt die unrichtige Meinung zugrunde, der HV könne den Antrag auf Auskunftserteilung ebenso anhand des Gesetzestextes formulieren wie den Antrag auf Erteilung einer Provisionsabrechnung oder eines Buchauszuges. Richtig ist stattdessen z. B. folgender Antrag:

„Es wird beantragt, den Beklagten zur Auskunft über sämtliche von ihm in der Zeit vom … bis.. ausgeführten Direktgeschäfte, mit den im Bezirk des Klägers wohnhaften Kunden A bis Z, über die Zeitpunkte der Lieferungen, Rechnungsbeträge und Menge der gelieferten Waren, sowie über den Zeitpunkt der Kundenzahlungen zu verurteilen".

Das Auskunftsbegehren beschränkt sich auf die beim Schuldner vorhandenen Unterlagen bzw. Kenntnisse, selbst dann, wenn sich dieser bei Dritten weitere Unterlagen bzw. Informationen beschaffen könnte. Allerdings kann das Fehlen von Unterlagen für den U wegen Verletzung von Dokumentationspflichten beweisrechtlich Konsequenzen haben (OLG Dresden, HVR 813).

3. Widerstreitende Interessen von Unternehmer und Handelsvertreter

Da mit der Auskunft kein Schuldanerkenntnis verbunden ist, steht dem U kein Recht zur Verweigerung ihm nachteiliger Auskünfte zu, er muss die Auskunft wahrheitsgemäß erteilen.

4. Anspruch des Handelsvertreters auf Ergänzung oder Berichtigung der vom Unternehmer erteilten Auskunft

Die freiwillig oder aufgrund einer Verurteilung erteilte Auskunft kann zwar zutreffend, aber unvollständig sein. Dann kann der HV ihre Ergänzung verlangen. Der U hat den Buchauszug neu zu erstellen, wenn dieser an erheblichen Mängeln leidet; ergänzende Angaben reichen dann nicht aus, OLG Bamberg, HVR 810; ebenso OLG Düsseldorf, HVR 816 und HVR 817.

IV. Anspruch des Handelsvertreters auf Bucheinsicht (§ 87c Abs. 4)

§ 87c Abs. 4: Wird der Buchauszug verweigert oder bestehen begründete Zweifel an der Richtigkeit oder Vollständigkeit der Abrechnung oder des Buchauszuges, so kann der Handelsvertreter verlangen, dass nach Wahl des Unternehmers entweder ihm oder einem von ihm zu bestimmenden Wirtschaftsprüfer oder vereidigten Buchsachverständigen Einsicht in die Geschäftsbücher oder die sonstigen Urkunden so weit gewährt wird, wie dies zur Feststellung der Richtigkeit oder Vollständigkeit der Abrechnung oder des Buchauszuges erforderlich ist.

Die Gesetzesfassung lässt erkennen, dass dieser Hilfsanspruch dem HV gegen unrichtige oder lückenhafte Provisionsabrechnungen weiterhelfen soll (u. U. zweckmäßigerweise verbunden mit vom U erteilten Auskünften).

1. Rechtliches Interesse des Handelsvertreters

Die in § 87c Abs. 4 Satz 1 Alternative 1 angegebene Verweigerung des Buchauszuges oder die begründeten Zweifel an der Richtigkeit oder Vollständigkeit der Abrechnung ergeben stets das rechtliche Interesse des Vertreters an der Bucheinsicht. Die Rspr. lässt als „begründete Zweifel" (§ 87c Abs. 4 Satz 1 Alternative 2) z. B. gelten: Unrichtigkeit in der Provisionsabrechnung in einem Punkt (OLG Celle BB 1962 S. 2); Unvollständigkeit der dem HV angeblich vollzählig übersandten Rechnungskopien; Nichtübereinstimmung der im Buchauszug aufgeführten Beträge mit den

Endsummen der vom U vorgelegten Rechnungen (OLG Düsseldorf BB 1971 S. 1857). Es genügen auch die Verweigerung der Ergänzung oder der Berichtigung von Provisionsabrechnungen oder Buchauszügen, sowie die Verweigerung von Auskünften, um „begründete Zweifel" i.S.d. § 87c Abs. 4 darzutun. Dagegen reicht die subjektive, nicht durch Tatsachen untermauerte Vermutung des HV, es sei unrichtig abgerechnet oder ein unvollständiger Buchauszug erteilt worden, nicht aus.

2. Umfang der vom Unternehmer zu gewährenden Bucheinsicht

Dieser richtet sich nach den Umständen des Falles und der Funktion, dem HV bei Zweifeln die Kontrolle zu ermöglichen, ob alle ihm zustehenden Provisionen und sonstigen Vergütungen in den Abrechnungen lückenlos erfasst sind (MüKo/von Hoyningen-Huene, § 87c Rz. 66; Küstner/Thume, Bd. 1 Rz. 1505; OLG Frankfurt BB 2002 S. 427 = DB 2002 S. 474). Z.B. kann die Bucheinsicht auf die dazu erforderlichen Unterlagen des U beschränkt werden (Schröder, § 87c Rz. 16; MüKo/von Hoyningen-Huene, § 87c Rz. 71).

Sowohl der U, der die Bucheinsicht gewähren soll, als auch der damit beauftragte Buchsachverständige müssen wissen, welcher Zweck mit der Bucheinsicht verfolgt wird und welche Buchhaltungsunterlagen dazu eingesehen werden müssen. So wird sich z.B. die Bucheinsicht wegen angeblich vertragswidrig nicht abgerechneter Direktgeschäfte des U mit im Bezirk des Bezirks-HV wohnhaften Kunden auf die Korrespondenz des U mit diesen Kunden beschränken können. Ebenso wie beim Auskunftsanspruch muss deshalb im Klageantrag Zweck und Rahmen der Bucheinsicht angegeben werden.

Der Klageantrag, zur Verurteilung Bucheinsicht zu gewähren bezüglich der Provisionsansprüche für die Zeit vom 1.1.2004 bis 31.12.2006 ist zu unbestimmt. Die Angabe eines Zwecks – z.B. Feststellung von in der Zeit von ... bis ... vom U getätigten Direktgeschäften mit Kunden im Bezirk des Bezirks-HV anhand von Korrespondenz mit solchen Kunden und von verbuchten Umsätzen mit ihnen – genügt dagegen. Es hängt dann von den vorgefundenen Unterlagen und von der Auffassung des Sachverständigen ab, welche Korrespondenz des U und welche Kosten der Buchhaltung der Sachverständige zur Erfüllung seines Auftrages benötigt und einsehen will. Die Anfertigung von Kopien und Auszügen ist ihm zu gestatten (vgl. Schröder, § 87c Rz. 16, 17d).

3. Auswahl des Sachverständigen

Zunächst hat der U die Wahl, ob er sich für die Bucheinsicht durch den HV entscheiden will oder ob er nur einem vereidigten Buchsachverständigen oder Wirtschaftsprüfer Einsicht in seine Bücher gewähren will. Erst nach vergeblicher Fristsetzung des HV geht das Wahlrecht nach § 264 Abs. 2 BGB auf den HV über. Wenn der U sich für eine Bucheinsicht durch den HV persönlich entscheidet, so hindert das den HV nach h. M. nicht, seinerseits einen vereidigten Buchsachverständigen oder Wirtschaftsprüfer zuzuziehen (OLG Frankfurt BB 2002 S. 427 = DB 2002 S. 474). In einfach gelagerten Fällen kann allerdings zur Kostenersparnis vom HV verlangt werden, dass er selbst die Bücher des U einsieht (§ 254 Abs. 2 BGB – Grundsatz der Schadensminderungspflicht).

Wenn der U die Bucheinsicht durch einen Buchsachverständigen gewählt hat, kann der HV nach § 315 Abs. 1 BGB den Buchsachverständigen benennen, allerdings „nach billigem Ermessen". Falls der U behauptet, – z. B. die Wahl eines auswärtigen Steuerberaters, der ständig für den HV tätig ist, – sei unbillig i. S. d. § 315 Abs. 1 BGB, – kann der U das Gericht anrufen (§ 315 Abs. 3 BGB).

4. Kosten der Bucheinsicht

Der HV kann die von ihm vorgeschossenen Kosten des Buchsachverständigen vom U unter dem Gesichtspunkt des Schadensersatzes wegen positiver Vertragsverletzung nur dann ersetzt verlangen, wenn die Bucheinsicht die Unrichtigkeit der Provisionsabrechnung des Buchauszuges des U ergeben hat (MüKo/von Hoyningen-Huene, § 87c Rz. 78). Anderenfalls muss der HV die Kosten selbst tragen.

Die Höhe der Kosten richtet sich nach den Tagessätzen des beauftragten Wirtschaftsprüfers oder Buchsachverständigen. Damit ist ein erhebliches Prozessrisiko für den HV verbunden. Dieses Risiko mag auch dazu führen, dass klagende HV den Weg einer Berechnung und/oder Ergänzung der Provisionsabrechnung (des Buchauszuges) der Bucheinsicht vorziehen (mit der Möglichkeit der Zwangsvollstreckung nach § 887 Abs. 1 ZPO).

V. Eidesstattliche Versicherung des Unternehmers zur Erzwingung einer richtigen Abrechnung

Der HV kann – in entsprechender Anwendung der §§ 259, 260 BGB – bei gegebenem rechtlichen Interesse – vom U die eidesstattliche Versicherung der Richtigkeit und Vollständigkeit seiner Provisionsabrechnungen, Buchauszüge, Auskünfte verlangen. Dieser Hilfsanspruch ist problematisch. BGHZ 32 S. 302, 304 bezeichnet ihn als „die äußerste und in ihrem Erfolg vielfach fragwürdigste Möglichkeit, zuverlässige Rechnungslegung, Buchauszüge oder Auskünfte zu erzwingen". Der BGH verweist darauf, dass der U dabei vielfach auch rechtliche Wertungen vornehmen muss und nicht nur die Richtigkeit reiner Tatsachen zu versichern habe. Dazu kommt der Umstand, dass der U sich zur Anfertigung von Provisionsabrechnungen und Buchauszügen regelmäßig Dritter oder einer EDV-Anlage bedient. Insoweit wird er oft nur versichern können, er habe sein Personal überwacht und dahin kontrolliert, dass richtig abgerechnet werde. Es ist deshalb berechtigt, die Forderung nach eidesstattlicher Versicherung hauptsächlich auf Auskünfte des U i. S. d. § 87c Abs. 3 zu beschränken (MüKo/ von Hoyningen-Huene, § 87c Rz. 65).

1. Erfordernis eines rechtlichen Interesses des Handelsvertreters

§ 259 Abs. 2 BGB: „Besteht Grund zu der Annahme, dass die in der Rechnung enthaltenen Angaben über die Einnahmen nicht mit der erforderlichen Sorgfalt gemacht worden sind, so hat der Verpflichtete auf Verlangen zu Protokoll an Eides statt zu versichern, dass er nach bestem Wissen die Einnahmen so vollständig angegeben habe, als er dazu imstande sei".

Aus dem Text folgt, dass Provisionsabrechnungen oder Buchauszüge bereits vorliegen, Auskünfte erteilt worden sein müssen (ihre Verweigerung ergibt kein rechtliches Interesse i.S.d. §§ 259 Abs. 2, 260 Abs. 2 BGB).

2. Einordnung des Anspruchs des Handelsvertreters auf eidesstattliche Versicherung in der Reihenfolge der Hilfsansprüche

Nach Rechtsprechung und h.M. kommt dieser Hilfsanspruch zeitlich an letzter Stelle.

BGHZ 32 S. 302, 304f. = DB 1960 S. 843 = HVR 257; eine eidesstattliche Versicherung könne nicht gefordert werden, solange dem HV eine bessere und leichter zum Ziel führende Möglichkeit offen stehe, d.h. wenn auch eine Bucheinsicht möglich sei. Der U könne i.d.R. erst dann zur Abgabe der eidesstattlichen Versicherung verurteilt werden, wenn sowohl Buchauszüge erteilt worden seien als auch Bucheinsicht erfolgt sei oder sich als undurchführbar herausgestellt habe.

Der Anspruch auf Abgabe einer eidesstattlichen Versicherung des U sei dem Anspruch auf Bucheinsicht nachgeordnet (subsidiär) (vgl. auch OLG Saarbrücken OLGZ 1988 S. 233).

Ebenso BGHZ 55 S. 201, 206 für die Ansprüche nach §§ 260 Abs. 1, 810 BGB.

3. Abgabe der eidesstattlichen Versicherung

§ 261 Abs. 1 BGB: Die eidesstattliche Versicherung ist, sofern sie nicht vor dem Vollstreckungsgericht abzugeben ist, vor dem Amtsgericht des Ortes abzugeben, an welchem die Verpflichtung zur Rechnungslegung oder zur Vorlegung des Verzeichnisses zu erfüllen ist. Hat der Verpflichtete seinen Wohnsitz oder seinen Aufenthalt im Inland, so kann er die Versicherung vor dem Amtsgericht des Wohnsitzes oder des Aufenthaltsorts abgeben.

Abs. 2: Das Gericht kann eine den Umständen entsprechende Änderung der eidesstattlichen Versicherung beschließen.

Abs. 3: Die Kosten der Abnahme der eidesstattlichen Versicherung hat derjenige zu tragen, welcher die Abgabe der Versicherung verlangt.

Es bestehen also zwei Möglichkeiten:
- Wenn der U bereit ist, seine eidesstattliche Versicherung freiwillig abzugeben, ist das Amtsgericht am Sitz seiner Firma zustän-

dig (§§ 261 Abs. 1 Satz 1 BGB, 163, 79 FGG). Nur diese Kosten hat der HV zu tragen. Die freiwillige Abgabe der eidesstattlichen Versicherung ist auch noch nach einer Verurteilung des U dazu möglich.
- Bei Verweigerung der Abgabe der eidesstattlichen Versicherung ist Klage geboten. Bei Erfolg der Klage des HV ist Vollstreckungsgericht das Amtsgericht (§ 889 Abs. 1 ZPO). Die Vollstreckung erfolgt nach §§ 889, 888 ZPO – Zwangsvollstreckung bei nicht vertretbaren Handlungen –; das Prozessgericht des ersten Rechtszuges bestimmt auf Antrag des HV ein Zwangsgeld, wenn der U sich weigert. Die Kosten der Zwangsvollstreckung trägt der Vollstreckungsschuldner.

VI. Pflicht des Unternehmers zur Abrechnung über die Provision gem. § 87c als zwingendes Recht

§ 87c Abs. 5: Diese Rechte des Handelsvertreter können nicht ausgeschlossen oder beschränkt werden.

Diese Bestimmung schützt den HV gegen Vertragsklauseln, die zu künftigen Benachteiligungen führen. Der Schutz endet bei Empfang der Provisionsabrechnung; danach kann der HV auf bestehende, nicht abgerechnete Provisionsansprüche und seine Hilfsansprüche i.S.d. § 87c ausdrücklich oder stillschweigend wirksam verzichten. Der U kann den Ansprüchen aus § 87c nicht mit einem Zurückbehaltungsrecht wegen Gegenansprüchen (z.B. auf Rückgabe von Unterlagen, Mustern, etc.) begegnen.

VII. Provisionsanspruch und Ansprüche des Handelsvertreters nach § 87c in Prozess und Zwangsvollstreckung

Erfüllungsort und damit im Falle eines Rechtsstreits Gerichtsstand (§ 29 ZPO) für Auskunft, Buchauszug, Provisions- und Ausgleichsanspruch ist der Wohnsitz des Schuldners, d.h. der Sitz des U (BGH NJW 1988 S. 967 = MDR 1988 S. 376 = DB 1988

S. 599 = WM 1988 S. 135; Zöller § 29 Rz. 25). Der BGH (a. a. O.) sieht es insbesondere bezüglich des Buchauszuges für den U als nicht zumutbar an, diesen Anspruch am Wohnsitz des HV zu erfüllen, da er i. d. R. auf die bei seiner Niederlassung befindlichen Geschäftsunterlagen angewiesen und bestrebt sei, das Recht des HV zur Einsicht in die Geschäftsunterlagen auch an dem Sitz des Unternehmers zu erfüllen. Klage auf Auskunft, Buchauszug usw. seien deshalb vor dem für den U örtlich zuständigen Gericht zu erheben.

Es sind zwei Gruppen von Klagen zu unterscheiden:
- Die auf Zahlung eines bestimmten Geldbetrages gerichtete Leistungsklage; dafür muss der HV die geforderten Provisionen beziffern können.
- Der HV kann die geforderten Provisionen noch nicht beziffern; dann muss er im Wege der Stufenklage zunächst die ihm geeignet erscheinenden Hilfsansprüche nach § 87c geltend machen, die ihm die Bezifferung seiner ausstehenden Provisionen ermöglichen sollen.

1. Stufenklage des Handelsvertreters und Reihenfolge seiner Hilfsansprüche

Nach § 253 Abs. 2 ZPO muss der Klageantrag hinreichend bestimmt, eine Klage auf Auszahlung von Provisionen beziffert sein. Anders bei der Stufenklage i. S. d. § 254 ZPO:

> Wird mit der Klage auf Rechnungslegung ... die Klage auf Herausgabe desjenigen verbunden, was der Beklagte aus dem zugrunde liegenden Rechtsverhältnis schuldet, so kann die bestimmte Angabe der Leistungen, die der Kläger beansprucht vorbehalten werden, bis die Rechnung mitgeteilt, ... oder die eidesstattliche Versicherung abgegeben ist.

Nach Rspr. und h. M. zu § 254 ZPO muss hier der Prozess stufenweise ablaufen, d. h. z. B., dass über die Klageanträge auf Anfertigung von Buchauszügen (§ 87c Abs. 2), Erteilung von Auskünften (§ 87c Abs. 3) und auf Bucheinsicht (§ 87c Abs. 4) getrennt und nacheinander verhandelt und entschieden werden muss (OLG Hamm, HVR 1092). Die Stufenklage erfordert weit geringere

Prozesskosten als getrennte (selbständige) Klagen: Nur der höchste der in der Stufenklage verbundenen Klageansprüche zählt; das dürfte stets der Hauptanspruch (Antrag auf Provisionszahlung) sein.

Die Frage nach der richtigen Reihenfolge der Hilfsansprüche in einer Stufenklage wird unter dem Gesichtspunkt der Zweckmäßigkeit beantwortet: Provisionsabrechnung, Buchauszug, Auskunft, Bucheinsicht, eidesstattliche Versicherung. Die Ansprüche auf Buchauszug und Bucheinsicht dürfen nicht gleichzeitig zugesprochen werden, weil § 87c Abs. 4 dem HV ein weitergehendes Recht gibt (MüKo/von Hoyningen-Huene, § 87c Rz. 81). Das gleiche gilt für die Ansprüche auf Provisionsabrechnung und Buchauszug. Der Anspruch auf eidesstattliche Versicherung ist dagegen im Verhältnis zur Bucheinsicht subsidiär (s.o. V. 2.).

2. Bedeutung eines vereinbarten handelsrechtlichen Kontokorrentverhältnisses im Prozess (Kontokorrenteinrede)

Wenn beide Vertragspartner Kaufleute sind, können sie im HV-Vertrag ein Kontokorrentverhältnis i.S.d. §§ 355 ff. begründen.

§ 355 Abs. 1: Steht jemand mit einem Kaufmanne derart in Geschäftsverbindung, dass die aus der Verbindung entspringenden beiderseitigen Ansprüche und Leistungen nebst Zinsen in Rechnung gestellt und in regelmäßigen Zeitabschnitten durch Verrechnung und Feststellung des für den einen oder anderen Teil sich ergebenden Überschusses ausgeglichen werden (laufende Rechnung, Kontokorrent), so kann derjenige, welchem bei Rechnungsabschluss ein Überschuss gebührt, von dem Tage des Abschlusses an Zinsen von dem Überschusse verlangen, auch soweit in der Rechnung Zinsen enthalten sind.

Im Vertrag nach §§ 355 ff. kann vereinbart werden, mit welcher Kündigungsfrist das auf eine unbestimmte Zeit eingegangene Kontokorrentverhältnis gekündigt werden kann (z.B. monatlich). Ohne eine derartige vertragliche Regelung und ohne Kündigungserklärung nimmt die Rechtsprechung an, dass mit der Geschäftsverbindung zwischen Kontokorrentpartnern (= HV-Vertrag) auch das Kontokorrentverhältnis endet (RGZ 140 S. 219, 221).

Ähnlich wie der Kontokorrentsaldo einer Bank bei Ablauf der Kontokorrentrechnungsperiode vom Empfänger nach §§ 781 f. BGB anerkannt werden muss, damit nicht mehr auf die Einzelposten der Abrechnung zurückgegriffen werden kann, gilt das auch für den Saldo einer im Kontokorrentverhältnis erteilten Provisionsabrechnung.

Die sog. Kontokorrenteinrede des Beklagten bedeutet, dass dieser der klageweisen Geltendmachung von Einzelforderungen – statt der Saldoforderung aus der letzten Abrechnung während des bestehenden Kontokorrentverhältnisses – widersprechen kann. Eine abweichend von dem erörterten Grundsatz auf Einzelansprüche aus der Zeit vor dem letzten Saldo gestützten Klage ist nicht einfach wirkungslos. Der Beklagte muss dagegen ausdrücklich die Kontokorrenteinrede erheben. Alle nach dem letzten – während des Bestehens des Kontokorrentverhältnisses – gebuchten Posten begründen stets Einzelansprüche. Diese können nicht mehr saldiert werden, sondern müssen einzeln in der Klagebegründung oder -erwiderung – aufgeführt werden. Bei dem (ausdrücklich oder stillschweigend) anerkannten Kontokorrentsaldo (auch bei ausdrücklich oder stillschweigend vereinbarten Schuldanerkenntnisvertrag i. S. d. §§ 781, 782 BGB nach Zugang der Provisionsabrechnung) ist zunächst von dem anerkannten Abrechnungssaldo auszugehen. Wenn der HV dessen Richtigkeit bestreitet, muss er darlegen und beweisen, dass der klagende U um das Schuldanerkenntnis des unrichtigen Saldo ungerechtfertigt bereichert ist.

3. Parteigutachten und Gerichtsgutachten

Die prozessuale Stufe des Antrags auf Bucheinsicht (§ 87 c Abs. 4), das dem Klageantrag stattgebende Teil-Urteil und die Beauftragung eines Buchsachverständigen schließen mit dessen Gutachten ab.

Das so erstellte Gutachten wird als Parteigutachten zur Begründung des bezifferten Provisionsklageanspruchs im Prozess vorgelegt. Wenn der U die Richtigkeit dieses Gutachtens bestreitet, kann durch das Gericht ein Obergutachten erhoben werden.

4. Zwangsvollstreckung

Die Reihenfolge der Hilfsansprüche wurde bereits erörtert; die aufgrund entsprechender Klageanträge ergangenen Teil-Urteile sind einzeln zu vollstrecken.

a) Provisionsabrechnung und Buchauszug

Nach h. M. kann der HV nach § 887 ZPO vollstrecken.

> **§ 887 Abs. 1 ZPO:** Erfüllt der Schuldner die Verpflichtung nicht, eine Handlung vorzunehmen, deren Vornahme durch einen Dritten erfolgen kann, so ist der Gläubiger von dem Prozessgericht des ersten Rechtszuges auf Antrag zu ermächtigen, auf Kosten des Schuldners die Handlung vornehmen zu lassen.

Bei dem heutigen Stand der Provisionsabrechnung und Buchhaltung in Betracht kommenden Buchhaltungstechnik können diese auch durch einen „Dritten" erstellt werden = sog. vertretbare Handlung z. B. einen Buchsachverständigen, anders, wenn dieser nicht in der Lage ist, ohne interne Kenntnis von der verwendeten Soft- und Hardware des U die Zusammenstellung zu fertigen. Dann besteht nach Auffassung des OLG Hamm (HVR 767) die Notwendigkeit der Vollstreckung nach § 888 ZPO (Androhung unmittelbaren Zwanges gegenüber dem U, die erforderlichen Auskünfte zu den Programmen und den Rechnersystemen zu erteilen). Das dürfte aber die absolute Ausnahme sein, sodass ein Antrag nach § 888 ZPO durch den HV genau begründet werden muss. Das gleiche gilt, wenn der U oder das Gericht den – richtig – gestellten Antrag des HV auf Zwangsvollstreckung nach § 887 ZPO für unzulässig hält. Ein zu Unrecht gestellter Antrag auf Zwangsvollstreckung nach § 888 ZPO ist als unzulässig abzuweisen und kann nicht im Wege der Umdeutung als Antrag nach § 887 ZPO für zulässig erklärt werden (str. wie hier: Thomas/Putzo § 887 Rz. 5).

Da die provisionspflichtigen Geschäfte sämtlich verbucht werden müssen, der Provisionssatz vereinbart ist und meist auf frühere Provisionsabrechnungen hinsichtlich des Systems der Abrechnung zurückgegriffen werden kann, sind die Voraussetzungen des § 887 Abs. 1 gegeben (Zöller, § 887 Rz. 2, 3). Anders bei einer Vollstreckung im Ausland, bei der möglicherweise der U durch ein Zwangsgeld und damit eine Vollstreckung nach § 888 ZPO anzuhalten ist, weil die Hinzuziehung eines Gerichtsvollziehers bei einer erforderlichen Ersatzvornahme im Ausland und damit nach § 887 ZPO nicht möglich ist (OLG Hamburg, HVR 1154).

b) Auskunft

Auch hier ist die Vollstreckung nach § 887 ZPO möglich, soweit ein Dritter die Auskunft nach Einsicht in die Bücher des U zusammenstellen kann. Falls das nicht möglich ist, bleibt nur ein Vorgehen nach § 888 Abs. 1 ZPO übrig.

§ 888 Abs. 1 ZPO: Kann eine Handlung durch einen Dritten nicht vorgenommen werden, so ist, wenn sie ausschließlich von dem Willen des Schuldners abhängt, auf Antrag von dem Prozessgericht des ersten Rechtszuges zu erkennen, dass der Schuldner zur Vornahme der Handlung durch Zwangsgeld und für den Fall, dass dieses nicht beigetrieben werden kann, durch Zwangshaft anzuhalten sei. Das einzelne Zwangsgeld darf den Betrag von 25 000 Euro nicht übersteigen. Für die Zwangshaft gelten die Vorschriften des Vierten Abschnittes über die Haft entsprechend.

c) Bucheinsicht

Das dahingehende Teil-Urteil ist nach § 888 ZPO zu vollstrecken, notfalls i. V. m. § 892 ZPO, wenn der U den Zutritt zu seinen Geschäftsräumen verweigert (Beseitigung des Widerstandes durch einen Gerichtsvollzieher, der wiederum die Polizei heranziehen kann).

5. Streitwert

Der Streitwert bei Verurteilung zur Auskunft richtet sich nach st. Rspr. des BGH nach dem Interesse des Beklagten, die Auskunft nicht erteilen zu müssen (BGH NJW-RR 1989 S. 738). Dabei ist von wesentlicher Bedeutung, welche Aufwendungen an Arbeitszeit und allgemeinen Kosten die Erteilung der Auskunft erfordert und ob der Beklagte ein Interesse daran hat, bestimmte Tatsachen dem Gegner gegenüber geheim zu halten (BGH a. a. O.). Muss der beklagte U bei der Auskunft weiter einen Buchauszug erstellen, ist der zeitliche Aufwand i. d. R. höher als bei einer Auskunftserteilung. Die Erstellung eines Buchauszuges erfordert daher ein erhebliches Maß an Arbeit, das weit über die Anforderungen hinausgeht, die bei einer einfachen Auskunft zu erfüllen sind. Für den Streitwert ist deshalb nach jetziger Auffassung des BGH der Arbeitsaufwand entscheidend, nicht aber das Interesse des U, durch Vorenthaltung der verlangten Auskünfte die Rechtsverfolgung zu erschweren oder zu vereiteln (BGH NJW-RR 1994 S. 1271; BGH NJW 2001 S. 2333).

VIII. Besonderheiten bei Versicherungs-, Bausparkassen- und Tankstellenvertretern

1. Versicherungsvertreter

a) Kombination von Einmal- und Teilprovisionen

Für die Vermittlung von Lebens- und Krankenversicherungsverträgen wird Einmalprovision bezahlt; die Sach-, HUK- und Rechtsschutzversicherer zahlen entsprechend der Dauer des jeweiligen Versicherungsvertrages jährliche Teilprovisionen (s. o. 5. Kapitel V.). Nach st. Rspr. werden diese Teilprovisionen anteilig für Abschlusstätigkeit i. S. d. § 87 Abs. 1 Satz 1 sowie für die nachfolgende Verwaltungstätigkeit des VersV gezahlt. Obwohl Verwaltungsprovisionen nicht unter § 87c Abs. 1 fallen (wie z. B. Inkasso- und Lagerverwaltungsprovisionen), ist § 87c Abs. 1 entsprechend anzuwenden, weil sonst der Zweck der Provisionsabrechnung, dem VersV einen Überblick im Rahmen bestimmter Abrechnungszeiträume zu verschaffen, verfehlt würde.

b) Weitere Kombinationen

Eine weitere Kombination folgt daraus, dass die VersV gewöhnlich zwar Einfirmenvertreter sind, aber zugleich als (sog. echte) Untervertreter ihres Versicherers (in dessen Stellung als U i. S. d. § 84 Abs. 3) für andere Versicherer und eine Bausparkasse tätig sein können (s. o. 1. Kapitel IV. 1.). Deshalb muss ihre Provisionsabrechnung, die ihr Vertragspartner für seinen Vertrieb erstellt, mit den Provisionsabrechnungen seiner Kooperationspartner kombiniert werden. Das kann zusammenfassend in einer einzigen Provisionsabrechnung oder durch Aushändigung der verschiedenen Einzelabrechnungen geschehen.

c) Kombination verschiedener Vergütungsarten

Zu Beginn ihrer Einarbeitung beziehen die VersV häufig aufgrund einer vereinbarten Provisionsgarantie monatliche Garantiebeträge und Provision. Später können zur Provision noch Geld- oder Sachprämien treten, die für bezifferte Umsatzerfolge i.V.m. Betriebstreue bezahlt werden; die Sachleistungen können Auslandsreisen, technische Artikel etc. sein.

d) Bevorschussung der Abschlussprovision

Entgegen der in § 92 Abs. 4 getroffenen Regelung, wonach die Provisionen – anders als bei Warenvertretern – nicht mit der Ausführung (§ 87a Abs. 1), sondern erst mit Zahlung der Einlösungsprämie entstehen, schreiben die Versicherer mit der Policierung einen Provisionsvorschuss gut – teils (z.B. mit 10%) auf Stornoreservekonto, teils (z.B. mit 90%) zur sofortigen Auszahlung (anders als die Vorschussregelung in § 87a Abs. 1 Satz 2).

2. Bausparkassenvertreter

Da ihre Provision in einem Prozentsatz der Abschlussgebühr errechnet und diese nach Abschluss des Bausparvertrages regelmäßig als erste Einzahlung des Bausparers beglichen wird, gibt es kaum Stornoprobleme, obwohl ein Teil der Bausparkassen Provisionsvorschüsse gutschreibt (teils auf Stornoreserve, teils zur Auszahlung). Ihre Provision ist dem Typ nach eine sog. Einmalprovision. Im Übrigen haben die BauspV gleiche Kombinationsprobleme wie die VersV bei ihren Provisionsabrechnungen, falls sie für die Kooperationspartner ihrer Bausparkasse als deren UnterversV arbeiten. Die Provision der BauspV wird i.d.R. mit verschiedenen Prämien kombiniert.

3. Tankstellenvertreter

Hier ergeben sich entsprechend dem TankstV-Vertrag mehrere Abrechnungen, die teils monatlich und teils bei Lieferung erstellt werden und für eine Übersicht kombiniert werden müssen; z.B. bei einem Tankstellenpächter:
- Pacht oder Miete monatlich für die Tankstelle mit technischen Einrichtungen für die Hallen; für die Waschanlage (Festzins und Beteiligung des U am Erlös); für die Registrierkasse;
- TankstellenV- und Inkassotätigkeit: Treibstoffpreise nach Umsatz abzüglich Provision für Normalgeschäft und für Geldscheinleserbetrieb;
- Abrechnung der für den Tankstellenshop gelieferten Waren zum Großhandelsverkaufspreis (Eigenhändlertätigkeit).

Bei den Stationären (Eigentümern des Tankstellengrundstücks) ergibt sich eine einfachere Provisionsabrechnung, die sich auf die beiden zuletzt genannten TankstV-Tätigkeiten beschränkt. (Dabei wird unterstellt, dass die Stationäre die Hallen, die Waschanlage mit Zubehör und die Registrierkasse zu Eigentum erworben haben.)

4. Mehrstufe Vertreterverhältnisse

a) Echte Untervertreter

Grundsätzlich ist der HV/U i.S.d. § 84 Abs. 3 nach § 87c Abs. 1 abrechnungspflichtig. Trotz der getrennten HV-Verhältnisse (HV/U z.B. mit einem Warenhersteller und Unter-HV mit seinem HV/U) kann der HV/U mit seinem U (z.B. Warenhersteller) die Übernahme der Provisionsabrechnung auch mit seinen Unter-HV vereinbaren. Eine solche Übernahme erfolgt im Kulanzwege zur besseren Ausnutzung der EDV-Anlage des Warenherstellers und zur Entlastung des HV/U. Die gleiche Übernahme von Provisionsabrechnungen für die UnterversV von Generalagenturen ist bei Versicherungen anzutreffen.

b) Unechte Untervertreter

Naturgemäß baut eine Superprovisionsabrechnung auf den für die Unter-HV erstellten Provisionsabrechnungen auf. Entweder werden alle von den Unter-HV vermittelten Geschäfte erwähnt, sodann deren Provision und die sich für den Betreuer/HV ergebende Superprovision errechnet, oder es erfolgt lediglich eine pauschale Bezugnahme auf den monatlichen Provisionsverdienst jedes Unter-HV (die erstgenannte Methode findet sich z.B. bei Möbelversandunternehmen).

7. Kapitel

Beendigung des Vertreterverhältnisses durch ordentliche oder fristlose Kündigung oder auf sonstige Weise

Hierbei ist grundsätzlich zu unterscheiden zwischen Verträgen auf unbestimmte Zeit, auf bestimmte Zeit und auf Probe.

I. Ordentliche Kündigung von Vertreterverträgen auf unbestimmte Zeit (§ 89)

Das Vertreterverhältnis gehört zu den sog. Dauerschuldverhältnissen; diese werden regelmäßig durch Kündigung beendet, für die bestimmte, vertragliche Kündigungsfristen vereinbart werden, anderenfalls gilt die gesetzliche Regelung des § 89.

§ 89 Abs. 1: Ist das Vertragsverhältnis auf unbestimmte Zeit eingegangen, so kann es im ersten Jahr der Vertragsdauer mit einer Frist von einem Monat, im zweiten Jahr mit einer Frist von zwei Monaten und im dritten bis fünften Jahr mit einer Frist von drei Monaten gekündigt werden. Nach einer Vertragsdauer von fünf Jahren kann das Vertragsverhältnis mit einer Frist von sechs Monaten gekündigt werden. Die Kündigung ist nur für den Schluss eines Kalendermonats zulässig, sofern keine abweichende Vereinbarung getroffen ist.

Die Möglichkeit einer anderweitigen vertraglichen Vereinbarung wird durch § 89 Abs. 2 beschränkt.

§ 89 Abs. 2: Die Kündigungsfristen nach Absatz 1 Satz 1 und 2 können durch Vereinbarung verlängert werden; die Frist darf für den Unternehmer nicht kürzer sein als für den Handelsvertreter. Bei Vereinbarung einer kürzeren Frist für den Unternehmer gilt die für den Handelsvertreter vereinbarte Frist.

An die Stelle einer unwirksamen, gegen zwingendes Recht des § 89 verstoßende vertragliche Kündigungsfrist tritt die gesetzliche Regelung.

Die Parteien des HV-Vertrages können die Möglichkeit der Vertragsbeendigung durch ordentliche Kündigung vertraglich ausschließen. Die Grenze der Zulässigkeit wird allein durch die guten Sitten (§ 138 BGB) und den Grundsatz von Treu und Glauben (§ 242 BGB) im Zeitpunkt des Vertragsschlusses gezogen (BGH NJW 1995 S. 2350 = BB 1995 S. 1257 = DB 1995 S. 1560). Durch eine spätere Veränderung der Verhältnisse wird die eingetretene Wirksamkeit einer Vereinbarung nicht nachträglich wieder beseitigt (BGH a.a.O.). Eine „Suspendierung" des HV ist dem HV-Recht fremd und als unausgewogene Maßnahme zulässig (OLG Brandenburg, HVR 812; das OLG hat die Erklärung des U aber als fristlose Kündigung ausgelegt).

1. Vornahme und Wirkung der ordentlichen Kündigung

Die Kündigung ist eine einseitig wirksame, empfangsbedürftige Erklärung, die bedingungsfeindlich ist. D.h., dass es keiner Einigung der Vertragspartner über die Beendigung des Vertragsverhältnisses bedarf. Eine solche wäre rechtlich als Aufhebungsvertrag zu bewerten. Die Kündigungsfrist muss in der Weise gewahrt werden, dass die Kündigungserklärung dem Vertragspartner innerhalb der Kündigungsfrist zugeht. Beweispflichtig ist der Kündigende. Fristbeginn und Fristende werden nach §§ 187, 188 BGB berechnet. Nach der Rspr. ändert die Tatsache, dass das Fristende auf einen Samstag, Sonntag oder Feiertag fällt, die Fristberechnung nicht, sodass die Kündigung am folgenden Werktag nicht mehr wirksam erklärt werden kann. § 193 BGB findet keine Anwendung (BGHZ 59 S. 265; von Hoyningen-Huene, § 89 Rz. 57). Die Kündigungsfristen können gem. § 89 Abs. 2 verlängert, nicht verkürzt werden.

Die Kündigungserklärung wird mit ihrem Zugang wirksam. Dieser liegt vor, wenn die Erklärung so in den Machtbereich des Empfängers gelangt, dass unter normalen Verhältnissen – die sich nach der Verkehrsanschauung der betroffenen Kreise richten – damit zu rechnen ist, er könne von ihr Kenntnis nehmen. Wenn aber der die Kündigung enthaltende Einschreibebrief nicht übergeben werden kann, weil der Empfänger nicht angetroffen wurde, stellt der Benachrichtigungszettel keinen Zugang dar (Jauernig, § 130 Rz. 6; wohl aber Fax mit der Speicherung beim Empfänger, entsprechend für E-Mail; es genügt, dass sie abrufbereit in die Mailbox des Empfängers gelangt ist (Jauernig, § 130 Rz. 5).

Der Kündigungsgrund braucht in der Kündigungserklärung nicht angegeben werden. Das Gesetz verlangt keine Schriftform der Kündigung. Das in Vertreterverträgen meist enthaltene Erfordernis „Kündigung durch eingeschriebenen Brief" ist aber sinnvoll, weil damit der Zeitpunkt des Zugangs der Kündigungserklärung bewiesen werden kann. Eine entgegen dieser Vereinbarung durch einfachen Brief oder auf elektronischem Weg übersandte Kündigung wird aber wirksam, wenn sie dem Gekündigten nachweislich zugegangen ist. Die Rspr. bewertet das nicht als Formmangel i.S.d. § 125 BGB, weil die Versendungsform mit „Einschreiben" nur Beweiszwecken diene.

Der Kündigende bindet sich mit einer ordentlichen Kündigung. Diese kann nicht in eine fristlose Kündigung umgedeutet werden.

Die Kündigung ohne Vorlage der Vollmacht des Bevollmächtigten: Wenn eine Kündigung von einem Bevollmächtigten des Kündigenden ohne Vorlage einer Vollmachtsurkunde erklärt wird, kann der Empfänger die Kündigung unverzüglich zurückweisen. Sie ist dann nach § 174 BGB unwirksam. Die Kündigung kann wiederholt werden und wird frühestens zum nächsten Termin wirksam.

2. Wirkung einer verspäteten Kündigung

Falls der kündigende Vertragspartner die gesetzlichen oder vertraglichen Kündigungsfristen nicht eingehalten hat, bleibt seine Kündigungserklärung nicht einfach wirkungslos. Sie beendet das Vertragsverhältnis zum nächstmöglichen Termin. Die verspätete Kündigung wird nicht etwa dadurch zum vorgesehenen Zeitpunkt wirksam, dass der Gekündigte die Verspätung nicht rügt. Im Unterlassen eines Widerspruchs ist kein stillschweigendes Einverständnis mit der verspäteten Kündigung zu sehen (Schröder, § 89 Rz. 11).

3. Besondere Kündigungsfälle

a) Anwendbarkeit des § 624 BGB

Bisher war die Frage, ob auf HV-Verträge auf Lebenszeit § 624 BGB anwendbar ist, umstritten.

§ 624 BGB: Ist das Dienstverhältnis für die Lebenszeit einer Person oder für längere Zeit als fünf Jahre eingegangen, so kann es von dem Verpflichteten nach dem Ablauf von fünf Jahren gekündigt werden. Die Kündigungsfrist beträgt sechs Monate.

Die Streitfrage ist nunmehr bei einem HV-Vertrag mit vorherrschend dienstvertraglichen Elementen zu bejahen. Dagegen ist § 624 BGB auf unternehmensbezogene oder gemischte Verträge unanwendbar (MüKo/von Hoyningen-Huene, § 89 Rz. 4; s. o. I.).

b) Besonderheiten für Tankstellenvertreter (Stationäre)

Der BGH hat bei sog. Stationär-Verträgen, bei denen der Tankstellenvertreter sein Grundstück für den Verkauf der Mineralölprodukte des U zur Verfügung stellt (wobei der U Baulichkeiten errichtet und für die Zapfsäulen und sonstige technische Einrichtungen gesorgt hat), eine Vertragsdauer von 10, 20 oder 25 Jahren als wirksam vereinbart gelten lassen und nur die unbegrenzte Vertragsbindung von Tankstelleninhabern an eine Mineralölgesellschaft für sittenwidrig erklärt (BGHZ 83 S. 313, 316 ff.; vgl. auch MüKo/von Hoyningen-Huene, § 89 Rz. 5).

Bei Tankstellenvertretern verneint der BGH den vertraglichen Ausschluss einer ordentlichen Kündigung (anders bei den übrigen HV (s. o.) mit der Begründung der Besonderheit derartiger langfristiger Bezugsverträge, zu denen auch Bier- und Getränkelieferverträge gehören und durch die der Gastwirt bzw. Tankstelleninhaber in seiner wirtschaftlichen Selbständigkeit und beruflichen Bewegungsfreiheit unzumutbar eingeengt und in eine nicht mehr hinzunehmende Abhängigkeit geriete, wenn eine ordentliche Kündigungsmöglichkeit ausgeschlossen werde (BGH NJW 1995 S. 2350).

c) Vertreterverträge mit Altersgrenze

Derartige Verträge, z.B. „Vertragsende bei Vollendung des 65. Lebensjahres", gelten deshalb noch nicht als Verträge auf bestimmte Zeit; § 89 Abs. 1 bleibt anwendbar, weil es sich um Verträge auf unbestimmte Zeit mit einem späteren Endtermin handelt (BGH VersR 1969 S. 445; Küstner/Thume, Bd. 1 Rz. 1652).

d) Handelsvertreter im Nebenberuf

Für die im Nebenberuf tätigen HV i.S.d. § 92b gilt eine Kündigungsfrist von einem Monat für den Schluss eines Kalendermonats. Eine abweichende Vereinbarung ist möglich sofern die Kündigungsfristen für beide Parteien gleich sind.

e) Kündigung vor Vertragsbeginn

Nach heute wohl überwiegender Meinung kann die Kündigung auch vor Vertragsbeginn auf einen bestimmten Zeitpunkt (Ende der Kündigungsfrist) ebenfalls noch vor Vertragsbeginn ausgesprochen werden (BAG DB 1974 S. 1070 = BB 1974 S. 739; MüKo/von Hoyningen-Huene, § 89 Rz. 49; Küstner/Thume, Bd. 1 Rz. 1612).

f) Stillschweigende Fortsetzung eines gekündigten Vertrages

Wird das Vertragsverhältnis nach Ablauf der vereinbarten Laufzeit zu gleichen Bedingungen fortgesetzt, gelten die bisherigen Vertragsvereinbarungen fort. Einer erneuten Einigung bedarf es nicht (BGH NJW 2005 S. 273 = DB 2005 S. 1057). Falls keine Provisionsvereinbarung getroffen wurde und auch kein üblicher Provisionssatz i.S.d. § 87b Abs. 1 HGB festzustellen ist, kann die dem HV vom U geschuldete Provision nach § 315 BGB bestimmt werden, d.h. nach billigem Ermessen des bestimmungsberechtigten Vertragspartners. Das ist i.d.R. der U. Die Bestimmung nach billigem Ermessen ist aber nur verbindlich, wenn sie der Billigkeit entspricht. In der Branche übliche Provisionen entsprechen i.d.R. dieser Anforderung. Wenn der HV seine Tätigkeit stillschweigend fortsetzt und der U das geschehen lässt, ist dieses beiderseitige Verhalten so auszulegen, dass die Fortsetzung aufgrund des bisherigen Vertrages zu den bisherigen Bedingungen erfolgt (BGH

a. a. O.). Einer erneuten Einigung über die Vertragsfortführung bedarf es nicht; vielmehr genügt es, dass der U die vermittelten Kundengeschäfte ausführt. Anders, wenn sich die rechtliche Einordnung des Vertragsverhältnisses geändert hat, z. B. von einer Tätigkeit eines Handelsvertreters im Nebenberuf in eine solche im Hauptberuf, ohne dass eine entsprechende Vertragsanpassung an die neue Rechtslage vorgenommen wurde: In diesem Fall gelten die für eine hauptberufliche Tätigkeit geltenden Vorschriften (Kündigungsfristen, AA, Provisionsanspruch usw.).

g) Kettenverträge

Der U kann die zwingenden Kündigungsfristen des § 89 nicht durch sog. Kettenverträge ausschließen, d. h. durch wiederholten Abschluss gleicher Verträge, jeweils auf bestimmte Zeit (BGH NJW 1999 S. 2668; BGH BB 2002 S. 2520). § 89 Abs. 3 enthält hierzu eine klare Regelung:

Ein für eine bestimmte Zeit eingegangenes Vertragsverhältnis, das nach Ablauf der vereinbarten Laufzeit von beiden Teilen fortgesetzt wird, gilt als auf unbestimmte Zeit verlängert. Für die Bestimmung der Kündigungsfristen nach Absatz 1 Satz 1 und 2 ist die Gesamtdauer des Vertragsverhältnisses maßgeblich".

h) Teilkündigung

Eine sog. Teilkündigung ist nach st. Rspr. grundsätzlich unzulässig (BGH NJW 1992 S. 481). Maßgeblich für die Unzulässigkeit ist, ob durch sie ein einheitliches Vertragsverhältnis inhaltlich verändert wird (z. B. Teilkündigung bezüglich einer bestimmten Kundenfirma aus dem Kundenkreis des HV; Teilkündigung bezüglich eines Teils des Bezirks des HV). Ausnahmen gelten jedoch z. B. in folgenden Fällen:
- Die Vertragspartner haben im Vertrag die Möglichkeit einer Teilkündigung ausdrücklich vorgesehen (OLG Karlsruhe DB 1978 S. 258).
- Beim Bestehen von zwei Verträgen (z. B. eines HV-Vertrages und eines Bezirksleitervertrages) kann der Bezirksleitervertrag zulässigerweise gekündigt werden (BGH DB 1977 S. 1844).

i) Änderungskündigung

Wenn im HV-Vertrag dem U nicht ausdrücklich das Recht zu bestimmten, einseitig vorzunehmenden Vertragsänderungen eingeräumt worden ist (z. B. zur Änderung des Bezirks, der Provision, der Reise- und Berichtspflicht), ist eine einverständliche Vertragsänderung i. S. d. § 305 BGB oder die ordentliche Kündigung mit gleichzeitigem Angebot, den Vertrag zu geänderten Bedingungen fortzusetzen, erforderlich (Hopt, § 89 Rz. 17). Wird das Angebot von dem anderen Vertragspartner abgelehnt, endet der Vertrag zu dem vertraglich bestimmten oder dem gesetzlichen Zeitpunkt.

Kündigungen sind zwar grundsätzlich bedingungsfeindlich; daraus ergeben sich aber bei der Änderungskündigung keine Bedenken, weil der Eintritt der Bedingung und damit der Wirkung der Änderungskündigung allein in der Hand des Kündigungsempfängers liegt. Dieser kann durch die Verbindung von Kündigung und Angebot, den Vertrag zu anderen Bedingungen fortzusetzen, nicht in eine unzumutbare Ungewissheit versetzt werden.

Die Änderungskündigung des U gilt im Falle der Ablehnung des HV als ordentliche Kündigung; die Ablehnung kann auch durch Stillschweigen erklärt werden (BGH LM zu § 346 (D) BGB Nr. 7). Soweit der U in seiner Änderungskündigung keine besondere Frist für den HV zur Äußerung aufgenommen hat, deckt sich die Erklärungsfrist mit der ordentlichen Kündigungsfrist (Schmidt NJW 1971 S. 686).

II. Beendigung des Handelsvertretervertrages auf bestimmte Zeit

Die besondere Erwähnung der Verträge auf bestimmte Zeit im Gesetz erschien überflüssig, weil diese ohnehin nach Ablauf der im Vertrag angegebenen Zeit enden. Eine bestimmte Vertragsdauer muss übrigens nicht eine kalendermäßig bestimmte Zeit sein (z. B. Bestellung als Vertreter für einen erkrankten Kollegen des Nachbarbezirks für die Dauer der Erkrankung).

1. Automatische Verlängerung des Vertrages auf bestimmte Zeit

Streitig war bisher, ob Zeitverträge mit Verlängerungsklauseln als Verträge auf unbestimmte Zeit (Mindestlaufzeit) i. S. d. § 89 anzusehen sind (so Hopt, § 89 Rz. 20; Küstner/Thume, Bd. 1 Rz. 1637; BGH, HVR 1134) oder als Verträge auf bestimmte Zeit. Dieses Problem ist zwischenzeitlich überholt. Nunmehr gelten gem. § 89 Abs. 3 Zeitverträge auch in Form sog. Kettenverträge als Verträge auf unbestimmte Zeit, wenn beide Parteien das Vertragsverhältnis tatsächlich über den vereinbarten Zeitraum hinaus fortsetzen (BGH NJW 1999 S. 2668). Die Ablehnung der Vertragsofferte durch den HV ist rechtlich einer Eigenkündigung gleichzusetzen (BGH a. a. O.). Eine beiderseitige Fortsetzung ist auch anzunehmen, wenn der HV weiter tätig ist und der U nicht widerspricht. Die Rspr. hat klargestellt, dass bei Berechnung der Kündigungsfrist nach Abs. 1 die gesamte Vertragsdauer zu berücksichtigen ist (BGH NJW 1975 S. 387).

2. Handelsvertretervertrag auf Probe auf bestimmte Zeit (Probezeit, kombiniert mit einem Recht zur ordentlichen Kündigung)

Hier ist zu unterscheiden zwischen Verträgen, die ausschließlich die Probezeit (bestimmte Zeit ohne Verlängerung) umfassen und Verträgen, bei denen die Probezeit nur vorgeschaltet ist (Vertrag auf unbestimmte Zeit).

a) Probevertrag auf bestimmte Zeit

Dieser ist, falls keine gegenteilige vertragliche Abrede getroffen worden ist, nur aus wichtigem Grund vor Ablauf der Probezeit kündbar (MüKo/von Hoyningen-Huene, § 89 Rz. 43); danach endet er automatisch mit Ablauf der Probezeit.

b) Handelsvertretervertrag mit vorgeschalteter Probezeit

Hier sind die Merkmale des Vertrages auf bestimmte und auf unbestimmte Zeit vereinigt. Aus dem Probeverhältnis wird mit Ablauf der vereinbarten Probezeit automatisch ein HV-Vertrag auf unbestimmte Zeit. Wenn für die Probezeit die Möglichkeit einer ordentlichen Kündigung vereinbart wird, gilt § 89 Abs. 1. Dabei muss die Mindestfrist des § 89 Abs. 1 gewahrt werden. Der BGH (BGH DB 1964 S. 28 = HVR 305) hat folgende Klausel für unwirksam erklärt, an deren Stelle die Kündigungsfrist des § 89 Abs. 1 tritt:

„Dieser Vertrag läuft als Probevertrag für die Dauer eines Jahres bis ... Während dieser Zeit kann jeder Vertragspartner innerhalb 14 Tagen den Probevertrag zu jedem Termin kündigen".

Wenn von dem auf Probe tätigen HV eine sog. Vertragsanschlussgebühr (d. h. eine Art Eintrittsgeld) verlangt wird, und wenn die Vertragspartner den Probevertrag schon nach vier Wochen aufheben, kann der U dieses „Eintrittsgeld" nicht behalten. Der BGH verfährt hier nach dem Grundsatz, dass bei der Abwicklung gestörter Vertragspflichten dem Verhältnis von Leistung und Gegenleistung angemessen Rechnung zu tragen ist (Rechtsgedanke des § 323 BGB), sodass die betr. Vertragsklausel unwirksam ist.

Es handelte sich um folgenden Sachverhalt: Mit dem HV einer Teilzahlungsbank, der ihr Darlehensnehmer vermitteln sollte, wurde eine Probezeit von drei Monaten vereinbart, im übrigen ein HV-Vertrag auf unbestimmte Zeit abgeschlossen. Bei Vertragsabschluss zahlte der HV aufgrund einer dahingehenden Vertragsklausel DM 6000 „Vertragsanschlussgebühr". Eine Rückzahlung an den HV war nur für den Fall einer Kündigung der Bank während der Probezeit vorgesehen. Tatsächlich veranlasste der HV die Vertragsaufhebung, weil seine Kosten höher als die Provisionseinnahmen waren.
Der BGH (NJW 1982 S. 181 = DB 1982 S. 168 = BB 1982 S. 72) führt dazu aus:
Die nach § 9 AGBG unwirksame Vertragsklausel berücksichtige nicht, dass die Vertragspartner es gerade von der freien Entschließung eines jeden von ihnen während der Probezeit abhängig gemacht hätten, ob es zum Austausch der beiderseitigen Leistungen des HV-Vertrages komme. Sinn und Zweck einer Probezeit sei es, die für die Durchführung des HV-Vertrages und den damit bezweckten Leistungsaustausch maßgebenden Umstände besser beurteilen zu können als es bei Vertragsschluss möglich gewesen sei. Wenn sich bei dieser Prüfung Bedenken gegen den HV-Vertrag ergeben, die zur vorzeitigen Kündigung während der Probezeit führten, so rechtfertige das weder einen Verschuldensvorwurf gegen den Kündigenden,

noch werde ihm hinsichtlich der bereits erbrachten Vertragsleistungen ein Risiko des Verlustes auferlegt. Vielmehr solle es vereinbarungsgemäß erst vom Ausgang der Probezeit abhängen, d. h. von der Entschließung eines jeden Vertragspartners, ob es für die Dauer des HV-Vertrages zu dem vorgesehenen Austausch von Leistung und Gegenleistung komme.

Damit wird der Schutzcharakter einer Probezeitvereinbarung für den HV zutreffend charakterisiert.

BGH a. a. O.: Es könne häufig der Fall sein, dass der U auf die Probezeit größeren Wert lege als der HV, weil der U sich über Leistung und Befähigung des HV erst ein Bild machen müsse. Im vorliegenden Fall sei das Interesse des HV an einer Probezeit zumindest nicht geringer gewesen als das des U.

Vgl. auch OLG München BB 1997 S. 222 = HVR 829: Das Synallagma von Einstandszahlung und Neukundenregelung führt dazu, dass im Falle einer vorzeitigen Vertragsbeendigung wegen Produktionsstops der HV einen vertraglichen AA bis zur vollen Amortisation der geleisteten Einstandszahlungen geltend machen kann.

Das OLG hält auch eine Anwendung der Regeln über den Wegfall der Geschäftsgrundlage für denkbar. Das hätte zur Folge, dass der HV Rückzahlung der Einstandszahlung fordern könnte.

Diese Rechtsfolge ist m. E. richtig, denn für einen AA fehlt es wegen des Produktionsstops an Vorteilen des U. und damit an der Voraussetzung eines AA für den HV

III. Tätigkeitsverbot für die Zeit vom Zugang der ordentlichen Kündigung bis zum Vertragsende durch den Unternehmer

1. Freistellung aufgrund einseitiger Entscheidung des U

Es ist zu unterscheiden zwischen der im HV-Vertrag vereinbarten Befugnis des U, den HV nach der erklärten ordentlichen Kündigung von jeder weiteren Tätigkeit bis zum Vertragsende freizustellen und der Freistellung ohne entsprechende vertragliche Regelung.

Rechtlich gesehen gerät der U in Annahmeverzug, wenn er die Dienste des Dienstverpflichteten (HV) nicht in Anspruch nimmt.

In diesem Fall ist der Dienstberechtigte (U) verpflichtet, seinen Vertragspartner, den Dienstverpflichteten (HV), für den ihm entstehenden Verdienstausfall entsprechend zu entschädigen. Das bedeutet im Falle des HV, dass dieser Entschädigung dafür fordern kann, dass ihm durch die Untersagung weiterer Tätigkeit die Möglichkeit fehlt, bis zum Vertragsende für den U Geschäfte abzuschließen oder zu vermitteln, sodass ihm Provisionen entgehen.

Die Freistellung ist nicht gleichzusetzen mit dem nachvertraglichen Wettbewerbsverbot nach § 90a, wenngleich ein enger tatsächlicher und rechtlicher Zusammenhang besteht, sodass u. a. auch für die Freistellungsvereinbarung die zulässige Höchstdauer von zwei Jahren gilt, wie sie in § 90a für das nachvertragliche Wettbewerbsverbot normiert worden ist.

a) Vergütung während der Freistellung

Durch die Freistellung des HV verzichtet der U auf die Dienste des HV, wie sie in § 86 geregelt sind. Die Folgen eines derartigen Annahmeverzuges des Dienstberechtigten (U) ergeben sich aus § 615 BGB, der lautet:

> Kommt der Dienstberechtigte mit der Annahme der Dienste in Verzug, so kann der Verpflichtete für die infolge des Verzuges nicht geleisteten Dienste die vereinbarte Vergütung verlangen, ohne zur Nachleistung verpflichtet zu sein. Er muss sich jedoch den Wert desjenigen anrechnen lassen, was er infolge des Unterbleibens der Dienstleistung erspart oder durch anderweitige Verwendung seiner Dienste erwirbt oder zu erwerben böswillig unterlässt. Die Sätze 1 und 2 gelten entsprechend in den Fällen, in denen der Arbeitgeber das Risiko des Arbeitsausfalls trifft.

b) Höhe der Vergütung

Bei Anwendung der gesetzlichen Regelung hat der HV deshalb Anspruch auf die volle Vergütung und muss sich nur die tatsächlich ersparten Aufwendungen und anderweitigen Verdienst anrechnen lassen, den er anstelle der bisherigen Tätigkeit erzielt hat. Bei Mehrfirmenvertretern kommt deshalb i. d. R. keine Ersparnis in Betracht, weil diese aus ihrer Tätigkeit für weitere HV ohnehin Anspruch auf Provision haben und keine oder allenfalls geringe Kosten in Form geringerer Fahrtkosten ersparen.

Die Frage, ob der HV als Dienstverpflichteter außer dem Anspruch auf Entschädigung für entgangene Vermittlungs- bzw. Abschlussprovisionen zusätzlich auch weiterhin Anspruch auf die tätigkeitsunabhängige Vergütung (z. B. in Form der Bezirksprovision) hat, ist zu bejahen (ebenso Küstner/Thume Rz. 1677; a. A. MüKo/von Hoyningen-Huene § 89 Rz. 64, der für den Anspruch auf Bezirksprovision eine konkrete Betreuungstätigkeit unterstellt, sodass bei ihrem Wegfall durch die Freistellung den Anspruch auf Bezirksprovision in Anlehnung an § 615 Satz 2 BGB für nicht gegeben ansieht). Dabei wird übersehen, dass der HV mit Bezirksschutz auch Anspruch auf Bezirksprovision hat, wenn tatsächlich keine Bezirksbetreuung erforderlich ist, sodass die Bezirksprovision eine wirtschaftliche Gegenleistung für die Gesamtheit der vom HV dem U vertraglich geschuldeten Bemühungen darstellt und damit tätigkeitsunabhängig ist (MüKo/von Hoyningen-Huene, § 87 Rz. 68). Im Rahmen des Schadensersatzes wegen Annahmeverzugs hat der U dem HV deshalb die vertraglich geschuldete Bezirksprovision neben dem Ersatz für entgehende Vermittlungs- bzw. Abschlussprovision zu bezahlen (§§ 293 i. V. m. 280 ff. BGB). Die Parteien können aber auch die Vergütung vertraglich regeln und dabei die Zahlung derartiger tätigkeitsunabhängiger Vergütungsbestandteile ausschließen. Die Beweislast für vorzunehmende Abzüge trägt der Vergütungspflichtige (Jauernig, § 615 Rz. 10).

2. Freistellung aufgrund vertraglicher Vereinbarung

Rechtlich gesehen schuldet der U – anders als bei der einseitigen Freistellung – keine Entschädigung unter Verzugsgesichtspunkten, sondern auf Grund vertraglicher Vereinbarung, so dass es für die Zahlungspflicht unerheblich ist, ob er die geschuldete Leistung in Anspruch nimmt.

Erforderlich sind vertragliche Regelungen über die Höhe der Entschädigung, die auch als Pauschale vereinbart werden kann. Dabei ist aber genau festzulegen, ob sich die Pauschale nur auf die tätigkeitsbedingt entgehenden Ansprüche in Form von Vermittlungs- oder Abschlussprovision beschränkt oder ob davon auch tätigkeitsunabhängige Vergütungsarten, wie z. B. die Bezirksprovision, umfasst sein sollen. Unklarheiten gehen zulasten des Verfassers der Vereinbarung, das ist i.d.R. der U. Bei fehlender oder unklarer Regelung wird in entsprechender Anwendung des § 615 BGB nur der tätigkeitsbedingte Verlust durch die Pauschale entschädigt. Daraus folgt, dass eine vereinbarte Pauschale für die Zeit der Freistellung nur dann gültig ist, wenn sie der Höhe nach den Provisionsverlust des HV annähernd ausgleicht. Zu geringe Pauschalen sind mit dem Rechtsgedanken des § 615 BGB unvereinbar und damit nichtig. In diesem Fall gilt die gesetzliche Regelung in entsprechender Anwendung des § 615 Satz 2 BGB. Deshalb steht dem HV bei fehlender oder ungültiger Vereinbarung i.d.R. neben der Freistellungsvergütung als Entschädigung für entgehende Vermittlungs- und Abschlussprovisionen, die tätigkeitsunabhängige Bezirksprovision zu.

IV. Die fristlose Kündigung des HV-Vertrages gem. § 89a

Wie jedes Dauerschuldverhältnis kann auch der HV-Vertrag aus wichtigem Grund mit sofortiger Wirkung beendet werden. Eine allgemein gültige Definition des „wichtigen Grundes" gem. § 89a ist nicht möglich; es kommt – außer per se wichtigen Gründen z.B. Wettbewerbsverstoß des HV oder Verweigerung von entstandenen Provisionen durch den U – auf den Einzelfall an. Deshalb konnte der Gesetzgeber die vielfältigen und zahlreichen „wichtigen Gründe" nicht aufzählen. Eine direkte Anwendung des für Dienstverhältnisse geltenden § 626 BGB auf § 89a entfällt schon wegen des Status des HV als selbständiger Kaufmann. Dennoch ist § 626 BGB bei der Auslegung hinzuzuziehen. In der Praxis ist Voraussetzung einer fristlosen Kündigung und die Auslegung des § 89a durch die Gerichte von großer Bedeutung.

Ein Verschulden des Gekündigten ist keine Voraussetzung für eine fristlose Kündigung, wenngleich in der Mehrzahl der Fälle tatsächlich ein schuldhaftes Verhalten des Gekündigten Anlass ist.

Nach st. Rspr. ist ein wichtiger Grund zur außerordentlichen Kündigung gegeben, wenn dem Kündigenden unter Berücksichtigung aller Umstände eine Fortsetzung des Vertragsverhältnisses bis zum Ablauf der Frist für eine ordentliche Kündigung nicht zugemutet werden kann (BGH Urteil vom 11.1.2006 – VIII ZR 396/03; Beschluss vom 21.2.2006 – VIII ZR 61/04). Ein solcher – verschuldensunabhängiger – Fall liegt z. B. bei dauerhafter Erkrankung eines Bezirksvertreters vor (OLG Frankfurt – HVR 1150).

Für eine von ihm verschuldete fristlose Kündigung ist der Gekündigte schadensersatzpflichtig. Ein Verschulden des HV, das dem U Anlass zur fristlosen Kündigung gibt, führt außerdem zum Verlust des Ausgleichsanspruchs (§ 89b Abs. 2 Satz 2) und im Fall der Vereinbarung eines vertraglichen Wettbewerbsverbots zum Verlust des Entschädigungsanspruchs des HV gem. § 89a Abs. 3.

1. Inhalt und Form einer fristlosen Kündigung; Abmahnung nach einer Überlegungsfrist für den Kündigenden

a) Inhalt und Form

Aus der Kündigungserklärung muss eindeutig hervorgehen, dass eine außerordentliche Kündigung aus wichtigem Grund erfolgt (Küstner/Thume, Bd. 1 Rz. 1751).

Eine fristlose Kündigung ist auch schon vor Vertragsbeginn möglich. Maßgebend für die Beendigung des Vertrages ist der Zeitpunkt, zu dem die Kündigung wirksam erklärt wurde, nicht, wann sie möglich gewesen wäre (OLG Frankfurt NJW-RR 1991 S. 674). Das ist wichtig für die Frage, ob der Kündigende die ihm zuzubilligende Überlegungsfrist überschritten hat.

Auch die fristlose Kündigung ist formlos gültig; allerdings wird diese Möglichkeit aus Gründen der Klarstellung praktisch nicht genutzt. Zur Wirksamkeit ist ansich auch nicht erforderlich, dass der wichtige Kündigungsgrund angegeben wird; in der Kündigungserklärung wird der zur Kündigung führende Grund aber meistens genannt. Dieser braucht allerdings nicht einmal ursächlich für die Kündigung zu sein, es genügt, dass ein objektiv wichtiger Kündigungsgrund vorlag, selbst wenn er dem Kündigenden im Zeitpunkt der Kündigungserklärung gar nicht bekannt war (OLG Bremen, HVR 1144).

b) Fristlose Kündigung ohne Vorlage einer Vollmacht

Wenn der Vertragspartner die Kündigungserklärung durch einen Bevollmächtigten zurückweist, weil dem Kündigungsschreiben keine Vollmachtsurkunde beilag, die den Bevollmächtigten ausdrücklich zur Abgabe der Kündigungserklärung berechtigte, ist die Kündigung unwirksam und muss wiederholt werden (§ 174 BGB).

c) Abmahnung

Grundsätzlich setzt nach HGB die fristlose Kündigung – ebenso wie die ordentliche Kündigung – eine vorherige Abmahnung durch den Kündigenden voraus (BGH, HVR 1139); es sei denn, das Fehlverhalten des Vertragspartners hat die Vertragsgrundlage in so schwerwiegender Weise erschüttert, dass diese auch durch eine erfolgreiche Abmahnung nicht wiederhergestellt werden kann (BGH NJW-RR 2003 S. 981). Dieser für alle Dauerschuldverhältnisse geltende Grundsatz ergibt sich jetzt aus § 314 Abs. 2 BGB.

Insbesondere bei sich wiederholenden leichten Vertragsverletzungen, die in ihrer Häufung einen wichtigen Kündigungsgrund bilden, ist dem Kündigenden eine vorangehende Abmahnung zuzumuten. Diese sollte so abgefasst sein, dass der Adressat erkennt, dass sein Vertragspartner wegen der ihm vorgehaltenen Vertragsverstöße zwar noch nicht kündigen will, aber aufgrund von neuen Verstößen dieser oder ähnlicher Art eine fristlose Kündigung in Erwägung zieht; d.h. die Abmahnung muss ihre Warnfunktion durch den Text deutlich ausfüllen. Das OLG Saarbrücken (DB 2006 S. 1005) hat eine fristlose Kündigung eines bereits ordentlich gekündigten HV-Vertrages fünf Wochen vor der Vertragsbeendigung mangels Abmahnung für unwirksam angesehen, da grundsätzlich bei einem ersten Verstoß gegen Vertragspflichten eine – vom HV nicht befolgte – Abmahnung Voraussetzung für eine fristlose Kündigung sei. Ob tatsächlich in dem Verhalten des HV, der nach der bestrittenen Behauptung des U fünf Wochen vor Beendigung des HV-Vertrages Kontakte zu Kunden für sich nutzbar machen wollte, eine schwerwiegende Vertragsverletzung lag, wenn sie denn bewiesen werden könnte, hat das OLG Saarbrücken offengelassen, da es an einer Abmahnung fehlte, die erforderlich gewesen wäre.

d) Überlegungsfrist des Kündigenden

Die Frage, ob die seit 1969 im Dienstvertrag geltenden Zweiwochenfrist auch für die fristlose Kündigung eines Vertretervertrages gilt, wird überwiegend verneint (Hopt § 89a Rz. 30; OLG Frankfurt, HVR 1150).

2. Wichtiger Grund i. S. d. § 89a Abs. 1

Für die Bewertung eines Vertragsverstoßes als „wichtiger Grund" und die daran anknüpfenden schwerwiegenden Rechtsfolgen gilt der Grundsatz: Wenn dem Kündigenden das Abwarten bis zur Vertragsbeendigung bei ordentlicher Kündigung nicht mehr zugemutet werden kann, darf er fristlos kündigen (BGH NJW-RR 1988 S. 1381 = BB 1988 S. 1771; BGH BB 2006 S. 905 = HVR 1139; BGH Urteil vom 11. 1. 2006 – VIII ZR 396/03; MüKo/von Hoyningen-Huene, § 89a Rz. 14). Insbesondere sind Vertragsverstöße, die eine nachhaltige Erschütterung des Vertrauens in die Loyalität des anderen Teils zur Folge haben, zu berücksichtigen. Ein Schaden des Kündigenden wird nicht vorausgesetzt. Die Beurteilung, ob der Kündigende einen wichtigen Grund für die Kündigung hatte, ist im wesentlichen tatrichterlicher Natur und erfordert eine Abwägung der beiderseitigen Interessen. Auch der Umstand, dass der HV seinen Ausgleichsanspruch bei fristloser Kündigung verliert, kann zu einer milderen Beurteilung des Vertragsverstoßes führen, wenn der HV viele Jahre vertragstreu und mit gutem Erfolg für den U tätig gewesen war.

Auch das Verhalten des Kündigenden nach Eintritt des Kündigungsgrundes gibt in besonderer Weise Aufschluss darüber, ob ein wichtiger Grund vorlag oder nicht. Eine fristlose Kündigung wegen verbotener Zweitvertretung, von der der U seit ca. zwei Jahren wusste ohne sie zu beanstanden, macht es ihm zumutbar, das Vertragsverhältnis bis zur Beendigung durch ordentliche Kündigung fortzusetzen (BGH VersR 1985 S. 691).

Umstände aus dem Risikobereich des Kündigenden begründen grundsätzlich kein Recht zur fristlosen Kündigung (BGH DB 1981 S. 22, 75).

IV. Die fristlose Kündigung des HV-Vertrages gem. § 89 a

Die Fälle, in denen beiden Vertragspartnern positive Vertragsverletzungen zur Last fallen, bedürfen sorgfältiger Abwägung der Umstände des Einzelfalles dahin, ob einem der Vertragspartner die Fortsetzung des Vertreterverhältnisses auch in dieser Situation unzumutbar ist. BGH NJW-RR 1992 S. 481 = VersR 1992 S. 233: Zur wechselseitigen Treueverletzung aus einem Versicherungsvertretervertrag (hierbei ging es um die Weigerung des Versicherungsvertreters, die von dem Versicherer angebotene neue Provisionsregelung aufgrund der Maximierungsbestimmungen des BAV zu akzeptieren und der stattdessen die Forderung auf Beibehaltung der Provisionen in der ursprünglich vereinbarten Höhe stellte mit anschließender verbotener Konkurrenztätigkeit. Der Versicherer weigerte sich, weitere Anträge des Versicherungsvertreters anzunehmen und mit diesem eine Provisionsanpassung an die neue Tarifstruktur zu vereinbaren unter Berücksichtigung der für den Versicherungsvertreter bisher geltenden ungewöhnlich günstigen Provisionsbestimmungen). Der BGH hat in diesem Fall wegen der wechselseitigen Treuepflichtverletzungen das Recht des Versicherers zur fristlosen Kündigung verneint trotz der Aufnahme einer Konkurrenztätigkeit und den Versicherer auf die Möglichkeit verwiesen, das Vertragsverhältnis durch ordentliche Kündigung mit der im Vertrag vorgesehenen dreimonatigen Kündigungsfrist zu beenden. Ob der U begründeten Anlass zur Kündigung hat – an die nach st. Rspr. des BGH weniger strenge Anforderungen als an einen wichtigen Kündigungsgrund zu stellen sind – und das Vertragsverhältnis durch ordentliche Kündigung beendet (BGH, HVR 1139), wäre dann im Einzelfall zu prüfen und führt bejahendenfalls zum Verlust des AA, wenn der begründete Anlass auf Seiten des HV lag.

Oft werden mehrere wichtige Kündigungsgründe in einer Vertragsklausel als solche im voraus bestimmt. Derartige Klauseln werden von der Rechtsprechung dahin ausgelegt, dass die in ihnen genannten wichtigen Gründe nur beispielhaft aufgezählt wurden, ohne dadurch andere vom Gericht als „wichtiger Grund" qualifizierte Vertragsverstöße auszuschließen. Nach der Rspr. des BGH (BGH LM HGB § 89a Nr. 24 = BB 1988 S. 1771 = DB 1988 S. 2403; DB 1989 S. 1757) bedürfen vertraglich vereinbarte „wichtige Gründe" der Prüfung im Einzelfall, ob sie ausreichen, das Vertragsverhältnis fristlos zu beenden, da sie weder das Recht zur außerordentlichen Kündigung erweitern noch einschränken können. Auch ein Verstoß gegen die Wettbewerbsrichtlinien der Versicherungswirtschaft (s. u. Anhang IV) stellt nicht ohne weiteres einen wichtigen Kündigungsgrund dar; es ist stets zu prüfen, ob das beanstandete Verhalten nicht nur nach Auffassung der beteiligten Berufskreise, sondern auch vom Standpunkt der ebenfalls betroffenen Allgemeinheit unlauter erscheint (BGH VersR 1991 S. 998). Keinesfalls dürfen im Vertrag aufgeführte, zur fristlosen Kündigung berechtigende Gründe zur Umgehung zwingenden Rechts (Kündigungsfristen, AA) missbraucht werden.

Nachschieben bedeutet die ausdrückliche Erklärung gegenüber dem Gekündigten, dass die fristlose Kündigung nun auf den nachgeschobenen „wichtigen Grund" gestützt werde (BGHZ 40 S. 13, 16). Es ist zu unterscheiden:

Der nachgeschobene „wichtige Grund" bestand bereits zur Zeit der Kündigungserklärung und rechtfertigte die fristlose Kündigung. Dann wirkt er auf die Zeit des Zugangs der Kündigung zurück. Wegen der auch bei nachgeschobenen „wichtigen Gründen" zu prüfenden Überlegungsfrist, die dem Kündigenden zugebilligt werden muss, kommt es auf den Zeitpunkt ihres Bekanntwerdens an. Deshalb darf ein Unternehmer ein ihm erst während des Rechtsstreits mit dem HV, um die Berechtigung zur fristlosen Kündigung bekannt gewordenes Fehlverhalten des HV (im entschiedenen Fall Abrechnungsbetrug) zum Anlass nehmen, seine fristlose Kündigung nachträglich auch hierauf zu stützen (OLG Bremen, HVR 1144).

In einem solchen Fall sind auch Schwesterunternehmen des U, mit denen der HV in vertraglichen Beziehungen stand, zur fristlosen Kündigung des HV-Vertrages berechtigt (OLG Bremen, a. a. O.).

Der nachgeschobene „wichtige Grund" entstand erst nach dem Ausspruch der fristlosen Kündigung. Solche Gründe dürfen stets nachgeschoben werden. Steht der nachgeschobene „wichtige Grund", der erst später entstanden ist, in einem inneren Zusammenhang mit den zuvor mit der Kündigungserklärung (oder anschließend) genannten „wichtigen Gründen", bedarf es keiner erneuten fristlosen Kündigung; der nachgeschobene wichtige Grund wird dem Gekündigten einfach mitgeteilt. Anders ist es, wenn kein innerer Zusammenhang zwischen der bereits vorgenommenen fristlosen Kündigung und dem jetzt entstandenen Grund besteht. In diesem Fall wirkt die neue Kündigungserklärung nicht zurück.

Wer die fristlose Kündigung erklärt, hat für alle von ihm behaupteten Tatsachen die **Darlegungs- und Beweislast**. Die Frage, ob ein „wichtiger Grund" vorgelegen hat, wird i.d.R. von den Tatsacheninstanzen geprüft; sie ist in der Revision deshalb auch nur beschränkt nachprüfbar (st. Rspr. BGH NJW 1990 S. 28, 89 = BB 1990 S. 1366).

3. Fristlose Kündigung nach vorangegangener ordentlicher Kündigung

Wenn sich nach Erklärung einer ordentlichen Kündigung ein neuer „wichtiger Grund" ergibt, kann darauf eine fristlose Kündigung gestützt werden, die das Vertreterverhältnis sofort beendet, soweit es sich um eine gravierende Vertragsverletzung handelt und dem Kündigenden, der bereits ordentlich gekündigt hatte, nicht zuzumuten ist, das unmittelbar bevorstehende Vertragsende abzuwarten. Bei einem Erstverstoß bedarf es allerdings i.d.R. auch in diesen Fällen einer Abmahnung (s.o. OLG Saarbrücken DB 2006 S. 1005 = HVR 1170). Ein wichtiger Grund, der bereits Anlass für die ordentliche Kündigung bildete, kann dagegen nicht für eine nachträglich erklärte fristlose Kündigung herangezogen werden; in diesen Fällen hat der Kündigungsberechtigte durch seine fristgerechte Kündigung zu erkennen gegeben, dass er den Vertragsverstoß für nicht so gravierend ansieht, dass er darauf eine sofortige Beendigung des Vertragsverhältnisses stützt.

4. Rechtslage bei Fehlen eines wichtigen Grundes

Nach a.M. ist die erklärte fristlose Kündigung bei Fehlen eines wichtigen Grundes in eine ordentliche Kündigung umzudeuten, da der Kündigende mit seiner Erklärung zum Ausdruck gebracht hat, dass er das Vertragsverhältnis zum frühestmöglichen Zeitpunkt beenden will (BGH NJW 1999 S. 946).

Wenn der HV die Wirksamkeit der fristlosen Kündigung des U bestreitet, muss er sich so verhalten, als ob keine fristlose Kündigung erfolgte und alles unterlassen, was in diesem Falle vertragswidrig wäre, also auch ein bestehendes Wettbewerbsverbot befolgen und seine Dienste anbieten. Da die nicht gerechtfertigte und damit unwirksame fristlose Kündigung zugleich eine positive Vertragsverletzung darstellt, kann der Gekündigte hierauf wegen schwerwiegender Vertragsverletzung seinerseits eine fristlose Kündigung stützen (Küstner/Thume, Bd. 1 Rz. 1804; Hopt, § 89a Rz. 36). Kündigt der HV in diesem Fall fristlos, weil die zuvor erklärte fristlose Kündigung des U unwirksam war, bleibt sein Ausgleichsanspruch bestehen (BGH NJW-RR 2001 S. 1542; BGH BB 2006 S. 905). Umgekehrt gilt das Gleiche: War die fristlose Kündigung des HV nicht gerechtfertigt, kann der U seinerseits fristlos kündigen mit der Folge, dass der HV seinen Ausgleichsanspruch verliert, denn ein HV, der keinen wichtigen Grund zur fristlosen Kündigung hat, verletzt die Pflicht, die Interessen des U bei seinem Handeln zu beachten (BGH, HVR 1139).

5. Schadensersatzansprüche aufgrund einer fristlosen Kündigung

§ 89a Abs. 2: Wird die Kündigung durch ein Verhalten veranlasst, das der andere Teil zu vertreten hat, so ist dieser zum Ersatz des durch die Aufhebung des Vertrages entstehenden Schadens verpflichtet.

Der zu Unrecht Kündigende hat Vorsatz und Fahrlässigkeit zu vertreten. Mit dem in § 89a Abs. 2 genannten schuldhaften Verhalten ist ein solches im Verhältnis zwischen den Vertragspartnern gemeint, nicht etwa ein Verhalten gegenüber Dritten, z. B. die Lieferung mangelhafter Ware an die dem U vom HV vermittelten Kunden. Nach der Rechtsprechung kann der Schadensersatzanspruch nach § 89a Abs. 2 auch dann geltend gemacht werden, wenn die Parteien das Vertragsverhältnis aus Anlass der zur fristlosen Kündigung führenden Verstöße einvernehmlich aufhoben haben (BGH, HVR 311). Der BGH vertritt diese Auffassung aber nicht durchgehend, sondern hat auch gemeint, im Einverständnis mit der Vertragsaufhebung liege ein Verzicht des Schadensersatzberechtigten (BGH DB 1982 S. 1110). Die Zeitdauer, für die Schadensersatz beansprucht werden kann, beschränkt sich auf die Zeit bis zum vornehrein vereinbarten oder durch ordentliche Kündigung herbeigeführten Vertragsende (BGH NJW 1993 S. 1186).

a) Art des Schadensersatzes

Der Schadensersatz wegen ungerechtfertigter Kündigung durch den Vertragspartner, der sog. Auflösungsschaden wird für die sog. positive Vertragsverletzung geschuldet, die in der nicht gerechtfertigten fristlosen Kündigung zu sehen ist. Hinsichtlich der Schadensberechnung ist auch hier zwischen den Erfüllungsansprüchen und Schadensersatzansprüchen zu unterscheiden. Soweit zugunsten des HV Kundenschutz vereinbart worden ist, muss z. B. der zu Unrecht fristlos kündigende U im Falle einer darauf gestützten berechtigten fristlosen Kündigung durch den HV die sich ergebenden Provisionsansprüche erfüllen. Das bedeutet, dass der Bezirks-HV sowohl die Bezirksprovision als zusätzlich Schadensersatz aufgrund der von ihm erklärten fristlosen Kündigung in Form entgehender Abschluss- oder Vermittlungsprovisionen fordern kann. Der U kann z. B. bei einer von ihm erklärten fristlosen Kündigung aufgrund eines zu Unrecht zuvor vom HV fristlosen gekündigten Vertrages den Ersatz der Inseratkosten für Stellenanzeigen verlangen, die durch die plötzliche Vertragsbeendigung notwendig geworden sind.

b) Höhe des Schadenersatzanspruches

Dieser richtet sich nach §§ 249 ff. BGB. Eine genaue Bezifferung des Schadensersatzes ist nicht möglich, da es sich um eine Schadensschätzung handelt. Hierfür genügt der Nachweis einer gewissen Wahrscheinlichkeit, dass nach dem gewöhnlichen Lauf der Dinge ein Gewinn zu erwarten war; eine volle Gewissheit, dass der Gewinn auch tatsächlich gezogen worden wäre, ist nicht erforderlich. Dem Ersatzpflichtigen obliegt dann der Beweis, dass der Gewinn nach dem späteren Verlauf der Dinge oder aus irgendwelchen anderen Gründen dennoch nicht erzielt worden wäre (BGH NJW-RR 2001 S. 1542). Hinsichtlich der Schadensberechnung gilt auch hier, dass der Kündigende Anspruch auf vollen

Ersatz den ihm durch die Kündigung entstehenden Schadens hat, d. h. auf Ersatz der Einnahmen, die ihm bei weiterer Tätigkeit zugeflossen wären (MüKo/von Hoyningen-Huene, § 89a Rz. 81). Dabei kommt es nicht darauf an, ob der Nachfolger geringere Einnahmen erzielte, sondern Maßstab für die Schadenshöhe ist allein die hypothetische eigene Tätigkeit des HV (MüKo, a. a. O. Rz. 81).

Statt Schadensersatz zu fordern, kann der HV für den Fall, dass der U zu Unrecht fristlos gekündigt hatte, auch weiterhin auf Erfüllung des Vertrages bestehen, unabhängig vom Kundenschutz, und den U in Annahmeverzug nach § 615 setzen. Wird z. B. dem HV fristlos gekündigt, muss er in diesem Fall der fristlosen Kündigung eindeutig widersprechen und auf Erfüllung bestehen. Darüber hinaus wird verlangt, dass der HV – trotz des mit der fristlosen Kündigung regelmäßig ausgesprochenen Verbots weiterer Tätigkeit – dem U ausdrücklich die Fortsetzung seiner Tätigkeit anbietet. Bei der Erfüllungsanspruch nach § 615 BGB muss sich der HV einen anderweitig erzielbaren Verdienst anrechnen lassen. Deshalb sind Mehrfirmenvertreter hiervon nicht betroffen, weil sie diesen Verdienst auch ohne das Tätigkeitsverbot des U erzielt hätten.

c) Beweislast

Für die im Rahmen der Vorteilsausgleichung behaupteten Tatsachen und für die behauptete Mitverursachung eines Schadens durch den anderen Teil ist der Kündigende beweispflichtig. Das betrifft auch den Einwand, der Kündigende habe durch sein schuldhaftes Verhalten – zu der unberechtigten – fristlosen Kündigung Anlass gegeben (BGH DB 1978 S. 1882).

V. Beispiele für den „wichtigen Grund"

Eine erschöpfende Auflistung wichtiger Gründe, die den Kündigenden zur fristlosen Kündigung berechtigen, ist nicht möglich, sodass nur einige Beispiele aufgeführt werden können. Es kommt für die Bewertung stets auf die Umstände des Einzelfalles und die Prüfung an, ob dem Kündigenden die Einhaltung der für die ordentliche Kündigung jeweils geltende Kündigungsfrist zuzumuten ist.

1. Fristlose Kündigung des Unternehmers

a) Aus vom Vertreter nicht verschuldeten „wichtigen Gründen"

Hier kommen insbesondere in Betracht Krankheit und Alter des HV. Krankheit (Arbeitsunfähigkeit) ist dem U grundsätzlich anzuzeigen, jedoch nicht im Sinne einer Krankmeldung mit ärztlichem Attest, wie es die Pflicht eines Arbeitnehmers ist. Nur eine längere schwere Krankheit zählt als wichtiger Grund und gibt dem U – je nach Umständen des Einzelfalles – ein Recht zur fristlosen Kündigung (Küstner/Thume, Bd. 1 Rz. 1897). Ein bloßes Nachlassen der Arbeitskraft infolge Alters wird meistens noch kein „wichtiger Grund" sein (OLG Karlsruhe BB 1957 S. 561; Küstner/Thume, Bd. 1 Rz. 1848).

In Betracht kommt möglicherweise auch eine unverschuldete Insolvenz des HV, die den U berechtigt, aus wichtigem Grund mit sofortiger Wirkung zu kündigen.

b) Aus vom Vertreter verschuldeten „wichtigen Gründen"

Einer der häufigsten Fällen ist die Verletzung des Wettbewerbsverbots. Der HV schuldet eine Wettbewerbsenthaltung auch dann, wenn das Verbot einer Konkurrenztätigkeit nicht ausdrücklich im HV-Vertrag vereinbart wurde. Das folgt bereits aus der Interessenwahrungspflicht gem. § 86 Abs. 1 Halbsatz 2. Deshalb ist auch die Übernahme der Vertretung eines Konkurrenzunternehmens durch die Ehefrau oder Sohn oder Tochter des HV als schuldhafte Umgehung des Wettbewerbsverbots anzusehen, wenn tatsächlich der HV die Tätigkeit ausübt oder zumindest ein enger räumlicher Zusammenhang mit der Tätigkeit der Ehefrau oder der Kinder besteht, da damit die Gefahr besteht, dass Geschäftsgeheimnisse der Konkurrenz bekannt werden. Auch folgende Gründe kommen beispielhaft in Betracht:
- fehlende Bemühung um die Vermittlung des Abschlusses von Verträgen für den U, also Verletzung der Hauptpflicht i. S. d. § 86 Abs. 1;

- Unterschlagung kassierter Gelder;
- Beleidigung des U oder von Kunden; bloße Unhöflichkeit reicht dagegen nicht aus, ebensowenig wechselseitige Beleidigungen;
- Nichtbefolgung berechtigter Weisungen des U;
- Veruntreuung oder Unterschlagung von Warenmustern oder nicht aufklärbarer Warenfehlbestand;
- Führerscheinverlust infolge Trunkenheit;
- allgemeine Unzuverlässigkeit des HV, z. B. Nichteinhaltung vereinbarter Kundenbesuche, fingierte Kundenbestellungen;
- Verletzung der Berichtspflicht. Wöchentliche Berichte kann der U i. d. R. verlangen;
- Verletzung der Verschwiegenheitspflicht.

2. Fristlose Kündigung des Handelsvertreters

a) Aus vom Unternehmer nicht verschuldeten wichtigen Gründen

Als solche kommen in Betracht:
- Tod des U. Dieser beendet zwar das Vertragsvertreterverhältnis ansich nicht, kann aber einen Grund zur fristlosen Kündigung durch den HV darstellen, insbesondere wenn es sich bei dem U um einen Einzelkaufmann handelte.
- Betriebsstilllegung des U aufgrund wirtschaftlicher Notwendigkeit, um nicht durch die wirtschaftliche schlechte Lage des U seine eigene wirtschaftliche Existenz zu gefährden.
- Betriebsveräußerung, über die der HV nicht so frühzeitig informiert wurde, dass ihm eine ordentliche Kündigung möglich gewesen wäre. Er kann in diesem Falle ebenfalls fristlos kündigen.

b) Aus vom U verschuldeten wichtigen Gründen

Dies können sein:
- Eine vom U verschuldete Absatzstockung kann dem HV das Festhalten am Vertrag unzumutbar machen;
- Willkürliche Ablehnung vermittelter Aufträge;
- Verletzung der Abrechnungspflicht gem. § 87 c, z. B. schleppende Abrechnung;

- Verletzung des Alleinvertretungsrechts des HV bzw. beim VersV Wegnahme des Versicherungsbestandes;
- Verletzung der Provisionszahlungspflicht, z.B. ständig schleppende Auszahlung;
- einseitige Provisionskürzung oder Herausnahme eines wichtigen Kunden des Bezirks-HV;
- die unbegründete Verdächtigung des U, der HV habe Musterkoffer unterschlagen;
- Einstellung der Belieferung eines Tankstellenbetreibers mit Kraftstoffen unter gleichzeitiger Aufrechterhaltung des Konkurrenzverbots.

VI. Beendigung des Vertreterverhältnisses auf sonstige Weise

Das Vertragsverhältnis kann auch ohne Kündigung beendet werden.

1. Zeitvertrag

Das auf bestimmte Zeit eingegangene Vertreterverhältnis endet mit Ablauf der bestimmten Vertragsdauer. Das gleiche gilt für eine Probezeit von bestimmter Dauer.

2. Aufhebungsvertrag

Statt der Kündigung können die Parteien das Vertragsverhältnis auch durch Aufhebung im beiderseitigen Einvernehmen beenden. Dabei bleibt grundsätzlich dem HV der Ausgleichsanspruch erhalten, es sei denn, die Parteien vereinbaren die sofortige Vertragsbeendigung und den Ausschluss des Ausgleichsanspruchs (s.u.).

Die Umwandlung des hauptberuflichen Vertreterverhältnisses in ein nebenberufliches i.S.d. § 92b oder in ein Angestelltenverhältnis i.S.d. § 84 Abs. 2 beendet den bisherigen HV-Vertrag. Das gleiche gilt umgekehrt bei tatsächlicher Umwandlung eines zunächst nebenberuflichen in ein hauptberufliches Vertreterverhältnis. Der bisherige Vertrag endet; auch wenn das Vertragsverhältnis tatsächlich fortgesetzt wird, gelten künftig die Bedingungen eines hauptberuflichen Handelsvertretervertrages (BGH NJW 1999 S. 639).

3. Tod des Vertreters, Insolvenz des HV

Das Vertreterverhältnis endet spätestens mit dem Tod des HV, der seinen Vertrag als sog. höchstpersönliche Verpflichtung erfüllen muss, anders, wenn der HV eine Vertretergesellschaft ist (OHG, GmbH o.ä.). Dann wird das Vertreterverhältnis durch einen Wechsel auf Seiten der Gesellschafter nicht berührt. Häufig wird in den Verträgen mit einer Vertretergesellschaft ausdrücklich vereinbart, dass bei Tod oder Ausscheiden eines bestimmten Gesellschafters oder des Geschäftsführers das Vertragsverhältnis endet. Die Insolvenz des HV beendet das Vertragsverhältnis nicht unmittelbar, dürfte aber zu einer fristlosen Kündigung des U berechtigen. Das gleiche gilt für ein gegen den HV ausgesprochenes gerichtliches Berufsverbot nach § 70 StGB.

4. Tod des U, Insolvenz des U

Handelt es sich bei dem U um eine natürliche Person, kann eine Vertragsbeendigung in Betracht kommen, je nach Ausgestaltung der Vertragsbeziehungen. Ist der U eine juristische Person oder wird die Firma von mehreren Personen geleitet, fehlt es i.d.R. an einem Grund für die Vertragsbeendigung. Mit Einleitung des Insolvenzverfahrens über das Vermögen des U erlischt das Vertreterverhältnis nach § 116 InsO.

5. Teilweise Beendigung des Vertrages

Zur teilweisen Beendigung des Vertretervertrages führt die einverständliche oder die vertraglich vorgesehene einseitige Verkleinerung des Bezirks i.S.d. § 87 Abs. 2. Der Tausch des Bezirks mit einem anderen Bezirks-HV durch einverständliche Vertragsabänderung bedeutet die Umwandlung des Vertretervertrages.

8. Kapitel
Ausgleichsanspruch des Handelsvertreters nach § 89b Abs. 1 bis 4

Der Ausgleichsanspruch (AA) ist ein zusätzlicher Vergütungsanspruch des HV für die vor Vertragsende geleisteten und nach Vertragsende fortwirkenden Dienste, der unmittelbar aus dem HV-Verhältnis folgt (BFH DB 1991 S. 141). Der 1953 eingeführte Ausgleichsanspruch (AA) des HV ist zwingendes Recht und kann im voraus nicht ausgeschlossen werden. D.h., dass Abreden, durch die der AA eingeschränkt oder ausgeschlossen wird, nur wirksam sind, wenn sie nach Beendigung des HV-Vertrages oder in einer Aufhebungsvereinbarung getroffen werden, die gleichzeitig den Vertrag beendet (st. Rspr.). Aus der Sicht des U wird mit dem AA erfolgreiche Arbeit und vertragstreues Verhalten des HV während der Dauer des HV-Verhältnisses belohnt. Folgerichtig führt schuldhafter Vertragsbruch des HV in den Fällen des § 89a Abs. 1 zu sofortiger Vertragsbeendigung und meistens zum Verlust des AA (Ausnahmen s.u.). Nur dem HV hat der Gesetzgeber den AA zugebilligt, nicht dem AiA, der kein selbständiger Gewerbetreibender ist und keinen Kundenschutz in Anspruch nehmen kann. Der AA ist als künftiger Anspruch schon vor Beendigung des HV-Vertrages abtretbar, verpfändbar und pfändbar; er ist auch vererbbar. Als künftiger Anspruch befindet er sich aber nicht im Endvermögen beim Zugewinnausgleich gem. § 1375 BGB (Hopt, § 89b Rz. 6).

I. Kundenstamm als Gegenstand des Ausgleichsanspruchs

Ausgangspunkt bei der Ermittlung des AA ist der bei Vertragsende bestehende, von dem HV neu geworbene Kundenstamm. An dem Aktivum „Kundenstamm" partizipierten bis dahin U und HV;

nach Beendigung der vertraglichen Beziehungen bleibt der U im Besitz des Kundenstammes, während der HV wegen des Vertragsendes die sonst andauernden Vorteile (Nachbestellungen und entsprechender Provisionsverdienst) verliert. Der Gesetzgeber billigt dem HV deshalb einen Ausgleichsanspruch für die Zeit nach Vertragsende zu. Mit den vom Gesetzgeber verwendeten Begriffen lässt sich die Voraussetzung für einen AA definieren wie folgt:

Der HV kann vom U einen angemessenen Ausgleich verlangen, wenn und soweit aus der Geschäftsverbindung mit neuen Kunden, die der HV geworben hat (sog. Stammkunden), der U nach Vertragsende erhebliche Vorteile in Form der möglichen Nutzung des Kundenstamms behält, während der HV die entsprechenden Verdienstmöglichkeiten in Form von Provisionen verliert. Kunde ist derjenige, der vom dem U Ware bezieht (Thume BB 1990 S. 1645). Wenn sich der HV bei seiner Tätigkeit nicht an die direkten Abnehmer, sondern Mittelspersonen wendet (Ärzte, die das Präparat eines Pharmaherstellers verschreiben und damit über die Bezugsapotheke zur Umsatzsteigerung beigetragen haben), fehlt es an geworbenen Neukunden (Thume BB 1990 S. 1645ff.); vgl. aber BGH NJW-RR 1991 S. 156ff. (158), der es offen lässt, ob u.U. dann eine andere Beurteilung gilt, wenn wegen der besonderen Art der Produkte und ihres Vertriebs die Kaufentscheidung von Dritten getroffen wird (s. auch unter IV 2.). Das betrifft z.B. Architekten, Bauunternehmer, Dachdecker, die für den Bauherrn die Kaufentscheidung treffen und über die der HV deshalb die Produkte des U vermittelt. Deshalb steht z.B. dem HV, der Handwerker wirbt, die ein vom U hergestelltes technisches Produkt an ihre Kunden verkaufen, für die geworbenen Handwerkerkunden ein AA zu, sofern auch die übrigen Voraussetzungen des § 89b vorliegen.

1. Folgerungen aus der Wertausgleichsfunktion

Voraussetzung des AA ist, dass der U die vom HV während der Vertragszeit neu geworbenen Stammkunden übernehmen kann und die Möglichkeit einer geschäftlichen Nutzung hat. Ob der U tatsächlich von dieser Möglichkeit Gebrauch macht und aus der Geschäftsverbindung weitere Vorteile zieht, ist dagegen für den AA nicht entscheidend. Die Frage ist allenfalls im Rahmen der Billigkeitsprüfung gem. § 89b Abs. 1 Nr. 3 zu prüfen. Ausgleichsfähige Geschäfte liegen dagegen nicht vor, wenn der HV lediglich die von seinem Vorgänger geworbenen Stammkunden während der Vertragsdauer weiterhin betreut hat (keine eigenen neuen Stammkunden, keine quantitativen Umsatzsteigerungen übernommener Stammkunden = keine sog. intensivierten Altkunden). Folgerichtig ist es ohne Auswirkung auf den AA, wenn Altkunden während der Dauer des HV-Vertrages abgewandert sind. Ein Ausgleichsanspruch entfällt auch, wenn die Geschäftsverbindung des U mit den neu geworbenen Stammkunden nach Vertragsende abgebrochen wird, weil der HV die Kunden einem anderen U zuführt (OLG Celle BB 1959 S. 1151; a.A. BGH, Urteil vom 28. 6. 2006 – VIII ZR 350/04 zum AA eines Vertragshändlers, der nach Vertragsbeendigung zunächst die Daten der von ihm neu geworbenen Kunden dem Hersteller bekannt gegeben hatte, anschließend aber die Kundenkartei an einen Dritten weitergab. Der BGH hält in einem solchen Fall aber eine Reduzierung des AA für denkbar, weil die Vorteile des Herstellers oder die Nachteile des Vertragshändlers infolge der Nutzung der Kundendaten durch den Dritten voraussichtlich geringer ausfallen. Das gleiche gilt, wenn die Geschäftsverbindung zu den Stammkunden aus anderen Gründen mit Ablauf des Vertrages endet, z.B. wenn der U die Produktion einstellt oder seinen Betrieb aus vertretbaren Gründen veräußert, ohne für die Stammkundschaft einen Vorteil zu erlangen. Anders aber, wenn der U die Geschäftsbeziehungen zu bestimmten Herstellern aufgibt, aber durch Wechsel in der Kollektion den Vertrieb bestimmter Produkte (Brillen) nicht insgesamt einstellt, sondern die vom HV geworbenen Kunden mit den Produkten anderer Hersteller bewirbt (OLG München, HVR 1166).

Alle Provisionen und sonstigen Vergütungen des U an den HV, die mit der Werbung neuer Stammkunden und mit zukünftigen Nachbestellungen nichts zu tun haben, scheiden für die Berechnung des AA aus, so z.B. Inkasso-Delkredere-Verwaltungs-Auslieferungslagerprovision (BGH NJW 1998 S. 66). Dagegen gelten Superprovisionen als Abschlussprovision (BGH NJW-RR 1989 S. 863).

Der Gesetzgeber ging davon aus, dass die VersV dem Versicherer keine Stammkunden zuführen. Deshalb wurde für die VersV in § 89 b Abs. 5 eine von § 89 b Abs. 1 abweichende Spezialregelung geschaffen (s. u. 9. Kapitel).

2. „Soziale Schutzfunktion" des Ausgleichsanspruchs

Die gelegentliche Behauptung, dass § 89 b eine soziale Schutzfunktion habe, steht im Gegensatz zu der Wertausgleichsfunktion für den dem U verbleibenden Kundenstamm. Der Ausgleichsanspruch ist keine Sozialrente, Treueprämie etc., sondern die Gegenleistung des U für eine bereits erbrachte Leistung des Vertreters (Werbung neuer Stammkunden, die als Aktivum des U zu bewerten sind; vgl. BFH DB 1991 S. 141). Zweck des § 89 b ist weder, dem Vertreter einen Ersatz für eine fehlende Altersversorgung zu bieten, noch dem verdienten langjährigen Vertreter eine Treueprämie zu gewähren, noch etwa, den wirtschaftlich schwächeren Vertreter zu schützen und ihm für eine zu missbilligende Kündigung des U einen Ausgleich zu schaffen. Deshalb steht der AA auch dem HV zu, der im Vergleich zu dem U der sozial Stärkere ist, ebenso einer Handelsgesellschaft oder juristischen Person, die als HV tätig wurde.

II. „Nach Beendigung des Vertragsverhältnisses"

Zweckmäßigerweise ist vorab zu prüfen, ob nach § 89 b Abs. 3 der Ausgleichsanspruch entfällt, dann erübrigt sich die aufwendige Berechnung nach § 89 b Abs. 1.

1. Beendigung des Vertragsverhältnisses i. S. d. § 89 b

Entsprechend seiner Wertausgleichsfunktion entsteht der Ausgleichsanspruch am Tag der Beendigung des Vertreterverhältnisses.
Nach st. Rspr. zählt der Tod des Vertreters als Beendigungstatbestand i. S. d. § 89 b Abs. 1 mit der Folge, dass ein vererblicher Ausgleichsanspruch entsteht. Der Beendigung durch Tod des Vertreters wird der Fall gleichgesetzt, dass der Handelsvertreter verpflich-

tet war, seine Tätigkeit ausschließlich durch einen Dritten erbringen zu lassen und er durch das Ausscheiden des Dritten zur weiteren Geschäftsvermittlung außer Stande ist. Dem Handelsvertreter steht auch in diesem Falle der Ausgleichsanspruch zu (BGH NJW 1998 S. 1070 = BB 1998 S. 390 = DB 1998 S. 764).

Auch ein einvernehmlicher Aufhebungsvertrag oder eine Vertragsumwandlung lassen den Ausgleichsanspruch grundsätzlich entstehen. Beim Aufhebungsvertrag ist zu beachten, dass eine Vereinbarung, die den Ausgleichsanspruch ausschließt, nur dann wirksam ist, wenn der Handelsvertretervertrag vor oder zumindest zeitgleich mit Abschluss des Aufhebungsvertrages endet (§ 89b Abs. 3 Nr. 3). Wenn das Datum des Aufhebungsvertrages und das Vertragsende jedoch zeitlich auseinanderfallen und der HV-Vertrag z.B. nach Ablauf der Kündigungsfrist endet, ist der Ausschluss im Aufhebungsvertrag wegen der zwingenden Regelung des § 89b Abs. 4 unwirksam (BGH NJW 1990 S. 2889f.). Auch die Umwandlung eines hauptberuflichen Vertreterverhältnisses in ein nebenberufliches i.S.d. § 92b oder in ein Angestelltenverhältnis beendet den bestehenden Vertrag und lässt damit den AA entstehen und zwar ohne Aufschub etwa bis zur Beendigung des neuen Vertrages (OLG Nürnberg BB 1958 S. 1151).

Die teilweise Beendigung des Vertreterverhältnisses lässt stets dann und insoweit einen AA entstehen, als der U Stammkunden übernimmt, die der HV neu geworben hatte, so dass er aus Geschäften mit diesen Kunden weiterhin Vorteile i.S.d. § 89b Abs. 1 Nr. 1 ziehen kann, während der HV entsprechende Provisionsverluste hinnehmen muss. Dazu zählt die einseitige oder einverständliche wesentliche Bezirksverkleinerung; auch eine Verminderung des Kundenkreises i.S.d. § 87 Abs. 2 (vgl. Küstner/Thume, Bd. 2 Rz. 327ff.; Hopt, § 89b Rz. 10; BGH BB 1965 S. 434). Keine Übergabe von Stammkunden des HV stellt die einseitige oder einverständliche Kürzung des Provisionssatzes, die Sortimentsverkleinerung im Rahmen des Vertriebs, die Entziehung der Inkassotätigkeit oder eine sonstige Provisionseinschränkung des U dar. Auch die Ausklammerung von Versicherungsverträgen aus dem vom VersV betreuten Bestand ist keine ausgleichspflichtige Teilbeendigung des HV-Vertrages (BGH NJW 1994 S. 193).

Bei der Insolvenz des U, die den Vertrag beendet, dürfte es wegen der Liquidation seines Betriebes meist an den Voraussetzungen eines dem U verbleibenden Vorteils i. S. d. § 89b Abs. 1 Nr. 1 fehlen. Ein lediglich negatives Betriebsergebnis lässt den AA dagegen nicht entfallen. Der BGH (NJW-RR 1991 S. 481) argumentiert, dass ohne die vom HV akzeptierten Umsätze das Betriebsergebnis noch negativer ausgefallen wäre.

Bei einer Einstellung der Vertriebstätigkeit wird es meist an ausgleichspflichtigen Unternehmervorteilen fehlen. Der HV kann nicht allein deshalb Zahlung eines Ausgleichs verlangen, weil der U sein Vertriebssystem umgestellt und den Verkauf auf ein Schwesterunternehmen übertragen hat. Der U hat grundsätzlich das Recht, seinen Betrieb so einzurichten und ggf. umzugestalten, wie es ihm wirtschaftlich vernünftig und sinnvoll erscheint. Die Grenze ist Willkür. Dagegen liegt ein zur Ausgleichszahlung verpflichtender Unternehmervorteil vor, wenn der U bei der Veräußerung seines Unternehmens mit Rücksicht auf den vom HV geworbenen Kundenstamm ein höheres Entgelt erhält (BGH NJW 1996 S. 1752; Hopt, § 89b Rz. 18).

Wenn der Vertretervertrag mit einer Vertretergesellschaft abgeschlossen worden ist, lösen die hier besprochenen Beendigungstatbestände – einschließlich der Kündigung – einen AA zugunsten der Vertretergesellschaft aus.

2. Ausschluss des Ausgleichsanspruchs nach § 89b Abs. 3

§ 89b Abs. 3: Der Anspruch besteht nicht, wenn
1. der Handelsvertreter das Vertragsverhältnis gekündigt hat, es sei denn, dass ein Verhalten des Unternehmer hierzu begründeten Anlass gegeben hat oder dem Handelsvertreter eine Fortsetzung seiner Tätigkeit wegen seines Alters oder wegen Krankheit nicht zugemutet werden kann, oder
2. der Unternehmer das Vertragsverhältnis gekündigt hat und für die Kündigung ein wichtiger Grund wegen schuldhaften Verhaltens des Handelsvertreters vorlag oder
3. auf Grund einer Vereinbarung zwischen dem Unternehmer und dem Handelsvertreter ein Dritter anstelle des Handelsvertreters in das Vertragsverhältnis eintritt; die Vereinbarung kann nicht vor Beendigung des Vertragsverhältnisses getroffen werden.

Die Fälle des § 89b Abs. 3 sind abschließend geregelt und wegen ihres Ausnahmecharakters eng auszulegen (BGH NJW 1998 S. 1070 = BB 1998 S. 390 = DB 1998 S. 764). Durch den mit dem Durchführungsgesetz 1990 eingefügten § 89 Abs. 3 Nr. 3 entfällt der Ausgleichsanspruch auch bei Eintritt eines Dritten anstelle des HV in das Vertragsverhältnis wenn eine entsprechende Vereinbarung getroffen wurde. Dabei ist wegen der unterschiedlichen Rechtsfolgen auf eine genaue, klare Formulierung der zwischen den Beteiligten getroffenen Abrede zu achten (s. u. V. 4).

§ 89b Abs. 3 Nr. 1 regelt drei Ausnahmetatbestände, bei denen trotz der ordentlichen Eigenkündigung der Ausgleichsanspruch des HV erhalten bleibt.

Fall 1: Der durch ein Verhalten des U begründete Anlass zur Kündigung durch den HV.

Der Begriff des begründeten Anlasses wird von der Rechtsprechung weit ausgelegt. Er ist nicht gleichzusetzen mit einem wichtigen Grund, der gem. § 89a Abs. 1 zur fristlosen Kündigung berechtigt. Ein wichtiger, zur fristlosen Kündigung berechtigender Kündigungsgrund i. S. d. § 89 Abs. 1 gibt aber immer zugleich begründeten Anlass zur ordentlichen Kündigung unter Erhalt des AA durch den HV. Kündigt dieser aber fristlos, obwohl kein wichtiger Grund vorlag, statt fristgerecht aus begründetem Anlass, kann der U das zum Anlass nehmen, seinerseits fristlos zu kündigen mit der Folge des Ausgleichsverlustes (BGH, Beschluss vom 21. 2. 2006, HVR 1139) Grundsätzlich gilt, dass eine unberechtigte, fristlose Kündigung den Gekündigten seinerseits wegen eines wichtigen Grundes zur fristlosen Kündigung berechtigt. Ein begründeter Anlass kann, ohne dass gleichzeitig ein Verschulden vorliegt, auch bei einem rechtmäßigen Verhalten des U gegeben sein, wenn der HV durch das Verhalten des U in eine für ihn nach Treu und Glauben nicht haltbare Lage kommt. Nicht erforderlich ist, dass damit eine schwere Gefährdung der wirtschaftlichen Existenz des HV verbunden ist (st. Rspr. BGH, HVR 1139). Bei der Bewertung der Kündigungsgründe ist auch zu berücksichtigen, welche Bedeutung der HV selbst dem Verhalten des U beigemessen hat. Hat er z. B. jahrelang daraus keine Folgerungen gezogen und auch die Kündigung nicht darauf gestützt, hat der U i. d. R.

keinen begründeten Anlass zur Kündigung gegeben (BGH DB 1989 S. 1327 = BB 1989 S. 1076 = NJW-RR 1989 S. 862). Die Bewertung eines Unternehmerverhaltens als ausgleichserhaltender begründeter Anlass zur Kündigung durch den HV ist im wesentlichen tatsächlicher Natur und deshalb in der Revisionsinstanz nur beschränkt nachprüfbar (BGH NJW 1999 S. 2668). Aus der reichhaltigen kasuistischen Rspr. nachfolgend einige **Beispiele** für eine ausgleichserhaltende Kündigung aus begründetem Anlass neben allen auch zur fristlosen Kündigung berechtigenden Gründen (s. o. 7. Kapitel, V):

- Rechtsmissbräuchliche Weisungen des U in Form übersteigerter Anforderungen an die Besuchs- und Berichtspflicht des HV (BGH NJW-RR 1988 S. 287 = BB 1988 S. 12).
- Aufnahme von Artikeln in das Sortiment des U, die der HV mit Zustimmung des U bereits für einen Wettbewerber vermittelte. Daraus ergaben sich für den angesprochenen Kundenkreis Zweifel an der Glaubwürdigkeit der werbenden Tätigkeit des HV: Es sei ihm nicht zuzumuten, die tatsächlichen Folgen abzuwarten, vielmehr sei für den HV der Ruf der Zuverlässigkeit und Seriosität von besonderer Bedeutung (BGH NJW 1987 S. 778 = BB 1987 S. 221 = WM 1987 S. 292).
- Beteiligung des U an einer Konkurrenzfirma zu dem anderen U, für den der HV als Mehrfirmenvertreter bereits tätig war, sodass der HV gezwungen war, eine der beiden Vertretungen aufzugeben (BGH, HVR 277).
- Ungünstige Veränderung der wirtschaftlichen Lage des U durch Zahlungsschwierigkeiten und Einschränkungen der Produktion, sodass der HV keine gewinnbringende Fortsetzung seiner Tätigkeit annehmen konnte (BGH NJW 1967 S. 2153 = BB 1967 S. 767 = HVR 261).
- Änderungen der Abrechnungspraxis des U, durch die die Gefahr von Provisionsverlusten des HV entsteht.
- Fortgesetzte verspätete Provisionszahlungen trotz wiederholter Abmahnungen des HV (BGH, HVR 662).
- Einseitige Verkleinerung des HV-Bezirks oder einseitige Provisionsherabsetzung des U, wenn eine Vertragsabänderung i. S. d. § 305 BGB erforderlich wäre (OLG Düsseldorf, HVR 77; Küstner/Thume, Bd. 2 Rz. 1414).
- Schaltung einer Suchanzeige des U für einen Gebietsnachfolger des HV bei ungekündigtem HV-Vertrag (LG Bonn, HVR 840).
- Unbegründete Provisionsabzüge in der Provisionsabrechnung des U (BGH DB 1989 S. 1327 = BB 1989 S. 1076 = NJW-RR 1989 S. 862).

- Weigerung des U, die getroffenen Vereinbarungen mit dem HV in eine Vertragsurkunde gem. § 85 aufzunehmen (BGH, HVR 1139).

Die Beweislast für einen begründeten Anlass i. S. d. § 89 b Abs. 3 Satz 1 trägt der kündigende HV.

Fälle 2 und 3: Vorgerücktes Alter und Krankheit des HV.
Ein Teil der Literatur (z. B. Küstner Bd. 2 Rz 1448) will „Alte" i. S. der gesetzlichen Altersgrenze mit 65 Jahren annehmen. Dem ist nicht zu folgen, da der HV als selbständiger Kaufmann seine Tätigkeit nicht nach sozialversicherungsrechtlichen Gesichtspunkten ausrichten muss. In der Praxis wird zwar zunehmend bei Erreichen des 65. Lebensjahres angenommen, dass der HV berechtigt ist, das Vertragsverhältnis ausgleichserhaltend zu kündigen, eine Verpflichtung hierzu besteht aber nicht. Da der HV vom U keine Rente zu erwarten hat, fehlt jeder wirtschaftliche Anreiz, seine Tätigkeit vorzeitig aufzugeben.

Krankheit i. S. d. § 89 b Abs. 3 Satz 1 Alt. 2 liegt vor, wenn die Störung des gesundheitlichen Zustandes schwerwiegend und von nicht absehbarer Dauer ist und es dadurch zu einer auch mit Ersatzkräften nicht behebbaren, nachhaltigen Verhinderung in der Absatztätigkeit für den Unternehmer führt (BGH NJW-RR 1993 S. 996).

Da der Art. 18 der EG-Richtlinie, auf dem die Neufassung des § 89 b Abs. 3 beruht, zusätzlich „Gebrechen" aufführt, ist unter dem Begriff Krankheit i. S. d Abs. 3 auch unfallbedingte Berufsunfähigkeit zu verstehen (Ankele DB 1989 S. 2211, 2213). Dagegen bedeutet die Anerkennung als Schwerbehinderter noch keinen Beweis, dass bei einer Eigenkündigung des HV eine krankheitsbedingte Unzumutbarkeit der Fortsetzung des Vertragsverhältnisses vorliegt (BGH NJW-RR 1993 S. 996). Diese Ausführungen gelten nur für den HV als natürliche Person. Ist der HV eine juristische Person (AG oder GmbH), gibt das Alter oder Krankheit ihres gesetzlichen Vertreters – des Geschäftsführers einer GmbH oder des Vorstandes der AG – kein Recht zur ausgleichserhaltenden Kündigung durch die Gesellschaft (OLG München – HVR 1168). Hat der HV wegen Krankheit ausgleichserhaltend gekündigt und ist daraufhin das Vertragsverhältnis beendet worden, kann der U wegen der eng auszulegenden Ausnahmevorschrift des § 89 b Abs. 3 seinerseits nicht mehr aus wichtigem Grund kündigen; die Gründe können allenfalls bei der Billigkeitsprüfung berücksichtigt werden (BGH NJW 1995 S. 1958 = BB 1995 S. 1437).

Die Beweislast für Krankheit oder Alter trägt der HV.

In allen übrigen Fällen des § 89 b Abs. 3 ist der AA ausgeschlossen.

Das betrifft auch den durch das Durchführungsgesetz vom 23. 10. 1989 neu mit Wirkung zum 1. 1. 1990 eingefügten Fall des Eintritts eines Dritten anstelle des Handelsvertreters in das Vertragsverhältnis mit dem U (§ 89 b Abs. 3 Nr. 3). Danach kann durch eine Vereinbarung zwischen dem U und dem ausscheidenden HV das Vertragsverhältnis als ganzes mit einem Dritten fortgesetzt werden, der anstelle des ausscheidenden HV den Vertrag mit dem U – ggf. auch mit Änderungen – weiterführt. Allerdings gilt der vom ausscheidenden HV geworbene Kundenstamm ausgleichsrechtlich nicht als von Dritten geworben, selbst wenn er dem HV für die Überlassung seiner Rechte und Pflichten ein Entgelt bezahlt hat. Da eine Eintrittsvereinbarung gem. § 89 Abs. 3 Nr. 3 Abs. 2 erst nach Vertragsbeendigung zwischen Unternehmer und dem ausscheidenden HV sowie dem Nachfolger getroffen werden kann, setzt das voraus, dass der alte Vertrag endet und mit dem Nachfolger neu geschlossen wird (Küstner/Thume, Bd. 2 Rz. 1502). Dieser Auffassung ist bereits aufgrund des Gesetzeswortlauts zuzustimmen, ebenso der Auffassung von Küstner/Thume (a. a. O. Rz. 1505), dass im Falle einer Übernahmevereinbarung unter Zahlung einer Vergütung an den ausgeschiedenen HV, der von diesem neu geworbene Kundenstamm bei einer späteren Ausgleichsberechnung des Nachfolgers zu berücksichtigen sein wird. Es ist kein Grund erkennbar, warum der Nachfolger den Ausgleichsanspruch des Vorgängers anstelle des U erfüllt, wenn ihm dieser Kundenstamm nicht bei seinem eigenen Ausscheiden bei der Berechnung des Ausgleichsanspruchs zugerechnet wird. In jedem Fall sollte zur Vermeidung späterer Auseinandersetzungen die Anrechenbarkeit dieses abgegoltenen Kundenstamms ausdrücklich in die Vertragsvereinbarung mit dem Nachfolger aufgenommen werden, wie es

Küstner/Thume a.a.O. empfehlen. Im Hinblick auf § 89b Abs. 4 und der ausdrücklichen Regelung in § 89b Abs. 2 kann eine entsprechende Regelung hinsichtlich der Übernahmeverpflichtung mit der daraus folgenden Anrechenbarkeit des Kundenstamms zwischen dem U und dem Nachfolger erst nach Beendigung des ursprünglichen HV-Vertrages erfolgen.

Der Begriff des wichtigen Grundes in § 89b Abs. 3 Nr. 2 bei fristloser Kündigung durch U wegen schuldhaften Vertragsbruchs des HV ist der gleiche wie in § 89a (st. Rspr. BGH BB 2000 S. 736 = HVR 925; BGH BB 2001 S. 645 = DB 2001 S. 1195). Ausnahme: Nach der Kündigung des HV (§ 89b Abs. 3 Nr. 1) oder des U (§ 89b Abs. 3 Nr. 2), die zum Verlust des Ausgleichsanspruchs führt, kann ein den Ausgleichsanspruch erhaltender Umstand eintreten (Tod oder nachhaltige Erkrankung des HV; dem HV unzumutbares Verhalten des U). Die Meinungen über die Behandlungen dieser Fälle gehen auseinander: Trotz Tod oder nachhaltiger Erkrankung des HV nach der fristlosen Kündigung bleibe es beim Verlust seines Ausgleichsanspruchs (Küstner, Bd. 2 Rz. 1487; MüKo/von Hoyningen-Huene, § 89b Rz. 177). A.A. Hopt, § 89b Rz. 53; OLG Frankfurt NJW 1961 S. 514: Mit dem Tod des HV entstehe sein Ausgleichsanspruch. Für diese Auffassung spricht, dass die Kündigung zwar ausgesprochen wurde, sich aber vor Vertragsende als nicht ausführbar herausstellte. Damit entfällt der Anlass für den Wegfall des Ausgleichsanspruchs. Anders bei ordentlicher Kündigung durch den U, wenn der HV vor Ablauf der Kündigungsfrist stirbt, weil dann der Tod nur ein überholendes Zweitereignis darstellt, das den Ausschluss des AA nicht mehr verhindern kann (MüKo/von Hoyningen-Huene, a.a.O.).

Die Auffassung des BGH, wonach bei einvernehmlichem Eintritt eines Dritten in das Vertragsverhältnis trotz der Vertragsübernahme der von dem Vorgänger geworbene Kundenstamm bei der Berechnung des Ausgleichsanspruchs des Nachfolgers in keinem Fall berücksichtigt werden könne (BGH NJW 1985 S. 58) dürfte zwischenzeitlich durch die Neuregelung überholt sein, so dass nunmehr eine entsprechende Vereinbarung getroffen werden kann, durch die ausdrücklich die Anrechenbarkeit des übernommenen Kundenstamms bei späterer Ausgleichsberechnung möglich ist. Die frühere Regelung hat nach wie vor Gültigkeit bei sog. Abwälzungsvereinbarungen (s. u.). Eine Vereinbarung zwischen dem U und dem Nachfolger des ausgeschiedenen HV über die ausgleichsrelevante Berücksichtigung des von dem Vorgänger geworbenen Kundenstammes ist deshalb spätestens nach der Vertragsübernahme möglich.

Davon zu unterscheiden ist der Fall einer Beendigung des bisherigen HV-Vertrages und Neuabschlusses mit Übernahme der Ausgleichszahlungspflicht durch den Nachfolgevertreter in Form einer Einstandszahlung an den U durch Übernahme der vom U geschuldeten Ausgleichszahlung an den ausscheidenden HV. Damit tritt der neue HV nicht in alle Rechte und Pflichten des vorangehenden Vertrages ein, der vielmehr mit dem Ausscheiden des HV endet, sodass mit dem Nachfolger ein neuer Vertrag geschlossen wird mit der Übertragung des bisherigen Kundenstamms zur Bearbeitung. Damit handelt es sich um Altkunden, die ausgleichsrechtlich bei der Berechnung des Rohausgleichs des neuen HV unberücksichtigt bleiben (h.M. u.a. Küstner/Thume, Bd. 2 Rz. 193ff.).

III. Höchstmaß des Ausgleichsanspruchs nach § 89 b Abs. 2

§ 89b Abs. 2: Der Ausgleich beträgt höchstens eine nach dem Durchschnitt der letzten fünf Jahre der Tätigkeit des Handelsvertreters berechnete Jahresprovision oder sonstige Jahresvergütung; bei kürzerer Dauer des Vertragsverhältnisses ist der Durchschnitt während der Dauer der Tätigkeit maßgebend.

Alleinige Bemessungsgrundlagen für den AA sind die Vorschriften des § 89b Abs. 1 Nr. 1 bis 3. Der Höchstbetrag des § 89b Abs. 2 dient nach absolut h.M. ausschließlich zur Begrenzung des sog. Rohausgleichs nach § 89b Abs. 1 Nr. 1 bis 3 und bildet damit den Deckelungsbetrag, d.h. höher als der nach § 89b Abs. 2 errechnete Betrag kann der AA nicht ausfallen, wohl aber geringer. Das Gericht prüft erst nach Ermittlung des Rohausgleichs i.S.d. § 89b Abs. 1 Nr. 1–3, ob der errechnete Betrag darunter liegt. Übersteigt der Rohausgleich die Obergrenze des § 89b Abs. 2, ist letzterer als Höchstbetrag geschuldet. Entsprechend dem Gesetzestext sind die zur Berechnung des Durchschnitts heranzuziehenden fünf Jahre von Vertragsende an rückwärts zu berechnen, wenn sich die Vertragspartner nicht der Einfachheit halber auf den Durchschnitt der letzten fünf Kalenderjahre einigen. War der HV weniger als fünf Jahre für den U tätig, ist der Durchschnitt der tatsächlichen Dauer für die zu errechnende Jahresprovision heranzuziehen. Bei kürzerer Dauer als ein Jahr werden i.d.R. die Provisionseinnahmen auf ein Jahr hochgerechnet (Hopt, § 89b Rz. 49; Schröder, § 89b Rz. 24; MüKo/von Hoyningen-Huene, § 89b Rz. 143; a.A. Küstner/Thume, Bd. 2 Rz. 1519, die eine ungerechtfertigte Besserstellung des HV befürchten, aber übersehen, dass in derartigen Fällen vermutlich der Rohausgleich unterhalb der Obergrenze liegt und sich der AA aus dem Rohausgleich ergibt).

1. Unter § 89b Abs. 2 fallende Vergütungsarten

Wie bereits erörtert wurde, haben § 89b Abs. 1 Nr. 1 bis 3 und Abs. 2 Entgelte verschiedenen Umfangs zum Inhalt: Beim Höchstmaß des AA sind in die Berechnung alle Vergütungsarten einzubeziehen mit Ausnahme durchlaufender Kosten, Oberbegriff: Jahresvergütung. Dagegen beschränkt sich die Berechnung der Provisionsverluste nach § 89b Abs. 1 auf Abschlussprovisionen des letzten Vertragsjahres aus Geschäften mit neu vom HV geworbenen Stammkunden. Während der Rohausgleich auf einer Prognose der künftigen Entwicklung beruht, errechnet sich der Höchstbetrag aus den tatsächlich verdienten Beträgen unterschiedlicher Art. Somit sind nach Abs. 2 zu erfassen neben Bezirksprovisionen, etwaige Garantiebeträge (in den Fällen einer Provisionsgarantievereinbarung), Fixum, sowie alle Arten sonstiger Provisionen (Abschluss-Delkredere-Inkasso-Auslieferungslager-Super- und Verwaltungsprovisionen, sog. Bestandspflegeprovisionen des Versicherungsvertreters). Auch Überhangprovisionen fallen darunter (BGH NJW 1997 S. 655), ebenso jährliche Leistungs- oder Treueprämien des U, soweit der HV solche innerhalb der nach § 89b Abs. 1 zu berücksichtigenden Zeit erhalten hat. Nicht als „Jahresvergütung" zählen nach h.M. Spesen, die der U dem HV gesondert vergütet, weil solche keinen Vergütungscharakter haben, sondern eine Beteiligung des U an den dem HV bei seiner Tätigkeit tatsächlich entstehenden Kosten darstellt, z.B. Mietkosten für ein Auslieferungslager. Auch sog. Einführungsfestbeträge zu Beginn der Vertragszeit sind für den Höchstbetrag des Ausgleichs nicht zu berücksichtigen (Küstner/Thume, Bd. 2 Rz. 1567; Schröder, § 89b Rz. 23b).

2. „Jahresbruttoprovision"

Nach der Rspr. ist der Begriff „Jahresprovision" in § 89 Abs. 2 als Jahresbruttoprovision zu verstehen, d.h., dass nicht etwa zuerst die Kosten des HV abzuziehen und eine Nettoprovision zu errechnen ist (h.M. vgl. Küstner/Thume, Bd. 2 Rz. 1555ff.). Auch der Gesetzestext spricht für diese Auffassung, denn die Worte „Jahresprovision" und „Jahresvergütung" wären nicht gewählt worden, wenn der Gesetzgeber einen Unkostenabzug und im Ergebnis eine Jahresnettoprovision gewollt hätte.

3. Bruttoprovision enthält auch Mehrwertsteuer

Der BGH geht davon aus, dass die Provision den zivilrechtlichen Preis für die Tätigkeit des HV darstellt; in ihr ist die von ihm zu entrichtende Umsatzsteuer enthalten (vgl. BGH NJW 1972 S. 1744 = HVR 477; BGHZ 61 S. 112, 113f. = DB 1973 S. 1740 = HVR 477; vgl. auch BFH 65 S. 130 und 87 S. 157 zur Umsatzsteuerpflicht bezüglich des AA).

IV. Berechnung des Ausgleichs nach § 89b Abs. 1

Wie oben zu III. ausgeführt wurde, bilden Bemessungsgrundlage ausschließlich die Vorschriften des § 89b Abs. 1 Nr. 1 bis 3.
Der sog. Rohausgleich hat zum Inhalt:
- Vorteile des U aus der Geschäftsverbindung mit den vom HV neu geworbenen Kunden oder der Erweiterung der Geschäftsverbindung mit alten Kunden durch den HV (Stammkunden);
- Provisionsverluste des HV infolge der Vertragsbeendigung;
- Billigkeitsprüfung.

Erst wenn der Rohausgleich ermittelt wurde, ist weiter zu prüfen, ob er den Höchstbetrag gem. § 89 b Abs. 2 übersteigt, sodass sich der AA auf den Höchstbetrag beschränkt. Deshalb ist in jedem Fall der Rohausgleich zu ermitteln, auch wenn von vornerein erkennbar ist, dass er über dem Höchstbetrag liegt.

1. Kundenstamm als Basis des Ausgleichsanspruchs

a) Begriff der Stammkunden

Unter „Stammkunde" ist ein vom HV geworbener Kunde zu verstehen, mit dem eine auf Dauer angelegte Geschäftsverbindung mit laufenden Bestellungen begründet wurde (BGH NJW 1999 S. 2668); d.h. Stammkunde ist derjenige Kunde, der innerhalb eines überschaubaren Zeitraums nachbestellt hat und von dem weitere Nachbestellungen zu erwarten sind; die anderen sind Laufkunden. Stammkunde kann auch der Kunde sein, der – erstmals – mehrere Käufe gleichzeitig tätigt, da nach Auffassung des BGH dem U damit die gleichen erheblichen Vorteile verbleiben wie bei einem Kauf durch den Kunden in gewissen Zeitabständen (BGH WM 1996 S. 1962). Die Unterscheidung zwischen Stamm- und Laufkundschaft hängt von der Branche ab und dem damit unterschiedlich langen Zeitraum zwischen der ersten und den folgenden Bestellungen. Der Kunde muss für den U „neu" sein, d.h., dass auch bei Vertragsbeginn von dem HV mitgebrachte Kunden „neu" für den U sein können, während z.B. die von einem AiA für den U geworbenen Kunden dann nicht „neu" sind, wenn das bisherige Angestelltenverhältnis als HV-Vertretervertrag fortgesetzt wird. Neu können auch die gegen Bezahlung einer Abfindung an den Vorgänger-HV übernommenen Kunden für den HV sein (s.u. V 4.; a.A. BGH NJW 1985 S. 58), weil sich für den U mit der Weiterbearbeitung bereits vorhandener Kunden durch den neuen HV kein Vorteil ergebe. Die Auffassung durfte durch die Einfügung des § 89 b Abs. 3 Nr. 3 überholt sein. Auch wenn die Kunden besonders aktiviert werden und z.B. bisher nicht bestellte Sortimente ordern und die Tätigkeit des HV hierfür ursächlich ist, sind sie „neu" i.S. des § 89 b Abs. 1 Nr. 1 (LG Mönchengladbach, HVR 779). Für die Prognose stellt der BGH nunmehr allein auf den Zeitpunkt der

Beendigung des HV-Vertrages ab, sodass die spätere – unvorhergesehene – tatsächliche Entwicklung unberücksichtigt bleiben muss (BGH NJW-RR 2000 S. 109). Der BGH begründet diese Auffassung mit dem Hinweis, dass der AA mit Beendigung des HV-Vertrages entsteht und fällig wird, sodass die Verhältnisse zum Vertragsende die Grundlage für die Prognose bilden.

Aus der Rechtsprechung:
- Stammkunde ist z. B. in einem Reisebüro derjenige, der einen Abschluss mit dem U den Vorzug vor Abschlüssen mit anderen U gibt und nicht jeweils das preisgünstigste Angebot wählt (BGH BB 1975 S. 198).
- Beim Verkauf von Ackerwagen an Bauern wird eine dauerhafte Geschäftsverbindung verneint, da mit einer Nachbestellung in absehbarer Zeit nicht zu rechnen ist (BGH NJW 1959 S. 1677; BGH DB 1970 S. 152, 153).
- Aber: Beim Wiederholungskauf von Gabelstaplern können auch solche vom U geworbenen Neukunden als Stammkunden gelten, die erst nach Ablauf des 10-jährigen HV-Vertrages eine Neubestellung aufgeben, da während der Vertragsdauer wegen der auf durchschnittlich 13 Jahre zu taxierenden technischen Lebensdauer des Geräts kein Bedarf auftritt (BGH NJW-RR 1991 S. 1050, 1052 = VersR 1991 S. 998 ff. = MDR 1991 S. 1047 ff.).
- OLG Frankfurt, HVR 458: Der Umfang des Sortiments legt es nahe, dass einmal für Markengeräte des U geworbene Kunden in späterer Zeit weitere Haushaltsgeräte kaufen. Es ist nicht erforderlich, dass die Nachbestellung sofort oder binnen kurzer Zeit erfolgt. Bei Haushaltsgeräten, allgemein langlebigen Wirtschaftsgütern, reicht auch eine Nachbestellung nach mehreren Jahren innerhalb eines überschaubaren Zeitraumes für die Annahme, dass es sich um eine bestehende Geschäftsverbindung handelt.
- Bei einem Verkauf von Backöfen oder von Siloanlagen ist eine Prognose von acht Jahren angemessen (OLG Braunschweig, HVR 932).
- BGH DB 1985 S. 642: Nachbestellungen von Staubsaugern bei einem alle fünf Jahre auftretenden Neubedarf ergibt eine auf Dauer angelegte Geschäftsverbindung, sodass der HV einen AA hat.
- Nach neuerer Rspr. hat der Tankstellenbetreiber einen AA hinsichtlich der von ihm neu geworbenen Kunden, die mit der Kundenkarte des Mineralölunternehmens tanken, da der Tankstellenbetreiber insofern werbend für das Mineralunternehmen tätig werde, als er die Tankstelle offen halte und sich so als sein Vertreter zum Abschluss von Kaufverträgen mit dem Kunden bereit halte (BGH WM 2003 S. 491).
- LG Frankfurt, NJW-RR 1990 S. 1181, 1182: die Besonderheit des Immobilienmaklergeschäfts im nichtgewerblichen Bereich bringt es mit sich

dass die vermittelten Geschäfte regelmäßig keine Folgegeschäfte nach sich ziehen. Dem als HV tätigen Immobilienmakler steht deshalb nach Beendigung des HV-Verhältnisses grundsätzlich kein Ausgleichsanspruch zu.

Im Bezirk eines HV i.S.d. § 87 Abs. 2 ansässige Kunden sind ohne Nachbestellungen oder ohne werbende Tätigkeit des HV (z.B. bei Direktgeschäften) keine Stammkunden.

b) Intensivierter Altkunde

Zur Gleichstellung mit neu geworbenen Stammkunden ist eine erhebliche Umsatzsteigerung mit bereits vorhandenen Kunden erforderlich. Dabei wird häufig in den HV-Verträgen der Prozentsatz vereinbart, ab dem die Steigerung der Umsätze mit einem Altkunden diesen ausgleichsrechtlich einem neu geworbenen Stammkunden gleichstellt. Bei einer Umsatzsteigerung von 100% besteht kein Zweifel, im übrigen hängt es von der Branche ab, wobei die Erhöhung der Menge bisher gelieferter Ware genügt (BGHZ 56 S. 242).

c) Ursächlichkeit der Tätigkeit des Handelsvertreters für die Stammkundenwerbung

Hier genügt die Mitursächlichkeit (BGH WM 1998 S. 25).

KG, HVR 397: Der Bezirks-HV war auf Messen gemeinsam mit einem anderen Bezirks-HV tätig, wobei die neuen Kunden gemeinsam geworben wurden. Das genüge für die Feststellung, dass der klagende HV durch seine Mitarbeit auf der Messe in seinem Bezirk neue Stammkunden geworben habe.

d) Beweislast für die Prognose des Gerichts

Der HV muss die Voraussetzung seines Ausgleichsanspruchs nach § 89b Abs. 1 Nr. 1 bis 3 im Prozess darlegen und beweisen, allerdings nur insoweit, als Tatsachen für die Prognose des Richters erforderlich sind. Der HV braucht z.B. nicht nachzuweisen, wie viele Nachbestellungen die von ihm geworbenen Stammkunden nach Vertragsende bei dem U tatsächlich aufgegeben haben (BGH NJW-RR 1991 S. 1050). Hat nach allem der HV dem Grunde nach den geltend gemachten AA nachgewiesen, kann er nicht abgewiesen werden, weil es an einer ausreichenden Schätzung der Unternehmervorteile (§ 89b Abs. 1 Satz 1 Nr. 1) fehlt. Vielmehr ist zu prüfen, ob bei Anwendung des § 287 Abs. 2 ZPO eine hinreichende Schätzung für einen in jedem Fall gegebenen Mindestausgleich möglich ist (BGH NJW 2000 S. 1413 = DB 2000 S. 967). Es handelt sich somit um eine Schätzung der hypothetischen Entwicklung der nächsten Jahre (i.d.R. vier bis fünf Jahre) bei unterstellter fortdauernder Tätigkeit des HV. Die dem Urteil zugrunde zulegende Prognose ermöglicht es, den bei Vertragsende fällig gewordenen Ausgleichsanspruch der Höhe nach in absehbarer Zeit zu ermitteln. Umstände, die im Zeitpunkt der Entstehung und Fälligkeit des Ausgleichsanspruchs, d.h. bei Vertragsende, noch nicht abzusehen waren, müssen deshalb unberücksichtigt bleiben (s.o. IV 1.a). Es wäre verfehlt, dem U die Offenbarung der tatsächlichen Entwicklung nach Vertragsende aufzugeben, weil der Gesetzgeber ihn dazu nicht verpflichtet, sondern sich entschieden hat, die Prognose anhand der Entwicklung bis zum Vertragsende genügen zu lassen.

2. Prognose der „erheblichen Vorteile" des Unternehmers (§ 89b Abs. 1 Nr. 1)

Die Bemessung des Ausgleichs erfordert somit eine tatrichterliche Prognose der tatsächlichen Verhältnisse auf der Grundlage, wie sie bei Beendigung des HV-Vertrages abzusehen waren (BGH, HVR 796; BGH NJW-RR 2000 S. 109). Der U hat bei Vertragsende die Chance, die vom HV neu geworbenen Stammkunden weiter zu beliefern und sich dadurch weiterhin Umsätze – i.d.R. auch Vorteile – zu sichern. Deshalb kommt es nicht darauf an, ob er diese Chance nutzt, sodass i.d.R. auch wenn der U keinen Gewinn erwirtschaftet, von einem Vorteil i.S.d. § 89b auszugehen ist, da ohne den geworbenen Kundenstamm das Betriebsergebnis noch negativer ausgefallen wäre.

Eine Doppelbelastung des U mit Kosten steht dem AA des HV nicht entgegen. Die „erheblichen Vorteile" i.S.d. § 89b Abs. 1 Nr. 1 vermindern sich nicht etwa dadurch, dass der U dem Nachfolger des HV Provisionen aus den Nachbestellungen der vom HV geworbenen Stammkunden bezahlen muss. Der Gesetzgeber ist bei dem Ausgleichsanspruch von einer sich zwangsläufig ergebenden Doppelbelastung des U mit dem Ausgleichsanspruch des HV und mit der Provision für den Nachfolger-HV ausgegangen.

Die Dauer der Geschäftsbeziehungen des U mit dem vom HV neu geworbenen Stammkunden, die der Prognose des Richters als Grundlage dienen, wird – wie oben ausgeführt – von den Gerichten i. d. R. mit vier bis fünf Jahren angesetzt.

OLG Frankfurt – HVR 428: Welcher Zeitraum zugrunde zulegen sei, habe im Gesetz deshalb nicht festgelegt werden können, weil die Kundenfluktuation in jeder Brache verschieden sei.
Um eine annähernd sichere Grundlage zu haben, sei daher von Fall zu Fall zu prüfen, in welchem Zeitraum Nachbestellungen der vom U neu geworbenen Stammkunden zu erwarten seien, d. h. wie lange die Geschäftsverbindung mit ihnen erwartungsgemäß fortgesetzt werden könne. Ein Zeitraum von fünf Jahren könne als überschaubare Zeitspanne gelten.
BGH, HVR 1040: Die Berechnung des AA des Kfz-Vertragshändlers hat der BGH jeweils einen fünfjährigen Prognosezeitraum zugrunde gelegt in der Annahme, das durchschnittliche Nachkaufintervall liege im Neuwagengeschäft erfahrungsgemäß bei fünf Jahren. Sollte dieses allerdings nunmehr auf sechs bis acht Jahre angestiegen sein, stünde weder das Gesetz, noch die bisherige Rechtsprechung der Berücksichtigung einer entsprechend längeren Zeitspanne für die Bemessung des Prognosezeitraums und – spiegelbildlich – für die Ermittlung der ausgleichsrelevanten Mehrfachkundengeschäfte nicht entgegen. Das gilt nicht nur für Vertragshändler, sondern auch die Berechnung des Ausgleichsanspruchs anderer Absatzmittler und kann anhand des tatsächlichen Nachkaufverhaltens bestimmt werden.

Wenn der U im Rahmen seiner kaufmännischen Entschließungsfreiheit und nicht willkürlich den Betrieb einstellt, ist das bei der Berechnung des Ausgleichsanspruchs zu berücksichtigen. Beim Verkauf seines Unternehmens wird der U allerdings i. d. R. den übertragenen Kundenstamm im Kaufpreis vergütet bekommen, sodass ihm ein Vorteil i. S. d. § 89b Abs. 1 Nr. 1 verbleibt (BGH NJW 1996 S. 1752, zur Veräußerung eines Unternehmens nach Beendigung des Eigenhändlervertrages; BGH WM 1977 S. 115 zum Kooperationsvertrag des U mit einem anderen U, der die Kunden übernimmt). Wenn der Erwerber des Unternehmens nur am

Betrieb und an dessen Produktionskapazität interessiert ist, nicht aber an der Belieferung der bisherigen Kunden, zahlt er – nachweislich – für den Kundenstamm kein Entgelt, sodass es an einem Unternehmervorteil i.S.d. § 89b Abs. 1 Nr. 1 fehlt (BGHZ 49 S. 39). Bei Liquidation des Unternehmens aufgrund eines bindenden Auflösungsbeschlusses des Mutterkonzerns besteht kein Ausgleichsanspruch des HV, denn mit der Betriebseinstellung entfällt für den U jede Möglichkeit, aus dem vom HV geworbenen Kundenstamm für sich Nutzen zu ziehen. Ob der Konzernmutter aus der vom HV geschaffenen Geschäftsverbindung ein erheblicher Vorteil verbleibt, ist für den Ausgleichsanspruch unerheblich, denn dieser besteht ausschließlich gegenüber dem Vertragspartner des HV (OLG München NJW-RR 1989 S. 163, 164; ebenso BGH NJW 1986 S. 1931, der offen lässt, ob ein Ausgleichsanspruch deshalb bestehen könnte, weil die Schwestergesellschaft des U die von dem HV geworbenen Kunden weiter mit den Produkten des U beliefert. Damit würde der U unter Veränderung des Vertriebssystems die vom HV geschaffenen Kundenbeziehungen weiter nutzen und zieht damit aus dem für einen anderen U geschaffenen Kundenstamm unmittelbare Vorteile mit der Folge, dass ein AA entsteht.

Bei Änderung des Vertriebsweges, der Umstellung der Vertriebsorganisation usw. ergeben sich besondere Schwierigkeiten:

OLG Frankfurt – HVR 458 = DB 1973 S. 212: Der U hat wegen der Änderung seines Vertriebssystems in Form der Belieferung von Groß- und Einzelhändlern (statt bisher über HV an Endverbraucher) keinen direkten Vorteil von den vom HV geworbenen neuen Kundenstamm mehr. Aber der erlangte Marktvorteil geht dem U nicht gänzlich verloren, sondern bleibt ihm insoweit erhalten, als der bisherige Kundenstamm seine Produkte jetzt über Groß- und Einzelhändler bezieht. Nur die rechtliche Gestaltung der jeweiligen Vertragsbeziehungen, nicht aber der wirtschaftliche Nutzen hat sich geändert.
BGH NJW 1984 S. 2695: Bei Änderung des Vertriebssystems durch Belieferung von Apotheken über den Großhandel statt wie bisher direkt an den Kunden: Bei der gebotenen wirtschaftlichen Betrachtungsweise ist es als ausreichend für die Annahme erheblicher Vorteile aus Geschäftsbeziehungen mit neu geworbenen Apotheken anzusehen, dass unmittelbare Geschäftsverbindungen zu den später vom Großhandel belieferten Kunden bei Beendigung des Vertragsverhältnisses bestanden und sich diese Vorteile für

den U daraus ergeben, dass die Kunden, wenn auch über Dritte, seine Waren weiterhin abnehmen.

3. Prognose der dem Handelsvertreter entstehenden Provisionsverluste

Die Vorteile des U aus dem vom HV geschaffenen Kundenstamm müssen zwar nicht notwendig den Provisionsverlusten des HV entsprechen, jedoch sind die Tatbestände der Nr. 1 und 2 deutlich und nach dem Gesetzestext unverkennbar aufeinander bezogen. Zwischen den Vorteilen des U und den Provisionsverlusten des HV steht deshalb ein enger Zusammenhang. I. d. R. schätzt das Gericht deshalb, dass Unternehmervorteile und Provisionsverluste des HV gleich hoch sind (BGH NJW 1990 S. 2889 ff.; MüKo/ von Hoyningen-Huene, § 89 b Rz. 124).

a) Begriff des Verlustes von Provisionsansprüchen des HV

Unter § 89b Abs. 1 Nr. 2 fallen ausschließlich dem HV entgehende Abschlussprovisionen einschließlich Mehrwertsteuer (s. o. 1a), nicht jedoch die Verwaltungsprovision, die nur für die Berechnung des Höchstausgleichs nach § 89b Abs. 2 heranzuziehen ist (BGH NJW 1998 S. 66 = BB 1997 S. 2607 = DB 1997 S. 2268 zur Abgrenzung zwischen werbender und verwaltender Tätigkeit des Tankstellen-HV; BGH zur Abgrenzung zwischen vermittelnder und verwaltender Tätigkeit des Vertragshändlers; HVR 1140). Wenn mit dem HV als Vergütung für seine Akquisitionstätigkeit Fixum und Provision vereinbart worden war, ist bei wirtschaftlicher Betrachtungsweise auch das Fixum bei Feststellung des Provisionsverlustes i. S. d. § 89b Abs. 1 Nr. 2 mit einzubeziehen. Da sich der Begriff des „Verlustes" des HV auf den Kundenstamm bezieht, kommt es nicht darauf an, ob der HV mit Gewinn gearbeitet hat. Das Gesetz unterscheidet zwei Fallgruppen:

Zum einen geht es um Provisionen aus den bereits „abgeschlossenen Geschäften", die der HV infolge der Beendigung des Vertragsverhältnisses verliert. Ob darunter auch Überhangprovisionen fallen, d. h. Provisionen i. S. d. § 87 Abs. 1 und Abs. 3, die bei Vertragsende aufschiebend bedingt entstanden waren, aber erst nach

Vertragsende ausgeführt worden sind, hängt weitestgehend von der vertraglichen Vereinbarung ab.

Enthält der HV-Vertrag eine Regelung, wonach mit Vertragsbeendigung die vom HV vermittelten Geschäfte, die der U bisher nicht ausgeführt hatte, nicht provisionspflichtig sind, handelt es sich um eine wirksame Ausschließung, also einen wirksamen Ausschluss der Überhangprovisionen. Da ansich der Provisionsanspruch – aufschiebend bedingt durch die Ausführung – bereits entstanden war, sind diese Geschäfte in die Berechnung des nach § 89 b Abs. 1 Nr. 2 aufzuführende Geschäfte bei der Ermittlung des Rohausgleichs einzubeziehen. Erhält der HV dagegen die ihm zustehende Überhangprovision, nachdem der U das Geschäft ausgeführt und der Kunde bezahlt hat, fehlt es an dem Erfordernis eines Provisionsverlustes (so auch MüKo/von Hoyningen-Huene, § 89 b Rz. 86; a. A. Küstner/Thume, Bd. 2 Rz. 694, die in jedem Fall die Überhangprovisionen in die Rohausgleichsberechnung einbeziehen wollen, soweit es sich um Geschäfte mit ausgleichsfähigen Stammkunden handelt, da es sich um Provisionsverluste aus „künftig zustande kommenden Geschäften" handele. Wegen der zwingenden Regelung des § 89 b Abs. 1 Nr. 2 Alt. 1 ist die praktische Wirkung eines vertraglichen Ausschlusses der Zahlung sog. Überhangprovisionen stark eingeschränkt).

Zum anderen genannt sind entgehende Chancen künftiger Abschlüsse mit Stammkunden (Regelfall der Alt. 2 des § 89 b Abs. 1 Nr. 2). Grundlage der Ausgleichspflicht ist die bereits erörterte Hypothese des Fortbestehens des Handelsvertreterverhältnisses, verbunden mit der Annahme, dass der Handelsvertreter seine Stammkunden weiter bearbeitet, auch wenn die Akquisition vertraglich durch einen Dritten zu erfolgen hat (BGH NJW 1998 S. 1070 = HVR 794).

Ist der HV im sog. Rotationssystem (s. o.) tätig, entsteht kein Provisionsverlust, weil er mit den von ihm geworbenen Kunden ohnehin nicht mehr in Kontakt steht, sondern einen anderen Einsatzbereich bearbeitet und damit keine Stammkunden wirbt. Deshalb könnte bei strikter Anwendung des § 89 b Abs. 1 Nr. 2 auch kein Ausgleichsanspruch in Betracht kommen. Der BGH hält diese Folgerung als mit der Regelung des § 89 b Abs. 4 Satz 1 für unvereinbar (BGH NJW 1999 S. 2668 = HVR 859) und spricht auch dem im Rotationssystem tätigen HV einen Ausgleichsanspruch zu, allerdings in sehr beschränktem Umfang, da der BGH von der Fiktion ausgeht, dass der HV lediglich diejenigen Bereiche, die er im letzten Jahr seiner Tätigkeit bearbeitet hatte, bei Fortsetzung des HV-Vertrages weiter betreut hätte. Damit berücksichtigt der BGH lediglich die im letzten Vertragsjahr vom HV neu geworbenen Kunden als ausgleichsfähige Stammkunden i.S.d. § 89b Abs. 1 Satz 1 Nr. 2, obwohl diese Kunden bisher wegen des Vertragsendes gar nicht nachbestellt haben. Diese m.E. mit dem § 89b, insbesondere dem § 89b Abs. 4 Satz 1, unvereinbare Fiktion führt in jedem Fall zu einem erheblichen Provisionsverlust, weil die geworbenen Stammkunden aus u.U. jahrzehntelanger vorausgehender Tätigkeit bei der Ausgleichsberechnung unberücksichtigt bleiben. Das Urteil des BGH hat deshalb erhebliche Kritik in der Literatur ausgelöst (Küstner/Thume, Bd. 2 Rz. 595; Schaefer NJW 2000 S. 320ff., der zurecht darauf hinweist, dass diese Berechnung des Rohausgleichs mit der Rechtsprechung des BGH zu den einzubeziehenden Vorteilen des U nicht in Übereinstimmung steht, wonach eine Vereinbarung zwischen U und HV vor Beendigung des HV-Vertrages, durch die der Ausgleichsanspruch des HV eingeschränkt wird, gegen zwingende Regelung des § 89b Abs. 4 verstößt). Deshalb sollten die in den vorangehenden Vertragsjahren von dem HV geworbenen Stammkunden in die Ausgleichsberechnung einbezogen werden, um sich nicht eines Verstoßes gegen § 89b Abs. 4 und damit einer ungültigen Ausgleichsberechnung auszusetzen. Schaefer, a.a.O., weist im Übrigen zurecht darauf hin, dass es der U im Rotationsbetrieb in der Hand habe, dem HV mehr oder weniger lukrative Werbegebiete mit mehr bzw. weniger Altkunden und entsprechenden potentiellen Neukunden zuzuweisen, ohne dass sich der HV dagegen wehren kann. Wenn man die Ausgleichsregelung im Rotationssystem nicht insgesamt für nichtig ansehen will, käme deshalb allenfalls die von der Literatur oben erwähnte Ausgleichsberechnung in Betracht, um der strengen Regelung des § 89b Abs. 4 Satz 1 gerecht zu werden.

b) Ursächlichkeit der Vertragsbeendigung für die Provisionsverluste des HV

Die Provisionen müssen dem HV infolge der Vertragsbeendigung entgehen (Hopt, § 89 b Rz. 27). Seitdem Rspr. und Gesetz (§ 89 b Abs. 3 Satz 1 Halbsatz 2 Alt. 2) darauf abstellen, dass die erforderliche Hypothese für die Berechnung des AA sich nicht nur auf eine Fortsetzung des Vertragsverhältnisses, sondern auch auf eine Fortsetzung der Tätigkeit des HV richtet (notwendig bei Tod, Arbeitsunfähigkeit, Invalidität des HV), kann auch bei Ausschluss jedes Kundenschutzes angenommen werden, dass der HV bei jeder Nachbestellung tätig geworden wäre (Küstner/Thume, Bd. 2 Rz. 688).

c) Für die Berechnung des Verlustes des Vertreters ist eine Prognose anhand des wirksam vereinbarten Provisionssatzes erforderlich

Wenn der Provisionssatz von dem U ohne vertragliche Ermächtigung einseitig – also unwirksam – herabgesetzt wurde, darf der Ausgleichsberechnung nicht der verminderte, sondern muss der vereinbarte Provisionssatz zugrunde gelegt werden. Das gilt auch dann, wenn die beim U verbliebenen Vertreter den verminderten Provisionssatz akzeptiert haben.

d) Mitnahme von Stammkunden zu anderen U

In diesem Fall kann sowohl der Vorteil des U, als auch der Verlust des Vertreters teilweise oder ganz entfallen. Die Berechnung sollte unter Billigkeitsgesichtspunkten gem. § 89 b Abs. 1 Nr. 3 erfolgen.

OLG Bamberg – HVR 450: Der Einfirmen-HV habe rund 75% der neugeworbenen Stammkunden zur Konkurrenz mitgenommen. Somit seien U-Vorteile und HV-Verluste nur noch bezüglich der restlichen 25% Stammkunden für einen überschaubaren Zeitraum (hier drei Jahre) in Ansatz zu bringen. Ebenso BGH, HVR 319.

Wenn der HV mehrere nicht konkurrierende U vertritt und seine bis Vertragsende neu geworbenen Stammkunden nach Vertragsende weiterhin mit nicht konkurrierender Ware anderer U beliefert, gewährt die Rechtsprechung Ausgleich in Höhe des erlittenen Provisionsausfalls im Ganzen, d.h. unter Berücksichtigung des Provisionsverdienstes vor und nach Vertragsende bei allen U.

e) Abzinsung des errechneten Verlustes des Vertreters

Von dem errechneten Verlustbetrag (aus mehreren Jahren künftig entgehender Provisionsverdienst) ist ein Abzug zu machen, weil der Ausgleichsanspruch ein Gegenwartswert ist, der dem HV bereits ab Vertragsende zusteht (BGH NJW-RR 1991 S. 484, 485 = DB 1991 S. 1325 = VersR 1991 S. 463). Die Gerichte nehmen beim Rohausgleich eine angemessene pauschale Abzinsung zugunsten des U vor, der durch die sofortige Zahlung benachteiligt wird. Die vom Gericht zu errechnende Abzinsung muss den U so stellen, als ob er nicht den gesamten Ausgleich bei Vertragsende gezahlt hätte, sondern in jährlichen Raten während der vom Gericht prognostizierten Dauer von vier bis fünf Jahren. Der BGH NJW 1991 S. 454 hat eine Abzinsung in Höhe von 8% bei einer Prognosedauer von fünf Jahren für angemessen gehalten. Die Auffassung, dass bei einem längere Zeit dauernden Prozess um einen Ausgleichsanspruch für die Prozessdauer keine Abzinsung in Betracht komme, wird vom BGH nicht geteilt (BGH NJW-RR 1988 S. 1061 = BB 1988 S. 2199; BGH NJW-RR 1991 S. 484). Der U muss ab Vertragsende gem. § 352, 353 5% bzw. 8% Fälligkeitszinsen zahlen, sowie u.U. Verzugszinsen gem. § 286, 288 BGB. Demnach wird die Höhe der Abzinsung durch die Prozessdauer nicht beeinflusst. Zwischenzeitlich wird i.d.R. die Abzinsung nach der mathematischen Methode Gillardon bevorzugt (Küstner/Thume, Bd. 2 Rz. 775). Da in vielen Fällen der Höchstbetrag des Ausgleichsanspruchs i.S.d. § 89 Abs. 2 niedriger ist als der errechnete Rohausgleich i.S.d. § 89b Abs. 1, dürfte in diesen Fällen eine genaue Berechnung der Abzinsung entbehrlich sein.

f) Beispiele für die Berechnung des Rohausgleichs

Mit der Einführung des Euro hat sich die Art der Berechnung nicht geändert.

8. Kapitel. Ausgleichsanspruch des Handelsvertreters

Beispiel 1 (BGH NJW 1999 S. 2668, 2670):
Auszugehen ist von den Provisionen, die der Kläger im letzten Vertragsjahr mit von ihm geworbenen Erstkunden erzielt hat. Diese belaufen sich nach den unangegriffenen Feststellungen des BerGer auf DM 27 751,46.
Für das Folgejahr nach Vertragsbeendigung hat das Berufungsgericht rechtsfehlerfrei festgestellt, dass 91% der Erstkunden zu Stammkunden werden, das ergibt einen Provisionsverlust in Höhe von DM 25 090,03.
Bei einem Prognosezeitraum von insgesamt sechs Jahren und einer Abwanderungsquote von jeweils 9% der Neukunden des Geschäftsjahres 1992/93 p.a. errechnen sich für die Folgejahre folgende weitere Provisionsverluste:

2. Folgejahr   DM 22 608,60
3. Folgejahr   DM 20 127,17
4. Folgejahr   DM 17 645,73
5. Folgejahr   DM 15 164,30
6. Folgejahr   DM 12 682,86

Das ergibt einen prognostizierten Provisionsverlust in Höhe von DM 113 318,70.
Abgezinst nach der vom Berufungsgericht angewandten Methode: DM 89 555,77 zzgl. 15% MwSt = DM 13 433,37.
Summe: DM 102 989,13. Dieser Betrag übersteigt den Höchstbetrag nicht.

Beispiel 2 (OLG Frankfurt – HVR 428):
Ausgangspunkt sind die Provisionseinnahmen des HV aus Geschäften mit den neuen Stammkunden während der letzten 12 Monate vor Vertragsende mit DM 90 039,75. Die künftigen Nachbestellungen dieser Stammkunden werden unter Berücksichtigung der jährlichen Abwanderungsquote geschätzt:
Im ersten Jahr nach Vertragsende mit 84% des letzten Jahres,
im zweiten Jahr nach Vertragsende mit 70% des letzten Jahres,
im dritten Jahr nach Vertragsende mit 53% des letzten Jahres,
im vierten Jahr nach Vertragsende mit 48% des letzten Jahres.
Das ergibt einen Verlust des HV von DM 230 000 (255% des letzten Jahres vor Vertragsende). Die Abzinsung für vier Jahre ist mit 16% anzusetzen (= DM 36 800). (Es verblieben DM 193 200, die über dem Höchstbetrag von DM 102 463 lagen).

Beispiel 3 (OLG Köln VersR 1986 S. 966 = HVR 388):
Der Anteil der vom Kläger neugeworbenen Stammkunden musste geschätzt werden. Die vom Kläger eingereichte Aufstellung gibt dazu ein konkretes Zahlenbild und zeigt die Fluktuation im Kundenstamm des HV-Bezirks auf. Es sind 90,8% Stammkunden und 9,2% Laufkunden. Auch wenn man diese

IV. Berechnung des Ausgleichs nach § 89 b Abs. 1

Quote von 9,2% noch erhöht, bleibt die Abwanderungsquote gering, die auf maximal 20% jährlich geschätzt wird.

1963 – vor Vertragsende –	80% von DM 58 841	=	DM	47 073
1964 – nach Vertragsende –	80% von DM 47 073	=	DM	37 658
1965 – nach Vertragsende –	60% von DM 47 073	=	DM	28 243
1966 – nach Vertragsende –	40% von DM 47 037	=	DM	18 829
1967 – nach Vertragsende –	0% von DM 47 037	=	DM	9 414
1968 – nach Vertragsende –	10% von DM 47 037	=	DM	4 707

geschätzter Provisionsverlust des HV   DM   98 851
abzüglich Abzinsung in Höhe von 20%
es verbleiben   DM   79 082

Es ist davon auszugehen, dass dem so berechneten Provisionsverlust des HV ein gleich hoher mutmaßlicher U-Vorteil gegenübersteht (der Abzug von 20% beim Ausgangsbetrag 1963 wurden zur Sicherheit übernommen).

Beispiel 4 (OLG Hamburg, HVR 509):
Bei der Prognose ist von dem Umsatz auszugehen, den der klagende HV 1974 für den U in seinem Bezirk erzielt hat; dieser beträgt DM 3.213 000. Die Abwanderungsquote wurde zunächst von beiden Parteien mit 2% jährlich angenommen. Der U hat sich für die später mit 20% behauptete Abwanderungsquote lediglich auf OLG Köln (VersR 1968 S. 969 = HVR 388) berufen. Das ist eine unzureichende Begründung. Somit war zu schätzen:

1975   DM   3 149 000;
1976   DM   3 086 000;
1977   DM   3 024 000;
1978   DM   2 964 000 Umsatz;

Summe der Umsätze 1957 bis 1978 (vier Jahre)   =   DM   12 233 000
Daraus 2,35% = DM 281 000 Provisionsverluste des HV.
Nach Abzug von 20% Abzinsung für vier Jahre verbleiben DM 225 000 als sog. Rohausgleich. (Diese Summe lag höher als der Höchstbetrag von DM 97 250 i. S. d. § 89 b Abs. 2).

Beispiel 5 (BGH NJW 1998 S. 1070 = BB 1998 S. 390):
Zum Fall eines Tankstellen-HV:
Letzte Jahresprovision (einschl. MwSt) DM 249 146, davon 90% Stammkundenumsatz abzüglich 8,75% Altstammkundenabsatz
= 81,25% Umsatz mit neuen Stammkunden   DM 202 431,12
davon 90% für werbende Tätigkeit   DM 182 188,99
× 200%   DM 364 376,00
abgezinst mit 6%   DM 323 234,15

8. Kapitel. Ausgleichsanspruch des Handelsvertreters

Dieser Betrag liegt über der durchschnittlichen Jahresprovision von DM 237 931,43 als Höchstgrenze gem. § 89 b Abs. 2.
Der BGH hat dabei den Abwanderungsverlust errechnet mit jährlich 20% des Ausgangsbetrages. Das ergibt einen Gesamtprovisionsverlust von 80% + 60% + 40% + 20% = 200%. Der BGH weist aber darauf hin, dass es keine allgemein gültige Formel für die Berechnung der Abzinsung gebe und jede Berechnung eines Abzinsungsbetrages zu einem Annäherungswert führe, der nach § 287 ZPO zu beurteilen sei. Deshalb verbiete es sich, den Abwanderungsverlust schematisch mit jährlich 20% und einem Prognosezeitraum von vier Jahren anzusetzen, wenn der U detailliert und unter Beweisantritt vorgetragen hat, dass der Umsatz mit den vom HV geworbenen Mehrfachkunden bereits im ersten Jahr nach Vertragsbeendigung auf die Hälfte zurückgegangen sei, weil der HV die Kunden nach Vertragsbeendigung mit Konkurrenzprodukten beworben habe (BGH NJW-RR 2000 S. 109). Diese Tatsache ist auch unter Billigkeitserwägungen zu berücksichtigen. Zu der Ermittlung der Abwanderungsquote vgl. auch Küstner/Thume, Bd. 2 Rz. 747 ff.

Beispiel 6 (OLG München, Urteil vom 16. 6. 2005 – HVR 1166):
Auszugehen ist von einer letzten Jahresprovision von netto € 36 125,90.
Halbjahr 2004 € 23 875,39
2003 hälftig € 12 250,51
Als Neukundenumsatz kann hiervon nur 20% berücksichtigt werden, da unstreitig der Klägerin von der Beklagten eine Kunden liste mit bereits bestehenden Kundenbeziehungen übergeben worden ist und die von der Klägerin aufgelisteten Neukunden nach dem nicht bestrittenen Vortrag der Beklagten maximal 20% ausgemacht hat. Die Altkundengeschäfte waren für die Beklagte nicht neu i. S. v. § 89 b HGB, jedenfalls hat die Handelsvertreterin dazu nichts konkretes vorgetragen.
Für das erste Jahr des Prognosezeitraums geht der Senat von einem Verlust von 50% aus. Diese Höhe ergibt sich aus den von der Klägerin selbst belegten Schwierigkeiten, die Neukunden nach dem Wegfall der speziellen Kollektion für die Beklagte zu erhalten. Für die restlichen vier Jahre des Prognosezeitraum schätzt der Senat den Abgang jeweils mit 25%. Dies ergibt einen Nettoverlust von € 11 021,22 (€ 3612,59, € 2709,44, € 2032,08, € 1524,06 und €1143,05). Entsprechend der von der Klägerin zutreffend gewählten Abzinsungsweise ergibt das einen Nettobetrag von € 9501,32.

4. Berücksichtigung aller Umstände der Billigkeit nach § 89 b Abs. 1 Nr. 3

Der HV kann nur einen Ausgleich verlangen, der „angemessen" ist und der „Billigkeit" entspricht. Von ihrer Funktion her gesehen vermag die Billigkeitsprüfung sowohl zur völligen Sperre eines Ausgleichs führen (z. B. kein Ausgleichsanspruch des Fiskus als Erben eines HV) als auch eine Korrektur der Berechnungsergebnis nach § 89 b Abs. 1 Nr. 2 bewirken. Bei der Berechnung des Ausgleichs sind zunächst die Unternehmervorteile und die Verluste des HV zu ermitteln, bevor geprüft wird, ob der AA der Billigkeit i. S. d. § 89 b Abs. 1 Satz 1 Nr. 3 entspricht. Nach absolut h. M. in Literatur und Rechtsprechung ist es daher unzulässig, den AA allein nach Billigkeitsgesichtspunkten zu ermitteln; erforderlich ist vielmehr die vorangehende Feststellung der Vorteile des U und der Verluste des HV bei Vertragsende. Vertragsfremde Umstände sind bei der Billigkeitsprüfung außer Acht zu lassen. Zu beachten sind nur Umstände, die mit dem konkreten Ausgleichsanspruch zusammenhängen. Ein Umsatzrückgang des U nach dem Ausscheiden des HV führt i. d. R. nicht zu einer Minderung des Ausgleichs aus Billigkeitsgründen. Nur wenn zu dem Umsatzrückgang besondere Umstände hinzutreten, für die der U darlegungs- und beweispflichtig ist, kann im Einzelfall der Ausgleichsanspruch aus Billigkeitsgesichtsgründen herabgesetzt werden (BGH NJW 1990 S. 2891). Die Rspr. hat folgende Fallgruppen herausgearbeitet:

a) Vertragsdauer und Vertragsgestaltung

Die Vertragsdauer wird allgemein nicht als Billigkeitskriterium angesehen. Auch günstige Vertragsbedingungen sind mehr oder weniger wertneutral. Da der AA ein abgewickeltes Vertragsverhältnis betrifft, besteht grundsätzlich kein Anlass, den Verdienst des HV aus anderen oder neuen HV-Verträgen nach Vertragsende zu ermitteln.

b) Persönliche, wirtschaftliche und soziale Lage des Handelsvertreters

Ebensowenig wie die wirtschaftlichen und sozialen Verhältnisse sind das Alter, der Gesundheitszustand, die Erwerbsfähigkeit und die weiteren Verdienstmöglichkeiten des HV bei der Billigkeitsprüfung zu berücksichtigen; a.A.: Hopt, § 89b Rz. 32, der eine Zahlung von Ausgleich ohne Provisionsverluste des HV für unbillig hält. Die Mitnahme und weitere Nutzung von Stammkunden ist in ihrer Auswirkung bereits nach § 89b Abs. 1 Nr. 1 und 2 zu berücksichtigen, sodass sich eine nochmalige Erfassung bei der Billigkeitsprüfung erübrigt. Auch andere Gesichtspunkte, die nach § 89 Abs. 1 Nr. 1 und 2 zu berücksichtigen sind, z. B. Modetrends nach Vertragsende Modetrends, Exportschwierigkeiten, Wandlungen im Käuferverhalten etc. –, können nur nach § 89b Abs. 1 Nr. 1 und 2, aber nicht mehr im Rahmen der Billigkeitsprüfung berücksichtigt werden.

c) Übernahme einer Konkurrenztätigkeit

Die sog. „Umdeckung" von Versicherungsverträgen durch einen VersV, der einen Teil des von ihm bearbeiteten Bestandes zu einem neuen Versicherer überwechseln lässt, ist unter Billigkeitserwägungen ausgleichsmindernd zu berücksichtigen (BGH VersR 1975 S. 807).

d) Hintergründe der Vertragsbeendigung

Soweit die Gründe, die zur Beendigung des HV-Vertrages geführt haben, von der Rspr. im Rahmen der Billigkeitsprüfung berücksichtigt werden, handelt es sich um Sonderfälle, wie die folgenden:

BGH BB 1958 S. 1108 = HVR 183: Der U hatte einen wichtigen Grund zur fristlosen Kündigung (vertragswidriger Wettbewerb des HV für ein Konkurrenzunternehmen); wegen des unerwarteten Todes des HV war es zu keiner Kündigung mehr gekommen. Der U wandte gegen den Ausgleichsanspruch der Witwe ein, dass der AA wegen der Vertragsverletzung verwirkt sei. Der BGH stellte fest, dass der angegebene Vertragsbruch des HV im Rahmen des § 89b zu berücksichtigen sei. Das Vorliegen eines schuldhaften Vertragsbruchs könne den Ausgleichsanspruch auch dann unmittelbar berühren, wenn der U deshalb keine fristlose Kündigung ausgesprochen; vgl. aber BGH NJW 1995 S. 1958: Ob der U das Vertragsverhältnis aus wichtigem Grund hätte fristlos kündigen können, ist für den Bestand des Ausgleichs ohne Belang, wenn das Vertragsverhältnis tatsächlich beendet war. Eine nicht mehr wirksam gewordene Kündigung des U aus wichtigem Grund geht deshalb ins Leere und kann zu keinem Ausschluss des Ausgleichsanspruchs führen, sondern ist nur noch im Rahmen der Billigkeitsprüfung gem. § 89 b Abs. 1 Nr. 3 zu berücksichtigen; vgl. oben zu II. 2. b) bb).

BGHZ 41 S. 129, 132 = DB 1964 S. 400 = HVR 312: Der HV war auf der Heimfahrt mit einem 19-jährigen Mädchen, das er seinen Pkw ohne Führerschein steuern ließ, tödlich verunglückt. Die Witwe stellte den Ausgleichsanspruch gegen den U, der sich auf § 89 b Abs. 3 Nr. 2 berief. Der BGH stellte fest, dass der HV sich keiner Verletzung der Vertragspflicht gegenüber dem U schuldig gemacht habe; auch ein strafbares Verhalten des HV (fahrlässige Tötung) sei nicht ohne weiteres ein Vertragsbruch. Somit komme eine entsprechende Anwendung des § 89 b Abs. 3 Nr. 2 nicht in Betracht.

BGHZ 45 S. 385, 388 = HVR 350: Bei Selbstmord des HV komme keine entsprechende Anwendung des § 89 b Abs. 3 Nr. 2 in Betracht. Vielmehr seien solche Fälle anhand der jeweiligen Umstände nach § 89 b Abs. 1 Nr. 3 zu beurteilen.

Die Dauer und der Umfang der Tätigkeit des HV für den U könnten dabei eine wesentliche Rolle spielen. Auch die Gründe und Umstände des Selbstmordes könnten von Bedeutung sein. Ob ausnahmsweise der Ausgleichsanspruch gekürzt werden könnte, wenn der U durch den plötzlichen Tod des HV in wirtschaftliche Schwierigkeiten geraten sei, brauche hier nicht entschieden zu werden.

e) Haftung des Handelsvertreters für Erfüllungsgehilfen im Rahmen des § 89 b Abs. 1 Nr. 3; Haftung für eigenes Verschulden

Der U kann nicht aus wichtigem Grund fristlos kündigen und sich auf § 89 b Abs. 3 Satz 2 berufen, wenn der HV nur im Rahmen des § 278 BGB für ein Verschulden eines Erfüllungsgehilfen haftet. Nur eigenes Verschulden des HV kann so schwerwiegend sein, dass es zum Ausschluss des AA nach § 89 b Abs. 3 Satz 2 führt. Das schuldhafte Verhalten eines Angestellten des HV ist im Rahmen der Billigkeitsprüfung zu würdigen. D.h., dass dem HV dann u. U. ein eigenes ausgleichsminderndes oder ausschließendes Verschulden gegenüber dem U angelastet werden kann, wenn er z. B. den Angestellten nicht überwacht oder dessen Verhalten sogar gebilligt hat.

f) Verdienst des Handelsvertreters nach Vertragsende; Anrechnung ersparter Kosten, verstärkte Eigenwerbung des Unternehmers

Wie bereits zu b) ausgeführt wurde, hat der Verdienst des HV nach Vertragsende (z. B. als Mehrfirmenvertreter) i. d. R. keinen Bezug zum bisherigen HV-Verhältnis und dem sich daraus ergebenden AA; lediglich eine weitere Nutzung der vom HV neu geworbenen Stammkunden beeinflusst die Berechnung nach § 89 b Abs. 1 Nr. 1 und 2 (s. o.). Auch ersparte Betriebskosten des HV rechtfertigen i. d. R. keine Schmälerung des AA, es sei denn, diese waren während der Vertragsdauer besonders hoch (BGHZ 41 S. 129, 155). Dabei gelten hälftige Betriebskosten im Verhältnis zum Provisionsverdienst noch als im üblichen Rahmen liegend. Wenn der U in einem das übliche Maß übersteigendem Umfang für die vom HV vertriebene Ware geworben hat, kann darin ein bei der Billigkeitsprüfung zu berücksichtigender Beitrag des U zur Ausweitung des Umsatzes des HV liegen Schröder, § 89 b Rz. 17 b). BGH BB 1979 S. 288 f.: Im allgemeinen sei davon auszugehen, dass die Arbeitslast des HV, seine Provision und die Unterstützung durch den U (Werbeaufwand usw.) in einem wohlabgewogenen Verhältnis zueinander stehen, sodass für eine zusätzliche ausgleichsmindernde Berücksichtigung der Werbeaufwendungen des U im allgemeinen kein Raum sei. Eine andere Beurteilung komme nur dann in Betracht, wenn der U darlege, dass außergewöhnliche Umstände dieses Verhältnis gestört hätten und dass es deshalb der Billigkeit entspreche, Abstriche vorzunehmen. Ebenso BGH NJW 1980 S. 652.

g) Anrechnung von freiwilligen Leistungen des Unternehmers für die Altersversorgung des Handelsvertreters

Da eine freiwillige Altersversorgung keinen Vergütungscharakter hat, ist sie nicht nach § 89 b Abs. 1 Nr. 1 und 2 bei der Berechnung des Rohausgleichs zu berücksichtigen. Es liegt aber auf der Hand, dass der U mit der Zusage einer Altersversorgung an einen HV oder VersV nicht nur eine freiwillige, zusätzliche Leistung aufbringen will, sondern dass er damit auch die Tätigkeit des HV belohnen und diesen an sich binden will. Daher wird auch im Rahmen der Billigkeitsprüfung nach § 89b Abs. 1 Nr. 3 eine Anrechnung auf den AA bejaht, vor allem, wenn diese freiwillige Altersversorgung mit Einverständnis des HV gebildet wurde und dieser sie ganz oder teilweise beleihen oder veräußern kann (OLG München – HVR 1164). Dabei wird i.d.R. eine Alters-, Invaliditäts- und Hinterbliebenensicherung miteinander verbunden, wobei der HV in Kauf nehmen muss, dass die versorgungsberechtigten Angehörigen vorversterben und er selbst nicht das 65. Lebensjahr erreicht. Der BGH (NJW 2003 S. 3350) hält es für rechtens und mit § 89b Abs. 4 vereinbar, wenn im HV-Vertrag vereinbart wurde, dass der HV mit der Geltendmachung des AA auf Leistungen aus der unternehmerfinanzierten Altersversorgung (Treuegeld) verzichtet. Wählt er dagegen das Treuegeld, kommt u.U. ein AA wegen der Anrechenbarkeit der freiwilligen Leistungen des U nicht mehr zum Zuge, sodass der HV bei Beendigung des HV-Vertrages vor der Wahl steht, welchen der Ansprüche er geltend machen will. Der gesetzliche Anspruch auf Ausgleich wird dadurch zwar nicht rechtlich, wohl aber tatsächlich berührt. Eine Anrechenbarkeit auf den AA bei Leistungen aus einer freiwilligen Altersversorgung des U entfällt, wenn die Versorgungsleistungen erst 21 Jahre nach dem Ende des HV-Vertrages fällig werden und keine Anrechnung auf den AA vereinbart worden war (BGH NJW 1994 S. 1350), zumal der Gesichtspunkt, dass eine Doppelbelastung des U durch eine von ihm finanzierte Altersversorgung und den AA vermieden werden soll (BGH NJW 2003 S. 1244) in einem solchen Fall entfällt.

Das OLG München (HVR 1164) hält es im Rahmen der Billigkeitsprüfung für entscheidungserheblich, dass der HV hinsichtlich der vom U finanzierten Altersversorgung mit der Anrechenbarkeit auf den AA einverstanden war und diese demnach zunächst selbst nicht als unbillig angesehen hat. Auch sei zu berücksichtigen, dass der HV die freiwillige Altersversorgung ganz oder teilweise veräußern oder beleihen konnte, sodass die Existenzsicherungsfunktion, die der AA auch habe, erhalten blieb. Das OLG sah deshalb den U, einen Versicherer, für berechtigt an, von dem Ausgleichsbetrag den Barwert der Lebensversicherung zzgl. der Zinsen die auf den von ihr finanzierten Prämienanteil entfielen, unter Billigkeitsgesichtspunkten abzusetzen.

Es ist also zu unterscheiden: Entweder erhält der HV im Zeitpunkt der Beendigung des Vertreterverhältnisses und der Ausgleichsberechnung bereits Ruhegeld oder Leistungen aus einem zu seinen Gunsten abgeschlossenen Versicherungsvertrag; dann ist der kapitalisierte Wert dieser Leistungen vom AA abzusetzen. Oder der Handelsvertreter hat die Voraussetzungen für die Versicherungsleistungen bei Vertragsende noch nicht erfüllt; dann sind die vom U geleisteten Beiträge zur Alterssicherung vom Ausgleichsanspruch abzusetzen, einschließlich der Zinsen, da nach Auffassung des OLG München (a. a. O. HVR 1164) die Zuschüsse während des bestehenden HV-Vertragsverhältnisses und damit vor der Fälligkeit des AA erbracht worden sind.

Bereits zuvor wurde durch das Gesetz zur Verbesserung der betrieblichen Altersversorgung (BetrAVG) vom 19. 12. 1974 (BGBl. I 3630) die Unverfallbarkeit und der Schutz vor Geldentwertung eingeführt, wobei das Gesetz auch auf Handelsvertreter anwendbar ist (BGH NJW 2003 S. 3350).

Wenn bei Beendigung des HV-Vertrages die Höhe des AA noch nicht festgestellt werden kann und der HV deshalb u. U. durch die Geltendmachung des AA die ihm günstigere Altersversorgung verliert, ist das nach Auffassung des BGH nicht zu beanstanden, da die Berechnung des AA in den Risikobereich des HV fällt. Deshalb ändert sich daran auch dann nichts, wenn der vom HV geltend gemachte AA sich als nicht bestehend erweist (BGH NJW 2003 S. 3350 f.). Der BGH begründet diese Auffassung mit der ausreichenden ein Jahr betragenden Überlegungsfrist des § 89 b Abs. 4.

V. Der gesetzliche Ausgleichsanspruch ist zwingendes Recht

§ 89 b Abs. 4 Satz 1: Der Anspruch kann im voraus nicht ausgeschlossen werden.

Das folgt auch dem Schutzzweck des § 89 b Abs. 4 Satz 1, der den HV vor der Gefahr bewahren will, sich aufgrund seiner wirtschaftlichen Abhängigkeit von dem U auf ihn benachteiligende Abreden einzulassen. Diese Gefahr besteht i. d. R. so lange fort, wie das Vertragsverhältnis tatsächlich andauert. Das wird besonders deutlich im Fall einer Änderungskündigung des U, oder wenn der HV durch die Einwilligung in einen AA-Ausschluss hoffen kann, doch noch eine Fortdauer des HV-Verhältnisses zu erreichen. Aus Gründen der Rechtssicherheit gilt die zwingende Vorschrift des § 89b Abs. 4 Satz 1 auch dann, wenn der HV im Einzelfall nicht schutzbedürftig ist. Daraus folgt umgekehrt, dass Abreden, durch die der AA eingeschränkt oder ausgeschlossen werden, wirksam sind, wenn sie nach Beendigung des HV-Vertrages oder in einer gleichzeitig den Vertrag beendenden Aufhebungsvereinbarung getroffen werden (St. Rspr. BGH NJW 1990 S. 2889ff. = DB 1990 S. 2264 = BB 1990 S. 1366 = NJW-RR 1991 S. 105; BGH NJW 1996 S. 2867 = BB 1996 S. 1734; OLG Köln – HVR 1163).

1. Völliger oder teilweiser Ausschluss des Ausgleichs im Vertretervertrag

Der seit 1.1.1990 bei der Auslegung der HV-Verträge zu berücksichtigende Art. 19 EG-Richtlinie wiederholt die bereits im deutschen HV-Recht geltende Regelung, dass für den HV nachteilige Vereinbarungen nicht vor Ablauf des Vertrages getroffen werden können. Deshalb ist Voraussetzung für eine wirksame vertragliche Beschränkung oder des vollständigen Wegfalls des AA die tatsächliche und rechtliche Vertragsbeendigung. Aus dem gleichen Grund ist z.B. der HV auch dann nicht gehindert, seinen gesetzlichen AA geltend zu machen, wenn für den HV-Vertrag die „Grundsätze" der Versicherer (vgl. Anhang) Inhalt des Vertrages geworden sind, da nicht auszuschließen ist, dass sich die „Grundsätze" hinsichtlich der Höhe des Ausgleichsanspruchs nachteilig für den HV auswirken könnten. Eine rechtswirksame Vereinbarung der Berechnung des AA nach den „Grundsätzen" ist deshalb nur nach Beendigung des HV-Vertrages möglich (st. Rspr. BGH VersR 1975 S. 807).

2. Verzicht des Vertreters auf den Ausgleichsanspruch

Ein solcher Verzicht ist sowohl bei Vertragsbeginn als auch während der Vertragsdauer unwirksam (§ 89b Abs. 4). Wirksam wäre, im Rahmen einer Aufhebungsvereinbarung eine mit dem Ende oder nach Beendigung des HV-Verhältnisses getroffene Regelung zwischen U und HV über die Ausgleichshöhe.

3. Abwälzungsvereinbarungen

Die auch nach bisherigem Recht möglichen sog. Abwälzungsvereinbarungen zwischen U und dem Nachfolger-HV sind zu unterscheiden von der neuen Regelung des § 89b Abs. 3 Nr. 3. Literatur (Schröder, § 89b Rz. 34d; MüKo/von Hoyningen-Huene, § 89b Rz. 186) und Rechtsprechung (BGH NJW 1985 S. 58ff.) sehen eine Vereinbarung, durch die der U seine Verpflichtung zur Zahlung eines Ausgleichs nach § 89b an den ausscheidenden HV auf den Nachfolgevertreter abwälzt, indem dieser die Zahlung an den Vorgänger leistet, für wirksam an, sofern dem HV die Möglichkeit gegeben wird, die Kunden im Bezirk aufgrund eines langfristigen Vertrages wirtschaftlich zu nutzen und so die geleistete Zahlung durch Provisionseinnahmen auszugleichen. Bei einer vorzeitigen Kündigung durch den U wäre dieser dann zur Erstattung eines ggf. durch Schätzung zu ermittelnden Anteils der seinerzeit an den Vorgänger gezahlten Abfindung verpflichtet. Eine Einbeziehung dieser gegen Zahlung übernommenen Kunden unter Billigkeitserwägungen in die Ausgleichsberechnung wird aber abgelehnt. Dagegen bedeutet der mit der Wirkung zum 1.1.1990 neu eingefügte § 89b Abs. 3 Nr. 3 eine Übertragung des Schuldverhältnisses im Ganzen, durch das auf Seiten des HV der Vertragspartner mit allen Rechten und Pflichten durch Vereinbarung mit dem U ausgetauscht wird, wobei allerdings mit Rücksicht auf § 89b Abs. 4 eine Vereinbarung hinsichtlich der Übernahme der Ausgleichszahlungspflicht erst nach Ende des Vertragsverhältnisses mit dem ausscheidenden HV wirksam getroffen werden kann (MüKo/von Hoyningen-Huene, § 89b Rz. 183, 184). Danach ist es als unabdingbare Voraussetzung für eine Nachfolgevereinbarung erforderlich, dass der Vertrag mit dem ausscheidenden HV beendet ist, um eine Doppelzahlung an den HV zu vermeiden, da dieser nicht sowohl einen AA von dem U als auch gleichzeitig eine Zahlung vom Nachfolger erhalten soll (Kiene NJW 2006 S. 2007).

Möglich wäre nach Vertragsende auch eine Vereinbarung zwischen den beiden HV derart, dass sich der ausscheidende und der nachfolgende HV auf einen bestimmten Betrag einigen, den der neue HV in Erfüllung des AA zahlt, womit dann keine Ansprüche mehr gegen den U seitens des ausgeschiedenen HV geltend gemacht werden. Wie diese Kunden rechtlich bei Beendigung des neu abgeschlossenen HV-Vertrages bei der Ausgleichsberechnung zu bewerten sind, ist streitig. Unter Billigkeitserwägungen sind sie m. E. – soweit noch bei Vertragsende vorhanden – den vom HV neu geworbenen Stammkunden gleichzustellen, soweit auch die übrigen Voraussetzungen für die Entstehung eines AA vorliegen. Davon zu unterscheiden ist eine Vereinbarung, die dem eintretenden HV die Erstattung des bereits von dem U an den ausgeschiedenen HV gezahlten AA auferlegt, die ebenfalls gültig ist (Kiene NJW 2006 S. 2007).

VI. Entstehung, Fälligkeit und Geltendmachung des Ausgleichsanspruchs

1. Entstehung des Ausgleichsanspruchs

Der AA entsteht als gesetzlicher Anspruch ohne weiteres Zutun des HV mit Vertragsende. Damit wird keine künftige Tätigkeit des HV abgegolten, sondern der dem U verbleibende Vorteil aus dem vom HV geworbenen Kundenstamm, sowie der den HV treffenden Verlust nach Vertragsende (BGHZ 24 S. 214, 217, 222 = DB 1957 S. 528; BGH NJW 1998 S. 66 = BB 1997 S. 2607).

2. Fälligkeit des Ausgleichsanspruchs

Der Zeitpunkt der Entstehung des Ausgleichsanspruchs bei Vertragsende wird allgemein auch als Zeitpunkt seiner Fälligkeit und Beginn der Geltendmachungsfrist angesehen (MüKo/HGB von Hoyningen-Huene § 89b Rz. 205; OLG Düsseldorf, HVR 944). Somit ist die vom U geschuldete Ausgleichszahlung nach §§ 353, 353 Abs. 2 am Tag nach Vertragsende mit 5% zu verzinsen. Nach in Verzugsetzung i. S. d. § 286 BGB muss der U dem Vertreter etwaigen höheren Verzugsschaden ersetzen (BGH NJW-RR 1991 S. 484, 485).

3. Einhaltung der Ausschlussfrist

Die Forderung auf Ausgleich aus dem gekündigten HV-Vertrag kann nach h. M. bereits vor seiner Beendigung durch den HV erhoben werden. Die Frist zur Geltendmachung beträgt ein Jahr nach Vertragsende (§ 89 Abs. 4 Satz 2). Sinn der Frist ist es, dem U alsbald Klarheit zu verschaffen, ob der HV einen Ausgleichsanspruch geltend machen will, damit der U die erforderlichen Dispositionen treffen kann, mit der Folge, dass der HV grundsätzlich nach Ablauf der Frist den Ausgleichsanspruch nicht mehr mit Erfolg streitig durchsetzen kann, es sei denn, der U hat durch sein Verhalten selbst zur Fristversäumung beigetragen und Anlass gegeben, dass die in seinem Interesse liegende Frist nicht eingehalten wurde (BGH NJW-RR 1987 S. 157 = BB 1987 S. 22 zu der damals noch geltenden Dreimonatsfrist. Die Jahresfrist zur Geltendmachung ist zu unterscheiden von der Verjährungsfrist. Ein rechtzeitig nach § 89 b Abs. 4 Satz 2 geltend gemachter Ausgleichsanspruch verjährt nunmehr seit Wegfall des § 88 innerhalb der seit 15. 12. 2004 anwendbaren Regelfrist von 3 Jahren, sofern der Anspruch bei Inkrafttreten des Anpassungsgesetzes noch nicht verjährt war (vgl. Kap. 12). Geltendmachung bedeutet, dass der HV dem U unmissverständlich mitteilt, er verlange den ihm zustehenden Ausgleich. Eine Bezeichnung des Anspruchs als Ausgleichsanspruch ist nicht erforderlich, es genügt vielmehr jede Erklärung, die deutlich macht, dass der HV den sich aus der Beendigung des Vertrages ergebenden Anspruch erhebt. Dabei ist weder eine besondere Form, noch eine Bezifferung in diesem Stadium erforderlich (OLG Düsseldorf – HVR 944). Aus Beweisgründen ist aber zu empfehlen, dass der HV seinen Ausgleichsanspruch schriftlich innerhalb eines Jahres anmeldet und Sorge trägt, dass die schriftliche Erklärung innerhalb der Jahresfrist auch zugegangen ist (§ 130 Abs. 1 BGB). Nach Versäumung der Frist ist eine Wiedereinsetzung grundsätzlich nicht möglich.

4. Auskunftsanspruch zur Bezifferung des Ausgleichsanspruch nach § 89b

Grundsätzlich kann der HV Auskunft oder Buchauszug nur zur Berechnung seiner Provisionsansprüche von dem U verlangen, einen Auskunftsanspruch des HV oder gar einen Buchauszug nur zur Vorbereitung des Ausgleichs lehnt die Rspr. ab.

5. Klage auf Ausgleichszahlung mit zunächst unbeziffertem Klageantrag

Aus Kostengründen kann es zweckmäßig sein, eine genaue Summe im Klageantrag zu vermeiden. Allerdings sind unbezifferte Klagen grundsätzlich unzulässig, so dass hier ein erhebliches Prozessrisiko liegt. Deshalb sollte zumindest die Größenordnung verbindlich im Klageantrag genannt werden, z.B. durch Angabe eines Mindestbetrages. Auf jeden Fall ist ein Antrag, wonach die Höhe des AA in das Ermessen des Gerichts gestellt wird, unzulässig.

6. Entscheidung durch Zwischenurteil über den Grund (§ 304 ZPO)

Die Teilung eines Prozesses dieser Art in eine Feststellung zum Grund (z.B. Schadensverursachung und/oder Verschulden) und zur Höhe des Schadens kann bei Unfallprozessen sinnvoll sein. Bei Prozessen um den Ausgleichsanspruch des HV ist die Rspr. und Literatur aus gutem Grund sehr zurückhaltend, zumal sich die Aufteilung des Prozessstoffes ungünstig auf die Prozessdauer auswirkt (BGH DB 1967 S. 1173 = VersR 1967 S. 703 = HVR 361; BGH DB 1982 S. 1771; MüKo/von Hoyningen-Huene, § 89b Rz. 224). Ein Grundurteil über den Ausgleichsanspruch hält der BGH nur dann für zulässig, wenn sämtliche Voraussetzungen des § 89b Abs. 1 vorliegen (BGH NJW 1982 S. 1757) und der U mit hoher Wahrscheinlichkeit nach Vertragsende erheblichen Vorteil aus der Geschäftsverbindung mit dem vom HV geworbenen Kunden hat (BGH NJW 1996 S. 848; BGH NJW 2000 S. 1413).

7. Beschränkter Umfang der Überprüfung eines Urteils in der Revision

Nach der Rspr. sind die Feststellungen der Tatsacheninstanzen zu den Voraussetzungen des AA tatsächlicher Natur, sodass sie in der Revisionsinstanz nur beschränkt überprüfbar sind. Das gilt auch in Bezug auf die Beurteilung, ob der U dem HV begründeten Anlass zur Kündigung gegeben hat, oder ob ein wichtiger Kündigungsgrund vorlag. Der Nachprüfung durch das Revisionsgericht unterliegen deshalb die Feststellungen des Tatrichters nur insoweit, als z. B. der Rechtsbegriff des wichtigen Grundes verkannt, wesentliche Tatsachenumstände übersehen oder unvollständig gewürdigt oder Erfahrungssätze verletzt wurden.

9. Kapitel

Ausgleichsanspruch der anderen Vertretergruppen nach § 89b Abs. 5, der Tankstellenvertreter, der Unter-/Handelsvertreter, der Vertragshändler und der Franchisenehmer

I. Ausgleichsanspruch der Versicherungsvertreter nach § 89b Abs. 5

Bei der Regelung des AA der VersV ist der Gesetzgeber davon ausgegangen, dass es in der Versicherungsbranche keine Stammkunden gibt, die jahrelang Nachbestellungen tätigen. Folgerichtig muss der Ausgleichsanspruch der Versicherungsvertreter eine andere Grundlage haben als die der Warenvertreter; diese wird in § 89b Abs. 5 genannt, nämlich der vom VersV geschaffene Bestand an neuen langfristigen Versicherungsverträgen, für die grundsätzlich nach § 87b Abs. 3 Satz 2 – modifiziert durch den Versicherungsvertretervertrag – Teilprovisionen gezahlt werden. Entsprechend der anderen Grundlage entfällt mit den Stammkunden die in § 89b Abs. 1 Nr. 1 und 2 für die Berechnung des Ausgleichs benötigte Hypothese, dass der ausgeschiedene HV nach Vertragsende neue Bestellungen der von ihm geworbenen Stammkunden vermittle.

§ 89b Abs. 5: „Die Absätze 1, 3 und 4 gelten für Versicherungsvertreter mit der Maßgabe, dass an die Stelle der Geschäftsverbindung mit neuen Kunden, die der Handelsvertreter geworben hat, die Vermittlung neuer Versicherungsverträge durch den Versicherungsvertreter tritt und der Vermittlung eines Versicherungsvertrages es gleichsteht, wenn der Versicherungsvertreter einen bestehenden Versicherungsvertrag so wesentlich erweitert hat, dass dies wirtschaftlich der Vermittlung eines neuen Versicherungsvertrages entspricht. Der Ausgleich des Versicherungsvertreters beträgt abweichend von Absatz 2 höchstens drei Jahresprovisionen oder Jahresvergütungen. Die Vorschriften der Sätze 1 und 2 gelten sinngemäß für Bausparkassenvertreter".

9. Kapitel. Ausgleichsanspruch der anderen Vertretergruppen

Keine Beendigung des Vertragsverhältnisses und damit auch kein Anspruch auf Ausgleich stellt die Übertragung einzelner, vom Versicherungsvertreter vermittelter Versicherungsverträge auf einen Makler dar bei im übrigen unveränderter Fortsetzung des Versicherungsvertretervertrages (BGH NJW 1994 S. 193). Darin liegt nach Auffassung des BGH (a. a. O.) keine ausgleichspflichtige Teilbeendigung des Versicherungsvertrages; ein Recht am Erhalt des von ihm vermittelten Versicherungsbestandes habe der VersV nicht. Das entspreche der vertraglichen Risikoverteilung der Parteien des Agenturvertrages in bezug auf Bestandsübertragungen infolge von Maklereinbrüchen, die ebenfalls zu einem Verlust von Folgeprovisionen des VersV ohne Ausgleich führen.

Trotz anderer Grundlage gilt auch für die VersV die Fallgruppengliederung des § 89 b Abs. 1 Nr. 2 mit

a) Verlust von Provisionen aus bereits vor Vertragsende abgeschlossenen Geschäften und

b) Verlust von Provisionen aus nach Vertragsende zustande gekommenen sog. Folgeverträgen (Abänderungen der Versicherungsverträge mit Altkunden).

Zu a: Ohne eine die gesetzliche Regelung abbedingende Vertragsklausel sind nach §§ 87 Abs. 1 Satz 1, 87 b Abs. 3 Satz 2 verdiente Provisionen auszuzahlen, sobald sie nach § 92 Abs. 4 unbedingt und fällig entstanden sind. Da grundsätzlich die Versicherer in ihren Versicherungsvertreterverträgen die Zahlung von Überhangprovisionen ausschließen, sodass – anders als bei Warenvertretern – nicht der Wegfall einer Verdienstchance aus dem geworbenen Stammkundenanteil abgegolten wird, sondern der Verlust bereits entstandener Provisionen. Da die sog. Einmal- und Erstprovisionen, meist im ersten Versicherungsjahr unbedingt und fällig und regelmäßig i. V. m. der Policierung des Versicherungsvertrages voll bevorschusst werden, fallen sie insoweit nicht unter die Verzichtklausel für Überhangprovisionen. Nach § 89 b Abs. 5 Abs. 1 Nr. 2 sind somit hauptsächlich alle Folgeprovisionen bei mehrjähriger Versicherungsdauer ab dem zweiten Versicherungsjahr auszugleichen. Soweit mit den Provisionen auch vermittlungsfremde Tätigkeiten des VersV abgegolten werden, trägt der U im Ausgleichsprozess die Darlegungs- und Beweislast dafür, dass und zu

I. Ausgleichsanspruch der Versicherungsvertreter nach § 89 b Abs. 5

welchem Anteil die Provisionen dazu bestimmt sind, vermittlungsfremde Tätigkeiten des Vertreters abzugelten (BGH DB 2005 S. 2131 = HVR 1136)

Zu b: An die Stelle der „künftig zustande gekommenen Geschäfte" des HV treten beim VersV die die vor Vertragsende vermittelten Versicherungsverträge nach Vertragsende aufstockenden und/oder verlängernden Folgeverträge. Im Gegensatz zu a) handelt es sich dabei um die bloße Chance späteren Verdienstes von Erhöhungs- und/oder Verlängerungsprovisionen, nicht um vor Vertragsende entstandene Provisionen.

1. § 89 b Abs. 5, Abs. 1 Nr. 1: Vorteil des Versicherers

Das Wort „neue Kunden" in Abs. 1 Nr. 1 ist für die VersV als „neue Versicherungsverträge" zu lesen, weil keine Stammkunden als Grundlage des AA des VersV in Betracht kommen. Abzugrenzen sind also nicht sog. Altkunden von sog. Neukunden, sondern Altversicherungsverträge, die vom Vorgänger des VersV vermittelt worden sind und für die dieser noch Überhangprovision oder Aufstockungs- und/oder Verlängerungsprovision erhalten hat (oder noch zu bekommen hat), und Neuversicherungsverträge während der Dauer des Versicherungsverhältnisses des ausgleichsberechtigten VersV. Der sog. Intensivierung eines Altkunden des U entspricht beim VersV die Intensivierung eines Altvertrages zum Neuvertrag (während der Dauer des Versicherungsverhältnisses), (z.B. durch erhebliche Prämienerhöhung). Die bloße Fortsetzung eines abgelaufenen Versicherungsvertrages zu gleichen Bedingungen stellt keine Intensivierung eines Altvertrages, sondern eine Vertragsverlängerung dar.

Im Ergebnis werden nach etwa fünf Jahren Tätigkeit eines neuen VersV viele „Altverträge" abgelaufen sein. Übrig bleiben nur ein oder mehrmals verlängerte „Altverträge", für die der Vorgänger noch Ausgleich verlangen kann.

Die oben erörterte Abgrenzung charakterisiert den „Vorteil des U" (Versicherers) i.S.d. § 89 b Abs. 5: Bei den sog. Überhangprovisionen des VersV besteht der Vorteil des Versicherers darin, dass er diese nach § 87 Abs. 1 Satz 1 erst aufschiebend bedingten Provisionen laut VersV-Vertrag einbehält (und der VersV sie verliert). Im übrigen würde der Versicherer die Provisionen für Erhöhung und/oder Verlängerung von Altverträgen ersparen, wenn er weder dem Vorgänger noch dem Nachfolger-VersV dafür Provisionen zu zahlen brauchte. Eine erneute Tätigkeit des Nachfolger-VersV steht dem nicht entgegen, weil die Mitursächlichkeit des Vorgänger-VersV genügt (BGHZ 59 S. 125).

2. § 89b Abs. 5, Abs. 1 Nr. 2: Verlust des Versicherungsvertreters

Die Worte „Verlust von Provisionsansprüchen aus Geschäften mit den von ihm geworbenen Kunden" in Abs. 1 Nr. 2 sind für den VersV wie folgt zu lesen: "Provisionsverluste aus bereits vor Vertragsende vermittelten Versicherungsverträgen" (sog. Überhangprovisionen).

OLG Frankfurt BB 1978 S. 728: der AA des Waren- und des VersV sei rechtlich unterschiedlich gestaltet. Beim HV solle der AA an die Stelle derjenigen Provisionsansprüche treten, die infolge der Beendigung des HV-Vertrages nicht mehr entstehen könnten, weil der HV die Möglichkeit verliere, Nachbestellungen, die sich aus dem von ihm geworbenen Kundenstamm ergäben, provisionsmäßig zu nutzen. Der AA des HV resultiere mithin aus der mutmaßlichen zukünftigen Entwicklung der vom HV bis zum Vertragsende hergestellten Geschäftsverbindung mit Stammkunden. Der AA des VersV hingegen trete an die Stelle bereits verdienter Provisionen, soweit deren Existenz infolge der Beendigung des VersV-Vertrages vernichtet werde. Der AA des VersV betreffe mithin nicht wie beim Warenvertreter den Wegfall einer Verdienstchance, sondern bereits entstandene Provisionsansprüche. Die Charakterisierung des OLG Frankfurt entspricht der ständigen BGH-Rechtsprechung (BGHZ 30 S. 98, 103; 34 S. 310, 316; MüKo/von Hoyningen-Huene, § 89b Rz. 244; Hopt, § 89b Rz. 86ff.).

Dazu kommen – aufgrund einer weiten Auslegung des Gesetzestextes – nach Vertragsende entstandene Provisionsansprüche des VersV anlässlich der Aufstockung und/oder Verlängerung von bereits vor Vertragsende vermittelten Versicherungsverträgen. Dabei handelt es sich lediglich um Abänderungsverträge i. S. d. § 305 BGB, die als „Nachtragsverträge" bezeichnet werden.

I. Ausgleichsanspruch der Versicherungsvertreter nach § 89 b Abs. 5

BGHZ 34 S. 310, 317f. = NJW 1961 S. 1059: § 89b Abs. 5 sei dahin auszulegen, dass dem VersV auch insoweit ein Ausgleich zu gewähren sei, als nach Vertragsende zustande gekommene Abschlüsse sich bei natürlicher Betrachtungsweise lediglich als Erweiterung (Summenerhöhung) oder als Fortsetzung (Verlängerung) von ihm bereits vermittelter Versicherungsverträge darstellten.
Ein solcher enger Zusammenhang rechtfertige es, die Vorteile des Versicherers aus dem Abschluss der genannten Nachtragsverträge als Vorteile anzusehen, die sich i.S.d. § 89b Abs. 1 Nr. 1 aus den vom VersV vermittelten früheren Versicherungsverträgen ergäben. Die Zahlung eines Ausgleichs dafür entspreche regelmäßig der Billigkeit.

Zu letztgenannter Fallgruppe zählen auch die Summenerhöhungsprovisionen bei sog. dynamischen Lebensversicherungen (oder „Aufbauversicherungen"). Die Entstehung solcher Provisionsansprüche des VersV nach Vertragsende hängt allerdings davon ab, dass die VN die jährliche Erhöhung der Versicherungssumme und der Prämien nicht ablehnen (vgl. BAG BB 1984 S. 1687; BAG DB 1985 S. 50). Eine weitere Einschränkung sieht das BAG darin, dass die Notwendigkeit der Nachbearbeitung der VN zwecks sich wiederholender Erhöhung der Versicherungssumme zu berücksichtigen sei, etwa durch eine zeitliche Begrenzung der Provisionszahlungspflicht. Da der VersV die Darlegungs- und Beweislast für die Voraussetzungen seines AA trägt, muss er für die Prognose, wie viele Aufstockungs- und/oder Verlängerungs-Folgeverträge nach Vertragsende zu erwarten sind, eine Aufstellung fertigen, in welchem Umfang solche Nachvertragsverträge während der Vertragsdauer bei seinem Bestand zu verzeichnen waren. Die bloße Berufung des VersV auf die Lebenserfahrung genügt nicht.
In der Praxis erweist sich die Berechnung des Ausgleichs des VersV als schwierig. Die Versicherer gehen davon aus, dass ihre VersV eine Berechnung des Ausgleichs nach den sog. Grundsätzen (s. Anhang III) wählen. In den VersV-Abrechnungen ab Vertragsende sind keine Gutschriften noch nicht unbedingt und fällig gewordener Provisionen (§ 92 Abs. 4) mehr aufgeführt; die Provisionsabrechnungen nach Vertragsende weisen i.d.R. nur Belastungen mit Provisionsvorschussrückzahlungsansprüchen des Ver-

sicherers aus. Mangels einer Provisionsabrechnung i.S.d. § 87c Abs. 1 kann der VersV die nach § 89b Abs. 5, 1 Nr. 2 auszugleichenden Überhangprovisionen nicht ohne weiteres beziffern.

Eine weitere Schwierigkeit folgt aus der Mischung von Abschluss- und Verwaltungsprovision bei den sog. Folgeprovisionen des VersV; alleine die erstere ist i.S.d. § 89b Abs. 5, 1 Nr. 2 ausgleichspflichtig. Wie oben bereits ausgeführt, zahlen Lebens- und Krankenversicherer sog. Einmalprovisionen (= Abschlussprovisionen) und keine Folgeprovisionen. Etwaige von Lebens- und Krankenversicherern ausnahmsweise geschuldeten Überhangprovisionen bereiten für die Ausgleichsberechnung keine Schwierigkeiten.

Die Sach-, Schadens-, HUK- und Rechtsschutzversicherer zahlen stets Teilprovisionen, d.h. sog. Erst- und Folgeprovisionen. Insbesondere die letzteren bestehen zum einen Teil aus Abschluss-, zum anderen Teil aus Verwaltungs-Provisionen. Nach ständiger Rechtsprechung des BGH ist aber allein die Vermittlung neuer Versicherungsverträge, ihre Aufstockung und/oder Verlängerung im Wege der Vertragsabänderung ausgleichspflichtig, nicht die laufende Verwaltungs- und Bestandspflegearbeit des VersV. Da i.d.R. die Provisionen in einem einheitlichen Provisionssatz zusammengefasst werden, muss im Streitfall der ausgleichsfähige Anteil an Vermittlungsprovision nach st. Rspr. durch Schätzung ermittelt werden, wobei es nicht auf die Berechnung ankommt, sondern darauf, inwieweit in der als Verwaltungsprovision bezeichneten Vergütung tatsächlich Teile einer Vergütung für die Vermittlungs- und Abschlusstätigkeit enthalten sind (BGH WM 2004 S. 1483). Die Rechtsprechung neigt dazu, bei gleicher Höhe von Erst- und Folgeprovisionen die Erstprovision voll, die Folgeprovision mit 50% als Abschlussprovision einzuschätzen. Wenn die Erstprovision erheblich höher bemessen ist als die Folgeprovisionen, sollen die Erstprovisionen voll, die Folgeprovisionen mit $^1/_3$ als Abschlussprovision gelten. Wenn die Provisionssätze der Abschlussprovision diejenigen der Verwaltungsprovision weit übersteigen, was typisch für eine Einmalprovision ist, spricht das dafür, dass damit die Vermittlungsleistung vollständig abgegolten ist (BGH WM 2004 S. 1483), d.h., es fehlt an einem ausgleichsfähigen Bestandteil der Provision.

I. Ausgleichsanspruch der Versicherungsvertreter nach § 89 b Abs. 5

3. Grundlagen der Prognose des Gerichts

Für die Prognose (s. o.) muss auch beim VersV geklärt werden, welche Bestandsdauer bei den ausgleichsfähigen Erweiterungen und/oder Fortsetzungen durch Folgeverträge als wahrscheinlich zugrunde zulegen ist. Hierfür ist der VersV darlegungspflichtig. Das Gericht kann auch Erfahrungswerte des jeweiligen Versicherungszweiges auswerten, wenn der klagende VersV keine derartigen Erfahrungswerte aus seinem Versicherungsbestand aufgezeichnet hat. Neben der Bestandsdauer ist auch die Häufigkeit von Aufstockungen und/oder Verlängerungen der Versicherungsverträge im Verhältnis zum gesamten Versicherungsbestand als Grundlage der Prognose mitzuteilen.

4. Billigkeitsprüfung

Bei der Billigkeitsprüfung im Rahmen der Ausgleichsberechnung bei VersV haben die Ruhegeldzulagen und der Abschluss entsprechender Versicherungsverträge zugunsten des VersV besonderes Gewicht (s. o.; vgl. auch Küstner/Thume, Bd. 2, Rz. 1052). Da VersV-Anfänger oft eine längere Einarbeitungszeit i. V. m. einer Provisionsgarantievereinbarung benötigen, machen die Versicherer einen etwaigen von ihnen ausgebuchten Unterschuss unter dem Gesichtspunkt des § 89b Abs. 1 Nr. 3 als Abzug geltend. Die Rechtsprechung tendiert dahin, solche Abschläge anzunehmen, die u. U. den nach § 89 Abs. 1 Nr. 1 und 2 errechneten Ausgleich aufzehren können.

5. Höchstbetrag des Ausgleichsanspruchs der Versicherungsvertreter nach § 89b Abs. 5 Satz 2

Die Obergrenze beträgt drei Jahresbruttoprovisionsverdienste, errechnet nach § 89b Abs. 2 als Durchschnitt aus der Einjahresprovision der letzten fünf Vertragsjahre vor Vertragsende multipliziert mit drei; (Hopt, § 89b Rz. 94). Die Erhöhung der Obergrenze i. S. d. § 89b Abs. 2 erschien dem Gesetzgeber erforderlich, weil die ab Vertragsende einbehaltenen Überhangprovisionen oft einen Jahresbruttoprovisionsverdienst übersteigen können (z. B. der Folgeprovisionen für vermittelte Schadens-, HUK- und Rechtsschutzversicherungsverträge mit mehrjähriger Laufzeit). Auch bei VersV sind für den Höchstbetrag alle (neben den Abschlussprovisionen) bezogenen Vergütungsarten, u. a. Verwaltungsprovisionen, einzubeziehen.

6. Abwälzungsvereinbarungen

Wenn der auf diese Weise einen Versicherungsbestand übernehmende neue VersV die den Versicherer begünstigende Staffelung in Ziff. I, 2 der „Grundsätze" vermeiden will, bedarf es einer vertraglichen Regelung dahin, dass ihm die Vertragszeit seines Vorgängers angerechnet wird.

7. Der Ausgleichsanspruch und die „Grundsätze" unter dem Gesichtspunkt des § 89b Abs. 4

Die Grundsätze stellen einen zwischen dem Gesamtverband der Deutschen Versicherungswirtschaft e. V. und dem Bundesverband Deutscher Versicherungskaufleute e. V. sowie dem Bundesverband der Geschäftsstellenleiter der Assekuranz e. V. ausgehandeltes pauschaliertes Berechnungsschema dar (Küstner/Thume, Bd. 2, Rz. 263). Zu den Grundsätzen s. u. Anhang II. und III. Die Grundsätze wollen den bei VersV gegebenen Sonderverhältnissen stärker als es durch § 89b Abs. 5 geschieht, Rechnung tragen und insbesondere die Schwierigkeiten vermeiden, die sich in diesen Fällen bei der Errechnung des AA ergeben können (BGH VersR 1975 S. 807).

Die Auffassung, dass die „Grundsätze" einen Handelsbrauch i. S. d. § 346 darstellen, der die Berechnung des AA bestimme, hat sich nicht durchgesetzt. Nach einer in Literatur und Rechtsprechung häufig vertretenen Auffassung handelt es sich bei den Grundsätzen um AGB (Hopt, § 89b Rz. 96; BGHZ 55 S. 45, 51 = BB 1971 S. 105 = DB 1971 S. 185 = HVR 425; die aber für die Gerichte nicht maßgebend sind. Allerdings stellt die h. M. darauf ab, dass die „Grundsätze" wegen ihrer Qualität (Sicherheit der Berechnung) einer Ausgleichsberechnung nach § 89b vorzuziehen sind (OLG Düsseldorf VersR 1979 S. 837). In der Praxis wird deshalb überwiegend nach den Grundsätzen abgerechnet, da die Berechnung wesentlich einfacher als nach dem Gesetz ist; letztere bleibt aber möglich.

§ 89b Abs. 5 will lediglich einen mindestens zu zahlenden Ausgleichsbetrag sichern. Ohne die Überhangprovisionenverzichtsklausel und bei vertraglicher Bestimmung des Abschlussprovisionsanteils (z. B. 40% oder 35% bei den Folgeprovisionen) gäbe es keine nennenswerten Berechnungsschwierigkeiten für den AA nach § 89b, weil die Überhangprovisionen nach § 87c Abs. 1 vom Versicherer abzurechnen wären. In die „Grundsätze" sind zusätzliche Wertungselemente eingebaut (z. B. ein Zeitfaktor), die sich in § 89b nicht finden. Diese führen zum Teil zu einem höheren Ausgleichsbetrag, häufig aber auch zu einem niedrigeren als die Berechnung nach § 89b, besonders bei Versicherungsvertreterverträgen von kürzerer Dauer. In letzteren Fällen bleibt die Differenz wegen des zwingenden § 89b Abs. 4 einklagbar. Das OLG Celle – HVR 1041 hält neuerdings eine Vereinbarung, wonach der AA nach den „Grundsätzen" berechnet werden soll, wegen Verstoßes gegen § 89b Abs. 4 für unwirksam. Die Abrechnung nach den „Grundsätzen" führe nämlich regelmäßig zu einem niedrigeren AA als eine Berechnung nach den gesetzlichen Regeln und stelle somit einen Teilverzicht dar. Dem ist m. E. nicht zu folgen, denn es bleibt dem VersV unbenommen, seinen AA zusätzlich nach dem Gesetz zu errechnen. Nur der Ausschluss einer Berechnung auf der Grundlage des § 89b im VersV-Vertrag verstieße gegen die zwingende Regelung § 89b Abs. 4, wonach der AA im voraus nicht ausgeschlossen – und auch nicht eingeschränkt – werden kann.

II. Ausgleichsanspruch der Bausparkassenvertreter

In § 89b Abs. 5 Satz 3 ist die durch die Rspr. bereits sichergestellte Anwendung der Ausgleichsregelung auf BauspV ausdrücklich geregelt.

1. Ausgleichsfähige Zweitabschlüsse des Bausparers

Da der Gesetzestext so wie ihn die Rspr. hinsichtlich der sog. Überhangprovisionen auslegt, auf die BauspV nicht anwendbar ist,

9. Kapitel. Ausgleichsanspruch der anderen Vertretergruppen

weil diese eine sog. Einmalprovision in Höhe der Abschlussgebühr bereits mit der ersten Beitragszahlung des Bausparers erhalten, ist die Auslegung des Abs. 5 für die BauspV der Rspr. überlassen. Die Abgrenzung der ausgleichsfähigen Ergänzungsverträge von sonstigen Zweitabschlüssen führt zu folgendem Ergebnis: Ebenso wie bei den VersV ist auch bei den BauspV ausschließlich der Verlust von Abschlussprovisionen ausgleichsfähig, nicht aber der Verlust von Verwaltungs-, Inkassoprovisionen etc., die nur für die Berechnung der Obergrenze i. S. d. § 89b Abs. 2 zählen. Ausgleichsfähig sind nur die vermittelten neuen Verträge, die noch nicht voll vergütet sind, sodass der VersV bzw. der BauspV einen Provisionsverlust erleidet, außerdem zustande gekommene Ergänzungsverträge, die in einem engen wirtschaftlichen Zusammenhang mit den vermittelten Erstverträgen stehen und somit als deren Erweiterung oder Verlängerung der Erstverträge anzusehen sind, soweit sie demselben Bausparbedürfnis wie der Erstvertrag dienen. Dagegen sind nach absolut h. M. Zweitabschlüsse, die nicht demselben Bausparbedürfnis dienen, nicht in die Ausgleichsberechnung einzubeziehen (MüKo/von Hoyningen-Huene, § 89b Rz. 248).

BGHZ 34 S. 138f.: Zweitabschlüsse eines Bausparers, die nicht mehr demselben Bausparbedürfnis dienen, sondern z. B. einem weiteren Bauvorhaben desselben Bausparers oder dem von diesem neu gefassten Plan, eine Hypothek auf seinem inzwischen bebauten Grundstück abzulösen, werden für den AA des ausgeschiedenen BauspV regelmäßig nicht zu berücksichtigen sein. Anders, wenn der Bausparer die Vertragssumme erhöht, weil er inzwischen leistungsfähiger geworden ist, seine Ansprüche sich vermehrt haben, oder auch weil die Lebenshaltungskosten und Baupreise gestiegen sind. In solchen Fällen ist es unerheblich, ob die Vertragserweiterung äußerlich in die Form eines Zusatzvertrages oder eines selbständigen neuen Bausparvertrages gekleidet ist. Entscheidend ist nicht die äußere Form, sondern der enge wirtschaftliche Zusammenhang mit dem vor Vertragsende abgeschlossenen Bausparvertrag.

BGHZ 59 S. 125, 127 = NJW 1972 S. 1664 = DB 1972 S. 1960 = HVR 461: Der enge wirtschaftliche Zusammenhang zwischen einem von dem BauspV während seiner Vertragszeit vermittelten Vertrag und einem später zustande gekommenen Folgevertrag wird nicht dadurch ausgeräumt, dass der Nachfolger-BauspV sich um das Zustandekommen des neuen Vertrages bemüht und dafür vom U Provisionen erhalten hat. In diesem Fall kann die frühere Tätigkeit des ausgeschiedenen BauspV mitursächlich für den neuen Vertrag sein, und damit ein enger wirtschaftlicher Zusammenhang bestehen. Dieser ist regelmäßig nur anzunehmen, wenn der Zweitvertrag demselben Bausparbedürfnis dient. Bausparverträge von Verwandten des Bausparers sind in keinem Falle ausgleichsfähig.

Die Abgrenzung kann im Einzelfall schwierig sein, weil die Motive des Bausparers beim Abschluss eines neuen Vertrages häufig weder der Bausparkasse noch dem BauspV erkennbar sind. Die Darlegungspflicht des BauspV wird aber dadurch erleichtert, dass gerade im Bauspargeschäft meist statistisches Material vorhanden ist, das für eine Schätzung nach verwertet werden kann.

2. Grundlage der Prognose des Richters

Wie beim VersV ist auch beim BauspV zu klären, für welche Zeit die sog. Zweitabschlüsse den während der Tätigkeit des BauspV vermittelten Bausparverträgen nach Vertragsende noch zugerechnet werden können (d.h. i.d.R. vier bis fünf Jahre). Die Berechnung des AA: BGHZ 59 S. 125, 127: Der Zeitraum von vier Jahren, für den das Berufungsgericht ab Vertragsende ausgleichsfähige Provisionsverluste des BauspV aus Nachtragsverträgen angenommen hat, ist nicht zu beanstanden. Ebenso die Erhöhung der eingesetzten Ausgangszahlen um 25% zwecks Berücksichtigung der nach Vertragsende ansteigenden Konjunktur. Die vom BGH für die Prognose des Gerichts empfohlene Methode der Schätzung wird in der Rspr. angewandt.

3. Billigkeitsprüfung

Diese folgt unter den oben erörterten Gesichtspunkten.

4. Höchstbetrag des Ausgleichsanspruchs der Bausparkassenvertreter nach § 89b Abs. 5 Satz 2

Insoweit wird auf die Ausführungen zum AA des VersV verwiesen.

5. Ausgleichsanspruchs der Bausparkassenvertreter und die „Grundsätze" der Bausparkassen

S. u. Anhang III. Auch hier ist der Auffassung des BGH zu folgen, dass die Berechnung des AA nach dem Gesetz (§ 89b) durch die „Grundsätze" nicht ausgeschlossen wird. Beide Berechnungen sind möglich.

III. Ausgleichsanspruch der Tankstellenvertreter

1. Tankstellenvertreter ist Handelsvertreter

Mit der Zuordnung der TankstV zu den HV i. S. d. §§ 84 ff. ist die Anwendung des § 89b auf sie verbunden. Das gilt auch für TankstV mit einer Selbstbedienungstankstelle (BGH BB 1985 S. 352; BGH BB 1985 S. 353; BGH NJW-RR 1988 S. 1061, 1062). Nach der BGH-Rechtsprechung genügt für die in § 89b Abs. 1 Nr. 1 geforderte Kundenwerbetätigkeit, dass der TankstV für die Schaffung des Kundenstammes mitursächlich gewesen ist, indem er die Tankstelle offen hält und den Kraftstoff bereit hält (BGH NJW 1988 S. 66 = BB 1997 S. 2607).

2. Nachweis über die Zahl der Stammkunden

Stammkunden im Tankstellenbereich sind die Kunden, die innerhalb eines überschaubaren Zeitraumes nachgetankt haben. Im Tankstellengewerbe gehören auch die Kunden zu den Stammkunden, die zwei oder drei Stammtankstellen haben, auch wenn sie ihren Bedarf möglicherweise nicht gleichmäßig an den verschiedenen Stammtankstellen decken, denn nach allgemeinem Sprachgebrauch ist Stammkunde nicht nur der Kunde, der Waren einer bestimmten Art ausschließlich aus einer einzigen Quelle bezieht. Wer mehreren Bezugsquellen die Treue hält, wird dadurch nicht zum Laufkunden, unabhängig davon, ob er eine oder mehrere dieser Quellen häufiger in Anspruch nimmt als die anderen (BGH NJW 1998 S. 66). Den für den Ausgleichsanspruch notwendigen Nachweis über Zahl und Umsatz der Stammkunden führte TankstV früher durch Benennung seiner Stammkunden als Zeugen. Der BGH hat es aber für ausreichend angesehen, wenn das Gericht den genannten Stammkundenumsatz im letzten Jahr vor Vertragsende nach § 287 Abs. 2 ZPO schätzt. Das geschah zunächst durch die schriftliche Befragung der Kunden, zunehmend aber durch Kundenbefragungen im Rahmen statistischen Materials (MAFO-Studie) und durch Auswertung der elektronischen Erfassung der Abrechnungsvorgänge, die die Unterscheidung von Stammkunden und Laufkunden anhand der ausgedruckten Zahlungsbelege und ihrer Auswertung ermöglicht (BGH BB 2002 S. 2151 = HVR 1031; BGH, HVR 1032). Auch die Inhaber von Kundenkarten, die das Mineralölunternehmen ausgegeben hat, sind als vom TankstV geworbenen Kunden anzusehen, da die Tätigkeit des Tankstellenbetreibers mindestens mitursächlich für eine Geschäftsverbindung zwischen dem Kunden und dem U geworden ist (BGH NJW-RR 2002 S. 1548 = HVR 1031; BGH, HVR 1032). Schwierigkeiten bereitet die Schätzung des Stammkundenanteils, soweit der Tankstellenbetreiber zusätzlich eine Waschstraße und/oder einen Getränkemarkt betreibt. Auch insoweit kann ein Kundenstamm für das Mineralölunternehmen geworben werden, sodass ein AA entsteht. Grundsätzlich hält der BGH es für rechtens, bei der Ausgleichsberechnung zu differenzieren und für jeden Betriebszweig den ausgleichsfähigen Stammkundenanteil zu berechnen und die Teilbeträge dann zu einem Gesamtanspruch zu addieren (BGH, HVR 1063).

3. Richterliche Prognose des Stammkundenumsatzes der TankstV nach Vertragsende

Der BGH geht nach wie vor von einer Prognose von vier Jahren voraussichtlich andauernder Geschäftsbeziehungen nach Vertragsende bei einer jährlichen Abwanderungsquote von 20% aus (BGH, HVR 1063; BGH NJW-RR 2002 S. 1548). Anderweitige Einkünfte des TankstV nach Vertragsende führen meist nicht zu einem Abzug aus Billigkeitsgründen, wohl aber die Sogwirkung der Marke (s.o.), die der BGH je nach Sachlage schätzt (z.B. BGH NJW-RR 2002 S. 1548 mit 10%). Wenn der U behauptet, der TankstV habe Kunden zu einer neu von ihm eröffneten Tankstelle mitgenommen, ist er hierfür beweispflichtig. Falls sich ergeben sollte, dass tatsächlich Kunden in nicht unerheblichem Umfang mitgenommen wurden, hat das zur Folge, dass die dem U verbliebenen Vorteile entsprechend geringer sind (vgl. BGH, HVR 1032).

4. Abgrenzung von Abschluss- und Verwaltungsprovisionen

Ähnlich wie bei den VersV zwischen ihrer Tätigkeit durch Abschluss neuer Versicherungsverträge und ihrer Tätigkeit bei der Verwaltung des Versicherungsbestandes für die Berechnung des Ausgleichsanspruchs zu unterscheiden ist, verhält es sich bei dem TankstV. Dieser erhält Provisionen sowohl für werbende als auch für verwaltende Tätigkeiten. Ausgleich wird – wie auch bei anderen HV – nur für werbende Tätigkeit bezahlt, sodass die Provisionen für verwaltende Tätigkeit außer Betracht bleiben. Die Lagerung und Abgabe von Kraftstoffen, ebenso wie die Aufgaben „Überwachung/Pflege, Tanktechnik/Preissignalisation/Beleuchtung" und „Pflege der Tankstelle allgemein" sowie „Einstellung/Führung/ Überwachung der Mitarbeiter" rechnet der BGH zu den werbenden Tätigkeiten des Tankstellenhalters, da sie für die Schaffung eines Kundenstammes von Bedeutung seien und die sofortige Verfügbarkeit des Kraftstoffes nur durch Lagerhaltung und Auslieferung an der Tankstelle gewährleistet sei (BGH NJW 1998 S. 66; BGH NJW-RR 2002 S. 1548 = HVR 1031). Das Inkasso wird entgegen seiner früheren Rspr. nunmehr vom BGH auch als werbende Tätigkeit eingestuft (BGH NJW-RR 2002 S. 2151 = HVR 1031). Wenn der Tankstellenunternehmer, der den Vertrag formuliert hat, keine Aufteilung der Provisionen in werbende und verwaltende Tätigkeit vorgenommen hat, muss er im Streitfall über die Auslegung des von ihm geschaffenen Vertrages im einzelnen darlegen, welche Aufteilung der Provisionen in diese beiden Tätigkeiten nach dem Vertrag angemessen ist. Da der Tankstellenunternehmer die Provisionssätze im Vertrag vorgegeben hat, muss er auch über Erfahrungswerte darüber verfügen, wie sich die Provisionen aufteilen (BGH NJW-RR 1988 S. 1061 = BB 1988 S. 2199). Die Abgrenzung der verwaltenden von der werbenden Tätigkeit ist eine Rechtsfrage und damit durch die Gerichte nachprüfbar (BGH WM 1996 S. 1558.)

5. Billigkeitsprüfung nach § 89b Abs. 1 Nr. 3

Bei den Tankstellenhandelsvertretern ist ebenso wie bei anderen Warenvertretern eine Billigkeitsprüfung vorzunehmen, wobei die Sogwirkung der Marke eines Mineralölunternehmers, zu der der U durch hohen Werbeaufwand beigetragen hat, es rechtfertigt, den AA zu mindern, weil auch der TankstV von der Bekanntheit der Marke und dem dahinterstehenden Werbeaufwand des Mineralunternehmers profitiert (BGH NJW-RR 2003 S. 1340). Nicht zu berücksichtigen sind hohe Modernisierungskosten des U oder der Rückgang der Umsätze, zumal diese Tatsache bereits bei der Ermittlung der durch den Tankstellenbetreiber neu geworbenen Stammkunden berücksichtigt wurde (BGH, HVR 1063).

6. Tankstellenvertreter und Eigenhändlertätigkeit

Soweit der Tankstellenvertreter in dem von ihm betriebenen Tankstellenshop Waren verkauft, die von der Mineralölgesellschaft bezogen werden, ist er als Eigenhändler tätig. Wenn der TankstV darlegt und nachweist, dass er einen Anteil an Stammkunden im Shop geworben hat, die nicht mit dem Anteil der Tankstammkunden identisch sein müssen, steht ihm hierfür nach st. Rspr. Ausgleich zu.

7. Mehrwertsteuer und Abzinsung

Nach BGH (NJW 1998 S. 66) ist der Ausgleichsbetrag auch dann abzuzinsen, wenn er lange nach Fälligkeit oder gar erst nach Ablauf des Prognosezeitraumes tatsächlich bezahlt wird. Der Nachteil, den der Handelsvertreter durch die verspätete Zahlung erleidet, wird durch Fälligkeits-, Prozess- und Verzugszinsen ausgeglichen.

Die MwSt kommt dann hinzu, wenn die auf die Stammkunden entfallende Provisionssumme des letzten Jahres vor Vertragsende aus dem Nettoumsatz errechnet wurde, anderenfalls umfasst der

Gesamtbetrag für die im letzten Vertragsjahr gezahlten Provisionen bereits die Mehrwertsteuer (BGH, a.a.O.).

IV. Der Ausgleichsanspruch des Franchisenehmers

Zum Vertragstyp s.o. 1. Kapitel I. 5. Die Frage, ob einem Franchisenehmer in entsprechender Anwendung des § 89b ein AA zusteht, war umstritten und wurde zunächst von der h.M. in Literatur und Rspr. abgelehnt. In neuerer Zeit tendiert die Rspr. und ihr folgend die Literatur aber dazu, auch dem Franchisenehmer einen AA zuzubilligen, falls er wie ein HV in die Absatzorganisation des U eingegliedert und bei Vertragsende vertraglich verpflichtet ist, seinen Kundenstamm dem U zu überlassen (vgl. Flohr BB 2006 S. 389ff., 400; Küstner/Thume, Bd. 2, Rz. 148; MüKo/von Hoyningen-Huene, § 89b Rz. 24; LG Hanau – HVR 1175; LG Frankfurt/M. – HVR 1115).

V. Ausgleichsanspruch bei mehrstufigen Vertreterverhältnissen

Die in Kapitel 1 erörterte Trennung zwischen echten Unter-HV, die für einen HV/U tätig sind, und unechten Unter-HV, die für den gleichen U vermitteln wie ihr Betreuer-HV, muss auch für den AA beibehalten werden.

1. Der Handelsvertreter/Unternehmer mit echten Unterhandelsvertretern

Der AA dieser Unter-HV richtet sich gegen den HV/U, bei dem sie unter Vertrag stehen. Sie nehmen ebenso am AA des HV/U gegen den Warenhersteller teil wie während der Vertragsdauer an seinen Provisionsansprüchen gegen diesen Allerdings können AA und die zugrundeliegende Stammkundschaft des Warenherstellers je nach Vertragsende auf Seiten des HV/U, sowie der Unter-HV zu verschiedenen Zeitpunkten zu ermitteln sein. Das Risiko des AA-Verlustes kann verschieden gelagert sein: In gleicher Weise tragen beide (HV/U und Unter-HV) das Risiko z.B. der Insolvenz des Warenherstellers, seiner Produktionseinschränkung oder seiner Betriebsstillegung. Umgekehrt kann der HV/U seinen AA verlieren in den Fällen des § 89b Abs. 3 Nr. 1 Halbsatz 1 und 2, während der Unter-HV seinen AA gegen den HV/U behält.

Zum AA der Unter-HV beim Zusammenfallen beider AA: BGHZ 52 S. 5, 10–12 = BB 1969 S. 510f.: Der HV/U könne zwar die vom Unter-HV geworbene Stammkundschaft wegen der Kündigung der von ihm vertretenen zwei Warenhersteller nicht mehr nutzen. Ein erheblicher Vorteil des HV/U i.S.d. § 89b Abs. 1 Nr. 1 bestehe aber in seinem AA gegenüber den beiden Warenherstellern. Der Unter-HV habe dazu beigetragen, den Wert dieses AA zu erhöhen. Ebenso OLG Düsseldorf (NJW 1966 S. 888). Soweit der klagende Unter-HV jedoch ab Vertragsende als AiA eines der beiden Warenhersteller seinen bisherigen Kundenstamm weiter bediene, habe er keinen Provisionsverlust i.S.d. § 89b Abs. 1 Nr. 2.

2. Der Betreuerhandelsvertreter mit unechten Unterhandelsvertretern

Bei diesem Vertragstyp eines mehrstufigen HV-Verhältnisses steht von vornherein außer Zweifel, dass die Unter-HV, die mit dem Warenhersteller einen HV-Vertrag abgeschlossen haben, nach § 89b einen AA gegen diesen erwerben – ebenso wie sie die Provision direkt vom Warenhersteller bekommen. Der Betreuer-HV erhält für seine Betreuungstätigkeit vom Warenhersteller eine Superprovision (s.o.). Für die Frage, ob der Betreuer-HV einen AA erwerben kann, ist die rechtliche Einordnung seiner Superprovision entweder als Verwaltungsprovision oder als Abschlussprovision entscheidend. Der BGH wertet die Betreuungstätigkeit als Mitwirkung am Abschlussvermittlungserfolg seiner Unter-HV. Der Einwand, der U müsse den Ausgleich doppelt leisten, wenn sowohl die Unter-HV als auch der ihnen übergeordnete HV Ausgleich erhielten, ist nicht richtig. Die Superprovision ist nur ein Bruchteil der Provision der Unter-HV. Erst die Summe von Provision und Superprovision ergibt die Gesamtprovision, die der U so kalkuliert, dass sie von dem Erlös getragen werden kann. Es handelt sich somit nicht um doppelte Provisionszahlung, sondern wirtschaftlich um eine Gesamtprovision, die lediglich auf zwei HV in einem dem

U angemessen erscheinenden Verhältnis aufgeteilt wird. Der an beide HV zu zahlende Ausgleich kann deshalb nicht als doppelter Ausgleich angesehen werden.

VI. Zur entsprechenden Anwendung des § 89 b auf Vertragshändler

Der Kaufmannstyp des Vertragshändlers ist im HGB nicht geregelt. Da dieser dem Kaufmannstyp „Handelsvertreter" am nächsten kommt, wendet die Rspr. allgemein auf den Vertragshändler HV-Recht, also auch den § 89 b an, soweit sich die Beziehungen nicht in einer bloßen Käufer-/Verkäuferbeziehung erschöpfen, sondern der Vertragshändler so in die Absatzorganisation des Herstellers oder Lieferanten eingliedert ist, dass er wirtschaftlich in erheblichem Umfang einem HV vergleichbare Aufgaben zu erfüllen hat und bei Vertragsende dem Hersteller oder Lieferanten seinen Kundenstamm übertragen muss, damit dieser sich die Vorteile ohne weiteres nutzbar machen kann (st. Rspr. vgl. u.a. BGH NJW 2000 S. 1413 = DB 2000 S. 967; OLG Frankfurt – HVR 954; OLG Saarbrücken NJW 2003 S. 2838).

1. Ausgangspunkt für die Berechnung des Ausgleichsanspruchs

Die Rspr. geht davon aus, dass die ausgleichsfähigen Verluste des Vertragshändlers in den Rabatten bestehen, d. h. der Differenz zwischen dem Händlerverkaufs- und dem Händlereinkaufspreis. Um eine Vergleichbarkeit mit den Provisionen zu erzielen, ist es jedoch notwendig, die Teile des Rabatts herauszurechnen, die der Vertragshändler aufgrund seiner vom HV abweichenden Stellung für Leistungen erhält, die der HV üblicherweise nicht zu erbringen hat (st. Rspr.). Dazu gehört z.B. die Vergütung für das Absatz-, das Lager-, das Kredit- und das Preisschwankungsrisiko, sowie der Gegenwert für sonstige Kosten des Absatzes (BGH, HVR 1140). Weiter zählen dazu Preisnachlässe, variable Verkaufskosten für die Überführung und Herrichtung von Fahrzeugen, Zugaben, Kulanzleistungen, Gewährleistung, Produktwerbung, Halten von Vorführwagen. Diese Vergütungsbestandteile können auf verschiedene Weise ermittelt werden. Der BGH wendet eine zweistufige Methode an: Im ersten Rückführungsschritt wird der dem Vertragshändler eingeräumte Rabatt durch Ausklammern der händlertypischen Bestandteile auf das Niveau eines HV zurückgeführt und in einem zweiten Rückführungsschritt, in dem die der Provision eines HV für vermittlungsfremde, verwaltende Tätigkeiten entsprechenden Vergütungsbestandteile ausgesondert werden, sodass für die Vergütung für die werbende, vermittelnde Tätigkeit des Vertragshändlers übrig bleibt (st. Rspr. OLG Saarbrücken NJW 2003 S. 2838).

Wie der HV hat auch der Vertragshändler nur Anspruch auf Ausgleich für den Verlust von Geschäften mit prognostizierten Mehrfachkunden, die innerhalb branchenüblicher Zeit nachbestellen. Bei einem Kfz-Händler fallen darunter auch Geschäfte mit Ehegatten oder nahen Angehörigen des Fahrzeugkäufers (OLG Saarbrücken NJW 2003 S. 2838), sowie Eigengeschäfte aus Fahrzeugverkäufen an das Mietwagenunternehmen des Geschäftsführers des Vertragshändlers (OLG Frankfurt/M. – HVR 954) oder der Kauf einer anderen Automarke des gleichen Konzerns. Die Beweislast für die beim AA nicht berücksichtigungsfähige Vergütungsbestandteile des Grundrabatts trägt nach st. Rspr. der U.

Der Berechnung des AA des Vertragshändlers sind nach st. Rspr. des BGH die innerhalb des letzten Vertragsjahres auf den Leistungspreis gewählten Rabatte zugrunde zulegen, soweit sie sich auf Geschäfte mit neu vom Vertragshändler geworbene Stammkunden beziehen, wobei der Vertragshändler für die ausgleichspflichtige Stammkundeneigenschaft beweispflichtig ist (BGH NJW 2000 S. 1413 = DB 2000 S. 967).

2. Pflicht des Vertragshändlers, dem Warenhersteller die geworbene Stammkundschaft zu überlassen

Mit dieser Parallele zum HV-Recht als weitere Voraussetzung eines AA des Vertragshändlers scheiden Ansprüche solcher Vertragshändler ganz oder teilweise aus, die ihre Kunden behalten und lediglich zu einem anderen Warenhersteller überwechseln

(BGH NJW 1996 S. 2302). Welcher Tatsachenvortrag erforderlich ist, um den prozentualen Stammkundenanteil durch den Vertragshändler nachzuweisen, hängt vom Einzelfall ab. Dabei ist auch zu berücksichtigen, inwieweit der Vortrag der Gegenseite – d. h. hier des Herstellers oder Lieferanten – zu einer Präzisierung und Ergänzung der Sachdarstellung Anlass gibt. Es kann deshalb u. U. ausreichen, wenn der Vertragshändler vorträgt, 80% der Kunden seien als ausgleichsfähige Stammkunden anzusehen (BGH NJW 2000 S. 1413 = DB 2000 S. 967). Dabei kommt es nicht auf eine förmliche vertragliche Überlassungspflicht an, sondern darauf, dass der Vertragshändler im Wege einer tatsächlichen Überlassung (Nutzungsmöglichkeit) in Verbindung mit einem Verbleib des Kundenstammes beim Nachfolger des Vertragshändlers (sog. Kundenkontinuität) die Stammkunden dem Hersteller zugänglich gemacht hat (BGH NJW 1983 S. 1789, 1790).

3. Billigkeitserwägungen

Bei Vertragshändlern ist die Sogwirkung der Marke von besonderer Bedeutung. Dem häufigen Einwand der Hersteller, die Kunden folgten lediglich der Sogwirkung der Marke (Werbung des U), hält der BGH entgegen, dass neben der Markenwirkung des Herstellers auch die Werbung des Vertragshändlers einschließlich seiner Kundenbetreuung und Serviceleistung nicht bedeutungslos, sondern als mitursächlich für die Kaufentscheidung der Kunden zu gelten hätten. Die Wirkung der Marke ist aber unter dem Gesichtspunkt des § 89b Abs. 1 Nr. 3 zu berücksichtigen (BGH NJW 1996 S. 2302; ähnlich OLG Saarbrücken NJW 2003 S. 2838) mit der Folge, dass bei Vertragshändlern der Prozentsatz zur Kürzung des AA u. U. höher als bei einem HV ausfällt (Das OLG Saarbrücken a. a. O. hielt bei einem Kfz-Händler eine Kürzung von 15% vom errechneten AA für angemessen).

10. Kapitel

Vertragliches Wettbewerbsverbot für die Zeit nach Vertragsende (§ 90a)

§ 90a wurde aufgrund des Durchführungsgesetzes vom 23.10. 1989 zugunsten des HV neu gefasst, sodass ein schuldhaftes wettbewerbswidriges Verhalten des U nicht mehr sanktionslos bleibt. **Während der Vertragsdauer** muss sich der HV nach § 86 Abs. 1 im Rahmen der Interessenwahrungspflicht jedes Wettbewerbs mit dem U enthalten, auch ohne ausdrückliche Bestimmung im Vertrag. Die Bindung dauert bis zum Vertragsende. Der HV darf in dieser Zeit zwar eine andere Tätigkeit vorbereiten (s.u. 11. Kapitel), aber nicht auf den vermittelten Kundenstamm bzw. Versicherungsbestand des bisherigen U einwirken mit dem Ziel der nachvertraglichen Abwerbung für einen anderen U. **Für die Zeit nach Vertragsende** gilt der Grundsatz, dass der HV ohne ausdrückliche Vereinbarung frei ist, mit seinem bisherigen U in Wettbewerb zu treten, auch bezüglich der Kunden und in dem Bereich, in dem er den U vorher vertreten hat. Die Grenze sind die Regeln über den unlauteren Wettbewerb (BGH NJW 1993 S. 1786 = BB 1993 S. 818 = DB 1993 S. 1282). Nach Auffassung des BGH enthalten die §§ 90, 90a HGB und § 1 UWG ausreichende Regelungen und Schutzbestimmungen für die Rechtsbeziehungen zwischen HV und U. Wenn der U für längstens zwei Jahre eine Wettbewerbsenthaltung seines bisherigen HV herbeiführen will, muss er vor Vertragsende schriftlich mit diesem eine entsprechende Vereinbarung für die Zeit nach Vertragsende treffen (§ 90a Abs. 1 Satz 1). Ob das auch für ausländische HV gilt, ist umstritten (bejahend: MüKo/von Hoyningen-Huene, § 90a Rz. 5).

Der Anspruch des HV auf angemessene Entschädigung für dieses nachvertragliche Wettbewerbsverbot kann weder vertraglich abbedungen noch auf eine unangemessen niedrige Summe reduziert werden. Vielmehr steht dem HV für die Wettbewerbsenthaltung zwingend eine angemessene Entschädigung zu. Welche Höhe angemessen ist, bestimmt sich nach den tatsächlichen Voraussetzungen. Der Betrag wird i. d. R. nicht über der vertraglichen Vergütung liegen, denn sonst stünde der HV nachvertraglich unter dem Wettbewerbsverbot besser da als während des Vertrages. Die Vereinbarung einer höheren Vergütung ist aber zulässig. Hopt (§ 90 a Rz. 19) hält für das Wettbewerbsverbot auch eine Entschädigung, die nicht in Geld, sondern in anderen Vergünstigungen geleistet wird, für zulässig, z. B. durch Abschluss eines Vergleichs im Streit über die Berechtigung einer fristlosen Kündigung; ebenso BGH BB 1984 S. 235, der darauf hinweist, dass es sich bei einer derartigen Vereinbarung nicht um das gesetzliche, sondern um ein, wenn auch insoweit inhaltsgleiches, vertragliches Wettbewerbsverbot handelt.

I. Form, Zeitdauer und Umfang des Wettbewerbsverbots

Mit § 90 a Abs. 1 ist die Rechtsstellung des HV gegenüber dem U wesentlich verbessert worden, da sich die Wettbewerbsenthaltung nur auf die zur Vertretung des HV gehörenden Warengattungen, bzw. Versicherungs- oder Bausparverträge oder sonstigen Gegenstände erstrecken darf (Ankele DB 1989 S. 2211, 2213). Außerdem beschränkt sich das Wettbewerbsverbot auf den dem HV vertraglich zugewiesenen Bezirk bzw. Kundenkreis. Für Versicherungsvertreter und Bausparkassenvertreter, für die § 87 Abs. 2 nicht gilt, kann die geographische Reichweite im Einzelfall nach § 138, 242 BGB einzuschränken sein (Hopt, § 90 a Rz. 17). Die Rechtsprechung verlangt, dass die dem HV durch Vertrag auferlegten Bindungen grundsätzlich einem Bedürfnis des U entsprechen und den HV beruflich nicht übermäßig einengen. Deshalb ist ein generelles Verbot jedweder Nutzung von Kundenanschriften aus dem Gedächtnis nach dem Ausscheiden des HV unwirksam, da anderenfalls ein im Gesetz nicht vorgesehenes, unbefristetes, entschädigungsloses und umfassendes nachvertragliches Wettbewerbsverbot besteht (BGH NJW 1993 S. 1786; ebenso LG Leipzig, HVR 1176).

Häufig werden ausdrücklich Erweiterungen des Wettbewerbsverbots derart vereinbart, dass neben der Tätigkeit als HV eines Konkurrenz-U auch eine Tätigkeit als dessen Vertragshändler oder Gesellschafter ausgeschlossen wird. Dem Umfang der Wettbewerbsenthaltung hat die Höhe der Karenzentschädigung zu entsprechen.

Am weitesten reicht die Klausel, dass der HV „kein Konkurrenzunternehmen fördern" dürfe, d. h., dass er sich auch nicht als Angestellter betätigen dürfe: „... darf der HV zwei Jahre lang keine Artikel des Vertriebsprogrammes der Firma oder gleichartiger Artikel von konkurrierenden U weder verkaufen – (d. h. als selbständiger Händler oder Vertragshändler) – noch solche Verkäufe als HV oder Handelsmakler vermitteln. Er darf sich während dieser Zeit auch weder unmittelbar noch mittelbar an einem Konkurrenzunternehmen beteiligen oder dessen Vertrieb als AiA oder durch eine sonstige Angestelltentätigkeit fördern. Für jeden Fall der Zuwiderhandlung gegen das Wettbewerbsverbot ist eine Vertragsstrafe von € 5000 zu zahlen. Geltendmachung eines weiteren Schadens ist nicht ausgeschlossen".

Mit einer solchen Vereinbarung wird dem HV die künftige Berufsausübung praktisch unmöglich gemacht. Derartige Beschränkungen waren schon in der Vergangenheit unwirksam und widersprechen § 90a Abs. 1 Satz 2 Halbsatz 2.

II. Karenzentschädigung

Nach Vertragsende ist der HV grundsätzlich frei, mit dem U in Wettbewerb zu treten.
Eine vertragliche Vereinbarung über ein Wettbewerbsverbot nach Vertragsende ist nicht nur auf maximal zwei Jahre begrenzt, sondern muss vor Vertragsende getroffen werden unter Vereinbarung einer Entschädigung für die Dauer der Wettbewerbsenthaltung des HV. Ein vereinbarter Ausschluss der sog. Karenzentschädigung verstößt gegen § 90a Abs. 1 Satz 3 und ist nichtig (Zur steuerrechtlichen Behandlung der Karenzentschädigung bei teilweisem und bei vollständigem Wettbewerbsverbot vgl. Gschwendtner NJW 1997 S. 1685ff.).

10. Kapitel. Vertragliches Wettbewerbsverbot

1. Fälligkeit der beiderseitigen Leistungen

Die zwingend vorgeschriebene Entschädigung ist der wirksamste Schutz des HV gegen unbillige Beschränkungen seiner gewerblichen oder beruflichen Tätigkeit durch nachvertragliche Wettbewerbsabreden. Die Rspr. sieht den HV als vorleistungspflichtig an, d. h. er muss sich an das Wettbewerbsverbot halten, damit er die Gegenleistung des U („Entschädigung") verlangen kann. Damit ist nicht gemeint, dass der HV für die ganze Dauer des Wettbewerbsverbots von zwei Jahren vorleistungspflichtig ist. Die Parteien können Ratenzahlung vereinbaren. Dabei ist hinsichtlich der Ratenzahlungsabschnitte zu berücksichtigen, dass die Karenzentschädigung dem Lebensunterhalt des HV dienen soll. Eine Vereinbarung, nach der erst nach Ablauf der zweijährigen Wettbewerbsenthaltung die Karenzentschädigung ausbezahlt wird, erfüllt diesen Zweck nicht und ist unwirksam. Das gilt auch, wenn die Entschädigung jeweils zum Jahresende gezahlt werden soll. Denn der Gesetzeszweck, dem HV mit der Entschädigung den Lebensbedarf für die zweijährige Dauer der ihm auferlegten Wettbewerbsenthaltung zu sichern, wird durch die Verschiebung der Fälligkeit bis zum Ende jeden Jahres vereitelt. Andererseits wäre der U benachteiligt, wenn er seine Gesamtleistung als Äquivalent für die Unterlassung von Wettbewerb zu Beginn dieses Dauerschuldverhältnisses im voraus leisten müsste ohne zu wissen, ob der HV den Vertrag erfüllen wird. Da § 90a die Fälligkeit der beiderseitigen Ansprüche nicht regelt, erscheint eine vertragliche Vereinbarung, dass für die Dauer des Wettbewerbsverbots ein monatlicher bezifferter Betrag zu zahlen ist, angemessen.

2. Höhe der Karenzentschädigung

Im Gegensatz zu den §§ 74 Abs. 2, 74a Abs. 2, 74b bestimmt § 90a weder den Zahlungsmodus noch die Höhe der vom U geschuldeten Entschädigung; sie muss „angemessen" sein. Das Gesetz gestattet es den Vertragspartnern, die Höhe erst bei Vertragsende zu bestimmen, weil sich zur Zeit des Vertragsschlusses meist noch nicht übersehen lässt, welche die Höhe beeinflussenden Umstände bei Vertragsende zu berücksichtigen sind. Die Entscheidung wird i. d. R. nicht über der vertraglichen Vergütung liegen; eine entsprechende Vereinbarung wäre aber zulässig. Nach der Rechtsprechung ist der Anspruch des HV nach § 90a grundsätzlich abstrakt zu sehen, losgelöst von der zukünftigen konkreten Wettbewerbsfähigkeit des HV, der krank und erwerbsunfähig sein kann, oder der nach Vertragsende einen anderen Beruf ausübt usw. Auch in diesen Fällen wird die Unterlassungspflicht erfüllt und damit die Gegenleistung des U verdient. Auch die Höhe der Entschädigung wird durch derartige Umstände nicht berührt. Nach dem für alle gegenseitigen Verträge geltenden Äquivalenzprinzip ist der Wert des Wettbewerbsverzichts für den U einerseits und der Wert der zu vergütenden Belastung des HV mit gewerblichen oder beruflichen Beschränkungen andererseits gegenüberzustellen und bei der Bemessung der Höhe der Entschädigung zu berücksichtigen. Im Ergebnis muss danach der U auch ohne Einkommensverluste des HV und trotz dessen anderweitiger Verdienste nach Vertragsende für die früher getroffene Wettbewerbsabrede einen nach § 287 ZPO zu schätzenden Betrag zahlen (Hopt, § 90a Rz. 20).

III. Verzicht auf die Wettbewerbsenthaltung, Wegfall auf andere Weise

§ 90a Abs. 2: Der Unternehmer kann bis zum Ende des Vertragsverhältnisses schriftlich auf die Wettbewerbsbeschränkung mit der Wirkung verzichten, dass er mit dem Ablauf von sechs Monaten seit der Erklärung von der Verpflichtung zur Zahlung der Entschädigung frei wird.

Nach der ausdrücklichen Gesetzesregelung handelt es sich hierbei um ein einseitiges Recht des U; der HV ist an die Wettbewerbsvereinbarung gebunden. Wenn der U von der Möglichkeit eines Verzichts auf die Wettbewerbsvereinbarung Gebrauch macht, hat das zur Folge, dass der HV von der Wettbewerbsbeschränkung befreit wird und sich die Entschädigungspflicht für den U auf sechs Monate seit der Erklärung verkürzt (§ 90a Abs. 2). Wenn der U sechs Monate vor Vertragsende bereits auf das Wettbewerbsverbot verzichtet, entfällt eine Karenzentschädigung bereits zum Vertragsende. Der Verzicht ist bedingungsfeindlich und kann nicht zurückgenommen werden.

Wenn der U während der Dauer der Wettbewerbsabrede stirbt, endet die an seine Person gebundene Unterlassungspflicht, es sei denn, es handelt sich um eine juristische Person (AG oder GmbH). Ob das auch bei Insolvenz des U gilt, ist streitig, m. E. aber zu bejahen. Eine bereits geleistete Überzahlung der Karenzentschädigung ist nach §§ 812 ff. BGB zurückzuzahlen.

Das Wettbewerbsverbot erledigt sich auch dann, wenn der U während der Vertragsdauer seinen Betrieb einstellt oder das Betriebsprogramm so umstellt, dass es ganz oder teilweise keines Wettbewerbsverbots bedarf (Schröder, § 90a Rz. 11a).

IV. Vertragskündigung aus wichtigem Grund, Vertragsstrafe

§ 90a Abs. 3: Kündigt ein Teil das Vertragsverhältnis aus wichtigem Grund wegen schuldhaften Verhaltens des anderen Teils, kann er sich durch schriftliche Erklärung binnen einem Monat nach der Kündigung von der Wettbewerbsabrede lossagen.

Durch die mit dem HRefG geänderte Bestimmung sind jetzt bei einem vereinbarten Wettbewerbsverbot HV und U hinsichtlich der Folgen einer Kündigung aus wichtigem Grund gleichgestellt. Der aus wichtigem Grund Kündigende kann sich binnen eines Monats schriftlich von der Wettbewerbsabrede lossagen. Macht er hiervon keinen Gebrauch, ist er weiterhin an die vereinbarte Wettbewerbsbeschränkung gebunden. Das bedeutet, dass der kündigende U weiter zur Zahlung der Karenzentschädigung des HV für die Wettbewerbsenthaltung verpflichtet ist, wobei allerdings eine Minderung des Entschädigungsbetrages wegen des zur fristlosen Kündigung führenden Verhaltens des HV aus Billigkeitsgründen in Betracht kommt. Daneben kann der U seinen Schaden – z. B. entgangenen Gewinn – wegen des Umsatzrückgangs geltend machen. Da der Schaden häufig schwer zu berechnen und zu beweisen ist, werden in der Wettbewerbsabrede häufig Vertragsstrafen für jeden

Fall des Vertragsbruchs festgesetzt, die an den U zu zahlen sind (BGH NJW-RR 1995 S. 1243). Dementsprechend dürfte eine Vertragsstrafenvereinbarung mit einer hinreichend bestimmten Formulierung (z. B. „im Falle jeder Zuwiderhandlung zahlt der Vertreter X eine Vertragsstrafe in Höhe von € 5000") i. d. R. wirksam sein. Der Einwand, die Höhe der Vertragsstrafe stehe in keinem Verhältnis zum konkreten Schaden des U, wird durch die Druckmittelfunktion der Vertragsstrafe widerlegt. Ein etwaiger Rechtsirrtum des schuldhaft handelnden HV wird meist vermeidbar sein, sodass ein Vertragsbruch zwar nicht vorsätzlich, aber fahrlässig war (BGH VersR 1972 S. 1045).

Kündigt der HV aus wichtigem Grund wegen schuldhaften Verhaltens des U, verliert er den Anspruch auf Karenzentschädigung, wenn er sich binnen eines Monats nach der Kündigung von der Wettbewerbsabrede schriftlich lossagt. Mit Zugang seiner Erklärung bei dem U ist der HV nicht mehr an die Wettbewerbsabrede gebunden.

Das Recht, sich von der Wettbewerbsabrede loszusagen, setzt in jedem Fall eine fristlose Kündigung wegen schuldhaften Verhaltens des Vertragspartners voraus. Fehlt es daran, bleibt der HV an die vereinbarte Wettbewerbsenthaltung bzw. der U an die Pflicht zur Zahlung der Karenzentschädigung gebunden. Daneben kann der zu Unrecht fristlos Kündigende zum Schadensersatz verpflichtet sein.

11. Kapitel

Sonstige Ansprüche der Vertragspartner nach Beendigung des Vertreterverhältnisses

I. Zurückbehaltungsrecht des Handelsvertreters

Sinn und Zweck eines Zurückbehaltungsrechts ist es, dem Gläubiger ein Druckmittel zur Durchsetzung seiner Ansprüche an die Hand zu geben (BGH NJW 1995 S. 1552). Es ist zu unterscheiden zwischen dem allgemeinen Zurückbehaltungsrecht des BGB und dem kaufmännischen Zurückbehaltungsrecht; in beiden Fällen handelt es sich um gesetzliche Zurückbehaltungsrechte, die aber unterschiedliche Voraussetzungen haben.

1. Während der Vertragszeit

§ 88a Abs. 1: Der Handelsvertreter kann nicht im voraus auf gesetzliche Zurückbehaltungsrechte verzichten.

Ein allgemeines Zurückbehaltungsrecht wurde in § 273 BGB normiert:

§ 273 Abs. 1 BGB: Hat der Schuldner aus demselben rechtlichen Verhältnis, auf dem seine Verpflichtung beruht, einen fälligen Anspruch gegen den Gläubiger, so kann er, sofern nicht aus dem Schuldverhältnis sich ein anderes ergibt, die geschuldete Leistung verweigern, bis die ihm gebührende Leistung bewirkt wird (Zurückbehaltungsrecht).

Das kaufmännische Zurückbehaltungsrecht ist in §§ 369 ff. HGB geregelt und erfordert ein zwischen Kaufleuten geschlossenes beiderseitiges Handelsgeschäft. Das Zurückbehaltungsrecht des § 273 BGB gilt auch für Kaufleute.

§ 88a Abs. 1 stärkt die Stellung des HV dadurch, dass ein genereller vertraglicher Verzicht auf das genannte Zurückbehaltungsrecht im Voraus unwirksam ist. D.h., dass der Verzicht auf ein gesetzliches Zurückbehaltungsrecht erst dann in Betracht kommt, sobald es ausgeübt werden kann. Das ist z. B. der Fall, wenn der HV einen fälligen – u. U. bestrittenen – Provisionsanspruch gegen den U hat, auf den er sich gegenüber einer Provisionsrückbelastung und Zahlungsaufforderung des U berufen kann.

Eine Klausel in AGB für Versicherungsvertreterverträge, nach der der HV kein Zurückbehaltungsrecht an herauszugebenden Unterlagen hat, „soweit über die Ansprüche aus dem Vertretungsvertrag noch Meinungsverschiedenheiten bestehen", verstößt gegen § 88a Abs. 1, da damit bei ungünstiger Auslegung ein Zurückbehaltungsrecht des HV auch wegen fälliger, nicht bestrittener oder anerkannter Ansprüche ausgeschlossen ist. Nach Sinn und Zweck des Zurückbehaltungsrechts, dem Gläubiger ein Druckmittel zur Durchsetzung seiner Ansprüche an die Hand zu geben, kann das Zurückbehaltungsrecht nicht davon abhängig sein, ob Meinungsverschiedenheiten über die Ansprüche aus dem Vertretungsvertrag bestehen, deren Durchsetzung das Zurückbehaltungsrecht dient. Eine Beschränkung des Zurückbehaltungsrechts auf unstreitige Gegenforderungen ist dem Gesetz fremd und auch systemwidrig, wohl aber kann es während des Vertrags durch § 369 Abs. 3 begrenzt sein, denn die zur Abgabe an Kunden bestimmten Unterlagen (Muster, Drucksachen) kann der HV grundsätzlich nicht zurückbehalten.

§ 369 Abs. 3: Das Zurückbehaltungsrecht ist ausgeschlossen, wenn die Zurückbehaltung des Gegenstandes der von dem Schuldner vor oder bei der Übergabe erteilten Anweisung oder der von dem Gläubiger übernommenen Verpflichtung, in einer bestimmten Weise mit dem Gegenstand zu verfahren, widerstreitet.

2. Nach Vertragsende

Für die Zeit nach Vertragsende schränkt § 88a Abs. 2 die Zurückbehaltungsrechte des HV ein:

§ 88a Abs. 2: Nach Beendigung des Vertragsverhältnisses hat der Handelsvertreter ein nach allgemeinen Vorschriften bestehendes Zurückbehaltungsrecht an ihm zur Verfügung gestellten Unterlagen (§ 86a Abs. 1) nur wegen seiner fälligen Ansprüche auf Provision und Ersatz von Aufwendungen.

I. Zurückbehaltungsrecht des Handelsvertreters

Dieses gesetzliche nachvertragliche Zurückbehaltungsrecht führt in der Praxis dazu, dass der U nach Vertragsende sofort seine Geschäftsunterlagen zurückfordert, der HV aber häufig die Herausgabe verweigert unter Hinweis auf seine streitigen Ansprüche auf Schadensersatz oder Ausgleich. Nach dem Gesetzwortlaut besteht insoweit kein Zurückbehaltungsrecht des HV. Die Arbeitsunterlagen des HV dürfen nicht zurückgehalten werden, weil der U sie i.d.R. alsbald für den Nachfolger benötigt (Hopt, § 88a Rz. 5; MüKo/von Hoyningen-Huene, § 88a Rz. 19). Es handelt sich zunächst um die in § 86a Abs. 1 genannten Unterlagen:

§ 86a Abs. 1: Der Unternehmer hat dem Handelsvertreter die zur Ausübung seiner Tätigkeit erforderlichen Unterlagen wie Muster, Zeichnungen, Preislisten, Werbedrucksachen, Geschäftsbedingungen zur Verfügung stellen.

Dazu gehören auch Musterkollektionen, Vorführgeräte, Laptops usw., die i.d.R. Eigentum des U sind und Geschäftsgeheimnisse darstellen bzw. beinhalten, über die der HV auch nach Vertragsende grundsätzlich zur Verschwiegenheit verpflichtet ist. Von praktischer Bedeutung ist die Frage, ob dem HV an der Kundenkartei ein gesetzliches Zurückbehaltungsrecht zusteht. Der BGH bejaht dies hinsichtlich fälliger noch nicht ausbezahlter Provisionen und Aufwendungsersatz, also nicht wegen des AA (ebenso Küstner/Thume, Bd. 1, Rz. 627).

Das Zurückbehaltungsrecht hindert den Eintritt des Schuldverzuges so lange, bis dem Schuldner (d.h. dem rückgabepflichtigen HV) die Leistung, auf die sich seine Weigerung zur Rückgabe der Unterlagen bezieht, richtig und vollständig angeboten wird (BGH VersR 1983 S. 873).

Wenn kein fälliger Gegenanspruch besteht, ist der HV verpflichtet, die Kundenkartei sofort bei Vertragsende an den U auszuhändigen. Dabei ist es ohne Bedeutung, ob er selbst oder der U die Kartei angelegt hat oder ob sie ihm durch den U ausgehändigt worden ist, denn sie enthält eine Auflistung der Kunden des U. Lediglich auf die Herausgabe nicht mehr aktueller Kundenkarteien oder alter Rechnungskopien hat der U keinen Anspruch, da nur noch verwertbare Geschäftsunterlagen zurückverlangt werden können (BAG DB 1988 S. 1020).

Der Warenvorrat des U gehört grundsätzlich nicht zu den Unterlagen i. S. d. § 86a Abs. 1; dennoch bejaht OLG Düsseldorf (DB 1990 S. 830) ein kaufmännisches Zurückbehaltungsrecht des HV an den dem U gehörenden Videokassetten, die dem HV zur Auslieferung an Käufer auf Vorrat zur Verfügung gestellt worden waren.

II. Wechselseitige Rückgabe von Geld und Sachen, Provisionsabrechnung bei Vertragsende

1. Rückgabe der Geschäftsunterlagen des Handelsvertreters i. S. d. § 86a Abs. 1

Je nach Umfang der Geschäfte kann es sich hier um Lastwagenladungen handeln. Es empfiehlt sich deshalb, wegen der zum Teil erheblichen Transport- und Lagerkosten eine ausdrückliche Regelung zu treffen, auf wessen Kosten die Rückgabe zu erfolgen hat. In Vertragsklauseln wie der folgenden werden oft die wesentlichen zu regelnden Rechtsfragen übersehen:

„Im Falle des Ausscheidens verpflichtet sich Herr X, alle geschäftlichen Unterlagen zurückzugeben."

Es hätte der Regelung bedurft, ob es sich dabei um eine sog. Holschuld des U oder um eine sog. Bringschuld des HV handelt. Das ist auch für den Gerichtsstand des Erfüllungsortes i. S. d. § 269 Abs. 2 BGB wichtig, falls die Rückgabe verweigert wird oder Streit über den Umfang der zurückzugebenden Sachen entsteht. Da der U oft mangels hinreichender Kenntnis von Art und Zahl der Arbeitsunterlagen keinen vollstreckbaren Klageantrag auf Herausgabe der Geschäftsunterlagen stellen kann, bedarf es im Falle der Weigerung des HV einer Stufenklage auf Auskunftserteilung u. a. (§§ 260 BGB, 254 ZPO).

2. Herausgabe und Abrechnung von Waren des Unternehmers im Auslieferungslager des Vertreters

Soweit vertraglich keine von § 269 Abs. 2 BGB abweichende Vereinbarung getroffen worden ist, muss der U die in seinem Eigentum stehende Waren bei der Niederlassung des HV abholen. Vor der Übergabe sollte eine gemeinsame Inventur vorgenommen werden. Im Anschluss an die letzte körperliche Inventur zum Jahreswechsel muss der HV die seither gelieferte und verkaufte Ware abrechnen. Den Beweis, dass ein Lagerfehlbestand von ihm nicht zu vertreten ist, hat der HV zu führen. Dieser Verpflichtung genügt er durch den Nachweis entsprechend § 86 Abs. 3, dass er seine Pflichten mit der Sorgfalt eines ordentlichen Kaufmannes nachgekommen ist (OLG München, HVR 834).

3. Auszahlung der Kaution des Handelsvertreters (Stornoreserve)

Grundsätzlich müsste das bei Vertragsende bestehende Guthaben auf dem Stornoreservekonto des U an den HV zum Stichtag abgerechnet und ausbezahlt werden. Die Abrechnungspflicht ist nach § 87c Abs. 1 zwingend, weil es sich um als Kaution einbehaltene Provisionsbestandteile handelt. Bezüglich der Auszahlung wird im Vertrag meist vereinbart, dass der U die Kaution noch so lange einbehalten darf, bis nach Vertragsende anfallende Storni festgestellt und etwaige Provisionsvorschussrückgewähransprüche des U dem Kautionskontoguthaben des HV belastet worden sind; Mindestfrist z.B. ein Jahr. Der Einbehalt der Stornoreserve für z.B. drei Jahre benachteiligt den HV aber unangemessen und ist unwirksam (OLG Düsseldorf DB 1990 S. 731). Da solche Belastungen dem HV im Wege der Provisionsabrechnung nach § 87c Abs. 1 angezeigt werden müssen, ist ihm der jeweils bestehende Guthabenssaldo bekannt.

4. Darlehen des Unternehmers

Für diese gelten die §§ 607 ff. BGB. Meist wird vertraglich vereinbart, dass der HV das ihm gewährte Darlehen bei Vertragsende zurückzahlen muss. Das Gleiche gilt für das sog. Auszahlungskontoguthaben eines Darlehensvermittler-HV, das ihm der U zwecks sofortiger Bedienung der Darlehensnehmer zur Verfügung gestellt hat.

5. Abrechnung der restlichen Provisionsansprüche des Vertreters

Wenn das Vertreterverhältnis beendet ist, muss nach h.M. in Literatur und Rechtsprechung – abweichend von der Regel des § 87c Abs. 1 – unverzüglich abgerechnet werden. Das wird aus § 614 BGB abgeleitet (Hopt, § 87c Rz. 10).

§ 614 BGB: Die Vergütung ist nach der Leistung der Dienste zu entrichten. Ist die Vergütung nach Zeitabschnitten bemessen, so ist sie nach dem Ablauf der einzelnen Zeitabschnitte zu entrichten.

Dieser Auffassung ist nicht zu folgen, weil § 87c Abs. 1 gegenüber § 614 BGB als Spezialregelung anzusehen ist. § 614 BGB gilt für wöchentliche Lohn- oder monatliche Gehaltszahlungen, die gleichbleibend auf Tarif- oder Vertragsbasis errechnet und in den genannten Zeitabschnitten fällig werden. Im Gegensatz dazu gestattet die für jeden einzelne Provision festzustellende Fälligkeit nach § 87a Abs. 1, 4 für Warenvertreter oder § 92 Abs. 4 für Versicherungsvertreter keine vorgezogene Schlussabrechnung bei Vertragsende. Der U ist mangels einer entsprechend § 614 BGB bestehenden Verpflichtung nicht gehalten, bei Vertragsende Provisionen abzurechnen, die noch nicht fällig sind. Deshalb findet sich in der Praxis keine gesonderte Schlussabrechnung. Die U erstellen solange Provisionsabrechnungen, bis alle aufschiebend bedingt entstandenen Provisionen fällig geworden sind.

III. Überhangsprovisionen, Provisionskonkurrenz i.S.d. § 87 Abs. 3

1. Überhangprovisionen

Nach § 87 Abs. 1 Satz 1 hat der HV Anspruch auf Provision für alle während des Vertragsverhältnisses abgeschlossenen Geschäfte, die auf seine Tätigkeit zurückzuführen sind oder die mit Dritten geschlossen werden. Wenn die abgeschlossenen Geschäfte erst nach Beendigung des HV-Vertrages ausgeführt werden, handelt es sich um sog. Überhangprovisionen, auf die der HV Anspruch hat, es sei denn, der Anspruch wurde im HV-Vertrag ausgeschlossen. Deshalb sind in HV-Verträgen häufig Vertragsklauseln anzutreffen, in denen die i.S.d. § 87 Abs. 1 Satz 1 aufschiebend bedingt entstandenen Provisionen (d.h. vor Auslieferung der verkauften Ware; vor Zahlung der Versicherungsprämie), die damit bei Vertragsende noch nicht unbedingt fällig geworden sind, ausgeschlossen werden. Die VersV befinden sich insoweit im Vorteil, als sie in diesem Stadium nach der Policierung ihre Provisionen i.d.R. voll bevorschusst bekommen haben. Unter die Vertragsklausel der Versicherer bezüglich Überhangprovisionen fallen somit hauptsächlich die Folgeprovisionen bei der Schadens- HUK- und Rechtsschutzversicherung, die bei Vertragsende noch nicht unbedingt und fällig entstanden sind. Zu den Überhangprovisionen gehören auch die Ansprüche aus den vom ausgeschiedenen HV vermittelten Sukzessivlieferungsverträgen (BGH NJW-RR 1991 S. 156; Hopt, § 87 Rz. 38). Bei einem Sukzessivlieferungsvertrag stellen die späteren Einzellieferungen nur Abrufe im Rahmen eines festen Vertrages dar. Mit seinem Abschluss entsteht ein aufschiebend bedingter Provisionsanspruch; mit den später abgerufenen Warenlieferungen wird der Provisionsanspruch jeweils unbedingt i.S.d. § 87a Abs. 1 Satz 1. Der BGH (a.a.O.) zählt hierzu nicht die sog. Bezugsverträge, d.h. Verträge, durch die der Kunde gebunden ist, seinen zukünftigen Bedarf an einer bestimmten Ware bei dem U zu decken.

2. Abschlüsse nach Vertragsende

Davon zu unterscheiden sind nachvertraglich zustande gekommene Geschäfte, bei denen der vermittelte Kaufversicherungs- oder Bausparvertrag zwar von dem ausgeschiedenen HV angebahnt, von dem U aber erst nach Ende des Vertreterverhältnisses abgeschlossen worden ist. Nach § 87 Abs. 3 steht dem HV auch für derartige nachvertraglich zustande gekommene Geschäfte Provision unter bestimmten Voraussetzungen zu, nämlich, wenn er das Geschäft vermittelt oder es eingeleitet hat – wobei Mitursächlichkeit genügt – (§ 87 Abs. 3 Satz 1 Nr. 1) – oder wenn dem U ein verbindliches Vertragsangebot des Kunden vor Vertragsende zugegangen war (§ 87 Abs. 3 Satz 1 Nr. 2). Wenn Billigkeitsgründe es erfordern, ist der Nachfolger-HV anteilig an den Provisionen zu beteiligen. Der Anspruch auf Provision aus nachvertraglichen Geschäften kann abbedungen werden. Eine Regelung ist zur Vermeidung von Streitigkeiten, ob dem ausgeschiedenen HV oder dem Nachfolger die Provisionen in diesen Fällen ganz oder teilweise zustehen, zu empfehlen.

IV. Vorbereitung einer neuen Tätigkeit während der Kündigungsfrist

Der HV muss sich für die Fortsetzung seiner gewerblichen Tätigkeit nach Vertragsende hinreichend vorbereiten können. Dabei kann er zwar mit konkurrierenden U verhandeln, muss aber eigene Wettbewerbshandlungen im Rahmen der bestehenden Interessenwahrungspflicht unterlassen (§ 86 Abs. 1). Dagegen ist es erlaubt, bereits Geschäftsräume anzumieten oder Verträge mit Mitarbeitern für die Zeit nach Ende des bisherigen HV-Vertrages abzuschließen.

V. Nach Vertragsbeendigung noch fortbestehende Pflichten

1. Verschwiegenheitspflicht

Die Verschwiegenheitspflicht des HV im Bezug auf Betriebs- und Geschäftsgeheimnisse i. S. d. § 90 dauert nach Vertragsende mit abnehmendem Umfang fort und zwar ohne zeitliche Begrenzung (BAG DB 1988 S. 1020, 1021). Ein Anspruch des HV auf Vergütung für die Erfüllung seiner Verschwiegenheitspflicht (wie nach § 90a) besteht nicht.

2. Unterlassung von Wettbewerb

Der HV ist – anders als während der Zeit bis Vertragsende – nur im Umfang eines vertraglichen Wettbewerbsverbots i. S. d. § 90 a gebunden; darüber hinaus besteht kein Schutz des U gegen Abwerbung bezüglich der vom HV geworbenen Stammkunden (BAG DB 1988 S. 1020, 1021). Ohne besondere vertragliche Verpflichtung braucht der VersV deshalb auch z. B. die Wettbewerbsrichtlinien der Versicherungswirtschaft (s. u. VI) nicht zu beachten. Eine Bindung folgt auch nicht aus § 1 UWG, da die Gleichsetzung einer von Verbänden aufgestellten Wettbewerbsrichtlinie mit dem, was nach § 1 UWG als unlauter anzusehen ist, Verbandsrecht an die Stelle des Gesetzes treten lassen würde (BGH VersR 1991 S. 997, 998). Der BGH (a. a. O.) sieht es deshalb auch als zulässig an, dass der HV – wenn er keine diesbezügliche ausdrückliche vertragliche Verpflichtung übernommen hat – Kunden zur Kündigung der Versicherungsverträge veranlasst, um sie einem anderen Versicherer zuzuführen, soweit er dadurch nicht gegen das UWG verstößt (sog. Umdeckung).

3. Beiderseitige Auskunftspflichten

a) Auskunftspflicht des ausscheidenden Vertreters

Nach Auffassung von Schröder (RVR 1973 S. 161) ist der HV zwar grundsätzlich nicht verpflichtet, seinem bisherigen U Auskunft über seine weiteren geschäftlichen Pläne zu geben; insbesondere braucht er nicht mitzuteilen, dass er nach Vertragsende für einen konkurrierenden U tätig werden oder im eigenen Namen Geschäfte mit gleichen Produkten, abschließen oder vermitteln will. Wenn der U aber ein berechtigtes besonderes Interesse hat, nach der Kündigung solche Auskünfte zu erhalten, weil der ausscheidende HV eine Vertrauensstellung einnahm und weil der U ihm während der Kündigungsfrist keine vertraulichen betrieblichen Informationen mehr zukommen lassen möchte, muss der HV eine entsprechende Frage des U richtig und vollständig beantworten (OLG Saarbrücken RVR 1973 S. 100; LAG Hamm RVR 1973 S. 129). Im Übrigen beschränkt sich die Auskunftspflicht des HV darauf, dem U z. B. auf Frage nach ihm bekannten Einzelheiten bestimmter Geschäftsbeschlüsse während seines Vertreterverhältnisses Auskunft zu erteilen.

b) Auskunftspflicht des Unternehmers gegenüber dem ausgeschiedenen Handelsvertreter

Hier ist zunächst die Auskunftspflicht des U nach § 87c Abs. 3 zu nennen, die zur Feststellung noch nicht gutgebrachter Provisionsansprüche erforderlich sein kann. Eine Grenze setzt die Verjährung des zugrundeliegenden Provisionsanspruchs oder des Hilfsanspruchs auf Auskunft.

12. Kapitel
Verjährung der Ansprüche aus dem Vertreterverhältnis

Der Gesetzgeber geht von einer einheitlichen Verjährung der Ansprüche des HV und des U aus. Das betrifft die Provisionsansprüche nebst den zugehörigen Hilfsansprüchen i.S.d. § 87c, darunter den Anspruch auf Buchauszug, die Ansprüche des HV auf Provisionszahlungen, Provisionsgarantie und auf Verwaltungs-, Inkasso-, Delekredere-, Auslieferungslagerprovisionen, auf Ersatz von Aufwendungen, auf Fixum. Das gleiche gilt für Ansprüche des U auf Rückzahlung von Provisionen oder Provisionsvorschüssen nach § 87a Abs. 2 und/oder 3, aus Bürgschaftsübernahmen, auf die Zahlung einer Vertragsstrafe, auf Karenzentschädigung gem. § 90a, auf Herausgabeansprüche aller Art und auf Schadensersatzansprüche z.B. wegen positiver Vertragsverletzung.

I. Verjährung

§ 88, der eine vierjährige Verjährungsfrist für Ansprüche aus dem Handelsvertreterrecht vorsah, ist durch das „Verjährungsanpassungsgesetz" zum 15. 12. 2004 aufgehoben worden, sodass künftig auch im Handelsvertreterrecht die neue Regelfrist des durch das Schuldrechtsmodernisierungsgesetz (SchRModG) vom 26. 11. 2001 gilt. Danach wurde die bisherige gesetzliche Regelverjährungsfrist gem. § 195 BGB von 30 Jahren auf drei Jahre herabgesetzt. Deshalb gilt nunmehr auch für das HV-Recht die dreijährige Verjährung. In Art. 229 § 12 i.V.m. § 6 des Einführungsgesetzes zum BGB war der Stichtag für die Anpassung des Verjährungsvorschriften des HV-Rechts nicht zum Jahresende, d.h. zum 31. 12. 2001, sondern erst am 15. 12. 2004 vorgesehen.

Für die bereits bestehenden Ansprüche, die der bisherigen vierjährigen Verjährungsfrist unterlagen und die im Zeitpunkt des Inkrafttretens des Verjährungsanpassungsgesetzes zum 15. 12. 2004 noch nicht verjährt waren, gibt es gewisse Übergangsvorschriften. Während der Übergangszeit wird der Zeitpunkt des Verjährungsbeginns auf den 15. 12. 2004 statt auf das Jahresende gelegt. Deshalb gelten für die Verjährung aller Ansprüche, die am 15. 12. 2004 bestanden haben und nach altem Recht noch nicht verjährt waren, grundsätzlich die neue Verjährungsbestimmungen nach dem Verjährungsanpassungsgesetz. Für Fälle, in denen die neue Verjährungsfrist länger ist als die alte, gilt jedoch die alte Frist. Umgekehrt bedeutet das, dass wenn für Ansprüche aus dem HV-Recht eine kürzere Verjährungsfrist als nach altem Recht besteht, die neue Frist gilt. Zum Schutz des Gläubigers beginnt diese Frist aber erst am 15. 12. 2004 zu laufen. Eine am 15. 12. 2004 bereits angelaufene Verjährungsfrist wird nicht rückwirkend verändert, wenn der Verjährungslauf nach neuem Recht erst nach dem 14. 12. 2004 begonnen hätte (vgl. Mannsel/Budzikiewics NJW 2005 S. 321 ff.). Im Ergebnis bedeutet das deshalb, dass die ehemalige vierjährige Verjährungsfrist für Ansprüche aus dem HV-Recht unverändert für Altfälle gilt, in denen bei Inkrafttreten des Verjährungsanpassungsgesetzes zum 15. 12. 2004 die Verjährung bereits in Lauf gesetzt war. Anders ist es bei Ansprüchen, die seit dem 15. 12. 2004 entstanden und fällig wurden. Eine ausdrückliche gesetzliche Regelung findet sich lediglich in Art. 229 EGBGB § 12 Abs. 2 hinsichtlich der Ansprüche, bei denen die neue Verjährungsfrist länger als die alte ist, während in dem umgekehrten Fall in entsprechender Anwendung des Art. 229 EGBGB § 6 Abs. 4 Satz 2 die alte Frist maßgeblich bleibt, wenn nach ihr die Verjährung früher eintritt als nach der berechneten neuen Frist (MüKo, Art. 229 § 12 EGBGB Rz. 3).

Die Verjährung der oben genannten Ansprüche wird mit ihrer Fälligkeit in Lauf gesetzt, d. h., dass wegen der Kombination von § 87a Abs. 4 mit § 87c Abs. 1 stets der Zeitpunkt der Provisionsabrechnungsverpflichtung des U für den Beginn der Verjährungsfrist maßgebend ist. So verjähren z. B. alle Provisionsansprüche, die im Jahre 2005 fällig geworden sind, in der Zeit von 1. 1. 2006 bis 31. 12. 2008. Entstehung und Fälligkeit des Anspruchs können deshalb auseinanderfallen, sodass z. B. ein am 31. 1. 2006 entstan-

dener Provisionsanspruch, über den nach der vertraglichen Vereinbarung quartalsmäßig abgerechnet werden muss, spätestens zum 31. 4. 2006 fällig wurde (§ 87a Abs. 4, § 87c Abs. 1 Satz 2). Beginn der Verjährung ist somit am 1. 1. 2007.
Eine Auskunft über verjährte Provisionsansprüche und die zur Vorbereitung und Durchsetzung bestehenden Hilfsansprüche kann der HV vom U nicht verlangen (BGH NJW 1996 S. 2100; BGH BB 1996 S. 1188).

II. Hemmung der Verjährung

Der Lauf der Verjährungsfrist wird gehemmt durch Klageerhebung oder eine in § 204 BGB gleichgestellten Maßnahmen, z. B. Zustellung eines Mahnbescheids, Anmeldung der Forderung im Insolvenzverfahren, Aufrechnung mit unstreitigen Gegenansprüchen, Antrag auf Prozesskostenhilfe. Die Hemmung endet in allen Fällen des § 204 BGB spätestens sechs Monate nach rechtskräftiger Entscheidung oder nach sonstigem Verfahrensende z. B. Untätigkeit der Parteien (nicht des Gerichts). Der Zeitraum, in der die Verjährung gehemmt war, wird in die Verjährungsfrist nicht eingerechnet (§ 209 BGB).

III. Vereinbarungen über die Verjährung

Derartige Vereinbarungen können individuell formfrei getroffen werden; sie sind zulässig, da die Verjährungsfrist des § 195 BGB abbedungen werden kann. Voraussetzung für eine Vereinbarung ist ein anerkennenswertes Interesse mindestens einer der Vertragsparteien an einer Beschränkung der Verjährungsfrist. Ein im voraus erklärter einseitiger Verzicht auf die Verjährungseinrede, der nach bisherigem Recht nicht möglich war, sodass nur der einseitige Verzicht nach Ablauf der Verjährungsfrist zulässig war, kann wegen des Wegfalls des § 225 Satz 1 a. F. BGB vereinbart werden (vgl. aber unten zu IV.).

IV. Vertragsklauseln zur Abkürzung der dreijährigen Verjährung

Voraussetzung einer Einschränkung der Verjährungsfrist ist, dass bei Beginn des abgekürzten Fristablaufs der Anspruch bekannt war.
Eine vertragliche einseitige Abkürzung zulasten des HV widerspricht nach absolut h. M. aber dem im Gesetz festgelegten Grundsatz der Gleichbehandlung der beiderseitigen Ansprüche aus dem Vertragsverhältnis und ist auch in Individualabreden unwirksam (BGH BB 1996 S. 1188). Das hat zur Folge, dass die längere Verjährungsfrist für Ansprüche des U auch für die Ansprüche des HV gilt (BGH, HVR 1064).
Eine Klausel „alle Ansprüche aus diesem Vertrag verjähren unabhängig von der Anzeigepflicht 12 Monate nach Eintritt der jeweiligen Fälligkeit", ist bereits gem. § 199 BGB unwirksam, da davon auch solche Ansprüche umfasst wären, von deren Existenz innerhalb der abgekürzten Verjährungsfrist keine Kenntnis bestand (BGH, HVR 1064). Wollte man eine solche Klausel für wirksam ansehen, bestünde die Gefahr, dass die Ansprüche verjähren, bevor der Berechtigte (i. d. R. der HV) von ihrer Existenz erfährt (BGH BB 1996 S. 1188). Grundsätzlich gilt, dass eine Verjährungsabrede dann mit dem gesetzlichen Regelungsgehalt unvereinbar ist, wenn dadurch das berechtigte Interesse eines Vertragspartners beeinträchtigt wird, mit Sorgfalt und Ruhe die Sach- und Rechtslage prüfen und seine Entscheidung treffen zu können und so u. U. zu einem voreiligen Prozessbeginn gezwungen wird (OLG Celle NJW-RR 1988 S. 1064).

V. Mit Hilfe einer Täuschung i. S. d. § 123 BGB bewirkte Verjährung

Der Getäuschte ist für die Täuschung beweispflichtig. Diese kann sowohl in ausdrücklich falschen Angaben als auch im bloßen Schweigen bestehen, wenn der Täuschende hinweispflichtig war. Typische Fälle solcher Art sind z. B. das Verschweigen von

provisionspflichtigen Direktgeschäften des U mit Kunden im Bezirk seines Bezirks-HV oder das Verschweigen und Einbehalten eines Kautionskontoguthabens des Vertreters nach Vertragsende. Eine arglistige Täuschung des HV zulasten des U läge z.B. vor, wenn der freigestellte HV verschweigt, dass er während des noch bestehenden HV-Vertrages eine andere Tätigkeit aufgenommen und damit zu Unrecht Freistellungsvergütung kassiert hat. In solchen Fällen hat der Getäuschte zwei Rechtsbehelfe:
1. Gegen die erhobene Einrede der Verjährung kann im Prozess die Einrede der unzulässigen Rechtsausübung erhoben werden.
2. Die Geltendmachung eines Schadensersatzanspruchs mit der Forderung, so gestellt zu werden, als ob die Ansprüche, deren Verjährung behauptet wird, nicht verjährt wären (sog. Naturalrestitution). Der Schadensersatzanspruch verjährt nach wie vor in drei Jahren, nachdem der Geschädigte von dem Schaden und der Person des ersatzpflichtigen Schädigers und der Rechtslage Kenntnis erlangt hat.

Bereits in einem Urteil von 1974 hatte das OLG Karlsruhe (BB 1974 S. 904) dem HV Schadensersatzansprüche zugesprochen, von denen dieser zunächst keine Kenntnis hatte. Der U hatte jahrelang den HV in seinen Provisionsabrechnungen mit sog. Stornokosten in Form von Prozesskosten gegen insolvente Kunden belastet. Als der HV erfuhr, dass er zu Unrecht mit diesen Ansprüchen belastet wurde, weil es an einer wirksamen vertraglichen Vereinbarung fehlte, forderte er Erstattung der unrechtmäßig einbehaltenen Beträge. Die vom U erhobene Einrede der Verjährung hat das OLG nicht gelten lassen, da der U arglistig handelte, als er in den HV-Vertrag eine gegen zwingendes Recht verstoßende Klausel aufnahm, deren Unwirksamkeit der rechtsunkundige HV nicht erkennen konnte.

Anhang

Übersicht

I. Die zwingenden Vorschriften des Handelsvertreterrechts in der Übersicht

II. „Grundsätze" der Versicherer in der Sachversicherung, Lebensversicherung und Krankenversicherung, Hinweise und Berechnungsbeispiele
   A. Grundsätze zur Errechnung der Höhe des Ausgleichsanspruchs (§ 89b HGB) („Grundsätze-Sach")
      I. Wortlaut der „Grundsätze-Sach"
      II. Hinweise zur Anwendung der „Grundsätze-Sach"
      III. Berechnungsbeispiele
   B. Grundsätze zur Errechnung des Ausgleichsanspruchs (§ 89b HGB) für dynamische Lebensversicherungen („Grundsätze-Leben")
      I. Wortlaut der „Grundsätze-Leben"
      II. Berechnungsbeispiel
   C. Grundsätze zur Errechnung der Höhe des Ausgleichsanspruchs (§ 89b HGB) in der privaten Krankenversicherung („Grundsätze-Kranken")
      I. Wortlaut der „Grundsätze-Kranken"
      II. Berechnungsbeispiel
   D. Schreiben des Gesamtverbandes der Versicherungswirtschaft vom 14. 11. 1972
   E. Vergleich der „Grundsätze" mit der Ausgleichsberechnung nach § 89b HGB

III. Grundsätze zur Errechnung der Höhe des Ausgleichsanspruchs (§ 89b HGB) im Bausparbereich
   I. Wortlaut der Grundsätze
   II. Berechnungsbeispiele

I. Die zwingenden Vorschriften des Handelsvertreterrechts in der Übersicht

§ 84: Abschlussmittler i.S.d. § 84 sind HV oder Angestellte (BAG-Rspr.).

§ 85: Anspruch des HV auf einen schriftlichen Vertrag.

§ 86 Abs. 1: Bemühungspflicht des HV, Interessenwahrungspflicht des HV.

§ 86 Abs. 2: Benachrichtigungs- und Informationspflicht des HV.

§ 86a Abs. 1: Pflicht des U, dem HV die erforderlichen Unterlagen usw. zur Verfügung zu stellen.

§ 86a Abs. 2: Benachrichtigungs- und Informationspflicht des U über Annahme, Ablehnung oder Nichtausführung bzw. abgeänderte oder geringere Ausführung von Geschäften.

§ 86b: Anspruch des HV auf Delkredere-Provision; eingeschränkte Delkredere-Haftung.

§ 87a Abs. 1: Vorschussanspruch des HV bei Ausführung des Geschäfts.

§ 87a Abs. 2: Abreden über Wegfall des Provisionsanspruchs.

§ 87a Abs. 3: Provisionsanspruch des HV trotz Nichtausführung des Geschäfts durch den U.

§ 87a Abs. 4: Fälligkeit des Provisionsanspruchs des HV.

§ 87c: Hilfsansprüche des HV (Provisionsabrechnung, Buchauszug, Auskunft, Bucheinsicht).

§ 88a: Gesetzliche Zurückbehaltungsrechte des HV sind nicht im voraus verzichtbar.

§ 89 Abs. 1 und 2: Keine Verkürzung der Mindestfristen für die ordentliche Kündigung.

§ 89 Abs. 3: Gleiche Kündigungsfrist für beide Teile.

§ 89a: Keine Beschränkung des Rechts auf fristlose Kündigung.

§ 89b Abs. 4: Ausgleichsanspruch nicht im voraus ausschließbar.

§ 90a: Alle dem HV nachteiligen vertraglichen Regelungen in einer Wettbewerbsabrede sind unwirksam.

§ 92a: Mindestentgelt für Einfirmen-HV und VersV (Leerformel).

§ 92b: Sonderbestimmungen für nebenberufliche HV.

Alle anderen Vorschriften des HV-Rechts sind abdingbar.

Ausnahmen für Auslandsvertreter

§ 92c Abs. 1: Hat der HV keine Niederlassung im Gebiet der europäischen Gemeinschaft, kann hinsichtlich aller Vorschriften dieses Abschnitts etwas Anderes vereinbart werden.

II. „Grundsätze" der Versicherer in der Sachversicherung, Lebensversicherung und Krankenversicherung, Hinweise und Berechnungsbeispiele

A. Grundsätze zur Errechnung der Höhe des Ausgleichsanspruchs (§ 89b HGB) („Grundsätze-Sach")

I. Wortlaut der „Grundsätze-Sach"

Nachdem das Handelsvertretergesetz keine konkrete Bestimmung über die Errechnung der Höhe des Ausgleichsanspruchs enthält, haben der Gesamtverband der Versicherungswirtschaft e.V., Köln und Berlin, der Bundesverband der Geschäftsstellenleiter der Assekuranz e.V. (VGA), Köln, der Bundesverband Deutscher Versicherungskaufleute e.V. (BVK), Bonn, und der Verband der Versicherungskaufleute (VVK) e.V., Hamburg, in dem Bemühen um gegenseitige Verständigung und ausgehend von vorwiegend wirtschaftlichen Erwägungen Grundsätze erarbeitet, um die Höhe des nach Auffassung der beteiligten Kreise angemessenen Ausgleichs global zu errechnen.

Der Gesamtverband der Versicherungswirtschaft, der Bundesverband der Geschäftsstellenleiter der Assekuranz, der Bundesverband Deutscher Versicherungskaufleute und der Verband der Versicherungs-Kaufleute empfehlen ihren Mitgliedern, Ausgleichsansprüche auf der nachstehenden Grundlage abzuwickeln.

Vor Anwendung dieser Grundsätze ist zu prüfen, ob die rechtlichen Voraussetzungen für die Entstehung eines Ausgleichsanspruchs vorliegen. Der Ausgleichsanspruch kann von einem hauptberuflichen Vertreter oder von dessen Erben (Ziffer IV.) erhoben werden, und zwar im Falle der Kündigung des Vertragsverhältnisses (mit Ausnahme der Fälle des § 89b Abs. 3 HGB), der vertraglichen Beendigung oder einvernehmlichen Aufhebung des Vertragsverhältnisses aus Altersgründen oder aus Gründen der dauernden Invalidität oder des Todes des Vertreters, sofern auf Seiten des Vertreters Provisionsverluste entstanden sind (§ 89b Abs. 1 Ziffer 2 HGB). Dagegen bedarf es zunächst einer Prüfung der Frage nicht, ob das Versicherungsunternehmen auch nach Beendigung des Vertragsverhältnisses erhebliche Vorteile hat (§ 89b Abs. 1 Ziffer 1 HGB) oder ob die Zahlung eines Ausgleichs unter Berücksichtigung aller Umstände der Billigkeit entspricht (§ 89b Abs. 1 Ziffer 3 HGB), weil die Grundsätze für den Normalfall davon ausgehen, dass diese Voraussetzungen vorliegen. Sofern jedoch ein Versicherungsunternehmen in dem einen oder anderen Fall der Überzeugung ist, dass erhebliche Vorteile nicht vorhanden sind oder die Zahlung eines Ausgleichs unbillig ist, besteht die Möglichkeit, die Gutachterstelle anzurufen (Ziffer VI.).

I. Ausgleichswert

1. Zur Errechnung des Ausgleichsanspruchs wird von einem sog. Ausgleichswert ausgegangen. Dieser wird folgendermaßen ermittelt.

a) Zunächst ist die nach dem Durchschnitt der letzten fünf Jahre der Tätigkeit des Vertreters oder – bei kürzerer Vertragsdauer – nach dem Durchschnitt der gesamten Dauer der Tätigkeit des Vertreters zu berechnende Bruttojahresprovision des vom Vertreter aufgebauten Versicherungsbestandes festzustellen.

b) Bei der Berechnung nach a) sind nicht berücksichtigen:

aa) Abschlussprovisionen (= erstjährige Provisionen abzüglich der Inkassoprovisionen), ausgenommen die Abschlussprovisionen für Versicherungen mit gleichbleibenden laufenden Provisionen; die Regelung des § 87 Abs. 3 HGB bleibt hiervon unberührt;

bb) Provisionen für Versicherungsverträge mit unterjähriger Laufzeit sowie für einjährige Versicherungsverträge ohne Verlängerungsklausel, es sei denn, dass letztere mindestens dreimal hintereinander verlängert worden sind;

cc) an Untervertreter abzugebende Provisionen, wenn und soweit die Untervertreter auf das ausgleichspflichtige Versicherungsunternehmen reversiert sind;

dd) Überweisungs- und Führungsprovisionen aus Beteiligungsgeschäften sowie Maklercourtagen.

2. Provisionen aus übertragenen Versicherungsbeständen werden, wenn die Bestandsübertragung

vor mehr als 10 Jahren erfolgt ist, mit $33^1/_3\%$,
vor mehr als 15 Jahren erfolgt ist, mit $66^2/_3$,
vor mehr als 20 Jahren erfolgt ist, mit 100%
berücksichtigt.

Bei Kraftverkehrsversicherungen findet eine volle Anrechnung schon nach 10 Jahren statt.

3. Von der nach 1. und 2. ermittelten Jahresprovision sind
in der Sach-, Haftpflicht-, Unfall- und Rechtsschutzversicherung 50%,
in der Industrie-Feuer-, Maschinen-, Groß-BU- und Fahrradversicherung 35%,
in der Kraftverkehrsversicherung 25%,

in der Transportversicherung einschließlich Nebenzweigen und in der Einheitsversicherung 25%,
in der Verkehrsserviceversicherung 25%,
in der Vertrauensschadenversicherung 50%,
in der Kautionsversicherung 40%,
(Berechnungsbasis sind abweichend von 1. a) die während der letzten drei Tätigkeitsjahre des Vertreters ratierlich gezahlten Provisionen für abgerufene Bürgschaften) in Ansatz zu bringen.
4. Zuschüsse und sonstige zusätzliche Vergütungen des Versicherungsunternehmens (wie z.B. Bürozuschüsse, Ersatz von Porti, Telefon- und Reklameaufwendungen) werden bei der Errechnung des Ausgleichswerts nicht berücksichtigt.

II. Multiplikatoren

Der nach I. errechnete Ausgleichswert ist je nach der Dauer der hauptberuflichen selbständigen Tätigkeit des Vertreters für das Versicherungsunternehmen nach folgender Staffel zu multiplizieren:
1. In der Sach- (einschl. Industrie-Feuer, Maschinen-, Groß-BU und Fahrradverkehrsversicherung), Unfall-, Haftpflicht-, Rechtsschutz- und Verkehrsserviceversicherung):
a) im *Todesfall* des Vertreters bei seiner Tätigkeit: bis einschließlich 4. Jahren mit 1, vom beginnenden 5. Jahr bis zu 9 Jahren mit $1^1/_2$, vom beginnenden 10 Jahr bis zu 14 Jahren mit 2, vom beginnenden 15. Jahr bis zu 19 Jahren mit 3, ab beginnendem 20. Jahr mit 4.
Laut Schreiben des Gesamtverbandes der Deutschen Versicherungswirtschaft vom 6. 4. 1995 sind GDV und BVK gemeinsam der Auffassung, dass es sachlich gerechtfertigt sei, wenn beim Tod des Vertreters bzw. im Erbfall bei der Berechnung des Ausgleichsanspruchs die Multiplikatoren für den Erlebensfall zugrundegelegt werden (vgl. unten Materialien V).
b) im Erlebensfall des Vertreters wird der für den Todesfall vorgesehene Multiplikator durch eine „Treueprämie" wie folgt erhöht bei einer Tätigkeit:
vom beginnenden 5. Jahr bis zu 9 Jahren um $^1/_2$,
vom beginnenden 10. Jahr bis zu 14 Jahren um 1,
vom beginnenden 15. Jahr bis zu 19 Jahren um $1^1/_2$,
ab beginnendem 20. Jahr um 2;
im *Erlebensfall* des Vertreters gilt hiernach folgende Staffel bei einer Tätigkeit:
bis einschließlich 4 Jahren 1,
vom beginnenden 5. Jahr bis zu 9 Jahren $1^1/_2 + ^1/_2 = 2$,

vom beginnenden 10. Jahr bis zum 14 Jahren 2 + 1 = 3,
vom beginnenden 15. Jahr bis zu 19 Jahren 3 + 1½ = 4½,
ab beginnendem 20. Jahr 4 + 2 = 6.
2. In der Kraftverkehrsversicherung bei einer Tätigkeit:
bis zu einschließlich 5 Jahren mit 1, vom beginnenden 6. Jahr bis zu 10 Jahren mit 1 ½, ab beginnendem 11. Jahr 10 Jahren mit 2.
In der Kraftverkehrsversicherung beträgt der Ausgleichsanspruch bei einer Tätigkeit vom beginnenden 6. Jahr bis zu 10 Jahren höchstens ³/₈ und bei einer Tätigkeit ab beginnendem 11. Jahr höchstens ⁴/₈ der gesetzlich zulässigerweise tatsächlich gezahlten Provisionen aus den Versicherungsbeiträgen (i. S. d. § 30 Abs. 1, § 3 Abs. 3 Satz 1 und 2 der Tarifverordnung vom 20. 11. 1967) des letzten Jahres.
Hierbei bleiben zusätzliche Verwaltungsentgelte i. S. d. § 30 Abs. 4 der Tarifverordnung in jedem Falle unberücksichtigt; zusätzliche Verwaltungsentgelte i. S. d. § 30 Abs. 2 und 3 der Tarifverordnung werden nur bei bevollmächtigten Generalagenten berücksichtigt.
3. In der Transportversicherung einschließlich Nebenzweigen und in der Einheitsversicherung bei einer Tätigkeit:
bis zu einschließlich 5 Jahren mit 1½,
vom beginnenden 6. Jahr bis zu 10 Jahren mit 1½,
ab beginnendem 11. Jahr mit 2.

III. Begrenzung des Ausgleichsanspruchs

Die Höhe des Ausgleichsanspruchs darf insgesamt drei Jahresprovisionen oder Jahresvergütungen nicht übersteigen (§ 89b Abs. 5 HGB).

IV. Anspruchsberechtigte Erben

Beim Tod des Vertreters steht der Ausgleichsanspruch grundsätzlich nur seiner Witwe und seinen Verwandten in gerader Linie, in Härtefällen auch seinen sonstigen Erben zu.

V. Berücksichtigung einer Alters- und Hinterbliebenenversorgung

1. Da nach Auffassung der Beteiligten ein Ausgleichsanspruch aus Billigkeitsgründen (§ 89b Abs. 1 Ziffer 3 HGB) insoweit nicht entsteht, wie der Vertreter Leistungen aus einer durch Beiträge des Versicherungsunternehmens aufgebauten Alters- und Hinterbliebenenversorgung erhalten oder zu erwarten hat, ist von der nach I. und II. errechneten Höhe des Ausgleichsanspruchs bei einer Rentenversicherung

der kapitalisierte Barwert der Rente der Anspruchsberechtigten, bei einer Kapitalversorgung deren Kapitalwert und bei fixierten Provisionsrenten (früher auch als Nachinkassoprovisionen oder Nachprovisionen bezeichnet) der kapitalisierte Barwert der zugesagten Provisionsrenten abzuziehen.
2. Ist die Dauer der Provisionsrente von dem Fortbestehen der vom Vertreter bei Beendigung des Vertretervertrages verwalteten Versicherungsverträge abhängig, so wird aus dem in Ziffer 1 genannten Grund bei Beendigung des Vertretervertrages der Ausgleichsanspruch vorläufig errechnet, als ob dem Vertreter keine Provisionsrente zugesagt worden wäre. Der Vertreter stundet den derart errechneten fiktiven Ausgleichsanspruch bis zum völligen Auslaufen der Provisionsrente oder bis zu dem Zeitpunkt, in dem er auf die Weiterzahlung der Provisionsrente in rechtsgültiger Weise endgültig verzichtet. Alsdann wird die Gesamthöhe der bis zu diesem Zeitpunkt gezahlten Provisionsrenten von dem errechneten fiktiven Ausgleichsanspruch abgezogen und auf diese Weise festgestellt, ob und inwieweit im Zeitpunkt der Beendigung des Vertretervertrages ein Ausgleichsanspruch trotz des Anspruchs auf Provisionsrente tatsächlich entstanden ist. Ggf. ist dieser Ausgleichsanspruch sofort fällig.

VI. Gutachterstelle

Sind in einem Einzelfall bei einem Versicherungsunternehmen oder bei einem Vertreter besondere Umstände gegeben, die nach Auffassung eines der Betroffenen eine andere Regelung zur Errechnung des Ausgleichsanspruchs gerechtfertigt erscheinen lassen, so kann jede der Parteien zur Herbeiführung einer den Umständen des Einzelfalles gerecht werdenden Regelung die bei dem Gesamtverband der Versicherungswirtschaft bestehende, aus Vertretern des Gesamtverbandes der Versicherungswirtschaft einerseits, des Bundesverbandes Deutscher Versicherungskaufleute und des Verbandes der Versicherungs-Kaufleute andererseits paritätisch zusammengesetzte Gutachterstelle in Anspruch nehmen. Das gleiche gilt für Härtefälle gem. Ziffer IV.
Die Gutachterstelle wird nur tätig, wenn beide Parteien ihrer Inanspruchnahme zustimmen.
Die Gutachterstelle arbeitet unter Vorsitz eines von den Gutachtern einstimmig bestimmten Vorsitzers, der nicht dem Kreis der Gutachter angehört.

VII. Ausspannung von Versicherungsverträgen

Da bei der Befriedigung des Ausgleichsanspruchs davon ausgegangen wird, dass der wirtschaftliche Vorteil des ausgeglichenen Bestandes dem Versicherungsunternehmen verbleibt, wird vorausgesetzt, dass der Vertreter keine Bemühungen anstellt oder unterstützt, die zu einer Schmälerung des Bestandes führen, für den er einen Ausgleich erhalten hat.

VIII. Lebens- und Krankenversicherung

Diese Grundsätze gelten nicht für die Lebens- und Krankenversicherung.

IX. Transportversicherung

In der Transportversicherung einschließlich Nebenzweigen und in der Einheitsversicherung sind die Grundsätze nur gegenüber ausschließlich auf ein Versicherungsunternehmen reversierten Vertretern anzuwenden.

Durch diese globale Regelung wird die von den beteiligten Verbänden vertretene Rechtsauffassung über die Natur und die Auswirkungen des Ausgleichsanspruchs nicht berührt.

Gesamtverband der Versicherungswirtschaft e.V.
Bundesverband der Geschäftsstellenleiter der Assekuranz e.V. (VGA)
Bundesverband Deutscher Versicherungskaufleute e.V. (BVK)
Verband der Versicherungskaufleute (VVK) e.V.

II. Hinweise zur Anwendung der „Grundsätze-Sach"

Obwohl die Ausgleichsansprüche der Versicherungsvertreter in den letzten 30 Jahren – wie bereits ausgeführt – durchweg konkret nach den „Grundsätzen" abgewickelt wurden, sind in Einzelfällen doch Abweichungen festgestellt worden, die überwiegend auf eine falsche Auslegung seitens mancher Versicherungsunternehmen zurückzuführen sind. Die nachfolgenden Beispiele sollen den Verbandsmitgliedern eine Überprüfung ihres Anspruchs erleichtern, wenn er akut wird.

1. Durchschnittsberechnung der Provisionseinnahmen

Gem. Ziffer I. 1. a) der „Grundsätze" wird von einem Ausgleichswert ausgegangen. Hierbei wird eine Bruttoprovision der letzten fünf Jahre zugrundegelegt.

Aus Vereinfachungsgründen gehen manche Versicherungsunternehmen von der Bruttoprovision des letzten Jahres aus. Im Allgemeinen wird hiergegen nichts einzuwenden sein, da sich diese Handhabung in Anbetracht der allgemeinen wirtschaftlichen Entwicklung zugunsten des Vertreters auswirkt. Er ist aber nicht verpflichtet, diese Praktizierung hinzunehmen.

2. Erstjährige Provision

Nach Ziffer I. 1. b) aa) der „Grundsätze" sind bei der Berechnung des Ausgleichswertes nicht zu berücksichtigen „*Abschlussprovisionen (= erstjährige Provisionen abzüglich Inkassoprovisionen), ausgenommen die Abschlussprovisionen für Versicherungen mit gleichbleibenden laufenden Provisionen*".

Ein Versicherungsvertreter erhält z. B. eine Abschlussprovision von 60% und eine Folgeprovision („Inkassoprovision") von 15%. Bei der Berechnung des Ausgleichswertes sind, und zwar in allen fünf Jahren, nicht die gesamten erstjährigen Provisionen in Höhe von 60%, sondern nur in Höhe von (60–15 =) 45% abzuziehen.

Dieses Problem tritt dann nicht auf, wenn ein Versicherungsunternehmen, was in der Praxis sehr häufig geschieht, bei der Berechnung des Ausgleichswertes nicht von den Provisionseinnahmen direkt ausgeht, sondern von dem an jedem Jahresende vorhandenen Versicherungsbestand und hiervon dann die Folgeprovision („Inkassoprovision") – im vorstehenden Beispiel also 15% – berechnet. Hierbei wird ja dann das Neugeschäft berücksichtigt.

3. Untervertreterprovisionen

Nach Ziffer I. 1. b cc) der „Grundsätze" sind bei der Ermittlung des Ausgleichswertes nicht zu berücksichtigen „*an Untervertreter abzugebende Provisionen, wenn und soweit die Untervertreter auf das ausgleichspflichtige Versicherungsunternehmen reversiert sind*".

Nur dann also, wenn der Untervertreter Vertragspartner des Versicherungsunternehmens ist, der dem Generalvertreter nur unterstellt war (sog. „unechter Untervertreter"), ist nur die Superprovision des Generalvertreters, nicht aber auch die Untervertreterprovision, zu berücksichtigen. Steht der Untervertreter hingegen im Vertragsverhältnis zum Generalvertreter (sog. „echter Untervertreter"), ist ein Abzug der Untervertreterprovision nicht gerechtfertigt. In einem solchen Falle ist es dann Sache des Generalvertreters, evtl. Ausgleichsansprüche seiner hauptberuflichen Untervertreter zu befriedigen.

4. Transportversicherung

Nach Ziffer IX. sind die „Grundsätze" nur gegenüber solchen Versicherungsvertretern anzuwenden, die sich in der Transport- und in der Einheitsversicherung vertraglich zur Tätigkeit für nur ein Versicherungsunternehmen verpflichtet haben. Ausgleichsansprüche derjenigen Versicherungsvertreter, die in diesen Zweigen für mehrere Unternehmen tätig sind (Mehrfachvertreter), werden außerhalb der „Grundsätze" abgerechnet werden müssen.

5. Provisionen aus übertragenen Beständen

Nach Ziffer I. 1. a) der „Grundsätze" werden grundsätzlich nur die Provisionen des *„vom Vertreter aufgebauten Versicherungsbestandes"* berücksichtigt. Nach 10 bzw. 15 Jahren erfolgt eine teilweise, nach 20 Jahren ein volle Berücksichtigung auch des übertragenen Bestandes.

Abgezogen werden kann beim Ausgleichsanspruch immer nur der noch jeweils vorhandene übertragene Bestand unter Berücksichtigung der Abgänge und ggf. auch der (automatischen, d. h. ohne Vermittlungstätigkeit des Vertreters erfolgten) Prämienerhöhungen, nicht aber der ursprünglich vorhandene Bestand. Eine andere Handhabung würde dazu führen, dass der Vertreter aus einem Teil des von ihm vermittelten Bestandes, also der Differenz zwischen dem ursprünglichen Bestand und dem jeweils noch vorhandenen (übertragenen) Bestandes keinen Ausgleichsanspruch erhalten würde. Wenn im Einzelfall die Feststellung des jeweils noch vorhandenen (übertragenen) Bestandes wegen technischer Schwierigkeiten nicht möglich sein sollte, wird sicherlich eine Verständigung möglich sein.

6. Ausspannung

Die Zahlung des Ausgleichs durch das Unternehmen setzt voraus, dass der Vertreter die Versicherungsverträge, für die er abgefunden worden ist, unangetastet lässt. Dies ist nicht nur ein Gebot der Fairness; die Nichtbeachtung könnte auch zu rechtlichen Konsequenzen (ungerechtfertige Bereicherung) führen. Selbstverständlich bleibt es dem Vertreter aber unbenommen, bei diesen Versicherungsnehmern neue Risiken zu versichern.

III. Berechnungsbeispiele

Die nachstehenden Berechnungsbeispiele sollten verdeutlichen, wie sich der Ausgleichsanspruch nach den „Grundsätzen-Sach" errechnet

II. „Grundsätze" der Versicherer

und mit welchem Ausgleich ein Versicherungsvertreter oder – im Todesfall – seine Witwe rechnen können (Berechnungsbeispiele BVK Stand 1/1992, vgl. Hopt Seite 273 ff.).

Beispiel I: Ein Generalagent hat für einen Kompositversicherer, dem ein Rechtsschutzunternehmen angegliedert ist, in 20-jähriger Tätigkeit folgenden – nach dem Durchschnitt der letzten fünf Jahre seiner Tätigkeit ermittelten – Versicherungsbestand aufgebaut:

Kraftfahrtversicherung	200 000 DM,	Provisionssatz 11%
Sachversicherungen	140 000 DM,	Folgeprovision 15%
Rechtsschutzversicherungen	20 000 DM,	Folgeprovision 10%
Industrie-, Feuer- und FBU-Versicherungen	40 000 DM,	Folgeprovision 12%

Der Ausgleichswert errechnet sich wie folgt:

Kraftfahrtversicherung:	11% von 200 000 DM =	22 000 DM
Hiervon 25% =		5 000 DM
Sachversicherung:	15% von 140 000 DM =	21 000 DM
Hiervon 50% =		10 500 DM
Rechtsschutzversicherung:	10% von 20 000 DM =	2 000 DM
Hiervon 50% =		1 000 DM
Industrie-Feuer- und FBU-Versicherung:	12% von 40 000 DM =	4 800 DM
Hiervon 35% =		1 680 DM

Nach mehr als 19-jähriger Tätigkeit finden die höchsten Multiplikatoren Anwendung. Es ergibt sich damit folgender Ausgleichsanspruch:

Kraftversicherung	2 × 5 500 DM =	1 000 DM
Sachversicherung	6 × 10 500 DM =	63 000 DM
Rechtsschutzversicherung:	6 × 1 000 DM =	6 000 DM
Industrie-Feuer- und FBU-Versicherung:	6 × 1 680 DM =	10 080 DM
Ausgleichsanspruch insgesamt		90 080 DM

Beispiel II: Bestandshöhe und Provisionen entsprechen dem Beispiel I. Die Tätigkeitsdauer des Vertreters beträgt allerdings nur 16 Jahre. Zu Beginn seiner Tätigkeit ist ihm ein Bestand übertragen worden, von dem in den letzten fünf Jahren seiner Tätigkeit im Durchschnitt noch vorhanden waren in der

Kraftversicherung 30 000 DM
Sachversicherung 60 000 DM
Rechtsschutzversicherung 0 DM
Industrie-Feuer- und
FBU-Versicherung 15 000 DM

Der Ausgleichswert errechnet sich wie folgt:
In der Kraftfahrtversicherung findet eine volle Anrechnung schon nach 10 Jahren statt.

Kraftfahrtversicherung: 11% von 200 000 DM = 22 000 DM
Hiervon 25% = 5 000 DM

Sachversicherung:
Selbstvermittelter Bestand 80 000 DM, übertragener Bestand 60 000 DM, hiervon werden 66 ²/₃% angerechnet, sodass (80 000 + 40 000 =) 120 000 DM berücksichtigt werden.

15% von 120 000 DM = 18 000 DM
Hiervon 50% = 9 000 DM
Rechtsschutzversicherung: 10% von 20 000 DM = 2 000 DM
Hiervon 50% = 1 000 DM
Industrie-Feuer- und
FBU-Versicherung:
Selbstvermittelter Bestand 25 000 DM, übertragener Bestand 15 000 DM, hiervon werden 66 ²/₃% angerechnet, sodass (25 000 + 10 000 =) 35 000 DM berücksichtigt werden.

12% von 35 000 DM = 4 200 DM
Hiervon 35% = 1 470 DM

Ab dem 11. Jahr beträgt der Multiplikator in der Kraftfahrtversicherung 2, ab beginnendem 15. Jahr in den anderen Sparten im Todesfall 3, im Erlebensfall 4¹/₂. Es ergibt sich damit folgender Ausgleichsanspruch:

Kraftfahrtversicherung: 2 × 5 500 DM = 11 000 DM
Sachversicherung 4¹/₂ × 9 000 DM = 40 500 DM
Rechtsschutzversicherung: 4¹/₂ × 1 000 DM = 4 500 DM
Industrie-Feuer- und
FBU-Versicherung: 4¹/₂ × 1 470 DM = 6 615 DM

Ausgleichsanspruch insgesamt: 62 615 DM

B. Grundsätze zur Errechnung der Höhe des Ausgleichsanspruchs (§ 89 b HGB) für dynamische Lebensversicherungen

I. Der Wortlaut der „Grundsätze-Leben"

Nachdem das Handelsvertretergesetz keine konkrete Bestimmung über die Errechnung der Höhe des Ausgleichsanspruchs enthält haben, der *Gesamtverband der Versicherungswirtschaft e. V., Köln und Berlin, der Bundesverband der Geschäftsstellenleiter der Assekuranz e. V. (VGA), Köln,* und der *Bundesverband Deutscher Versicherungskaufleute e. V. (BVK), Bonn,* in dem Bemühen um gegenseitige Verständigung und ausgehend von vorwiegend wirtschaftlichen Erwägungen Grundsätze erarbeitet, um die Höhe des nach Auffassung der beteiligten Kreise angemessenen Ausgleichs global zu errechnen.

Der *Gesamtverband der Versicherungswirtschaft,* der *Bundesverband der Geschäftsstellenleiter der Assekuranz* und der *Bundesverband Deutscher Versicherungskaufleute* empfehlen ihren Mitgliedern, Ausgleichsansprüche auf der nachstehenden Grundlage abzuwickeln.

Vor Anwendung dieser Grundsätze ist zu prüfen, ob die rechtlichen Voraussetzungen für die Entstehung eines Ausgleichsanspruchs vorliegen. Der Ausgleichsanspruch kann von einem hauptberuflichen Vertreter oder von dessen Erben (Ziffer IV.) erhoben werden, und zwar im Falle der Kündigung des Vertragsverhältnisses (mit Ausnahme der Fälle des § 89 b Abs. 3 HGB), der vertraglichen Beendigung oder einvernehmlichen Aufhebung des Vertragsverhältnisses aus Altersgründen oder aus Gründen der dauernden Invalidität oder beim Vorliegen einer unverschuldeten und auf andere, zumutbare Weise nicht behebbaren persönlichen Zwangslage des Vertreters oder des Todes des Vertreters, sofern auf Seiten des Vertreters Provisionsverluste entstanden sind (§ 89 b Abs. 1 Ziffer 2 HGB). Dagegen bedarf es zunächst einer Prüfung der Frage nicht, ob das Versicherungsunternehmen auch nach Beendigung des Vertragsverhältnisses erhebliche Vorteile hat (§ 89 b Abs. 1 Ziffer 1 HGB) oder ob die Zahlung eines Ausgleichs unter Berücksichtigung aller Umstände der Billigkeit entspricht (§ 89 b Abs. 1 Ziffer 3 HGB), weil die Grundsätze für den Normalfall davon ausgehen, dass diese Voraussetzungen vorliegen. Sofern jedoch ein Versicherungsunternehmen in dem einen oder anderen Fall der Überzeugung ist, dass erhebliche Vorteile nicht vorhanden sind oder die Zahlung eines Ausgleichs unbillig ist, besteht die Möglichkeit, die Gutachterstelle anzurufen (Ziffer VI.).

Anhang

I. Geltungsbereich

1. Diese Grundsätze gelten nur für dynamische Lebensversicherungen. Dynamische Lebensversicherungen im Sinne dieser Grundsätze sind Lebensversicherungen, deren Versicherungsbedingungen ein Anwachsen von Beitrag und Leistung in regelmäßigen Zeitabständen von Anbeginn oder aufgrund einer späteren, vom Vertreter bewirkten Vereinbarung vorsehen.

Soweit der Vertreter diese Versicherungen selbst vermittelt hat und diese Versicherungen bei der Beendigung des Vertretervertrages die Voraussetzungen für künftige Erhöhungen erfüllen und zum letzten Erhöhungszeitpunkt tatsächlich angepasst worden sind.

Eine Ausgleichszahlung setzt voraus, dass der Vertreter während der Dauer des Vertretervertrages bei Erhöhungen dynamischer Lebensversicherungen jeweils einen vertraglichen Anspruch auf eine zusätzliche Vermittlungsprovision hatte. Eine Ausgleichszahlung entfällt, wenn der Vertreter beim Abschluss der dynamischen Lebensversicherungen eine entsprechend erhöhte Erstprovision erhalten hat, durch die der in künftigen Erhöhungen fortwirkende Vermittlungserfolg vereinbarungsgemäß bereits voll abgegolten worden ist.

Beim Bestehen einer von einem Versicherungskonzern oder einer Organisationsgemeinschaft i. S. v. § 92a Abs. 2 HGB oder vom Lebensversicherungsunternehmen allein ganz oder teilweise finanzierten Alters- und Hinterbliebenenversorgung gilt Ziffer V.

2. Für dynamische Gruppenversicherungen, Gruppenversicherungen mit Andienungspflicht und dynamische Risikoversicherungen gelten diese Grundsätze nicht. Falls für derartige Lebensversicherungen ein Ausgleichsanspruch erhoben wird, kann allerdings die Gutachterstelle gem. Ziffer VI. angerufen werden, um eine Regelung nach billigem Ermessen zu treffen.

3. Alle übrigen Lebensversicherungen fallen nicht unter diese Grundsätze.

II. Errechnung der Ausgleichszahlung

Zur Errechnung der Ausgleichszahlung wird von den Versicherungssummen der dynamischen Lebensversicherungen gem. Ziffer I. ausgegangen. Maßgebend ist die Versicherungssumme zur Zeit der Beendigung des Vertretervertrages.

Die Summe der so ermittelten Versicherungen wird mit folgenden Faktoren multipliziert:

Der 1. Faktor ist der mit dem Vertreter für Erhöhungen von dynamischen Lebensversicherungen vereinbarte Provisionssatz.
Der 2. Faktor beträgt:

1975	0,11
1976	0,10
1977	0,10
1978	0,09
1979	0,09
1980 ff.	0,08

Unter dem Gesichtspunkt der Billigkeit, die nach § 89b Abs. 1 Ziffer 3 HGB zu berücksichtigen ist, ergibt sich für den Vertreter, der in der Lebensversicherung ausschließlich für ein Unternehmen tätig war, ein 3. Faktor aus der Dauer seiner hauptberuflichen Tätigkeit im Außendienst dieses Unternehmens. Bei einer Tätigkeit bis zum 9. Jahr einschließlich beträgt er 1, ab dem 10. Jahr 1,25 und ab dem 20. Jahr 1,5.
Bei Berechnung der Tätigkeitsdauer sollte geprüft werden, ob eine vorausgegangene ununterbrochene Tätigkeit als Angestellter im Außendienst mitberücksichtigt werden kann. Eine Tätigkeit als nebenberuflicher Versicherungsvermittler bleibt unberücksichtigt.
Das Ergebnis ist die Ausgleichszahlung in Euro.

III. Begrenzung des Ausgleichsanspruchs

Die Höhe des Ausgleichsanspruchs darf insgesamt drei Jahresprovisionen oder Jahresvergütungen nicht übersteigen (§ 89b Abs. 5 HGB).

IV. Anspruchsberechtigte Erben

Beim Tod des Vertreters steht der Ausgleichsanspruch grundsätzlich nur seiner Witwe und seinen Verwandten in gerader Linie, in Härtefällen auch seinen sonstigen Erben zu.

V. Berücksichtigung einer Alters- und Hinterbliebenenversorgung

1. Da nach Auffassung der Beteiligten ein Ausgleichsanspruch aus Billigkeitsgründen (§ 89b Abs. 1 Ziffer 3 HGB) insoweit nicht entsteht, wie der Vertreter Leistungen aus einer durch Beiträge des Versicherungsunternehmens aufgebauten Alters- und Hinterbliebenenversorgung erhalten oder zu erwarten hat, ist von der nach I. und II. errechneten Höhe des Ausgleichsanspruchs bei einer Rentenversicherung der kapitalisierte Barwert der Rente der Anspruchsberechtigten, bei einer Kapitalversorgung deren Kapitalwert und bei fixierten Provisionsrenten (früher auch als Nachinkassoprovisionen oder Nachpro-

visionen bezeichnet) der kapitalisierte Barwert der zugesagten Provisionsrenten abzuziehen.

2. Ist die Dauer der Provisionsrente von dem Fortbestehen der vom Vertreter bei Beendigung des Vertretervertrages verwalteten Versicherungsverträge abhängig, so wird aus dem in Ziffer 1. genannten Grund bei Beendigung des Vertretervertrages der Ausgleichsanspruch vorläufig so errechnet, als ob dem Vertreter keine Provisionsrente zugesagt worden wäre. Der Vertreter stundet den derart errechneten fiktiven Ausgleichsanspruch bis zum völligen Auslaufen der Provisionsrente oder bis zu dem Zeitpunkt, in dem er auf die Weiterzahlung der Provisionsrente in rechtsgültiger Weise endgültig verzichtet. Alsdann wird die Gesamthöhe der bis zu diesem Zeitpunkt gezahlten Provisionsrenten von dem errechneten fiktiven Ausgleichsanspruch abgezogen und auf diese Weise festgestellt, ob und inwieweit im Zeitpunkt der Beendigung des Vertretervertrages ein Ausgleichsanspruch trotz des Anspruchs auf Provisionsrente tatsächlich entstanden ist. Ggf. ist dieser Ausgleichsanspruch sofort fällig.

VI. Gutachterstelle

Sind in einem Einzelfall bei einem Versicherungsunternehmen oder einem Vertreter besondere Umstände gegeben, die nach Auffassung eines der Betroffenen eine andere Regelung zur Errechnung des Ausgleichsanspruchs gerechtfertigt erscheinen lassen, so kann jede der Parteien zur Herbeiführung einer den Umständen des Einzelfalles gerecht werdenden Regelung die bei dem *Gesamtverband der Versicherungswirtschaft* bestehende, aus Vertretern des *Gesamtverbandes der Versicherungswirtschaft* einerseits, des *Bundesverbandes der Geschäftsstellenleiter der Assekuranz* und des *Bundesverbandes Deutscher Versicherungskaufleute* andererseits paritätisch zusammengesetzte Gutachterstelle in Anspruch nehmen. Das gleiche gilt für Härtefälle gem. Ziffer IV.

Die Gutachterstelle wird nur tätig, wenn beide Parteien ihrer Inanspruchnahme zustimmen.

Die Gutachterstelle arbeitet unter Vorsitz eines von den Gutachtern einstimmig bestimmten Vorsitzers, der nicht den Kreis der Gutachter angehört.

VII. Ausspannung von Versicherungsverträgen

Da bei der Befriedigung des Ausgleichsanspruchs davon ausgegangen wird, dass der wirtschaftliche Vorteil des ausgeglichenen Bestandes dem Versicherungsunternehmen verbleibt, wird vorausgesetzt, dass der Vertreter keine Bemühungen anstellt oder unterstützt, die zu einer Schmälerung des Bestandes führen, für den er einen Ausgleich erhalten hat.

VIII. Geltungsdauer

Diese Grundsätze treten am 1. Januar 1976 in Kraft. Sie gelten für alle ab diesem Tage entstehenden Ausgleichsansprüche.

Die Grundsätze solle im gegenseitigen Einvernehmen 3 Jahre nach ihrer Vereinbarung überprüft werden. Wird diese Vereinbarung nicht ein Jahr vor Ablauf der vereinbarten 3 Jahre von einem der beteiligten Verbände gekündigt, so verlängert sich ihre Geltungsdauer jeweils um weitere 2 Jahre.

Fällt die Geschäftsgrundlage dieser Grundsätze weg oder ändert sie sich erheblich, soll der Inhalt nach Möglichkeit an die geänderten Umstände angepasst werden. Wegfall oder erhebliche Änderung der Geschäftsgrundlage liegen insbesondere dann vor, wenn gesetzliche Bestimmungen, die die Grundlagen des Ausgleichsanspruchs berühren, aufgehoben, geändert oder neu erlassen werden, die wirtschaftliche Entwicklung zu unverhältnismäßig hohen Inflationsraten führt, durch die die Versicherungsnehmer veranlasst werden, auf Anpassungen zu verzichten, oder keine Steigerung des Angestellten-Versicherungshöchstbeitrages mehr eintritt.

Durch diese globale Regelung wird die von den beteiligten Verbänden vertretene Rechtsauffassung nicht berührt.

Gesamtverband der Versicherungswirtschaft e. V.
Bundesverband der Geschäftsstellenleiter der Assekuranz e. V. (VGA)
Bundesverband Deutscher Versicherungskaufleute e. V. (BVK)

II. Berechnungsbeispiel

Das nachfolgende Berechnungsbeispiel soll die „Grundsätze-Leben" verdeutlichen:

Ein Versicherungsvertreter, der 1976 nach 20-jähriger Tätigkeit ausscheidet und einen Ausgleichsanspruch (§ 89b HGB) gegen seine Gesellschaft geltend machen kann, hat im Jahresdurchschnitt an dynamischen Versicherungen 350 000 DM Versicherungssumme vermittelt, insgesamt also 7 Millionen Versicherungssumme. Durch Dynamisierungen ist diese Versicherungssumme bis zu seinem Ausscheiden auf 10 Millionen angewachsen. Versicherungsnehmer mit einer Versicherungssumme von 2 Millionen haben die letzte Erhöhung vor dem Ausscheiden des Vertreters nicht vorgenommen. Ausgleichspflichtig ist somit eine Versicherungssumme von 8 Millionen DM.

Der Vertreter erhält für die Erhöhung der Versicherungssumme eine Provision von 25‰.

25‰ von 8 Millionen DM = 200 000 DM
200 000,00 DM × 0,08 = 16 000 DM
16 000,00 DM × 1,5 = 24 000 DM
Der Ausgleichsanspruch beträgt also 24 000 DM.

Wäre der Vertreter nur 9 oder weniger Jahre tätig gewesen, so würde der Ausgleichsanspruch bei gleicher Gesamtproduktion 16 000 DM, bei einer Tätigkeit von mehr als 9 bis zu 19 Jahren 20 000 DM betragen.

Jeder Vertreter sollte künftig Aufzeichnungen über die von ihm vermittelten dynamischen Lebensversicherungen und die folgenden Anpassungen machen. Damit wird er jederzeit in der Lage sein, die Höhe seines Ausgleichsanspruchs zu errechnen.

C. Grundsätze zur Errechnung der Höhe des Ausgleichsanspruchs (§ 89 b HGB) in der privaten Krankenversicherung

I. Der Wortlaut der „Grundsätze-Kranken"

Nachdem das Handelsvertretergesetz keine konkrete Bestimmung über die Errechnung der Höhe des Ausgleichsanspruchs erhält, haben der *Gesamtverband der Deutschen Versicherungswirtschaft e. V., Köln und Berlin*, der *Bundesverband der Geschäftsstellenleiter der Assekuranz e. V. (VGA), Köln*, und der *Bundesverband Deutscher Versicherungskaufleute e. V. (BVK), Bonn*, in dem Bemühen um gegenseitige Verständigung und ausgehend von vorwiegend wirtschaftlichen Erwägungen Grundsätze erarbeitet, um die Höhe des nach Auffassung der beteiligten Kreise angemessenen Ausgleichs global zu errechnen.

Der *Gesamtverband der Deutschen Versicherungswirtschaft*, der *Bundesverband der Geschäftsstellenleiter der Assekuranz* und der *Bundesverband Deutscher Versicherungskaufleute* empfehlen ihren Mitgliedern, Ausgleichsansprüche auf der nachstehenden Grundlage abzuwickeln.

Vor Anwendung dieser Grundsätze ist zu prüfen, ob die rechtlichen Voraussetzungen für die Entstehung eines Ausgleichsanspruchs vorliegen. Der Ausgleichsanspruch kann von einem hauptberuflichen Vertreter oder von dessen Erben (Ziffer IV.) erhoben werden, und zwar im Falle der Kündigung des Vertragsverhältnisses (soweit § 89 b Abs. 3 HGB nichts anderes bestimmt), der vertraglichen Beendigung oder einvernehmlichen Aufhebung des Vertragsverhältnisses aus Altersgründen oder aus Gründen der dauernden Invalidität oder beim Vorliegen einer unverschuldeten und auf andere zumutbare Weise nicht behebbaren persönlichen Zwangslage des Vertreters oder des Todes des Vertreters, sofern auf Seiten des Vertreters Provisionsverluste entstanden sind (§ 89b Abs. 1 Ziffer 2 HGB). Dagegen bedarf es zunächst einer Prüfung der Frage nicht, ob das Versicherungsunternehmen auch nach Beendigung des Vertragsverhältnisses erhebliche Vorteile hat (§ 89b Abs. 1 Ziffer 1 HGB) oder ob die Zahlung eines Ausgleichs unter Berücksichtigung aller Umstände der Billigkeit entspricht (§ 89b Abs. 1 Ziffer 3 HGB), weil die Grundsätze für den Normalfall davon ausgehen, dass diese Voraussetzungen vorliegen. Sofern jedoch ein Versicherungsunternehmen in dem einen oder anderen Fall der Überzeugung ist, dass erhebliche Vorteile nicht vorhanden sind oder die Zahlung eines Ausgleichs unbillig ist, besteht die Möglichkeit, die Gutachterstelle anzurufen (Ziffer VI.).

I. Geltungsbereich

Diese Grundsätze gelten nur für Aufstockungsfälle in der privaten Krankenversicherung.

Ein Aufstockungsfall in der privaten Krankenversicherung im Sinne dieser Grundsätze ist die unter Einschaltung eines Vermittlers erfolgte Erhöhung des für eine Person und das gleiche Risiko bestehenden Versicherungsschutzes, die über die Wiederherstellung des bisherigen Verhältnisses zwischen den gestiegenen Heilbehandlungskosten und den Versicherungsleistungen bzw. zwischen dem durchschnittlichen Entgelt und dem Krankentagegeld hinausgeht. Die Tätigkeit des ausgeschiedenen Vertreters, der den betreffenden Vertrag vermittelt hat, ist wegen der Bemühungen des neuen Vermittlers i.d.R. nur begrenzt mitursächlich für eine spätere Aufstockung des Versicherungsschutzes.

Beim Bestehen einer von einem Versicherungskonzern oder einer Organisationsgemeinschaft i.S.v. § 92a Abs. 2 HGB oder vom Krankenversicherungsunternehmen allein ganz oder teilweise finanzierten Alters- und Hinterbliebenenversorgung gilt Ziffer V.

II. Errechnung der Ausgleichszahlung

Zur Errechnung der Ausgleichszahlung wird von der durchschnittlich selbst vermittelten Gesamtjahresproduktion in Monatsbeiträgen ausgegangen, wobei die letzten fünf Jahre und bei kürzerer Vertretertätigkeit dieser kürzere Zeitraum zugrundegelegt werden.

Der Betrag der so ermittelten durchschnittlichen Gesamtjahresproduktion wird mit folgenden Faktoren multipliziert:

Der 1. Faktor ist der mit dem Vertreter für Geschäft aus dem Bestand während seiner Tätigkeit vereinbarte Provisionssatz.

Der 2. Faktor berücksichtigt die Bestandszusammensetzung und damit die möglichen Aufstockungsfälle, die für einen Ausgleichsanspruch in Betracht kommen. Er beträgt 0,2.

Der 3. Faktor berücksichtigt die Mitursächlichkeit der Tätigkeit des ausgeschiedenen Vertreters für eine spätere Aufstockung. Er beträgt 0,4.

Unter dem Gesichtspunkt der Billigkeit, die nach § 89b Abs. 1 Ziffer 3 HGB zu berücksichtigen ist, ergibt sich für den Vertreter, der in der Krankenversicherung ausschließlich für ein Unternehmen tätig war, ein 4. Faktor aus der Dauer seiner hauptberuflichen Tätigkeit im Außendienst des Unternehmens.

Der 4. Faktor beträgt:

1. bis 3. Jahr = 0,7
4. bis 6. Jahr = 1
7. bis 9. Jahr = 1,6
10. bis 12. Jahr = 2,5
13. bis 15. Jahr = 3,5
ab 16. Jahr = 4

Das Ergebnis ist die Ausgleichszahlung in Euro.

III. Begrenzung des Ausgleichsanspruchs

Die Höhe des Ausgleichsanspruchs darf insgesamt drei Jahresprovisionen nicht übersteigen (§ 89b Abs. 5 HGB).

IV. Anspruchsberechtigte Erben

Beim Tod des Vertreters steht der Ausgleichsanspruch grundsätzlich nur seiner Witwe und seinen Verwandten in gerader Linie, in Härtefällen auch seinen sonstigen Erben zu.

V. Berücksichtigung einer Alters- und Hinterbliebenenversorgung

1. Da nach Auffassung der Beteiligten ein Ausgleichsanspruch aus Billigkeitsgründen (§ 89b Abs. 1 Ziffer 3 HGB) insoweit nicht entsteht, wie der Vertreter Leistungen aus einer durch Beiträge des Versicherungsunternehmens aufgebauten Alters- und Hinterbliebenenversorgung erhalten oder zu erwarten hat, ist von der nach I. und II. errechneten Höhe des Ausgleichsanspruchs bei einer Rentenversicherung der kapitalisierte Barwert der Rente der Anspruchsberechtigten, bei einer Kapitalversorgung deren Kapitalwert und bei fixierten Provisionsrenten (früher auch als Nachinkassoprovisionen oder Nachpro-

visionen bezeichnet) der kapitalisierte Barwert der zugesagten Provisionsrenten abzuziehen.

2. Ist die Dauer der Provisionsrente von dem Fortbestehen der vom Vertreter bei Beendigung des Vertretervertrages verwalteten Versicherungsverträge abhängig, so wird aus dem in Ziffer 1. genannten Grund bei Beendigung des Vertretervertrages der Ausgleichsanspruch vorläufig so errechnet, als ob dem Vertreter keine Provisionsrente zugesagt worden wäre. Der Vertreter stundet den derart errechneten fiktiven Ausgleichsanspruch bis zum völligen Auslaufen der Provisionsrente oder bis zu dem Zeitpunkt, in dem er auf die Weiterzahlung der Provisionsrente in rechtsgültiger Weise endgültig verzichtet. Alsdann wird die Gesamthöhe der bis zu diesem Zeitpunkt gezahlten Provisionsrenten von dem errechneten fiktiven Ausgleichsanspruch abgezogen und auf diese Weise festgestellt, ob und inwieweit im Zeitpunkt der Beendigung des Vertretervertrages ein Ausgleichsanspruch trotz des Anspruchs auf Provisionsrente tatsächlich entstanden ist. Ggf. ist dieser Ausgleichsanspruch sofort fällig.

VI. Gutachterstelle

Sind in einem Einzelfall bei einem Versicherungsunternehmen oder einem Vertreter besondere Umstände gegeben, die nach Auffassung eines der Betroffenen eine andere Regelung zur Errechnung des Ausgleichsanspruchs gerechtfertigt erscheinen lassen, so kann jede der Parteien zur Herbeiführung einer den Umständen des Einzelfalles gerecht werdenden Regelung die bei dem *Gesamtverband der Deutschen Versicherungswirtschaft* bestehende, aus Vertretern des *Gesamtverbandes der Deutschen Versicherungswirtschaft* einerseits, des *Bundesverbandes der Geschäftsstellenleiter der Assekuranz* und des *Bundesverbandes Deutscher Versicherungskaufleute* andererseits paritätisch zusammengesetzte Gutachterstelle in Anspruch nehmen. Das gleiche gilt für Härtefälle gem. Ziffer IV.

Die Gutachterstelle wird nur tätig, wenn beide Parteien ihrer Inanspruchnahme zustimmen.

Die Gutachterstelle arbeitet unter Vorsitz eines von den Gutachtern einstimmig bestimmten Vorsitzers, der nicht dem Kreis der Gutachter angehört.

VII. Ausspannung von Versicherungsverträgen

Da bei der Befriedigung des Ausgleichsanspruchs davon ausgegangen wird, dass der wirtschaftliche Vorteil des ausgeglichen Bestandes dem Versicherungsunternehmen verbleibt, wird vorausgesetzt, dass der Vertreter keine Bemühungen anstellt oder unterstützt, die zu einer Schmälerung des Bestandes führen, für den er einen Ausgleich erhalten hat.

VIII. Geltungsdauer

Diese Grundsätze sind am 1. November 1976 in Kraft getreten und haben mit Wirkung vom 1. 11. 1982 die vorliegende Fassung erhalten. Sie gelten in dieser Fassung für alle ab dem 1. 11. 1982 entstehenden Ausgleichsansprüche.

Die Grundsätze in der Fassung vom 1. November 1982 sollen im gegenseitigen Einvernehmen nach einer Laufzeit von 6 Jahren überprüft werden. Wird die Vereinbarung nicht ein Jahr vor Ablauf der vereinbarten 6 Jahre von einem der beteiligten Verbände gekündigt, so verlängert sich ihre Geltungsdauer jeweils um weitere 3 Jahre.

Fällt die Geschäftsgrundlage dieser Grundsätze weg oder ändert sie sich erheblich, soll der Inhalt nach Möglichkeit an die geänderten Umstände angepasst werden. Wegfall oder erhebliche Änderung der Geschäftsgrundlage liegen insbesondere dann vor, wenn gesetzliche Bestimmungen, die die Grundlagen des Ausgleichsanspruchs berühren, aufgehoben, geändert oder neu erlassen werden.

Durch diese globale Regelung wird die von den beteiligten Verbänden vertretene Rechtsauffassung über die Natur und die Auswirkungen des Ausgleichsanspruchs nicht berührt.

Gesamtverband der Deutschen Versicherungswirtschaft e. V.
Bundesverband der Geschäftsstellenleiter der Assekuranz e. V. (VGA)
Bundesverband Deutscher Versicherungskaufleute e. V. (BVK)

II. Berechnungsbeispiel

Das nachfolgende Berechnungsbeispiel soll den materiellen Wert der „Grundsätze-Kranken" verdeutlichen:

Ein Versicherungsvertreter scheidet nach mehr als 15-jähriger hauptberuflicher Tätigkeit für ein Krankenversicherungsunternehmen durch eine Kündigung des Unternehmens aus. Er hatte eine durchschnittliche Gesamtjahresproduktion in den letzten 5 Jahren von 12 000 DM in Monatsbeiträgen, d. h. er hatte jeden Monat eine Durchschnittsproduktion von 1 000 DM. Sein Provisionssatz für Bestandsgeschäft beträgt fünf Monatsbeiträge.

12 000 DM × 5   (1. Faktor)   = 60 000 DM
60 000 DM × 0,2 (2. Faktor)   = 12 000 DM
12 000 DM × 0,4 (3. Faktor)   = 4 800 DM
 4 800 DM × 4   (4. Faktor)   = 19 200 DM

Der Ausgleichsanspruch beträgt also 19 200 DM (gegenüber früher 9000 DM). Er würde 15 360 DM bei einem Provisionssatz von 4 Monatsbeiträgen und 11 520 DM bei einem Provisionssatz von nur 3 Monatsbeiträgen betragen.

D. Schreiben des Gesamtverbandes der Versicherungswirtschaft vom 14. 11. 1972 an die Vorstände der Mitgliedsunternehmen und Mitgliedsverbände

„Wie Ihnen bekannt ist (vgl. unsere Geschäftsberechte 1970/71, Seite 82, 1971/72, Seite 73), sind mit dem VGA und dem BVK als den beiden Vermittlerverbänden, die mit uns gemeinsam die „Grundsätze" tragen und zur Anwendung empfehlen, vor einiger Zeit neue Gespräche darüber aufgenommen worden, ob die „Grundsätze" im Hinblick auf die bei ihrer Anwendung gesammelten Erfahrungen oder wegen veränderter Verhältnisse in dem einen oder anderen Punkt etwa verbesserungsbedürftig sind. Diese Gespräche haben inzwischen zwar zu der übereinstimmenden Feststellung geführt, dass jede Änderung des Wortlauts der „Grundsätze" unter den gegenwärtigen Umständen unzweckmäßig wäre und deshalb auch vermieden werden soll. Andererseits erscheint es den beteiligten Verbänden nach Prüfung von Einzelfragen doch ratsam, dass wir unseren Mitgliedsunternehmen in Ergänzung entsprechender Verlautbarungen zur Praktizierung der „Grundsätze" hiermit die folgenden Hinweise und Empfehlungen geben:

1. Anwendung der Multiplikatoren unter II. 1. bei einer kürzeren Tätigkeitsdauer des Vertreters

Da die Erfahrung gezeigt hat, dass die Anwendung der Multiplikatoren unter II. 1. (also in der Sach-, Unfall-, Haftpflicht- und Rechtsschutzversicherung) bei einer kürzeren Tätigkeitsdauer des Vertreters außergewöhnlich gelagerten Einzelfällen mitunter zu unbefriedigenden Ergebnissen führt, wird empfohlen, hier ggf. im Sinne, jedoch zur Vermeidung einer Festsetzung der Höhe des Ausgleichs durch die Gutachterstelle (Ziffer VI. der „Grundsätze") stets zu prüfen, ob
a) in der ersten Stufe (also bei einer Tätigkeitsdauer bis zu einschließlich vier Jahren) sowohl im Todes- als auch Erlebensfall nicht eine Erhöhung des Multiplikators bis auf 1 1/2 und
b) in der zweiten Stufe (also bei einer Tätigkeitsdauer vom beginnenden 5. Jahr bis zu neun Jahren) auch im Todesfall nicht eine Erhöhung des Multiplikators bis auf 2
zugestanden werden kann und zugestanden werden sollte.

Anhang

2. Abweichende Berechnungsweise des Ausgleichswertes gem. I. 1. a) bei einer Tätigkeitsdauer bis zu 5 Jahren

Bei einer kurzfristigen Tätigkeit des ausgleichsberechtigten Vertreters bis zu 5 Jahren kann es unter Berücksichtigung der konkreten Gesamtumstände von Fall zu Fall gerechtfertigt sein, bei der Berechnung des Ausgleichswertes nach der Vorschrift unter I. 1. a) das erste Tätigkeitsjahr unberücksichtigt zu lassen, um eine unangemessen negative Beeinflussung der durchschnittlichen Bruttojahresprovision durch eine erheblich niedrigere Provisionseinnahme des Vertreters in der Anlaufzeit zu vermeiden.

3. Mitberücksichtigung einer Tätigkeit als Angestellter im Versicherungsaußendienst bei Anwendung der Multiplikatorenstaffeln (II. 1. bis 3.)

Bei der Errechnung der Höhe eines Ausgleichsanspruchs dürfte es i. d. R. gerechtfertigt sein, eine Tätigkeit des Vertreters für das ausgleichsverpflichtete Unternehmen als Angestellter im Versicherungsaußendienst bei Anwendung der Multiplikatorenstaffeln unter II. mitzuberücksichtigen, allerdings unbeschadet der – bei gegebener Veranlassung klarzustellenden – Rechtslage, nach der eine Tätigkeit als Angestellter einen Ausgleichsanspruch an sich weder begründen noch seiner Höhe nach beeinflussen kann.

Demgegenüber muss die Zeit der etwaigen nebenberuflichen Tätigkeit des Vertreters für das ausgleichsverpflichtete Unternehmen bei der Errechnung der Höhe des Ausgleichsanspruchs entsprechend der Rechtslage grundsätzlich unberücksichtigt bleiben, was in außergewöhnlichen Umständen begründete Einzelentscheidungen eines Unternehmens in einem anderen Sinne allerdings nicht völlig auszuschließen braucht.

Wir bitten um Kenntnisnahme und Beachtung. Zur Klärung von Zweifelsfragen stehen wir Ihnen gern zur Verfügung. Im übrigen möchten wir bei dieser Gelegenheit auch unsere allgemeine Bitte wiederholen, uns über alle etwaigen Meinungsverschiedenheiten und Schwierigkeiten, die sich bei der Anwendung der „Grundsätze" ergeben, jeweils von Anfang an unterrichtet zu halten und unsere guten Dienste zur Bereinigung solcher Fälle in Anspruch zu nehmen.

Wir behalten uns vor, uns später zu weiteren Fragen zur Praktizierung der „Grundsätze" von allgemeinem Interesse zu äußern".

E. Vergleich der „Grundsätze" mit der Ausgleichsberechnung nach § 89b HGB

Der Text der „Grundsätze" beginnt mit dem Satz: „... nachdem das Handelsvertretergesetz keine konkrete Bestimmung über die Errechnung der Höhe des AA enthält ..."
Dieser Satz ist unrichtig: Die obige Erläuterung des § 89b HGB anhand der BGH-Rspr. widerlegt eine solche Aussage.
1. Die „Grundsätze machen sich die Voraussetzung nach § 89b Abs. 3 HGB zu eigen. Auf eine rechnerische Prüfung i.S.d. § 89b Abs. 1 Nr. 1–3 HGB (U-Vorteile, Vers-Vorteile, VersV-Verluste, Billigkeit) mit dem Ergebnis eines sog. Rohausgleichs wird verzichtet. Damit unterbleibt auch eine Berechnung des VersV-Verlustes durch den Verzicht auf Überhangprovisionen (§ 89b Abs. 1 Nr. 2, Abs. 5; s.o.).
Anders als § 89b HGB enthalten die „Grundsätze-Sach", „-Leben", „-Kranken" in VII. eine auf den Schutz des gesamten bei Vertragsende vorhandenen Versicherungsbestandes des VersV bezogene Klausel, die rechtlich als partielles Konkurrenzverbot zu bewerten ist. Dieses ist als auflösende Bedingung der Ausgleichszahlung gestaltet und mit dem Verlust des AA bewehrt:
„... wird vorausgesetzt, dass der VersV keine Bemühungen anstellt oder unterstützt, die zu einer Schmälerung des Bestandes führen, für den er einen Ausgleich erhalten hat".
Die zitierte Klausel enthält möglicherweise einen richterlichen Überprüfung nicht stand:
a) Die unbegrenzte Dauer des partiellen Wettbewerbsverbots steht im Widerspruch zu der Ausgestaltung des zwingenden § 90a (vgl. BGH DB 1984 Seite 171, 1719 = DB 1984 Seite 1381: Im Interesse der Freiheit der Berufsausübung ist ein zeitlich unbeschränktes Wettbewerbsverbot nichtig).
b) Der Verlust des gesamten, nach den „Grundsätzen" errechneten Ausgleichs als Rechtsfolge einer Wettbewerbsmaßnahme des ausgeschiedenen VersV kann im Einzelfall unangemessen sein (z.B. die sog. Abwerbung eines Versicherungsnehmers, der wegen Wegzugs seine Kfz-Versicherung vorzeitig kündigt).
Demgegenüber kommt nach der Rspr. zu § 89b Abs. 1 nur eine der Mitnahme des Kunden entsprechende Verminderung des U-Vorteils und des VersV-Verlustes in Betracht.
c) Im Übrigen übernehmen die „Grundsätze" die Begrenzung des AA nach oben i.S.d. § 89b Abs. 5 sowie die Anrechnung einer freiwillig

geleisteten Alters- und Hinterbliebenenversorgung auf den AA nach § 89 b Abs. 1 Nr. 3.

d) Bedenken bestehen hinsichtlich des neuen Ausschlusstatbestandes des § 89 b Abs. 3 Nr. 3 (s. o.), da es sich nicht um einen übertragenen Bestand i. S. I. 2. der „Grundsätze" handelt, sondern um einen Bestand, in den sich der Vertreternachfolger durch eine seinem Vorgänger erbrachte Zahlung quasi einkauft (*Küstner/von Manteuffel* BB 1990 Seite 1713 ff.; diese schlagen deshalb eine ergänzende Klarstellung in den „Grundsätzen" vor, dass der so erworbene Kundenstamm ausgleichsfähig als neuer Kundenstamm bzw. neuer Bestand anzusehen ist).

2. Durch die Einführung von Multiplikatoren erhöht sich der Ausgleichswert nach der Dauer der Tätigkeit des Versicherungsvertreters für den U. Die Multiplikatoren sind ab dem 5. Jahr der Tätigkeit des VersV für den U unterschiedlich gestaffelt, je nachdem ob die Erben des VersV den AA stellen oder ob das VersV-Verhältnis noch zu Lebzeiten des VersV endet (II. 1. b).

§ 89 Abs. 1 Nr. 3 versieht dagegen die Dauer der Tätigkeit des VersV nicht im einem Zuschlag zu dem nach § 89 b Abs. 1 Nr. 1 und 2 errechneten Betrag; somit handelt es sich hier um zwei ganz verschiedene Rechnungssysteme des AA.

Die Erhöhung des „Ausgleichswertes" mit den Multiplikatoren ab fünfjähriger Tätigkeit des VersV für den U bewirkt, dass der nach den „Grundsätzen" berechneten AA möglicherweise den nach § 89 b errechneten AA bei längerer Dauer für den U übersteigt.

In den Fällen, in denen der VersV nur kurze Zeit für den U tätig war, wird jedoch der so errechnete AA möglicherweise hinter einem nach § 89 b Abs. 1 errechneten AA zurückbleiben. Die Differenz kann mit einer Klage geltend gemacht werden, weil § 89 b zwingendes Recht ist.

3. Abweichend von § 89 b erben nach den „Grundsätzen" nur die Witwe des VersV und seine Verwandten in gerader Linie. In Härtefällen haben auch sonstige Erben des VersV einen AA (IV.).

III. Grundsätze zur Errechnung der Höhe des Ausgleichsanspruchs (§ 89 b HGB) im Bausparbereich

[I.] Wortlaut der Grundsätze

Da das HGB keine Bestimmung über die konkrete Berechnung der Höhe des Ausgleichsanspruchs enthält, haben

III. Grundsätze zur Ausgleichsanspruchshöhe im Bausparbereich

der *Verband der Privaten Bausparkassen e. V.*, Bonn,
die *Bundesgeschäftsstelle der Landesbausparkasse*, Bonn und
der *Bundesverband Deutscher Versicherungskaufleute e. V. (BVK)*, Bonn,
in dem Bemühen um gegenseitige Verständigung und ausgehend von vorwiegend wirtschaftlichen Erwägungen die nachfolgenden Grundsätze erarbeitet, um die Höhe des nach Auffassung der beteiligten Kreise angemessenen Ausgleichs global zu errechnen.
Sie empfehlen ihren Mitgliedern, Ausgleichsansprüche auf dieser Grundlage abzuwickeln.

I. Ausgleichswert

1. Bemessungsgrundlage

Ausgangswert für die Berechnung des Ausgleichsanspruchs ist die durchschnittliche Jahresprovision der letzten vier Jahre aus dem eingelösten Geschäft abzüglich etwa vereinbarter Verwaltungsprovisionen bzw. Garantieprovisionen – bei kürzerer Tätigkeit der Durchschnitt aus diesem Zeitraum.
Als Verwaltungsprovisionen gelten Vergütungen, die Vertreter für das Neugeschäft von Vermittlern erhalten, die dem Vertreter organisatorisch nicht zugeordnet sind oder zu deren Vermittlungen er akquisitorisch nicht beiträgt.

2. Ausgleichspflichtiges Folgegeschäft

Auszugleichen sind diejenigen Folgeverträge, bei denen derselbe Vermittler einen Erst(Vor-)Vertrag in einem wirtschaftlichen Zusammenhang stehen und demselben Bausparbedürfnis dienen.
Um die überaus schwierigen und zeitraubenden Einzelvermittlungen zu vermeiden, wird der Anteil des ausgleichspflichtigen Folgegeschäfts mit einem Mittelsatz von 20,25 % des Ausgangswertes nach Ziffer I. 1. pauschal festgelegt.
Insbesondere bei dienstjungen Handelsvertretern übersteigt dieser Satz in aller Regel den Satz des wirklichen ausgleichspflichtigen Folgegeschäfts erheblich. Um gleichwohl einen einheitlichen Mittelsatz für alle Handelsvertreter anwenden zu können, setzen die höheren Multiplikatoren der Ziffer II. erst bei längeren Dienstzeiten ein und bleiben in den ersten drei Jahren unter dem Faktor 1.
Das Verfahren gilt auch für wesentliche Teilgebietskündigungen (Bezirks- oder Bestandsverkleinerungen), wobei die spätere Berücksichtigung einer Alters- und Hinterbliebenenversorgung unberührt bleibt.

II. Multiplikatoren

Um dem Gesichtspunkt der Billigkeit (§ 89 b Abs. 1 Ziffer 3 HGB) Rechnung zu tragen, ist der nach Ziffer I. errechnete Ausgleichswert entsprechend der Dauer der hauptberuflichen selbständigen Tätigkeit des Vertreters für das Bausparunternehmen nach folgender Staffel zu multiplizieren:

Tätigkeitsdauer	Multiplikator
Ab 1 Jahr	0,20
ab 2 Jahren	0,40
ab 3 Jahren	0,70
ab 4 Jahren	1,00
ab 5 Jahren	1,30
ab 6 Jahren	1,60
ab 7 Jahren	1,90
ab 8 Jahren	2,20
ab 9 Jahren	2,50
ab 10 Jahren	3,00
ab 12 Jahren	4,00

III. Treuebonus

Ab einer Dauer des hauptberuflichen Handelsvertreterverhältnisses von 15 Jahren erhält der Vertreter bei seinem Ausscheiden neben dem Ausgleichsanspruch einen Treuebonus. Dieser beträgt 10,125% der gem. Ziffer I. 1. ermittelten Bemessungsgrundlage und verdoppelt sich auf 20,25% ab einem hauptberuflichen Handelsvertreterverhältnis von 19 Jahren bei derselben Bausparkasse.

IV. Anspruchsberechtigte Erben

Beim Tod des Vertreters steht der Ausgleichsanspruch und ein evtl. Treuebonus seinem Ehegatten und danach seinen unterhaltsberechtigten Verwandten in gerader Linie zu.

V. Fälligkeit

Der sich aus diesen Grundsätzen ergebende Ausgleichsanspruch und ein evtl. Treuebonus wird innerhalb von zwei Monaten nach Vertragsbeendigung, frühestens zwei Monate nach Geltendmachung, fällig.

VI. Berücksichtigung einer Alters- und Hinterbliebenenversorgung

Da nach der bestehenden Rechtslage ein Ausgleichsanspruch aus Billigkeitsgründen (§ 89 b Abs. 1 Ziffer 3 HGB) insoweit nicht entsteht, wie der Vertreter Leistungen aus einer durch Beiträge des Bauspar-

III. Grundsätze zur Ausgleichsanspruchshöhe im Bausparbereich

unternehmens aufgebauten Alters- und Hinterbliebenenversorgung erhalten oder zu erwarten hat, ist vom Gesamtbetrag des nach Ziffer I. und Ziffer II. errechneten Ausgleichsanspruchs zzgl. eines evtl. nach Ziffer III. errechneten Treuebonus bei einer Rentenversicherung der kapitalisierte Barwert der Rente der Anspruchsberechtigten und bei einer Kapitalversorgung deren Kapitalwert abzuziehen.

VII. Gutachterstelle

Sind in einem Einzelfall bei einem Bausparunternehmen oder einem Vertreter besondere Umstände gegeben, die nach Auffassung eines der Betroffenen eine andere Regelung zur Errechnung des Ausgleichsanspruchs oder Treuebonus gerechtfertigt erscheinen lassen, so kann jede der Parteien zur Herbeiführung einer den Umständen des Einzelfalls gerecht werdenden Regelung die Gutachterstelle, die aus Vertretern des *Verbandes der Privaten Bausparkassen*, der *Bundesgeschäftsstelle der Landesbausparkassen* und des *Bundesverbandes Deutscher Versicherungskaufleute* paritätisch zusammengesetzt ist, in Anspruch nehmen.

Die Gutachterstelle wird nur tätig, wenn beide Parteien ihrer Inanspruchnahme zustimmen. Ihr Votum muss einstimmig erfolgen.

Der BVK verpflichtet sich, während der Geltungsdauer dieser Grundsätze Forderungen seiner Mitglieder gegen eine private Bausparkasse oder öffentliche Bausparkasse, die über diese Grundsätze hinausgehen oder die sich gegen diese Grundsätze richten, nicht mit aktivem Rechtsschutz und Kostenbeteiligung zu unterstützen.

VIII. Ausspannung von Bausparverträgen

Da bei der Befriedigung des Ausgleichsanspruchs und eines evtl. Treuebonus davon ausgegangen wird, dass der wirtschaftliche Vorteil des ausgeglichenen Bestandes der Bausparkasse verbleibt, wird vorausgesetzt, dass der Vertreter keine Bemühungen anstellt oder unterstützt, die zu einer Schmälerung des Bestandes führen, für den er einen Ausgleich erhalten hat.

IX. Geltungsdauer

Diese Grundsätze treten am 1. 10. 1984 in Kraft. Sie gelten für alle ab diesem Tage entstehenden Ansprüche sowie für schwebende, noch nicht endgültig abgeschlossene Fälle.

Diese Grundsätze können durch jeden der beteiligten Verbände mit Einhaltung einer Kündigungsfrist von einem Jahr zum Schluss eines Kalenderjahres durch eingeschriebenen Brief an die anderen Verbände

gekündigt werden. Die erstmalige Kündigung ist jedoch nicht vor Ablauf von zwei Jahren seit Inkrafttreten der Grundsätze möglich.
Verband der Privaten Bausparkassen e. V.
Bundesgeschäftsstelle der Landesbausparkassen
Bundesverband Deutscher Versicherungskaufleute e. V. (BVK)

[II.] Berechnungsbeispiele

Anhand von drei Berechnungsbeispielen wird nachfolgend die Berechnung nach den „Grundsätzen-Bausparen" verdeutlicht.

Beispiel 1:

Der ausgleichsberechtigte Bausparkaufmann war neun Jahre für das Bausparunternehmen tätig. Seine durchschnittliche Jahresvermittlungsprovision der letzten vier Vertragsjahre ergibt als

Bemessungsgrundlage	69 276,00 DM
Ausgleichspflichtiges Folgegeschäft (20,25%)	14 028,00 DM
Dieser Wert wird multipliziert mit dem Faktor 2,5	35 070,98 DM
Der Ausgleichsanspruch beträgt in diesem Fall also	35 070,98 DM.

Beispiel 2:

Der Bausparkaufmann hat die Bausparkasse 16 Jahre vertreten. Die durchschnittliche Jahresvermittlungsprovision der letzten vier Jahre bestimmt die

Bemessungsgrundlage	60 112,45 DM
Ausgleichspflichtiges Folgegeschäft (20,25%)	12 172,77 DM
Dieser Wert × 4,0 (ab 12-jähriger Tätigkeit)	46 691,08 DM
Zzgl. Treuebonus (ab 15-jähriger Tätigkeit = 10,25% der Bemessungsgrundlage)	6 086,39 DM
Ausgleichsanspruch somit insgesamt	54 777,47 DM.

Beispiel 3:

Die Tätigkeit für das Bausparunternehmer betrug 21 Jahre. Die durchschnittliche Jahresvermittlungsprovision ergibt als

Bemessungsgrundlage	105 000,00 DM
Ausgleichspflichtiges Folgegeschäft (20,25%)	21 262,50 DM
Dieser Wert × 4,0 (ab 12-jähriger Tätigkeit)	85 050,00 DM
Zzgl. Treuebonus (ab 19-jähriger Tätigkeit = 20,25% der Bemessungsgrundlage)	21 262,50 DM
Ausgleichsanspruch somit insgesamt	106 312,50 DM.

III. Grundsätze zur Ausgleichsanspruchshöhe im Bausparbereich

Hinweis:

Die noch in der Vorauflage dieses Buches enthaltenen **Wettbewerbsrichtlinien der Versicherungswirtschaft** sind aus Platzgründen nicht mehr in diese neue Auflage aufgenommen worden. Die aktuelle Fassung der Richtlinien steht auf den Internetseiten des Gesamtverbandes der Deutschen Versicherungswirtschaft (GDV), www.gdv.de, zum Download zur Verfügung.

Sachverzeichnis

(AiA = Angestellter im Außendienst; HV = Handelsvertreter;
VersV = Versicherungsvertreter; BauspV = Bausparkassenvertreter;
TankstV = Tankstellenvertreter; U = Unternehmer;
AA = Ausgleichsanspruch)

Abänderung siehe Vertrags-
  abänderung
Abgrenzung zwischen Absatz-
  mittlern
– VersV, Versicherungsmakler 7
– HV und AiA 7
– HV und Franchisenehmer 8
Abgrenzungsfunktion 7 ff.
Abschlussprovisionen 77
Abmahnung 167
Abnahmeverweigerung des
  Käufers (§ 87a Abs. 3; s. u.
  Nichtausführung)
Abrechnungspflicht nach
  Vertragsende 252
Abrechnungszeitraum 107
Absatzmittler siehe Abgrenzung
  zwischen Absatzmittlern
Abschlussmängel (§§ 119 ff., 134,
  139 BGB)
– des HV-Vertrages 23
– des vermittelten Vertrages 104
– Abstandnahme von der
  Wettbewerbsabrede
– des U (§ 90a) 243
– des Vertreters 245
Abtretbarkeit des Provisions-
  vorschussanspruchs 108
Abwälzung der Ausgleichspflicht
  214

Abwerbung von Stammkunden
  des U 181
Abzinsung i. S. d. § 89b Abs. 1
  203
Ärztepropagandist 3
AGBG-Anwendung auf HV-
  Vertragsklauseln 27
  siehe auch Vertragsklauseln
Alleinvertretung siehe Kunden-
  schutz
Anerkenntnisvertrag
  (§§ 781 ff. BGB) 125
– nach Provisionsabrechnung
  124
– ausdrücklich 125
– stillschweigend mit Anerkennt-
  nisklausel 125
– Bereicherung um Anerkenntnis
  128
Angestellter im Außendienst
  56
Arbeitnehmerähnliche
  Selbständige 16
– Einfirmen-HV 98
– VersV und BauspV 100
– Arbeitsgerichtszuständigkeit 99
Arbeitsunfähigkeit siehe
  Krankheit
Arglistige Täuschung des Käufers
  70

Aufhebungsvertrag 177
Auflösungsschaden
  (§ 89a Abs. 2) 172
- Begriff 173
- Berechnung 173
  siehe fristlose Kündigung
Aufwendungen (§ 87d) siehe
  Spesen
Ausbleiben der Käuferzahlung
  siehe Nichtleistung
Ausfallhaftung des HV
  siehe Delkredere
Ausführung des Geschäfts
  (§ 87a Abs. 1) 108
- Lieferung des vorleistungspflichtigen U 109
- Zahlung des Käufers 103
- Zahlung des vorleistungspflichtigen Versicherungsnehmers 115
Ausgleichsanspruch des HV
  179ff.
- Abwälzungsvereinbarungen
  214
- Anrechnung freiwilliger Altersversorgung 210
- Ausschluss des AA 184, 213, 216
- Beendigung des Vertragsverhältnisses 182
- Berechnung des AA 192
- Berechnungsbeispiele 204ff.
- Billigkeitsprüfung 207, 208, 210ff.
- BauspV 227ff.
- Entstehung des AA 182ff., 215
- Fälligkeit 215
- Geltendmachung des AA 215
- Grundsätze 223, 226
- Höchstmaß des AA 190, 191

- Prognose 195ff.
- Rohausgleich 196ff.
- soziale Schutzfunktion 182
- Stammkunden 193, 179
- Verlust von Provisionsansprüchen 199ff.
- Verzicht 213
- Wegfall 209
- zwingendes Recht 212
Auskunftsanspruch
- eidesstattliche Versicherung
  nach §§ 259, 260 BGB 140ff.
- Inhalt und Zweck 140
- Zwangsvollstreckung 142
Auskunftspflichten (sonstige des
  HV) siehe Berichtspflicht
- des U nach § 86a 65
- des U nach § 89b 217
Auskunftspflichten des HV nach
  Vertragsende 255
Ausstattung des HV mit
  Unterlagen 65, 255

Bausparkassenvertreter 149
- Ausgleichsanspruch 227ff.
- Aufhebungsvertrag 177
- Beendigung des HV-Vertrages
  (§ 89 Abs. 1) 177
- Betriebsstillegung 177
- Grundsätze 288ff.
- Insolvenz 178
- keine Mehrwertsteuerzahlung
  95
- teilweise Beendigung des
  Vertrages 178
- Tod des Vertreters 178
Berechnung der Provision des
  HV ohne gültige Vereinbarung
  84
- Nebenkosten 86

Berichtspflicht des HV 56, 67
- Umfang 56
Berichtspflicht des U 67
Besuchspflicht des HV 56
- Häufigkeit der Besuche 57
Betreuervertreter 12
- mit unechten Untervertretern 13
- Superprovision als Vergütung 13
Betriebseinstellung/Betriebsveräußerung 176
Bezirksschutz (Kundenschutz des HV) 91, 93
- Direktgeschäfte des U 91
- Klausel 93
- Messegeschäfte 92
- Verkleinerung des Bezirks 43
Bonitätsprüfung (§ 86) 58
Bonus 79
Buchauszug (§ 87c Abs. 2) 84, 130 ff.
- Dauer des Anspruchs 131
- Ergänzung und Berichtigung 134
- Inhalt 131 ff.
- Zwangsvollstreckung 134
- Zweck 133
Bucheinsicht (§ 87 Abs. 4) 137
- Kosten 139
- rechtliches Interesse des HV 137
- Sachverständigenauswahl 139
- Umfang der Bucheinsicht 138
- Zwangsvollstreckung 134, 138 ff., 147
Buchführung des HV bei Inkassotätigkeit 35

Darlehen des U an HV 251
Dauervertrag 87
- von bestimmter Dauer 88
- von unbestimmter Dauer 89

Delkredere-Haftung des HV 30, 31, 80
- ausländischer HV 81
- Klausel 30
- Provision 80
Dienstvertragsvorschriften, Anwendung für HV 49
Direktgeschäfte des U 92

EG-Richtlinie 24
Eidesstattliche Versicherung des U (§§ 259, 260 BGB) 140
Eigenhändler 5
  siehe Vertragshändler
Einmalprovision des Versicherungsvertreters 148 ff.
Einseitige Abänderungsbefugnis des U 44
Einvernehmliche Vertragsabänderung 43
Erfüllungsgehilfen
- des U 18
- des HV (U i. S. d. § 84 Abs. 3) 13
- Haftung des HV für Erfüllungsgehilfen 13, 209

Fälligkeit der Ansprüche
- auf Provision (HV) 113
- auf Zahlung des Ausgleichs 215
- auf Zahlung der Karenzentschädigung 242
Filialleiter 3
Fixum 77
Franchising 6
- Franchisegeber 6
- Franchisenehmer 6
Freier Mitarbeiter 1, 29
Freistellung 33, 162, 164
- Höhe der Vergütung 163

Sachverzeichnis

Fristlose Kündigung 165
- Abmahnung 167
- Auflösungsschaden des Kündigenden 172
- Fallgruppen 175 ff.
- Geltung des Wettbewerbsverbots 175
- Inhalt und Form 240
- nachgeschobene wichtige Kündigungsgründe 170, 171
- Überlegungsfrist 166, 168
- unwirksame 169, 171
- Vollmacht 167
- wichtiger Grund 168

Garantieprovision 77
Geheimhaltungspflicht 254
siehe Verschwiegenheitspflicht
Gerichtsstand (Klage auf AA, Klage auf Abrechnung, Buchauszug, Rückgabe von Unterlagen) 42
Gerichtsstandsklausel 42
Gesamtbildtheorie 2
Geschäftsbedingungen 27
Gewinnbeteiligung (als Vergütung) 79
Grundsätze der Versicherer 256 ff. (Anhang II.)

Haftung des U gegenüber Dritten für den HV 18
Handelsgesellschaft als Vertreter 16
- Ausgleichsanspruch 184
Handelsmakler 4
siehe Makler
Handelsregistereintragung 15
Handelsvertreter 2

- arbeitnehmerähnliche HV 16, 98
- Bezirksvertreter 78, 91 ff.
- Einfirmenvertreter 60
- Mehrfirmenvertreter 61
- nebenberufliche HV 96
- Untervertreter, echte 12
- Untervertreter, unechte 13
- Versicherungsvertreter 100
Handelsvertreter-Abgrenzung zu anderen Absatzmittlern 1
Herausgabepflicht 249, 250
siehe Rückgabe
Hilfsansprüche i. S. d. § 87 c
- Begriff 119
- Reihenfolge der Geltendmachung 143
- rechtliches Interesse 140
- Verjährung 120

Inkassoprovision 79
siehe Provisionsarten
Interessenwahrungspflicht des HV nach der Kündigung des U nach § 86 a 69
Invollzugsetzung des HV-Vertrages 22
Insolvenz 178
Inzahlungnahme 86

Kaufmann
- Ist-Kaufmann 14
- Kann-Kaufmann 14
Kausalität des HV für den Geschäftsabschluss 105
Kaution (= Stornoreserve) 36 f.
- Abrechnung 251
- Auszahlung 251
- Begriff 110
- Verzinsung 110

Klage
- Auskunftsklage 143
- Nachprüfbarkeit in der Revision 218
- Streitwert für Auskunftsklage 147
- Stufenklage 143
- unbezifferter Antrag 217
- Zwischenurteil über den Grund 217

Kettenverträge 158

Klausel 29 ff., 35 ff.
siehe Vertragsklausel

Kleingewerbetreibender 15

Kommissionär 4

Kommissionsagent 4

Kontokorrentverhältnis
- Einrede im Prozess 144
- Saldoanerkenntnis 145

Konzertkartenvorverkaufsstelle 3

Krankheit des Vertreters
- als begründeter Anlass (§ 89 b Abs. 3) 187
- Klauseln 41
- wichtiger Grund i. S. d. § 89 a 175

Kündigung nach § 89
- Änderung 159
- des Vertrages auf bestimmte Zeit 159
- des Vertrages auf Probe 160
- des Vertrages auf unbestimmte Zeit 153
- Fristen 153
- Inhalt und Form 154, 155
- stillschweigende Fortsetzung 157
- Teilkündigung 158
- verspätete 155
- vertragliches Tätigkeitsverbot 162
- vor Vertragsbeginn 157
- Vorbereitung für eine neue Tätigkeit 254

Kundenschutz
- für WarenHV 90
- nicht für VersV 114

Kundenkartei
- nachvertraglich 248
- Zurückbehaltungsrecht während des Vertrages 247

Kundenschutz des HV
- Begriff 90
- für Bezirk oder Kundenkreis des HV 91
- für Nachbestellungen 91
- in Form der Alleinvertretung 93

Kundenstamm 180 ff.
siehe Stammkunden

Lieferung des U 108
s. Ausführung des Geschäfts

Lotto-Toto-Annahmestelle 3

Makler 1, 2

Mehrstufige Vertreterverhältnisse 12, 13
- AA des Betreuervertreters 235
- AA des Untervertreters 234

Mehrwertsteuer (§ 87 b Abs. 2)
- keine Zahlung der Versicherer 95
- neben AA 192
- neben Kaufpreis 87
- neben Provision 87

Messegeschäfte
- des Bezirks-HV 92, 106

Mindestumsatzverpflichtung 29
Mitverursachung des Geschäftsabschlusses
– bei der Stammkundenwerbung 195
– für Provisionsanspruch 105
Musterkollektion
– Aufbewahrungspflicht des HV 64
– kostenlose Überlassung 65
– Rückgabepflicht des HV 64
– Zurückbehaltungsrecht 249

Nachbestellungen (Kundenschutz) 90
Nachgeschobener wichtiger Grund 170
Nachvertraglicher Geschäftsabschluss 253
Nachvertragliche beiderseitige Pflichten
– Auskunft 255
– des HV zur Verschwiegenheit 254
– des U zu interessewahrendem Verhalten 69
– Rückzahlung der Kaution 251
– Unterlassung von Wettbewerb 255
Nebenberufliche Vertreter (§ 92b) 1, 96
– kein Ausgleichsanspruch 96
– kürzere Kündigungsfrist 96, 157
Nebenpflichten
– des HV 53
– des U 65
– des Versicherers 74
– des VersV 72

Nichtausführung oder nichtvertragsmäßige Ausführung des Geschäfts (§ 87a Abs. 3)
– Begriff 113
– Klageverzichtklauseln 116
Nichtigkeit
– des HV-Vertrages 23
– des nachvertraglichen Wettbewerbsverbots 255
– einzelner Klauseln 23
Nichtleistung (Zahlung des Käufers § 87a Abs. 2)
– Klauseln 112, 116
– Rückgewähranspruch 111

Offenbarungspflichten nach § 242 BGB 47
– bei Abschluss des HV-Vertrages 48
– bei Vertragsverhandlungen mit Kunden 70
– bei besonderem Vertrauen 71

Pfändung von Seiten des Gläubigers
– der Hilfsansprüche 120
– des Provisionsanspruches 108
Positive Vertragsverletzung
– Begriff 50
– wichtiger Grund 168 ff.
Prämie
– Begriff 78
– Beteiligung des HV 79
– in Form eines Bonus des U 79
– in Form Preisnachlass des U 85
Prognose für die Berechnung des AA 192
– Begriff 199
– der Abwanderung von Stammkunden 193

Sachverzeichnis

- der Verluste des HV 199, 202
- der Vorteile des U 192
- Zeitraum der Prognose 197

Provisionsanspruch des Vertreters
- auf Teilprovision 109
- Entstehung 103, 104
- Fälligkeit 104, 113
- gesetzlicher Vorschuss 108, 109
- Höhe bei Fehlen einer gültigen Vereinbarung 83, 109
- unbedingter 112 ff.
- während der Vertragszeit des HV 107
- Wegfall wegen Nichtzahlung 112, 115

Provisionsarten (vgl. Vergütungsarten)
- Abschlussprovision 77
- Delkredereprovision 80
- Fixum 77
- Folgeprovision 88
- Garantieprovision 77
- Inkassoprovision 79
- nachvertraglich 107
- Superprovision 80
- Überhang 199, 252

Provisionsabrechnung
- Berichtigung 128
- Beweislast 112, 117
- Hilfsanspruch des HV 119 ff.
- Ergänzung 128
- Inhalt 122
- nach Vertragsende 124
- Rechnung des HV 120
- Schuldanerkenntnisvertrag 125 ff.
- Verjährung 120, 129
- Verzicht 112

- Vorschüsse 108
- Zwangsvollstreckung 111

Provisionsrückbelastung 111
 siehe Rückbelastung

Provisionsvorschuss 108
- Abrechnung 113
- der Versicherer 115
- Rückforderung 111

Provisionskonkurrenz 107
- Begriff 108
- Klauseln 25
- mehrere Bezirks-HV 91

Reisebüro als HV 3
Rennlisten 52
Repräsentant (werbender) 3
Revision 218
Rohausgleich 192 ff.
Rotationssystem
- Ausgleichsanspruch 200 ff.
- Provisionsberechnung 200 ff.

Rückbelastung von Provisionsvorschüssen 111

Rückgabe der Unterlagen (§ 86a Abs. 1)
- bei Vertragsende 249
- der Ware im Auslieferungslager 250

Sachverständiger 139
Schadensersatzansprüche
- einseitige Vertragsabänderung 41
- Ersatz des Auflösungsschadens 173
- Nichterfüllung des Vertrages 50
- positive Vertragsverletzung 50
- unbegründete fristlose Kündigung 172

- verbotener Wettbewerb 60
- Verdienstausfall durch Tätigkeitsverbot 163

Scheinselbständige 10
Schlechtlieferung des U 66
Schuldanerkenntnis 126 ff.
- Herausgabeanspruch wegen ungerechtfertigter Bereicherung 128

Schweigen, rechtliche Wirkung 36, 125
Selbständigkeit des HV
- als Unterscheidungsmerkmal 3, 10

Sittenwidrigkeit des HV-Vertrages 23
- des vermittelten Vertrages 71

Sozialer Schutz des HV 9, 182
Soziale Schutzfunktion
- des § 84 9
- des AA 182

Spesen des HV (§ 87a) 82
Stammkunden als Grundlage des AA 180
- Abwanderungsquote 204
- Abzinsung 203
- Beweislast des HV 187
- Mitnahme bei Vertragsende 202
- Weiternutzung durch Mehrfirmen-HV 203

Stillegung des Betriebs des U 176 siehe Betriebseinstellung
Stillschweigen (rechtliche Wirkung)
- auf Änderungskündigung des U 157, 158
- auf verspätete Kündigung 155
- nach Erhalt der Provisionsabrechnung 126

Storno
- Mitteilung 117
- Rückbelastung des U (Versicherers) 118
- Stornoreserve (s. Kaution) 110

Streitwert für den Auskunftsanspruch 147
Stufenklage 120

Tätigkeit des Vertreters in Person 53
Tätigkeitsverbot 162
- vertraglich 162
- Vergütung 162

Tankstellenvertreter
- Ausgleichsanspruch 230
- HV 230
- Provisionsabrechnung 150

Teilbeendigung des HV-Vertrages 178
Teillieferungen 113
- Abrechnung 122, 123

Teilung der Provision
- bei Provisionskonkurrenz 37
- nach § 87 Abs. 3 107

Tod des HV als Beendigungsgrund 178
Tod des U als Beendigungsgrund 178

Übergrenzgeschäft 37
Überhangprovision 252 ff.
- AA für Verzicht 199
- Verzichtsklausel 253

Umdeckung 208
Umgehung zwingenden Rechts 28
- Begriff 28
- Unwirksamkeit bei 29

Unkosten des HV
- bei Schadensersatzansprüchen 173
- ersparte beim AA 210
- ersparte bei Karenzentschädigungsanspruch 243

Untätigkeit des Vertreters 50, 175
Untervertreter sind HV
- echte 12
- unechte 13

Unterlagen i. S. d. § 86 a Abs. 1 65
- Entgelt für Überlassung 65, 66
- Rückgabepflicht 249, 250

Ursächlichkeit 105 ff.
 siehe Verursachung
Urteil (Überprüfung) 218
Unwirksamkeit 23
 siehe Nichtigkeit

Veräußerung des Betriebes 176
 s. auch Betriebsveräußerung
Vergütungsarten
- Bonus 79
- Gewinnbeteiligung 79
- Prämie 78
- Provision, Fixum, Provisionsgarantie 78

Verjährung 32, 257 ff.
- arglistige Täuschung 260
- Berechnung der Frist 258
- Buchauszug 129
- Hemmung 259
- Schadensersatzpflicht 261
- Vereinbarung 259

Verluste des HV (§ 89)
- Abzinsung 203
- aus entgangenen Abschlussprovisionen 199
- Billigkeitsprüfung 207
- Mitnahme von Stammkunden 202
- Prognose des Gerichts 196 ff.

Vermittlung des Geschäfts 77
- Kausalität der Tätigkeit des HV 105
- Mitursächlichkeit genügt 106

Verrechnungsgarantie 38, 77
 siehe Provisionsgarantie
Verschulden bei Vertragsschluss 48
Verschulden bei fristloser Kündigung 165
Verschwiegenheitspflicht des HV 59, 254
- Dauer 59
- Folgen der Verletzung 60

Versicherungsmakler 7
Versicherungsvertreter 72 ff.
- Abgrenzung zum Versicherungsmakler 7
- Abschlussprovision 220, 224
- Abwälzungsvereinbarung 226
- Ausgleichsanspruch 219 ff.
- Einmalprovision 193, 224
- Folgeprovision 93, 220, 221
- Hauptpflicht 72
- Höchstbetrag 225
- kein Kundenschutz 96
- keine Mehrwertsteuerzahlung 95
- nebenberufliche 96
- Nebenpflicht 72
- Verlust des VersV 222 ff.
- Vollmacht 19
- Vorteil des Versicherers 221

Vertragsabschluss des HV-Vertrages 21
- Abschlussmängel 23
- auf Probe 160

303

- Hauptpflicht des HV 50
- Hauptpflicht des U 52
- Invollzugsetzung 22
- Nebenpflicht des HV 53
- Nebenpflicht des U 21
- Urkunde 21
- Verlängerung 160

Vertragsabänderung (§ 305) 43
- einseitig vorbehaltene 159
- einverständliche 159

Vertragsbruch durch Nichterfüllung 66

Verschulden bei Abschluss 47

Vertragshändler 5
- Ausgleichsanspruch 236

Vertragsklauseln 29
- Anwendbarkeit auf HV 27 ff.
- Anpassung 45
- Delkredere 30
- Freistellung 33
- Garantieprovision 38
- Gerichtsstand 42
- Inkasso 35
- Kostenbeteiligung des HV 31
- Krankheit des HV 41
- Kündigung 32
- Provisionskonkurrenz 37
- Stornoreserve 36
- Tätigkeitsverbot 1
- Verjährung 32
- Vertragsstrafen 39
- Wettbewerb, nachvertraglicher 35

Vertragsstrafe bei Wettbewerbsverbot 40

Vertragsurkunde 21

Vertragsverhandlungen mit Kunden
- Hauptpflicht des HV 50
- Nebenpflicht 53 ff.

- Pflichten gegenüber Kunden 70
- Pflichten des U gegenüber dem HV, Hauptpflicht 52

Vertretergesellschaft 16
 siehe Handelsgesellschaft als Vertreter

Verursachung von Abschlüssen 105
- Mitverursachung 106
- überwiegende (§ 87 Abs. 3) 108

Verwahrung (Aufbewahrung) anvertrauter Muster 65

Verzichtvertrag des HV
- auf AA 212
- auf Hilfsansprüche 116, 126 f.
- auf Provisionsansprüche 126

Verzug des U
- mit Provisionsabrechnung 120
- mit Provisionszahlung 113
- Verzinsung 114

Vollmacht des HV 16
- für Versicherungsvertreter nach §§ 43 ff. VVG 19
- Missbrauch 18
- Überschreitung 18
- zum Abschluss von Geschäften 17
- zur Vermittlung von Geschäften 18

Vorschuss (Provisionsvorschuss) 108

Weisung des U
- als Nebenpflicht des HV 58
- Nichtbefolgung 58

Wettbewerbsabrede nach Vertragsende (§ 90 a) 239, 255
- Beschränkung auf Bezirks- oder Kundenkreis 255

– Form und Inhalt 240
– Karenzentschädigung 239 ff.
– Vertragsstrafe 244
– Verzicht des U 243
Wettbewerbsverbot während der Vertragsdauer (§ 86 Abs. 1) für HV 60, 239
– gesetzliches i. S. d. Rspr. 61
– Versicherungsvertreter 73
– vertragliches 61
Wettbewerbsverbot für U (Rspr. zu § 86a) 68
Wichtiger Grund (i. S. d. § 89a Abs. 1) 168
– Beispiele 174
– Beweislast 174
– Fehlen 171
– Nachschieben 170

– Schadensersatz 172, 173
– Unverschuldet 172
– verschuldet 172

Zahlung des Käufers (§ 87a Abs. 1 Satz 3) 103 ff.
Zeitvertrag 177
Zinsanspruch des HV 114
Zurückbehaltungsrecht des HV (§ 88)
– nach Vertragsende 248
– während des Vertrages 247
– Umfang an Kundenkartei 249
– Umfang von Warenvorrat 250, 251
Zwangsvollstreckung 142, 146
Zwingende Vorschriften (Übersicht) Anhang I 263 ff.

Buchanzeigen

BETRIEBS- UND VOLKSWIRTSCHAFT, WIRTSCHAFTSRECHT ·
Fragen und Antworten für das Management

Rechtliche Grundlagen

HGB ·
Handelsgesetzbuch

ohne SeehandelsR, mit EinführungsG, PublizitätsG, Wechsel- und ScheckG, WertpapierhandelsG.

Textausgabe.
45. Aufl. 2007. 345 S.
€ 4,–. dtv 5002

HandelsR · Handelsrecht

u.a. mit Handelsgesetzbuch (ohne SeehandelsR), Bürgerlichem Gesetzbuch (Auszug), UN-Kaufrecht, Allg. Geschäftsbedingungen der Banken, Allg. Deutsche Spediteurbedingungen sowie verfahrensrechtlichen Vorschriften.

Textausgabe.
4. Aufl. 2007. 664 S.
€ 14,50. dtv 5599

GesR ·
Gesellschaftsrecht

u.a. mit AktienG, GmbH-Gesetz, GenossenschaftsG, Handelsgesetzbuch (Auszug), PartnerschaftsgesellschaftsG, EWIV-VO mit EWIV-AusführungsG, Wertpapiererwerbs- und ÜbernahmeG, Deutschem Corporate Governance Kodex sowie den wichtigsten Vorschriften aus den Bereichen Rechnungslegung, Umwandlungs-, Mitbestimmungs- und Verfahrensrecht.
Neu mit SE-Verordnung (EG) und AusführungsG.

Textausgabe.
9. Aufl. 2007. 762 S.
€ 11,–. dtv 5585

GenR ·
Genossenschaftsrecht

u.a. mit GenossenschaftsG, GenossenschaftsregisterVO, UmwandlungsG (Auszug), LandwirtschaftsanpassungsG und Wohnungsgenossenschafts-VermögensG.

Textausgabe.
4. Aufl. 2007. 218 S.
€ 11,50. dtv 5584

AktG, GmbHG ·
Aktiengesetz, GmbH-Gesetz

mit UmwandlungsG, Wertpapiererwerbs- und ÜbernahmeG, Mitbestimmungsgesetzen, Deutschem Corporate Governance Kodex, HGB (Auszug: Handelsbücher) und SpruchverfahrensG.

Textausgabe.
40. Aufl. 2007. 497 S.
€ 5,50. dtv 5010

— BETRIEBS- UND VOLKSWIRTSCHAFT, WIRTSCHAFTSRECHT · Fragen und Antworten für das Management —

WettbR · Wettbewerbsrecht KartellR/MarkenR

Gesetz gegen den unlauteren Wettbewerb, PreisangabenVO, MarkenG, MarkenVO, GemeinschaftsmarkenVO, Gesetz gegen Wettbewerbsbeschränkungen sowie die wichtigsten wettbewerbsrechtlichen internationalen Übereinkommen und Vorschriften der Europäischen Gemeinschaft.
Stand: 1.3.2007.

Textausgabe.
27. Aufl. 2007. 523 S.
€ 9,–. dtv 5009

PatR · Patent- und Musterrecht

Deutsches und europäisches Patentrecht, Arbeitnehmererfindungsrecht, Gebrauchsmusterrecht, Geschmacksmusterrecht und Internationale Verträge.

Textausgabe.
8. Aufl. 2006. 682 S.
€ 11,–. dtv 5563

UrhR · Urheber- und Verlagsrecht

UrheberrechtsG, VerlagsG, Recht der urheberrechtlichen Verwertungsgesellschaften, Internationales Urheberrecht, EG-Recht.
Stand: 15.9.2003.

Textausgabe.
10. Aufl. 2003. 570 S.
€ 11,–. dtv 5538

Schulze
Meine Rechte als Urheber

Urheber- und Verlagsrecht. Geschützte Werkarten und Leistungen, Urheberrechtsschutz, Geschmacksmusterschutz, Leistungsschutz, Verwertungsrechte, Urheberpersönlichkeitsrechte, Nutzungsverträge, Verlagsvertrag, Durchsetzung der Rechte, Geltungsbereich.
Die Neuauflage berücksichtigt insbesondere die Änderungen des Urhebervertragsrechts des Jahres 2002 und das Urheberrechtsänderungsgesetz vom 10.9.2003.

5. Aufl. 2004. 375 S. §
€ 11,50. dtv 5291

Wilmer
Ideen schützen lassen

Patente, Marken, Design, Werbung, Copyright, Domains.
Der Ratgeber zeigt Erfindern, Gestaltern und Urhebern sowie den Umsetzern und Verwertern, ob und wie sie ihre Rechte an Werken und Ideen schützen und im Konfliktfall durchsetzen können.

2. Aufl. 2007. Rd. 700 S. §
Ca. € 15,–. dtv 5642
In Vorbereitung für Sommer 2007

— BETRIEBS- UND VOLKSWIRTSCHAFT, WIRTSCHAFTSRECHT · Fragen und Antworten für das Management —

Haupt/Schmidt
Markenrecht und Branding

Schutz von Marken, Namen, Titeln, Domains und Herkunftsangaben.
Mit Checklisten zur Markenanmeldung, zur Markenkollision, Adressen, Musterformularen und Beispielen.

1. Aufl. 2007. 207 S. §
€ 11,50. dtv 50650

**InsO ·
Insolvenzordnung**

Insolvenzordnung, Einführungsgesetz zur InsO (Auszug), Europäische InsolvenzverfahrensVO, Insolvenzrechtliche VergütungsVO, BekanntmachungsVO, VerbraucherinsolvenzVO, VordruckVO, Anfechtungsgesetz.

Textausgabe.
11. Aufl. 2007. 206 S.
€ 8,–. dtv 5583
Neu im August 2007

Haarmeyer
Guter Rat bei Insolvenz

Problemlösungen für Schuldner und Gläubiger.
Was Schuldner und Gläubiger tun können, wie man Krisen frühzeitig erkennt und abwendet, wie man im Insolvenzverfahren Risiken vermeidet und seine Rechte wahrt.

2. Aufl. 2004. 327 S. §
€ 12,50. dtv 50626

GewO · Gewerbeordnung

mit sämtlichen DurchführungsVOen, HandwerksO, GaststättenG, LadenschlussG, ArbeitsschutzG, BundesImmissionsschutzG, ArbeitszeitG, SchwarzarbeitsG u.a.

Textausgabe.
35. Aufl. 2005. 528 S.
€ 7,50. dtv 5004

Stötter
Das Recht der Handelsvertreter

Vertrag, Provision, Wettbewerbsverbot, Ausgleichsanspruch.
Liefert praxisgerechte Lösungen. Beispiele und Rechtsprechungshinweise veranschaulichen die Materie.

6. Aufl. 2007. 338 S. §
€ 16,50. dtv 5210
← Neu im Oktober 2007

Zeichenerklärung: § Rechtsberater € Wirtschaftsberater

Beruf und Karriere

Hofmann/Linneweh/Streich
Erfolgsfaktor Persönlichkeit

Managementerfolg durch Leistungsfähigkeit und Motivation.
Positiver Umgang mit Anforderungen im beruflichen und privaten Umfeld, Selbstreflexion, Möglichkeiten zur Bewältigung von als stresshaft erlebten Situationen – hier finden Führungskräfte einen fundierten Überblick über Ansatzmöglichkeiten zur Erreichung einer befriedigenden Work-Life-Balance.

1. Aufl. 2006. 387 S. €
€ 14,50. dtv 50904

Cassens
Work-Life-Balance

Wie Sie Ihr Berufs- und Privatleben in Einklang bringen. Möglichkeiten für ein System zur erfolgreichen Bewältigung Ihrer individuellen Aufgaben und zur Vermeidung von Zivilisationskrankheiten.

1. Aufl. 2003. 214 S. €
€ 9,50. dtv 50872

Knieß
Kreativitätstechniken

Methoden und Übungen. Kreativität ist der Schlüssel zum Erfolg. Neben einem Überblick über Methoden und Einsatz gibt es in einem umfangreichen Praxisteil Beispiele und Übungsaufgaben, die konkret helfen, das kreative Verhalten zu fördern.

1. Aufl. 2006. 268 S.
€ 9,50. dtv 50906

Fuchs-Brüninghoff/Gröner
Zusammenarbeit erfolgreich gestalten

Eine Anleitung mit Praxisbeispielen.

1. Aufl. 1999. 203 S. €
€ 9,15. dtv 50834

Hugo-Becker/Becker
Motivation

Neue Wege zum Erfolg.

1. Aufl. 1997. 419 S. €
€ 10,17. dtv 5896

Haug
Erfolgreich im Team

Praxisnahe Anregungen für effiziente Team- und Projektarbeit.
Mit Diagnose von Erfolgsfaktoren und konkreten Hilfestellungen.

3. Aufl. 2003. 187 S. €
€ 9,–. dtv 5842

Bender
Teamentwicklung

Der effektive Weg zum »Wir«. Systematische Führung durch die Phasen der Teamentwicklung mit Anleitung für effiziente Teamleitung.

1. Aufl. 2002. 284 S. €
€ 12,50. dtv 50858

BERUF UND SOZIALES · Bescheid wissen ist wichtig

Beruf und Karriere

Femppel/Zander
Praxis der Personalführung

Was Sie tun und lassen sollten. Das Was und Wie der Personalführung, 99 Tipps, Fallbeispiele, Führungsgrundsätze.

2. Aufl. 2007. Rd. 140 S. €
Ca. € 9,50. dtv 50841
In Vorbereitung für Herbst 2007

Hugo-Becker/Becker
Psychologisches Konfliktmanagement

Menschenkenntnis – Konfliktfähigkeit – Kooperation.

4. Aufl. 2004. 418 S. €
€ 13,–. dtv 5829

Drzyzga
Personalgespräche richtig führen

Ein Kommunikationsleitfaden. Der rasche Überblick über die fachlichen und psychologischen Faktoren des Gesprächs mit Mitarbeitern.

1. Aufl. 2000. 148 S. €
€ 8,64. dtv 50840

Stender-Monhemius
Schlüsselqualifikationen

Zielplanung, Zeitmanagement, Kommunikation, Kreativität.

1. Aufl. 2006. 163 S. €
€ 9,50. dtv 50910

Mentzel
Personalentwicklung

Erfolgreich motivieren, fördern und weiterbilden. Bedarfsfeststellung, Planung und Durchführung der Förder- und Bildungsmaßnahmen, Kosten- und Erfolgskontrolle.

2. Aufl. 2005. 318 S. €
€ 10,–. dtv 50854

Zander/Femppel
Praxis der Mitarbeiter-Information

Effektiv integrieren und motivieren. Motivation von Mitarbeitern mit gezielter und empfängerorientierter Information.

1. Aufl. 2002. 103 S. €
€ 8,50. dtv 50860

Weisbach
Professionelle Gesprächsführung

Ein praxisnahes Lese- und Übungsbuch.
Wie das Gespräch als Mittel der Führung zweckmäßig, zielorientiert und rationell genutzt werden kann.

6. Aufl. 2003. 494 S. €
€ 12,–. dtv 5845

Weisbach/Sonne-Neubacher
Leadership in Professional Conversation

Translation of »Professionelle Gesprächsführung«

1. Aufl. 2005. 420 S. €
€ 14,–. dtv 50879

Beruf und Karriere

Haberzettl/Schinwald
Change Management
Wie Sie Mitarbeiter an Veränderungen beteiligen.
1. Aufl. 2007. Rd. 200 S. €
Ca. € 12,50. dtv 50905
In Vorbereitung für Sommer 2007

Neuhäuser-Metternich
Kommunikation im Berufsalltag
Verstehen und verstanden werden.
1. Aufl. 1994. 300 S. €
€ 8,64. dtv 5869

Bühring-Uhle/Eidenmüller/Nelle
Verhandlungsmanagement
Intuition - Strategie - Effektivität.
Agieren Sie zielgerichtet und erfolgreich.
1. Aufl. Rd. 250 S.
Ca. € 13,50. dtv 50640
In Vorbereitung

Mentzel
Rhetorik
Sicher und erfolgreich sprechen.
Bausteinsystem für die Vorbereitung und Durchführung eines Vortrags. Zahlreiche Übungen, um die vorgestellten Regeln und Empfehlungen im Einzel- oder Gruppentraining zu vertiefen.
1. Aufl. 2000. 228 S. €
€ 8,44. dtv 50845

Weisbach
Gekonnt kontern
Wie Sie verbale Angriffe souverän entschärfen. Gewußt wie: Gekonnt kontern ist weniger eine Frage der Spontaneität als vielmehr der Ausdruck guter Vorbereitung. Die wichtigsten Tipps finden Sie hier.
1. Aufl. 2004. 197 S. €
€ 9,–. dtv 50885

Jeske
Erfolgreich verhandeln
Grundlagen der Verhandlungsführung.
1. Aufl. 1998. 238 S. €
€ 8,64. dtv 50824

Nückles/Gurlitt/Pabst/Renkl
Mind Maps und Concept Maps
Visualisieren, Organisieren, Kommunizieren.
Mit Lern- und Arbeitstechniken das individuelle und kooperative Wissensmanagement auf einfache wie effektive Weise unterstützen.
1. Aufl. 2004. 162 S. €
€ 9,50. dtv 50877

Mentzel
Kommunikation
Grundlagen der Kommunikation: Mit anderen sprechen – Gespräch, Verhandlung, Moderation, Smalltalk.
Vor anderen sprechen – Sachvortrag, Präsentation, Gelegenheitsrede.
Visualisierung – Der Körper spricht immer mit.
1. Aufl. 2007. 301 S.
€ 10,–. dtv 50869

Breger/Grob
Präsentieren und Visualisieren
... mit und ohne Multimedia.
1. Aufl. 2003. 265 S. €
€ 11,–. dtv 50855

BERUF UND SOZIALES · Bescheid wissen ist wichtig

Beruf und Karriere

Haberzettl/Birkhahn
Moderation und Training
Ein praxisorientiertes Handbuch.
Das Buch zeigt eine Auswahl hocheffektiver Methoden des NLP und anderer Verfahren so, dass sie unmittelbar anwendbar und sofort umsetzbar sind.

1. Aufl. 2004. 288 S. €
€ 12,50. dtv 50866

Klotzki
Wie halte ich eine gute Rede?
In 7 Schritten zum Publikumserfolg.

1. Aufl. 2004. 116 S. €
€ 8,–. dtv 50873

Baumert
Professionell texten
Grundlagen, Tipps und Techniken.

2. Aufl. 2007. Rd. 220 S. €
Ca. € 10,–. dtv 50868
In Vorbereitung für Sommer 2007

Briese-Neumann
Erfolgreiche Geschäftskorrespondenz
Perfektion in Form und Stil.
Dieser Ratgeber liefert das Handwerkszeug für professionelle Korrespondenz und für das Texten generell.

2. Aufl. 2001. 303 S. €
€ 10,–. dtv 5878

Briese-Neumann
Optimale Sekretariatsarbeit
Büroorganisation und Arbeitserfolg.
Ein Leitfaden für Chefs und Sekretariatsmitarbeiter.
Mit Checklisten, Tipps und Beispielen.

1. Aufl. 1998. 308 S. €
€ 10,17. dtv 50804

Barth
Telefonieren mit Erfolg
Die Kunst des richtigen Telefonmarketing.
Dieser Berater führt in die Grundlagen der Kommunikation ein. Bewährte Methoden und Tricks werden ebenso vorgestellt wie kluge Fragetechniken.

2. Aufl. 2005. 137 S. €
€ 7,50. dtv 50846

Schäfer
Business English
Wirtschaftswörterbuch Englisch – Deutsch / Deutsch – Englisch.
Mit rd. 36000 Stichwörtern alle wichtigen grundlegenden Begriffe der englischen und deutschen Wirtschaftssprache.

1. Aufl. 2006. 859 S. €
€ 19,50. dtv 50893

Kunz
Vom Mitarbeiter zur Führungskraft
Die erste Führungsaufgabe erfolgreich übernehmen.
Hinweise, Tipps und praktische Hilfen zeigen, wie man sich auf die neue Rolle als Teamleiter vorbereiten kann – im Zeitraum von der Entscheidung bis zur ersten Ausübung der neuen Führungsaufgabe und den „ersten 100 Tagen" im neuen Job.

1. Aufl. 2007. 330 S. €
€ 12,50. dtv 50913

Beruf und Karriere

Assig
Frauen in Führungspositionen

Die besten Erfolgskonzepte aus der Praxis.

»Warum Frauen in der Wirtschaft zunehmend gefragt sind – nein, besser: wären? Dorothea Assigs Buch führt eine ganze Reihe von Argumenten auf – nicht aus der Hüfte geschossen, sondern wissenschaftlich fundiert.«
Süddeutsche Zeitung

1. Aufl. 2001. 252 S. €
€ 10,–. dtv 50849

Zeichenerklärung:
§ Rechtsberater
€ Wirtschaftsberater

Arbeitsrecht

ArbG · Arbeitsgesetze

mit den wichtigsten Bestimmungen zum Arbeitsverhältnis, KündigungsR, ArbeitsschutzR, BerufsbildungsR, TarifR, BetriebsverfassungsR, GleichbehandlungsR und VerfahrensR.
Mit dem neuen WissZeitVG.
Stand: 1.7.2007.

Textausgabe.
71. Aufl. 2007. Rd. 850 S. Ca. € 7,–. dtv 5006
In Vorbereitung für Oktober 2007

EU-ArbR · EU-Arbeitsrecht

Richtlinien und Verordnungen der Europäischen Union dominieren in zunehmendem Maße das nationale Arbeitsrecht. Dieser Band enthält alle einschlägigen Vorschriften mit Querverweisen auf die Textausgabe »ArbG«, dtv 5006 (siehe oben).

Textausgabe.
2. Aufl. 2004. 467 S.
€ 11,–. dtv 5751

Schaub
Arbeitsrecht von A–Z

Rund 650 Stichwörter zum aktuellen Recht mit den Arbeitsmarktreformen. Aussperrung, Befristung von Arbeitsverträgen, Betriebsrat, Gewerkschaften, Jugendarbeitsschutz, Kündigung, Mitbestimmung, Elternzeit, Ruhegeld, Streik, Tarifvertrag, Teilzeitarbeit, Zeugnis u.a.m.

17. Aufl. 2004. 1097 S. §
€ 14,50. dtv 5041

Hromadka
Arbeitsrecht für Vorgesetzte

Rechte und Pflichten bei der Mitarbeiterführung.
Der umfassende Leitfaden für den Arbeitsalltag.

1. Aufl. 2007. 421 S. §
€ 15,–. dtv 50648

Notter/Obenaus/Ruf
Arbeitsrecht in Frage und Antwort

Fragen und Antworten rund um das Arbeitsverhältnis.

1. Aufl. 2004. 348 S. §
€ 10,–. dtv 50629

Arbeitsrecht

Schaub/Rühle
Guter Rat im Arbeitsrecht

Für Arbeitgeber und Arbeitnehmer.
Eine praxisnahe Übersicht über das gesamte Arbeitsrecht mit zahlreichen Mustern und Beispielsfällen.

3. Aufl. 2003. 889 S. §
€ 14,–. dtv 5600

Gragert
Arbeitsrechtliche Gleichbehandlung

Das Antidiskriminierungsrecht im Arbeitsalltag.

1. Aufl. 2007. 155 S. §
€ 9,–. dtv 50655

SGB III · Arbeitsförderung

mit SGB II (Hartz IV), Arbeitslosengeld II VO, AltersteilzeitG, BeschäftigungsVO und weiteren wichtigen Vorschriften.

Textausgabe.
11. Aufl. 2006. 435 S.
€ 10,–. dtv 5597

Schaub
Rechte und Pflichten als Arbeitnehmer

Anbahnung und Abschluss des Arbeitsvertrages sowie seine Beendigung, Rechte und Pflichten, der Einfluss des Betriebsrats, Betriebsnachfolge, Sonderrechte.

9. Aufl. 2007. 616 S. §
€ 16,–. dtv 5229

Schulz
Kündigungsschutz im Arbeitsrecht von A–Z

Alle wesentlichen Fragen zum Thema »Kündigung und Kündigungsschutz« in rund 400 Stichwörtern beantwortet.

4. Aufl. 2007. Rd. 300 S. §
Ca. € 10,–. dtv 5070
In Vorbereitung für Sommer 2007

Schaub/Künzl
Arbeitsgerichtsverfahren

Rechte · Pflichten · Verfahren · Instanzen.
Klagearten, Klageerhebung, Güteverhandlung, Vertretung durch Anwalt, Rechtsmittel, Vollstreckung, Einstweilige Verfügung, Beschlussverfahren, Kosten.

7. Aufl. 2004. 475 S. §
€ 14,–. dtv 5205

Wetter
Ärger im Betrieb

Hilfestellung bei Abmahnung und Kündigung, Mobbing und allen weiteren Problemen am Arbeitsplatz.

2. Aufl. 2004. 207 S. €
€ 9,–. dtv 50606

Arbeitsrecht

Schaub/Kreft
Der Betriebsrat

Wahlen – Organisation – Rechte – Pflichten.
Wahl und Organisation des Betriebsrats, Mitbestimmung in sozialen und personellen Angelegenheiten, Beteiligung des Betriebsrats in wirtschaftlichen Angelegenheiten, Verfahren nach dem BetrVG, neueste höchstrichterliche Rechtsprechung.

8. Aufl. 2006. 636 S. §
€ 18,–. dtv 5202

Schulz
Alles über Arbeitszeugnisse

Zeugnissprache, Haftung, Rechtsschutz.
Arbeitszeugnisse beeinflussen maßgeblich die Entscheidung über Erfolg oder Misserfolg einer Bewerbung. Der Ratgeber behandelt nicht nur Rechtsfragen, sondern gibt auch Einblick in die »Geheimsprachen« und die Möglichkeiten zu ihrer Entschlüsselung.
Mit Zeugnismustern und Beispielen.

7. Aufl. 2003. 189 S. §
€ 9,50. dtv 5280

Wetter
Der richtige Arbeitsvertrag

Die wichtigsten Rechtsfragen bei Vertragsabschluss und späteren Änderungen.
Mit Vertragsmustern und Gesetzestexten im Anhang.

3. Aufl. 2000. 117 S. §
€ 5,88. dtv 50607

Schmidt
Freie Mitarbeit – Ehrenamt – Minijob von A–Z

Rechtslexikon zu den arbeits-, steuer- und sozialversicherungsrechtlichen Fragen bei der Ausübung eines Ehrenamtes, einer Nebentätigkeit, einer Tätigkeit als freier Mitarbeiter oder Ein-Personen-Unternehmer.

2. Aufl. Rd. 390 S. §
Ca. € 13,50. dtv 5678
In Vorbereitung

Hansen/Kanstinger
Zeitarbeit von A–Z

Fachbegriffe, Zusammenhänge, Checklisten.
Die übersichtliche und handliche Informationsquelle zur Zeitarbeit in Deutschland, die das breite inhaltliche Spektrum sachlich, kurz, prägnant und verständlich wiedergibt.

1. Aufl. 2001. 152 S. §
€ 8,50. dtv 50850

Rittweger
Altersteilzeit

Mit Beispielen, Faustformeln und Vertragsmustern.

1. Aufl. 2001. 233 S. §
€ 11,50. dtv 5636

BeamtR · Beamtenrecht

BundesbeamtenG, BeamtenrechtsrahmenG, BundesbesoldungsG, BeamtenversorgungsG, BundesdisziplinarG, Beihilfevorschriften und weitere Vorschriften des Beamtenrechts.

Textausgabe.
22. Aufl. 2006. 525 S.
€ 9,–. dtv 5529

TVöD/TV-L · Tarifrecht öffentlicher Dienst Bund, Kommunen, Länder, TV-Ärzte

TVöD, TV-L, TVAöD, TVA-L, TV-Ärzte.

Textausgabe.
2. Aufl. 2007. 821 S.
€ 12,–. dtv 5768

Zeichenerklärung:
§ *Rechtsberater*
€ *Wirtschaftsberater*